JN428026

독자의 1초를 아껴주는 정성을 만나보세요!

세상이 아무리 바쁘게 돌아가더라도 책까지 아무렇게나 빨리 만들 수는 없습니다.

인스턴트 식품 같은 책보다 오래 익힌 술이나 장맛이 밴 책을 만들고 싶습니다.

땀 흘리며 일하는 당신을 위해 한 권 한 권 마음을 다해 만들겠습니다.

마지막 페이지에서 만날 새로운 당신을 위해 더 나은 길을 준비하겠습니다.

감각 있는 일잘러의 IT 지식

IT ESSENTIALS FOR NONENGINEERS

초판 발행 · 2026년 1월 20일

지은이 · 세기말 서비스 기획자들(이원진, 이지민, 송지민)
발행인 · 이종원
발행처 · (주)도서출판 길벗
출판사 등록일 · 1990년 12월 24일
주소 · 서울시 마포구 월드컵로 10길 56(서교동)
대표 전화 · 02)332-0931 | **팩스** · 02)323-0586
홈페이지 · www.gilbut.co.kr | **이메일** · gilbut@gilbut.co.kr

기획 및 책임편집 · 이다빈(dabinlee@gilbut.co.kr) | **편집** · 이다빈 | **표지 · 본문 디자인** · 장기춘 | **제작** · 이준호, 손일순, 이진혁
마케팅 · 임태호, 전선하, 박민영, 서현정, 박성용 | **유통혁신** · 한준희 | **영업관리** · 김명자 | **독자지원** · 윤정아

교정교열 · 강민철 | **전산편집** · 책돼지 | **CTP 출력 · 인쇄 · 제본** · 예림인쇄

ISBN 979-11-407-1742-2 93000
(길벗 도서번호 080435)

정가 22,000원

감각 있는 일잘러의

IT지식

세기말 서비스 기획자들 지음

길벗

모르면 어렵고 알면 쉽습니다. 이 당연한 진리는 모든 처음을 두렵게 만드는 동시에, 그 해결책이 되어 줍니다.

IT 서비스 기획자로 회사에 처음 출근하던 날, 저는 이상한 나라의 앨리스가 된 것만 같았습니다. 들려오는 모든 말은 이해할 수 없었고, 그들의 행동은 전혀 다른 체계로 돌아가는 세상처럼 보였습니다. 시계 토끼처럼 바쁘게 달려가고 있는 선배들을 붙잡고 이 모든 상황을 설명해 달라고 할 수도 없는 노릇이었죠. 전혀 다른 세상에 혼자 던져진 것처럼 무섭고 혼란스러웠습니다. 꽤 긴 시간 동안 말입니다. 하지만 인간은 적응의 동물이라고 했던가요? 시간이 지나면서 저희 또한 한 명의 시계 토끼가 되었습니다. 몇 년 전에는 알아듣기도 힘들었던 용어를 아무렇지 않게 사용하며 IT 서비스를 만들어 가고 있습니다. 그때는 어려웠지만, 지금은 쉽습니다. 이는 모두 이 세상이 돌아가는 방식을 공부하고 이해하고자 노력한 결과입니다.

더욱이 지금은 그 어느 때보다 IT 기반 지식이 중요한 시대입니다. 최근 몇 년 사이에 AI 기술은 우리의 삶을 완전히 바꾸어 놓았습니다. 이미 우리는 AI 모델을 통해 일상에서 소소한 도움을 받기도 하고, 수많은 분야에서 전문가 수준에 해당하는 결과물을 뽑아내기도 합니다. 놀라운 점은, 이러한 변화는 이제 막 시작되었다는 사실입니다. 하루가 다르게 모델의 성능은 발전하고 비용은 낮아집니다. 그야말로 '대 AI 시대'의 서막이 열린 것입니다.

이로 인해 우리가 일하는 방식도 완전히 달라지고 있습니다. 우리가 요청하면 AI는 순식간에 검색을 하고, 글을 쓰고, 코드를 짜고, 분석을 합니다. 이는 모두 우리가 직접 해야 했던 것들입니다. AI가 모든 일의 '실행'을 대체하고 있는 셈입니다. AI 덕분에 실행을 위한 시간과 비용이 매우 낮아지며 인간의 역할은 '정의'와 '평가'로 옮겨가고 있습니다. 무엇을 해야 하는지 알고 결과가 적절한지 판단할 수 있다면, AI로 못할 일이 없습니다. 어느 정도의 기반 지식만 있으면, AI를 통해 수준 높은 결과물을 순식간에 뽑아낼 수 있는 세상이 된 것입니다. IT 업계는 더욱 그렇습니다. IT 세상에 대해 조금만 이해한다면, 이전에는 할 수 없던 수많은 일을 현실로 만들 수 있습니다. 직접 IT 서비스를 제작하고 운영하는 일을 포함해서 말이죠!

물론 IT 기반 지식의 중요성은 AI 시대에 한정되지 않습니다. IT 세상은 빠르게 변화합니다. 몇 년 전에는 메타버스가 세상을 흔들었고, 지금은 AI가 우리의 삶을 바꾸고 있습니다. 당장 내년에는 또 어떤 새로운 기술의 발전이 우리를 덮칠지 예상할 수조차 없습니다. 세상이 바뀌면, 우리는 또다시 두려웠던 '처음'에 던져지게 될 것입니다. IT 세상에 발을 걸쳐놓고 있다면, 앞으로 최소한 몇 번은 겪게 될 일입니다. 하지만 이러한 변화 속에서도 IT 세상을 지탱하는 기본 구조는 달라지지 않습니다. 사회가 아무리 발전하더라도 인간은 계속 밥을 먹고 잠을 자야 합니다. IT 세상도 마찬가지입니다. IT 세상이 어떻게 돌아가는지 이해하고 있다면, 앞으로 마주하게 될 수많은 처음을 기꺼이 맞이할 수 있을 것입니다.

지식의 장벽은 마주했을 때 우리를 움츠러들게 합니다. 하지만 그 장벽을 넘어서면, 이제까지는 알 수 없었던 세상이 펼쳐집니다. IT 세상을 두렵게 만드는 장벽을 향해 나아가는 모든 분을 위해, 이 책을 만들었습니다. 필요한 IT 기반 지식을 더 쉽고 재미있게 이해할 수 있도록 책의 내용을 구성하였습니다. 어려운 처음을 좀 더 쉽게 만들고, 또 처음에서 나아가 익숙함을 쟁취할 수 있도록 말이죠.

책에서 다룰 내용은 1장에서 자세히 확인할 수 있습니다. IT 세상의 기본 구조부터 차근차근 이해할 수 있도록 목차를 구성했기 때문에, 책의 모든 장을 순서대로 읽는 것을 추천합니다. 이 책을 모두 읽고 나면, IT 회사에서 비개발 직군으로 일하기에도 손색 없을 정도의 기반 지식을 쌓을 수 있으리라 확신합니다.

아는 만큼 세상은 넓어지고, 기회는 많아집니다. 이 책이 마법 같은 성장의 순간을 만들어가는 여러분에게 도움이 되기를 바랍니다.

감사의 글

집필하는 동안 따뜻하게 이끌어주신 길벗 편집자 이다빈 님, 책의 내용을 꼼꼼하게 감수해 주신 김지호 님, 지홍근 님께 깊이 감사드립니다. 넓고 어려운 IT 세상에서 함께 일하는 든든한 동료들, 그리고 한결같이 신뢰와 응원을 보내주는 가족과 친구들에게도 감사의 마음을 보냅니다. 그 무한한 사랑에 미치지는 못하겠지만, 이 책이 작은 보답이 되길 바랍니다.

마지막으로, 직장 동료로 만났지만 삶을 나누는 우정을 바탕으로 함께 성장하며 이 책을 완성한 우리 셋에게 서로 수고했다는 말을 전합니다.

2026년

이원진, 이지민, 송지민

솔직히 말하자면, 프로그래밍을 배우기 위해 여러 번 도전했습니다. 누구나 그렇듯 처음에는 프로그래밍 언어 책을 사서 혼자 공부해 보았고, 이후 관련 스터디를 찾아서 참여해 보기도 했습니다. 하지만 안타깝게도 그때마다 결론은 "나는 프로그래밍이랑 안 맞는구나", "외계어는 역시 어렵구나"였습니다. 다시 도전해 보고 싶은 마음은 언제나 있었지만, 쉽게 시작할 용기가 나지 않았습니다. 그러던 중 이 책을 읽으며 내가 처음 프로그래밍을 배우려고 했을 때 이런 정보를 먼저 알았더라면 얼마나 좋았을까 생각했습니다. 누군가는 검색만 하면 모두 알 수 있는 내용이라고 말할지 모르지만, 비전공자는 무엇을 검색해야 할지, 자신이 무엇을 모르는지조차도 모르는 경우가 많습니다. 이 책은 바로 그 지점을 정확히 짚어 줍니다. 덕분에 어렵게만 느껴졌던 IT의 전반적인 지식을 쉽고 재미있게 알게 되었습니다. 이만큼 알게 되었으니 다시 도전해 봐도 되지 않을까요? 단순히 지식을 알려주는 데서 그치지 않고 다시 시작할 수 있는 용기까지 건네주었습니다.

김지영 | JYK 매니지먼트

이 책은 IT를 처음 접하는 독자들이 기술과 용어를 외우는 방식에서 벗어나, IT 세상의 전체 구조와 흐름을 먼저 이해할 수 있도록 돕는 책입니다. CRUD 개념을 시작으로 애플리케이션 구조, 프런트엔드와 백엔드의 역할, API, 인증 · 인가, 클라우드까지 이어지는 구성은 IT 서비스가 하나의 유기적인 시스템으로 동작한다는 점을 자연스럽게 전달합니다. 특히 Plus 코너는 복잡한 개념을 직관적으로 풀어내며, 독자가 스스로 이해의 폭을 넓혀갈 수 있도록 안내합니다. 초심자의 눈높이를 끝까지 유지하면서도 실무에서 실제로 마주하게 될 핵심 개념으로 자연스럽게 연결되는 점이 인상적입니다. 특히 9장과 10장은 IT에 대한 막연한 두려움을 덜어 주는 동시에, 이후 어떤 방향으로 학습을 이어가면 좋을지까지 제시해 줍니다. IT를 처음 접하는 분들이나 IT 관련 직무를 시작하는 신입에게 전체 그림을 잡아주는 든든한 입문서라고 할 수 있습니다.

이동원 | 라인넥스트

1장 IT 세상을 헤매고 있는 모든 사람들에게 013

1.1 개발 언어는 IT 세상의 수단에 불과하다 014
1.2 나무도 숲도 아닌, 더 큰 산맥을 보자 016
1.3 IT 입문자를 위한 튜토리얼을 시작합니다! 017
Plus 이렇게 읽어 보세요 020
LEVEL 1: 사용해 보기 020
LEVEL 2: 비교해 보기 021
LEVEL 3: 만들어 보기 022

2장 IT 서비스의 기본 동작: CRUD 023

2.1 IT 서비스에 생명력을 불어넣는 CRUD 024
2.1.1 모든 서비스에는 CRUD가 있다 024
2.1.2 CRUD가 없어졌다, 내 세상이 무너졌다 027
2.2 데이터와 CRUD 029
2.2.1 Create(생성) 032
2.2.2 Read(조회) 034
2.2.3 Update(수정) 036
2.2.4 Delete(삭제) 038
Plus 요즘 대세 SQL과 CRUD 039

3장 IT 서비스의 기본 구조: 앱과 플랫폼 041

3.1 IT 서비스가 사는 세상 043

3.1.1 컴퓨터의 기본 구조: 하드웨어와 소프트웨어 044

3.1.2 소프트웨어의 종류: 시스템 소프트웨어와 응용 소프트웨어 049

3.1.3 플랫폼과 애플리케이션 052

3.2 운영체제의 토박이, 네이티브 앱 056

3.2.1 네이티브 앱 058

3.2.2 네이티브 앱의 특징 063

3.3 네이티브의 한계를 넘다, 웹 앱 068

3.3.1 웹 앱 069

3.3.2 웹 앱의 특징 074

3.4 네이티브 앱과 웹 앱의 적절한 합의점, 하이브리드 앱 078

3.4.1 하이브리드 앱 078

3.4.2 하이브리드 앱의 특징 081

Plus IT 서비스가 너도 나도 플랫폼이라고 주장하는 이유 085

4장 IT 서비스의 외모지상주의: 프런트엔드 087

4.1 앞과 뒤가 다른 IT 서비스의 이중인격 089

4.2 사용자가 만날 수 있는 건 오직 프런트엔드뿐 091

4.2.1 프런트엔드의 역할 091

4.2.2 좋은 프런트엔드의 중요성 094

4.3 웹 앱의 프런트엔드 095

4.3.1 웹 프런트엔드를 만드는 언어: HTML, CSS, 자바스크립트 097

4.3.2 어떤 웹 페이지를 만들까: 적응형 웹과 반응형 웹 104

Plus 프런트엔드와 항상 함께하는 친구, UI와 UX 111

5장 IT 서비스를 만드는 환상의 듀오: 서버와 클라이언트 113

5.1 IT 세상의 기본 구조를 뜯어보자 115

5.2 서버와 클라이언트 120

5.2.1 서버: 소원을 말해 봐~ 121

5.2.2 클라이언트: 제 소원은요... 127

5.3 클라이언트-서버 구조가 세상을 지배한 이유 130

5.3.1 편리한 접근성 131

5.3.2 동작과 운영의 효율성 132

5.3.3 애플리케이션의 확장성 134

5.4 IT 서비스의 오류, 누가 문제일까? 135

5.4.1 서버 오류 136

5.4.2 클라이언트 오류 138

5.4.3 네트워크 오류 139

Plus 클라이언트는 서버를 어떻게 찾는 걸까? 140

6장 IT 세상의 통신 방식: API 143

6.1 IT 서비스는 API로 말해요 145

6.1.1 API 145

6.1.2 API의 중요성 149

6.2 다양한 모습의 API 152

6.2.1 누가 사용하는지에 따라 달라지는 API 153

6.2.2 가장 대표적인 API 구조, REST 157

6.3 어떻게 API로 요청과 응답을 주고받을까? 161

6.3.1 API 요청: 서버야, 이거 해 줘! 163

6.3.2 API 응답: 클라이언트야, 시킨 거 다 했어! 172

Plus 직접 API 요청을 보내고 응답을 받아 보자 176

7장 IT 서비스의 확인 절차: 인증과 인가 179

7.1 IT 서비스는 아무나 사용할 수 있는 게 아니다 181

7.1.1 인증: 너는 누구야? 182

7.1.2 인가: 너는 뭘 할 수 있어? 185

7.2 인증과 인가의 중요성 187

7.3 인증과 인가를 위한 일등공신 191

7.3.1 쿠키 194

7.3.2 세션 198

7.3.3 토큰 202

7.4 인증 방식의 다양화 205

7.4.1 대신 인증 좀 해 주세요, 소셜 로그인 206

7.4.2 한 번의 인증으로 모두 OK, SSO(Single Sign-On) 210

Plus ID와 비밀번호 없이도 인증을 할 수 있다고요? 213

8장 IT 세상을 연결하는 구름: 클라우드 217

8.1 지금은 클라우드 시대! 219

8.2 클라우드 환경의 특징 222

8.3 클라우드 서비스, 어디까지 갖다 쓸까? 227

8.3.1 완성된 서비스를 제공하는 SaaS 228

8.3.2 편리한 플랫폼을 제공하는 PaaS 231

8.3.3 필수적인 인프라를 제공하는 IaaS 233

Plus 서버리스는 진짜 서버가 없나요? 236

9장 IT 실무 용어 해설 239

9.1 한국말 맞아요? 판교 사투리 241

9.1.1 항상 없어요, 리소스 241

9.1.2 조장하실 분? R&R 242

9.1.3 문제 있어요, 이슈 243

9.1.4 자, 시작합시다! 킥오프 244

9.1.5 일할 땐 계획형, 마일스톤 245

9.1.6 한 땀 한 땀 정의해요, 스펙 246

9.1.7 지켜 주세요, 정책 248

9.2 개발자와 대화하기 위한 단어 249

9.2.1 굿즈 아닙니다! MD와 공수 250

9.2.2 무서운 상황 아닙니다! 찌르다, 땡겨 가다, 전파하다, 들고 있다 251

9.2.3 로그함수 아닙니다! 로그 253

9.2.4 가구 배치 아닙니다! 배치(Batch) 254

9.2.5 1분기 아닙니다! 분기 처리 255

9.2.6 없애고 싶습니다! 레거시 256

9.3 진짜 개발자가 일할 때 쓰는 단어 258

9.3.1 코드의 역사를 기록하는 조선왕조실록, 깃 259

9.3.2 원본 파일을 지켜라! 브랜치와 머지 261

9.3.3 합법적 훈수 두기, 코드 리뷰 262

9.3.4 세상에 코드를 던지다, 배포 263

9.3.5 어느 환경에서 확인하셨어요? 개발 환경 264

10장 사실, 몰라도 괜찮습니다 267

10.1 현직자가 알려주는 IT 지식 공부 방법 269

10.1.1 찾아보기 269

10.1.2 인터넷 검색 270

10.1.3 IT 관련 서적 273

10.1.4 물어보기 276

10.1.5 기록하기 278

10.2 그래도 잘 모르겠다면 어떻게 해야 할까요? 282

찾아보기 284

CHAPTER

01

IT 세상을 헤매고 있는 모든 사람들에게

SECTION 1.1 개발 언어는 IT 세상의 수단에 불과하다

SECTION 1.2 나무도 숲도 아닌, 더 큰 산맥을 보자

SECTION 1.3 IT 입문자를 위한 튜토리얼을 시작합니다!

PLUS 이렇게 읽어 보세요

1.1 SECTION 개발 언어는 IT 세상의 수단에 불과하다

우리는 지금 IT(Information Technology, 정보 기술) 세상에 살고 있습니다. 스마트폰 알람 소리에 눈을 뜨고, 네이버에서 날씨를 확인하고, 유튜브로 영상을 보며 밥을 먹습니다. 스마트폰은 없어서는 안 될 일상의 필수품이 되었고, AI나 빅데이터와 같은 최신 IT 기술은 세상을 빠른 속도로 뒤집어 놓고 있습니다. 이러한 사회 속에서 IT 지식에 대한 관심은 계속 높아지고 있습니다.

하지만 'IT 지식'이 무엇을 의미하는지 정확히 아는 사람은 많지 않습니다. IT라는 개념에 포함되는 분야는 매우 광범위하고, IT 지식이라는 용어도 너무나 추상적입니다. 특히 IT 세상에 처음 관심을 갖게 되었다면, 당장 무엇부터 공부해야 할지 감을 잡기가 어렵습니다.

이때 가장 흔히 빠지는 함정은 무작정 '개발 언어'부터 공부하는 것입니다. IT 업계에서 일하고 싶은 사람이라면 더욱 이 함정에 빠지기 쉽습니다. 지금은 아무것도 모르지만, 개발 언어를 배우고 나면 IT 세상의 전문가가 될 수 있을 것만 같은 생각이 들곤 합니다.

> "파이썬[1]이 요즘 많이 사용되고 배우기도 쉽다던데, 파이썬을 배우면 IT 지식을 잘 알게 되지 않을까?"

IT 세상에 대해 아무것도 모르는 상태에서 개발 언어부터 공부한다는 건, 커다란 산맥을 파악하기 위해 지도 한 장 없이 울창한 나무 사이로 곧바로 발걸음을 내딛는 것과 같습니다. 물론 IT라는 광활한 산맥을 탐험하기 위해 무작정 눈앞에 보이는 숲 속으로 들어갈 수도 있습니다. 매우 용감한 선택이죠. 하지만 몸으로 부딪히는 방법이 모두에게 효율적이라고 말할 수는 없습니다. 개발자가 되고 싶은 게 아니라면 더욱 그렇습니다.

저 역시 IT 세상에 관심이 생겼을 때, IT 지식을 공부하기 위해 무작정 파이썬 기초 강의부터 들었습니다. 옆에서 노트북 하나로 앱을 뚝딱 만들어 내는 친구를 보면 개발 언어만 알게 되면 IT 세상의 창조주가 될 수 있을 것 같은 생각이 들었기 때문입니다. 기초 강의를 끝까지 수강한 후 생각이 완전히 뒤바뀌었습니다. IT 세상을 잘 알게 되기는커녕, 처음보다 훨씬 혼란스러워졌습니다.

1 파이썬은 가장 많이 사용되고 있는 개발 언어 중 하나로, 상대적으로 문법이 쉽고 응용 분야가 넓은 언어입니다.

"그래서, 내가 공부한 게 도대체 뭐지? 조건문, 반복문 같은 걸 배우긴 했는데…… 이걸로 네이버 같은 서비스를 만들 수 있기는 한 거야?"

아무런 배경 지식도 목표도 없이 그냥 산 속에 들어가 걸으면 길을 잃기 쉽습니다. 끝없이 이어지는 길이 막막하게 느껴지고, 지금 내가 어디쯤에 있는지도 알 수 없습니다. 그렇게 방향을 잃고 한참을 헤매다 겨우 산을 빠져나와도 문제입니다. 다녀온 곳이 도대체 무슨 산이었는지, 어디까지 갔다 온 건지조차 파악하기 어렵습니다.

▼ **그림 1-1** 개발 언어 속에서 헤매는 IT 초보

IT 지식을 공부하는 것은 개발 언어를 공부하는 것과 다릅니다. IT 세상에는 구글, 네이버와 같은 IT 서비스, 인공지능을 활용하는 딥러닝, 여러 전자 기기를 연결하는 사물인터넷(IoT), 여러 분야에서 세상을 뒤집고 있는 AI 모델 등 다양한 IT 시스템이 존재합니다. 그리고 이 IT 시스템을 현실 세상에 구현하는 방법 중 하나가 바로 '개발 언어'입니다. 즉, 개발 언어는 본질이 아닌 수단입니다. IT 세상에 무엇이 있는지도 어떤 구조로 돌아가는지도 모르는데, 수단인 개발 언어를 무작정 배우기 시작한다고 그 본질에 다다를 수 있을까요? 심지어 대(大) AI 세상이 도래한 지금, 수단에만 집착하는 건 매우 비효율적인 일입니다. 내가 아무리 열심히 노력해도 AI의 발전이 훨씬 빠르다는 건 너무나도 자명한 사실이니까요!

그렇다면, IT 세상을 보다 효율적으로 이해하기 위해서는 무엇부터 시작해야 하는 걸까요?

1.2 SECTION 나무도 숲도 아닌, 더 큰 산맥을 보자

에베레스트 산을 오른다고 생각해 봅시다. 험난한 도전을 시작하기 전 사전 준비는 필수입니다. 물론 에베레스트를 오르는 길이 얼마나 험한지, 어떤 장애물이 눈앞을 가로막을지 미리 파악하기는 어렵습니다. 직접 부딪히고 경험해야만 알 수 있는 일이죠. 하지만 사전 지식이 있다면, 실제로 문제가 발생했을 때 당황하지 않고 빠르게 상황을 이해하고 문제를 해결할 수 있습니다. 등반 전에 에베레스트 산의 지도를 보고 전체적인 구조나 지형적 특징을 파악해 두면 실제 등반 과정에 많은 도움이 됩니다. 아무런 배경 지식 없이 무작정 에베레스트의 정상을 향해 출발하는 사람은 곧 길을 잃고 포기하거나 중간에 조난당하기 마련입니다.

IT 세상을 알아가는 과정도 에베레스트 산을 등반하는 것과 비슷합니다. IT 세상이라는 넓고 험준한 산맥을 즐겁게 탐험하기 위해서는 먼저 IT 세상의 전반적인 구조에 대해 이해할 필요가 있습니다. 아무런 배경 지식 없이 IT 세상을 파악하고 이해하는 건 너무 힘든 일입니다. 그리고 우리는 이미 이러한 어려움을 겪어 본 적이 있습니다. 단순히 IT 관련 지식을 인터넷에 검색하기만 해도 바로 문제 상황에 직면하게 되니 말이죠!

모바일 앱 개발에 관심이 생겨 '모바일 앱 개발'에 대해 인터넷에 검색했다고 가정합시다. 검색 버튼을 클릭했더니 아래와 같은 검색 결과가 나타납니다.

> "앱을 개발하기 위해서는 먼저 웹 앱, 네이티브 앱, 하이브리드 앱 중 어떤 방식으로 개발할지 선택해야 합니다."

앱을 만들기 위해 무엇을 시작해야 하는지 궁금했을 뿐인데, 첫 문장부터 문제가 발생합니다. 웹, 네이티브, 하이브리드는 도대체 무슨 말일까요? 잘 이해가 되지는 않지만, 일단 처음 이야기하는 '웹 앱'을 찾아보기로 합니다.

> "웹 앱은 HTML, CSS, JavaScript와 같은 웹 기술을 통해 구현된 앱입니다."

또 처음 보는 단어가 쏟아져 나옵니다. 점점 미궁 속으로 빠지는 기분이 듭니다. 이러한 상황은 HTML, CSS, 자바스크립트(JavaScript)와 같은 단어를 다시 검색한다고 해결되지 않습니다. 계속 처음 보는 내용만 늘어갈 뿐이죠. 결국 하루 종일 검색만 하다가 다 때려치고 싶다는 생각만 커지게 됩니다. 물론 이러한 과정을 반복하다 보면 작은 퍼즐 조각을 모으는 것처럼 IT 지식을 조금씩 쌓아 갈 수는 있습니다. 하지만 전체적인 그림을 모르는 상태에서 손에 쥔 퍼즐 몇 조각으로 딱히 할 수 있는 일은 없습니다. 결국 다음과 같은 불평을 하며 손을 놓게 되겠죠.

"IT는 나랑 안 맞는 것 같아!"

IT 세상은 넓고 IT 지식은 방대합니다. IT 세상을 잘 모르는 사람이라면, 무엇을 먼저 공부해야 하고 얼마나 알아야 다음 내용을 이해할 수 있는지 모르는 게 당연합니다. 그러다 보니 눈앞에 보이는 특정 정보에만 집중하게 되고 알아들을 수 없는 외계어에 매몰되어 쉽게 지쳐 버리곤 합니다. 더 오래, 더 멀리 가기 위해 중요한 건 전체적인 그림입니다. IT 지식을 공부하기 위해서는 눈앞의 나무 하나에 집중하기보다는 높은 곳에 올라가 전체적인 산의 구조를 바라볼 필요가 있습니다. IT 세상의 전반적인 모습을 조망하며 전체적인 구조와 기본 지식을 파악하고 나면, 그 이후의 학습 과정이 훨씬 쉬워집니다.

▼ **그림 1-2** IT 세상의 산맥을 보자

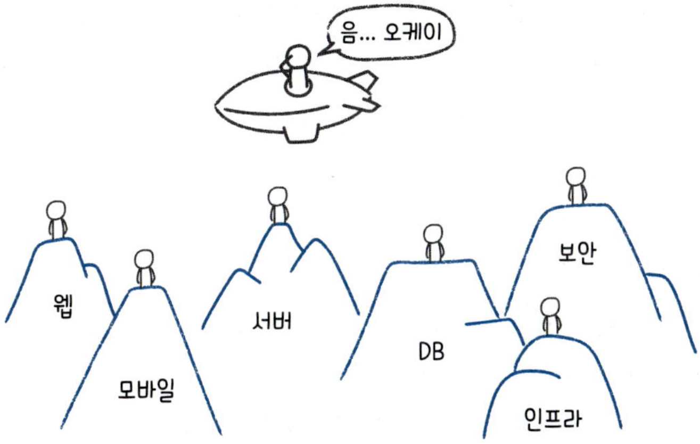

1.3 SECTION IT 입문자를 위한 튜토리얼을 시작합니다!

그럼 도대체 어떤 내용을 얼마나 알아야 하는 걸까요? 앞서 말씀드린 것처럼, 첫걸음부터 모든 지식의 세부 사항을 세세하게 알 필요는 없습니다. 지금 필요한 건, 앞으로 만나게 될 수많은 지식을 쌓아 나갈 수 있는 기반 지식입니다. 모험의 시작에 앞서 IT 세상에 대한 대략적인 지도를 그려 둔다면 넓고 방대한 IT 지식의 홍수 속에서도 길을 잃지 않고 계속 나아갈 수 있습니다.

▼ **그림 1-3** IT 세상의 지도

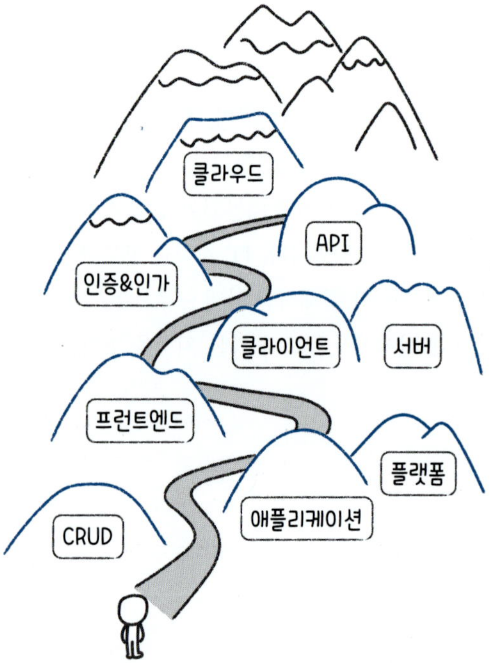

IT 세상으로 발걸음을 내딛는 모든 사람들을 위해 이 책을 준비했습니다. 만약 IT 업계에서 일하고 싶거나 IT 서비스를 만드는 일을 하고 싶다면, 더욱 잘 찾아왔습니다!

이 책에서는 IT 세상을 이해하는 데 필요한 기본적인 개념들을 네이버, 카카오톡처럼 너무나도 익숙한 IT 서비스의 구조를 중심으로 설명할 예정입니다. IT 서비스의 핵심인 데이터부터 시작해서 IT 서비스의 동작 기반과 핵심 구조를 거쳐 IT 실무 용어와 학습 꿀팁까지! 각각의 개념을 설명하는 동시에 여러 개념을 하나의 구조 속에서 유기적으로 이해할 수 있도록 구성하였습니다. 이를 통해 IT 지식을 처음 접하는 사람도 쉽고 익숙하게 책을 읽어 내려갈 수 있을 것입니다.

또한 책이 진행되는 과정에서 가상의 맛집 탐색 서비스인 '헝그리정신(Hungry Mind)'을 함께 만들어 볼 예정입니다. 이 가상의 IT 서비스를 만드는 과정을 통해 지금 이야기하고 있는 개념이 왜 중요한지, 실제로 어떻게 사용되는지까지 쉽고 명확하게 전달하고자 합니다. 여러분에게 이 책을 읽는 과정이 IT 지식의 기반을 쌓아 나가는 훌륭한 튜토리얼(tutorial)이 되었으면 합니다.

만약 IT 회사의 비개발 직무에 종사하고 있거나 관련 직무 취업을 준비하고 있다면, 이 책에서 다루는 내용 정도만 알고 있어도 실제 업무에 많은 도움이 됩니다. 기본적인 수준의 IT 지식으로도 업무 환경에서 발생하는 개발-비개발 직무 간 언어의 장벽을 손쉽게 뛰어넘을 수 있습니다. 실제로 많은 사람들이 IT 회사에서 일할 때 가장 힘든 부분으로 '개발자와의 대화'를 꼽습니다. 기본적인 IT 지식이 없는 상태에서 개발자와 대화하는 건 마치 외계어를 듣는 것처럼 느껴지곤 합니다. 아래의 대화 예시를 볼까요?

> **나:** 이런 기능을 만들어 주실 수 있나요?
>
> **개발자:** 그렇게 동작하려면 API로 매번 DB 찔러서 확인해야 하는데, 그럼 서버 부하 이슈가 있을 것 같아요.

뭔가 중요한 문제가 있다는 건 알겠는데, 어떤 부분이 문제인지는 잘 모르겠습니다. 그렇다고 이 대화를 알아듣기 위해서 API, DB, 서버의 기술적 배경과 구현 방식을 세세하게 알아야 할 필요가 있을까요? 전혀 아닙니다! 그저 API, DB, 서버가 무엇이고 이것들이 각각 어떤 역할을 아는지 정도의 기본적인 지식만 있으면 문제없이 소통할 수 있습니다. 이 책을 모두 읽고 나면, 어려운 개발자의 외계어도 다음과 같이 쉽게 이해할 수 있을 것입니다.

> **나:** 사용자가 이 기능을 사용할 때마다 컴퓨터끼리 통신을 해서 데이터를 가져와야 하는구나! 그럼 기능 사용량이 많아지면 데이터를 찾아 주는 서버 컴퓨터가 너무 바빠져서 정작 다른 중요한 일을 못하게 될 수도 있겠네.

자 그럼 IT 세상을 향한 여정을 시작해 볼까요?

▼ **그림 1-4** IT 세상의 튜토리얼

Plus 이렇게 읽어 보세요

이 책에서는 IT 서비스의 구조를 중심으로 기본적인 IT 개념들을 이해하기 쉽게 설명할 예정입니다. 쉬운 설명과 다양한 비유를 바탕으로 IT 지식을 처음 접하는 사람도 가볍게 읽을 수 있고, 다 읽고 나면 꽤나 괜찮은 수준의 기본 지식을 쌓아 갈 수 있을 것입니다. 이 정도로 충분하다면, 지금 당장 다음 장으로 넘어가도 좋습니다!

다만 이 책의 내용을 더 잘 이해하고 싶거나 학습한 지식을 200% 활용하고 싶은 마음이 있다면 잠시 주목해 주세요. 다음 방법들을 참고하면 일상 속의 작은 노력을 바탕으로 책의 효과를 극대화할 수 있습니다.

우리는 지금 IT 세상 속에 살고 있습니다. 이 책을 통해 알게 될 IT 지식 또한 이미 우리의 일상 속에 녹아 있습니다. 학습할 내용의 완벽한 예시가 이미 주변에 널려 있는 것이죠! 그렇기에 책을 읽으면서 스마트폰이나 노트북을 켜고 이 방법들을 따라 해 보면 더욱 효과적으로 IT 지식을 이해하고 활용할 수 있습니다.

LEVEL 1: 사용해 보기

책을 읽는 동안, 일상 속에서 IT 서비스를 '주의 깊게' 사용해 봅시다.

현대 사회에서 컴퓨터와 IT 서비스는 우리 곁에 아주 가까이 있습니다. 컴퓨터는 전능한 신이자, 충실한 하인입니다. 우리는 일상 속의 모든 일을 스마트폰 하나로 처리하고 있습니다. 네이버, 카카오톡, 구글, 쿠팡과 같은 IT 서비스가 없는 세상은 더 이상 상상할 수조차 없습니다. 우리는 이미 수많은 IT 서비스를 매우 자연스럽게 사용하고 있습니다. IT 전문가가 될 자질을 충분히 갖춘 것이죠! 물론 한 발짝만 더 나아가면 이러한 강점을 더욱 극대화할 수 있습니다.

가장 쉬운 방법은 그저 일상적으로 사용하는 IT 서비스를 조금만 '주의 깊게' 사용해 보는 것입니다. 우리는 네이버, 카카오톡, 쿠팡과 같은 서비스를 거의 무의식적으로 사용하고 있습니다. 익숙한 IT 서비스를 사용할 때 조금만 신경을 써서 다양하게 사용하다 보면, 이제까지는 보이지 않던 것들을 볼 수 있습니다.

예를 들어, 인터넷 쇼핑을 할 때 눈에 보이는 상품을 바로 클릭하지 않고 좀 더 다양한 방식으로 탐색을 해 볼 수 있습니다. 원하는 상품군에 해당하는 카테고리를 클릭해서 나타나는 화면을 확인하고, 다양한 단어를 활용해 검색하고, 여러 조건을 달아 필터링을 할 수도 있습니다.

이처럼 IT 서비스를 사용할 때 이전과 다른 방식을 통해 원하는 목적을 달성해 보세요. 이 과정에서 숨어 있던 기능을 발견할 수 있고, 그 틈 사이에서 학습한 IT 지식이 어떻게 활용되고 있는지 찾아낼 수 있습니다.

혹시나 적용 사례를 찾지 못할까봐 걱정되나요? 전혀 걱정하지 않아도 됩니다! 책에서 개념을 설명할 때, 이와 관련된 실제 IT 서비스의 동작 예시를 계속 설명할 예정입니다. 책의 예시를 바탕으로 서비스를 사용해 보며 IT 세상의 동작 방식을 직접 눈으로 확인해 보세요! 책에서 읽은 내용이 실제 IT 서비스에 적용되어 있는 걸 발견하고 직접 사용해 본다면, 그 개념을 훨씬 쉽게 이해할 수 있을 것입니다.

LEVEL 2: 비교해 보기

IT 서비스를 주의 깊게 사용해 봤다면, 이번에는 서로 다른 IT 서비스를 '비교'해 보는 것입니다.

세상에는 수많은 IT 서비스가 있습니다. 두 서비스가 같은 기능을 제공하고 있더라도 화면이나 동작 방식은 서로 다릅니다. 네이버와 구글은 검색 서비스를 제공하고 있고, 검색창의 모습도 비슷합니다. 하지만 두 서비스의 홈 화면이나 검색 결과의 제공 방식을 보면 수많은 차이점이 있습니다. 블로그 서비스와 메모장 앱도 마찬가지입니다. 두 서비스 모두 글을 입력하기 위한 서비스고 텍스트를 입력하는 동작은 동일하지만, 각 서비스마다 제공되는 기능과 사용 방식은 너무나 다릅니다.

이처럼 다양한 IT 서비스를 사용하다 보면 서비스 간에 비슷한 점과 차이점을 쉽게 발견할 수 있습니다. 왜 IT 서비스는 비슷하면서도 또 서로 다른 모습을 가지고 있는 걸까요? 사실, 그 모든 차이에는 이유가 있습니다.

책을 읽으면서 여러 IT 서비스를 비교해 보고 그 사이에서 유사성과 차이점을 찾아보세요. 그리고 그 과정에서 생긴 '왜?'라는 질문의 답을, 이 책 속에서 찾아보세요! 답을 찾기 위해 책의 내용을 해석하고 재가공하는 능동적인 자세를 통해 지식을 더 깊이 있게 이해할 수 있을 것입니다.

LEVEL 3: 만들어 보기

더 나아가, 직접 IT 서비스를 만들어 보는 것도 좋은 방법입니다.

'백문이 불여일견이요, 백견이 불여일각이며, 백각이 불여일행'이라는 말이 있습니다. 백 번 듣는 것이 한 번 보는 것만 못하고, 백 번 보는 것이 한 번 생각하는 것만 못하며, 백 번 생각하는 것이 한 번 행하는 것만 못하다는 뜻입니다. 즉, 무언가를 가장 빠르게 배우는 방법은 직접 해 보는 것입니다. IT 지식도 마찬가지입니다. IT 서비스를 직접 만들어 보는 과정을 통해 관련 지식을 가장 효과적으로 이해할 수 있습니다.

당연히 코딩(coding)을 배우라는 의미는 아닙니다. 책에서 학습한 지식을 바탕으로, 실제 IT 서비스를 만드는 척을 해 보자는 겁니다.

IT 서비스를 사용하면서 '이런 서비스는 어떻게 만드는 거지?' 또는 '이런 서비스가 있다면 편할 텐데, 왜 아직 없는 걸까?'라는 생각을 한 번쯤 해 본 적이 있지 않나요? 머릿속에서 상상만 했던 IT 서비스를 이 책을 바탕으로 구체화해 봅시다. 학습한 내용을 바탕으로 IT 서비스의 구조를 잡고, 여러 기능을 기획하다 보면 IT 지식을 더욱 입체적으로 이해할 수 있습니다. AI 기술을 활용하면 머릿속에서 구체화한 IT 서비스를 실제 동작하는 애플리케이션으로 만들 수도 있습니다.

물론 말은 쉽습니다. 실제로 IT 지식이 많지 않은 사람에게 IT 서비스를 만들어 보라고 하는 건 매우 비현실적인 이야기입니다. 어떤 것부터 시작해야 할지 막막하기 그지없습니다. 그렇기 때문에 저희가 돕겠습니다!

이 책에는 IT 지식을 설명하는 동시에, 해당 지식을 활용하여 함께 가상의 IT 서비스를 만들어 볼 예정입니다. 가상의 IT 서비스를 기획하고 구체화하는 과정을 함께하며 특정 IT 지식이 실제 서비스에서 어떻게 활용되고 있는지 확인할 수 있을 것입니다. 저와 함께 가상의 서비스를 만드는 한 명의 팀원이 되어, IT 지식의 활용편까지 재미있게 공부해 보는 건 어떨까요? 이 과정을 통해 본인만의 IT 서비스를 만들어 나가는 데 필요한 탄탄한 지식 기반을 얻을 수 있을 것입니다.

자 그럼, 진짜로 시작해 볼까요?

CHAPTER

02

IT 서비스의 기본 동작: CRUD

SECTION 2.1 IT 서비스에 생명력을 불어넣는 CRUD

SECTION 2.2 데이터와 CRUD

PLUS 요즘 대세 SQL과 CRUD

혹시 특정 게시물에 달았던 댓글을 수정하거나 삭제할 수 없어서 당황했던 경험이 있나요? 블로그 글에 댓글을 등록한 직후 오타를 발견했다고 상상해 봅시다. 아무도 모르게 슬쩍 고쳐 두고 싶은데, 아무리 찾아봐도 댓글을 수정하는 기능이 보이지 않습니다. 분명 별일 아니지만 계속 신경이 쓰이고 댓글을 수정하지 못하는 상황이 불편하게 느껴집니다. 심지어 댓글을 삭제하지도 못한다면 불편은 더 크게 다가올 것입니다.

이처럼 IT 서비스를 사용하다 보면 종종 당황스러운 순간을 마주하게 됩니다. 당연히 있을 것이라 기대했던 기능이 없어서 불편함과 답답함을 느꼈던 순간을 모두 한 번쯤은 경험했을 것입니다.

▼ **그림 2-1** 댓글 삭제가 안 되는 경우

위와 같은 불편함을 마주했을 때, IT 세상의 사람들은 'CRUD가 제대로 갖춰져 있지 않다'고 이야기합니다. 수많은 데이터(Data)로 이루어진 IT 세상에서 CRUD는 절대 법칙과도 같습니다. CRUD 법칙을 제대로 만족하지 못하는 IT 서비스를 사용하다 보면 우리는 앞선 예시와 같은 불편함을 느낄 수밖에 없습니다.

그래서 CRUD가 도대체 무슨 말이냐고요? 지금부터 자세하게 알아봅시다!

2.1 SECTION IT 서비스에 생명력을 불어넣는 CRUD

2.1.1 모든 서비스에는 CRUD가 있다

한 사람이 국가라는 사회 시스템 내에서 살아가기 위해서는 무엇이 필요할까요? 가장 먼저, 태어났을 때 출생 신고를 해야 합니다. 행정 시스템에 태어난 사람의 최초 정보를 등록하는 것입니다. 출생 신고를 하지 않으면, 국가는 그 사람의 존재조차 알 수 없습니다. 이렇게 국가에 등록된 개인의 정보는 필요할 때 언제든지 조회할 수 있습니다. 행정복지센터나 정부24 홈페이지에서 주민등록등본을 떼어 본 경험, 꽤 있지 않나요? 또한 이 정보는 필요에 따라 업데이트가 필요합니다. 결혼이나 개명 같은 주요한 변경 사항이 발생하면 국가의 행정 시스템에 등록된 정보 역시 수정되어야 합니다. 우리는 혼인 신고, 개명 신고와 같은 방식을 통해 시스템에 등록된 정보를 변경할 수 있습니다. 만약 누군가 사망하게 된다면, 사망자에 대한 정보는 행정 시스템 내에서 말소되어야 합니다.

한 사람이 사회 시스템 속에서 살아가기 위해서는 잘 갖추어진 행정 시스템이 필요합니다. 사회 속에서 살아가는 모든 순간에 걸쳐 우리의 정보는 행정 시스템에 등록되고, 조회되고, 수정되고, 삭제됩니다. 이러한 시스템 속에서 우리는 한 사회의 구성원으로 문제없이 살아갈 수 있습니다.

▼ **그림 2-2** 국가 행정 시스템이 잘 돌아가는 경우

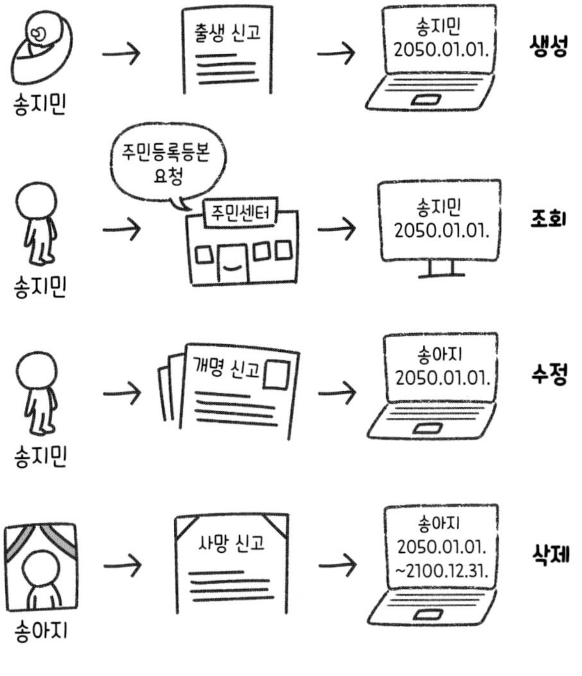

국가는 당연히 국민을 기반으로 합니다. 국민이 없다면 국가도 없습니다. IT 세상도 비슷합니다. IT 세상은 수많은 데이터를 기반으로 합니다. 데이터가 없다면 IT 서비스는 존재할 수 없습니다. 네이버, 카카오톡과 같은 IT 서비스를 실행하면 텍스트, 숫자, 이미지 등 셀 수 없이 많은

데이터가 눈앞에 펼쳐집니다. 이는 모두 IT 서비스라는 나라를 이루고 있는 소중한 데이터 국민인 셈입니다.

IT 서비스가 데이터를 관리하는 방식 역시 사회 시스템과 크게 다르지 않습니다. 사회가 잘 돌아가기 위해서는 구성원의 정보가 생성, 조회, 수정, 삭제되는 과정이 잘 이루어져야 합니다. 데이터도 마찬가지입니다. IT 서비스가 잘 돌아가기 위해서는 IT 서비스 속 데이터의 생성, 조회, 수정, 삭제가 잘 이루어져야 합니다. 우리는 이러한 데이터 관리 원칙을 **CRUD**라고 이야기합니다.

CRUD는 Create, Read, Update, Delete의 약자입니다. 보통 '씨알유디' 혹은 '크루드'라고 읽습니다. CRUD는 데이터를 처리하는 가장 기본적이고 핵심적인 동작이며, 수많은 데이터로 이루어진 IT 서비스의 기능 역시 CRUD를 기반으로 움직입니다. CRUD는 데이터의 생성, 조회, 수정, 삭제를 의미하는 단순한 단어인 동시에, IT 서비스를 지탱하는 단단한 기초인 셈입니다.

> **CRUD**: Create, Read, Update, Delete의 약자로, 기본적인 데이터 처리 기능을 묶어서 이르는 말

CRUD는 일상적으로 사용하는 IT 서비스 속에서 쉽게 확인할 수 있습니다. 블로그에 글을 쓰는 상황을 상상해 봅시다. 먼저 블로그에 일기처럼 마음껏 글을 쓰고, 저장 버튼을 누릅니다. 이 과정을 통해 우리의 블로그에는 '글'이라는 하나의 데이터가 생성(Create)됩니다. 생성된 글은 본인의 블로그 화면에서 언제든지 조회(Read)할 수 있습니다. 이미 생성된 글의 내용을 변경하고 싶다면, 수정 화면을 통해 마음껏 수정(Update)하는 것도 가능합니다. 그러다 갑자기 일기처럼 쓴 글이 부끄럽게 느껴지면 슬쩍 글을 삭제(Delete)하기도 합니다.

이처럼 블로그 서비스를 사용하는 일상적인 상황 속에서도 CRUD 원칙을 쉽게 찾아볼 수 있습니다. 전혀 인지하지 못했지만, 우리는 '글'이라는 데이터를 CRUD하며 블로그를 사용하고 있었던 것입니다. 이렇게 데이터를 생성하고, 조회하고, 수정하고, 삭제하는 CRUD 구조가 잘 갖추어져 있다면, 사용자는 불편함 없이 IT 서비스를 사용할 수 있습니다.

▼ **그림 2-3** 잘 동작하는 블로그

2.1.2 CRUD가 없어졌다, 내 세상이 무너졌다

IT 서비스는 데이터를 생성하고, 조회하고, 수정하고, 삭제하는 동작을 기반으로 움직입니다. 네이버나 카카오톡에서 제공하는 기능을 떠올려 보면, 대부분의 기능이 특정 데이터를 생성하거나, 조회하거나, 수정하거나, 삭제하는 동작에 해당합니다. 네이버 검색 기능은 데이터를 조회하는 동작이고, 카카오톡을 보내는 기능은 메시지 데이터를 생성하는 동작입니다. 그런데 IT 서비스에서 데이터를 생성, 조회, 수정, 삭제하는 CRUD 동작 중 일부가 사라지면 어떻게 될까요?

앞서 이야기했던 것처럼, 국가 행정 시스템은 CRUD를 바탕으로 국민의 데이터를 관리하고 있습니다. 이렇게 중요한 행정 시스템에 어느 날 문제가 발생했다고 상상해 봅시다. 갑자기 출생 신고와 사망 신고가 막힌 것입니다! 출생 신고를 할 수 없게 되면, 새로운 아이가 태어나도 국가는 그 사실을 알 수 없습니다. 실제로는 존재하지만 행정 시스템상에서는 존재하지 않는 사람인 것입니다. 이 아이는 국가에서 제공하는 혜택이나 복지를 받을 수 없고, 부모 또한 자녀의 존재를 증명할 수 없습니다.

사망 신고가 안 되는 경우도 마찬가지입니다. 죽은 사람에 대해 사망 신고를 할 수 없다면, 국가는 사망자를 살아 있는 국민으로 인식합니다. 이미 죽은 사람에게 세금을 내라며 고지서가 날아오고, 사망을 증명할 수 없어 사망 보험도 처리할 수 없습니다.

이처럼 국가 행정 시스템의 CRUD 기능 중 일부가 누락되면 실제 정보와 행정 시스템상의 정보가 달라지게 됩니다. 이렇게 발생한 몇 글자의 잘못된 데이터는 커다란 사회적 혼란으로 이어집니다. 정보의 당사자인 개인이 피해를 보는 것은 물론 행정 시스템의 정보를 기반으로 동작하는 모든 사회 시스템에 연쇄적으로 문제가 발생하게 됩니다.

▼ **그림 2-4** 고장난 국가 행정 시스템

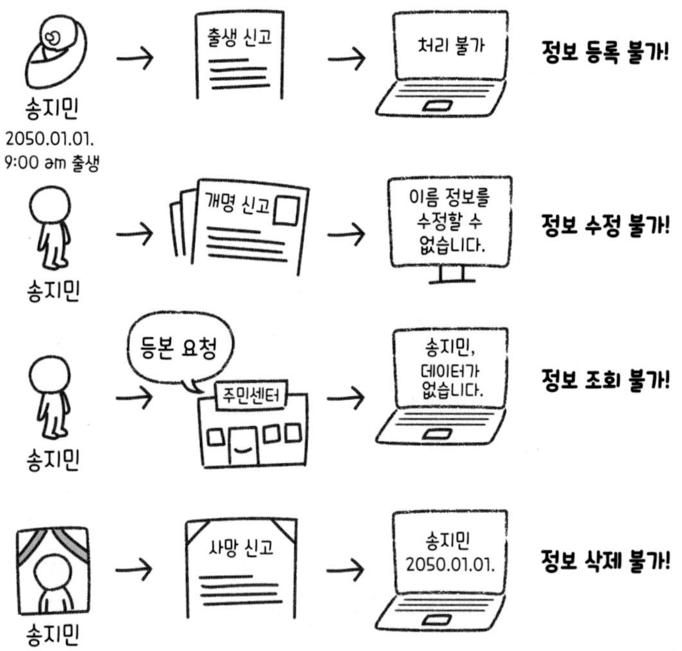

IT 서비스도 CRUD 기능이 제대로 동작하지 않으면, 행정 시스템처럼 중대한 문제가 발생하게 됩니다. 다시 블로그에 글을 쓰는 상황으로 돌아가 봅시다. 블로그에 맛집 소개 글을 열심히 작성하고, 저장까지 완료했습니다. 아차! 저장을 클릭한 직후에 식당 이름을 잘못 입력했다는 사실을 깨닫고 말았습니다. 얼른 글을 수정하려고 하는데, 아무리 찾아도 '수정' 버튼이 보이지 않습니다. 글을 수정할 방법이 없으니 선택을 해야 합니다. 잘못 작성된 글을 그대로 두거나, 열심히 작성한 글을 삭제하고 처음부터 글을 다시 쓴다니 상상만 해도 불편합니다. 비슷한 상황을 한두 번 더 겪고 나면 다시는 이 블로그 서비스를 찾지 않게 될 것입니다.

블로그 서비스에서 글의 수정(Update) 기능 하나가 사라진 것뿐인데, 사용자는 너무나 많은 불편을 겪게 됩니다. 사용자는 글을 수정할 수 없는 블로그 서비스를 어떻게 생각할까요? 다른 기능이 아무리 완벽하다고 해도 비판을 피할 수 없을 것입니다. 데이터의 생성, 조회, 수정, 삭제 중 어떤 기능이 사라져도 불편한 건 마찬가지입니다. 만약 평소에 아무 생각 없이 사용하는 IT 서비스가 있다면, 그 서비스는 데이터 CRUD를 위한 기능이 잘 갖추어져 있을 가능성이 높습니다. 수정 기능이 빠진 블로그처럼 불편하지 않았으니까요!

IT 서비스는 수많은 데이터로 이루어져 있고, 데이터는 CRUD를 기반으로 움직입니다. 결국

IT 서비스의 동작은 데이터를 생성하고, 조회하고, 수정하고, 삭제하는 일련의 과정인 것입니다. CRUD 구조가 제대로 동작하지 않는 IT 서비스는 사용하기도 불편할뿐더러, 해당 서비스의 데이터를 신뢰하기도 어렵습니다. 마치 출생 신고와 사망 신고가 안 되는 행정 시스템처럼 말이죠! 즉, CRUD는 완결성 있는 IT 서비스를 위한 가장 기본적인 요구 조건입니다.

2.2 SECTION 데이터와 CRUD

이번엔 카카오톡을 실행해 봅시다. 카카오톡의 '친구' 화면에 들어가면 이미 추가된 친구의 프로필 정보를 볼 수 있습니다. 여기에서 우리는 새로운 친구를 목록에 추가하거나 이미 추가된 친구의 이름을 변경할 수 있습니다. 기존에 있던 친구 정보를 삭제할 수도 있죠. 이번에는 '채팅' 화면으로 넘어가 봅시다. 이 화면에서는 주고받은 대화를 다시 보거나 친구에게 새로운 채팅을 보낼 수 있습니다. 다운로드했던 이모티콘을 삭제하거나 메시지방의 이름을 수정하는 것도 당연히 가능합니다. 이 모든 기능은 특정 데이터를 생성, 조회, 수정, 삭제하는 동작에 해당합니다.

▼ **그림 2-5** 카카오톡 화면의 다양한 데이터 CRUD 동작

출처: https://talktips.kakao.com/easyread/

IT 서비스는 수많은 데이터로 이루어져 있고, IT 서비스의 동작은 데이터를 CRUD하는 일련의 과정이라는 사실은 이제 잘 알겠습니다. 그런데 이 모든 과정이 도대체 어디에서 이루어지고 있고, 카카오톡은 이 많은 정보를 다 어디에서 기억하고 있는 걸까요?

학생을 관리하기 위해서는 출석부가 필요하고 지출 내역을 정리하기 위해서는 가계부가 필요합니다. 마찬가지로, IT 서비스도 데이터를 관리하기 위해서는 이를 기록하고 저장할 공간이 필요합니다. 우리는 이러한 IT 서비스의 데이터 저장 공간을 **데이터베이스**(database, DB)라고 부릅니다.

> **데이터베이스(database, DB)**: 체계적으로 구성된 데이터의 집합이자, 데이터를 효율적으로 저장하고 관리하는 공간

데이터베이스는 수많은 정보의 집합입니다. 단적으로 말하면, '정보가 기록되고 관리되는 문서'는 모두 데이터베이스입니다. 학창 시절, 우리의 정보가 적혀 있던 출석부나 수입과 지출 내역을 기록하고 관리하는 가계부도 일종의 데이터베이스로 볼 수 있습니다.

관리하는 정보의 종류나 특성에 따라 데이터베이스의 구조와 형태는 다양합니다. 표 형태일 수도 줄글 형태일 수도 있습니다. 하지만 IT 세상의 데이터베이스는 주로 '표' 형태로 이루어져 있습니다. 여러 정보를 체계적으로 정리하려면 표 형태가 가장 적합하기 때문입니다. 사실, IT 서비스의 데이터베이스의 모습은 출석부나 가계부와 크게 다르지 않습니다. 단지 누가, 어떤 목적으로 사용하는지에 따라 약간의 차이가 있을 뿐입니다.

▼ **그림 2-6** 표 형태의 데이터베이스 예시

이름	학년	반	번호
송지민	1	2	21
이원진	2	5	17
이지민	3	3	25

IT 서비스가 물류 운송 시스템이라면, 데이터베이스는 물류 창고와 같습니다. 건물을 짓고 물건을 채워 넣었다고 해서 그 건물을 바로 물류 창고라고 부를 수 있을까요? 그렇지 않습니다. 그냥 여러 가지 물건이 들어 있는 건물일 뿐입니다. '이 건물은 물류 창고의 역할을 하고 있어!'라고 하기 위해서는 그 공간에서 물류 담당자가 운송할 물건을 열심히 채워 넣고, 또 적절하게

가져가는 일련의 과정이 이루어져야 합니다. 건물은 아무 동작도 하지 않았고 외관도 전과 동일합니다. 하지만 물류 시스템이 건물을 활용하는 그 순간부터, 우리는 그 건물을 '물류 창고'라고 부르게 됩니다.

IT 서비스의 데이터베이스도 마찬가지입니다. 그냥 데이터를 적어 놓은 표는 그 자체로 별다른 의미를 가지기 어렵습니다. CRUD가 이루어지지 않는 데이터베이스는 그냥 정보가 모여 있는 평범한 저장 공간에 불과합니다. 하지만 여기에 IT 서비스라는 물류 운송 시스템이 붙는 순간, 상황이 달라집니다. IT 서비스는 사용자의 동작에 따라 표에 데이터를 생성하고, 조회하고, 수정하고, 삭제합니다. 이때 '표'는 IT 서비스가 데이터를 CRUD하는 공간이 됩니다. 그 자체로 무언가가 달라지지는 않았지만, IT 서비스가 '표' 공간과 그 속의 '데이터'를 활용하면서 저장 공간 이상의 의미가 생기는 것입니다. 이처럼 우리는 IT 서비스가 데이터를 저장하고 관리하기 위해 사용하는 저장 공간을 'IT 서비스의 데이터베이스'라고 부릅니다.

▼ **그림 2-7** IT 서비스와 데이터베이스

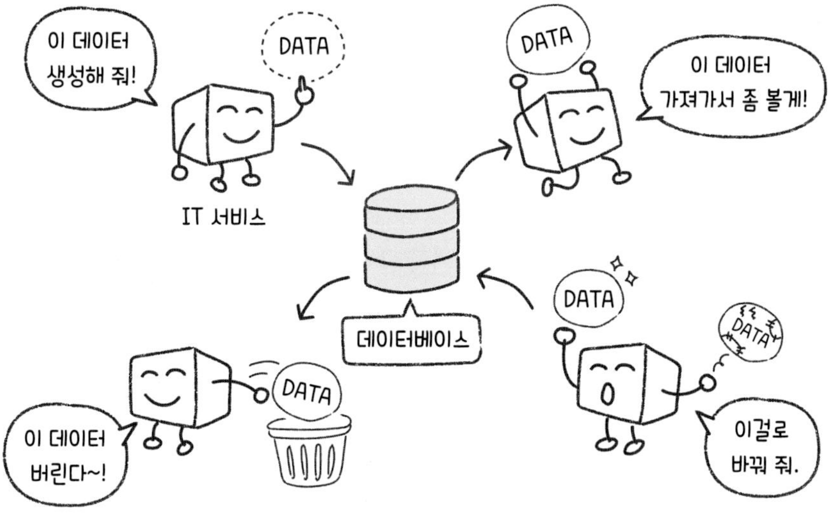

이제 CRUD의 개념도 알았고, 얼마나 중요한지도 알았고, CRUD가 어디에서 일어나는지도 이해했습니다. 하지만 이 내용만으로는 IT 서비스가 데이터베이스에 어떻게 정보를 CRUD하는지, 이때 데이터베이스에 어떤 변화가 일어나는지 상상하기 어렵습니다.

상상하기 어렵다면 직접 해 보죠! 지금부터 1장에서 언급했던 가상의 맛집 탐색 서비스인 '헝그리정신'을 만들어 보려고 합니다. 물론 실제로 개발하자는 건 아닙니다. 가상의 서비스를 만든다고 생각하고 데이터베이스 구조를 잡아 보는 것뿐입니다. 실제 IT 서비스에서 데이터를 CRUD 하는 과정과 데이터베이스에서 일어나는 동작을 바탕으로, '헝그리정신'이라는 IT 서비스를 만들기 위해 어떤 데이터베이스가 필요한지, 또 데이터는 어떻게 CRUD 되는지 함께 확인해 봅시다.

2.2.1 Create(생성)

인터넷 세상 속에서 우리는 수많은 정보를 손쉽게 얻을 수 있습니다. 접근하기 너무 쉬운 나머지, 인터넷상의 정보들은 태초부터 존재했던 것처럼 느껴지기도 합니다. 당연한 말이지만, 전혀 그렇지 않습니다. 인터넷 속 수많은 정보는 모두 누군가가 생성한 데이터입니다. 인터넷 검색을 통해 어떤 데이터를 볼 수 있다는 건 그 데이터가 수많은 데이터베이스 중 어딘가에는 저장되어 있다는 뜻입니다. 그 어떤 데이터베이스에도 등록되어 있지 않은 데이터는 인터넷 세상을 아무리 헤매도 찾을 수 없습니다.

데이터를 볼 수 있다는 건 그 데이터가 이미 생성된 상태라는 것을 의미합니다. 다시 말해 눈에 보이는 데이터는 누군가가 데이터베이스에 등록해 둔 과거의 기록입니다. 물론 그 데이터베이스가 어디에 있는지, 누가 생성한 건지는 알 수 없지만요! 이처럼 새로운 데이터를 데이터베이스에 등록하는 작업을 Create(생성)라고 합니다.

'헝그리정신' 서비스의 데이터베이스에 맛집 데이터를 Create하는 과정을 상상해 봅시다. 데이터베이스를 구성하기 위해서는 가장 먼저 어떤 데이터가 필요한지 파악해야 합니다. 맛집을 검색하는 서비스를 제공하기 위해서는 어떤 데이터가 필요할까요? 기본적으로 식당 이름, 지역, 유형, 후기 정보가 있으면 좋을 것 같습니다.

헝그리정신 서비스를 만들기 위해 활용할 데이터를 결정했다면, 이제 그 데이터를 저장할 공간을 구성해야 합니다. 맛집의 네 가지 데이터를 저장하기 위한 데이터베이스는 다음과 같은 표 형태로 만들 수 있습니다(물론 실제 IT 서비스의 데이터베이스는 이렇게 단순하지 않은 경우가 많습니다).

▼ **그림 2-8** 헝그리정신의 데이터베이스

식당 이름	지역	유형	후기

헝그리정신의 데이터베이스를 만들었으니, 여기에 맛집 정보를 생성해 봅시다. 데이터를 Create하는 방법은 간단합니다. 데이터베이스의 항목에 맞게 맛집 데이터를 입력하면 됩니다. 그냥 표에 정보를 적어 넣는 거죠. 다음과 같이 데이터베이스에 정보를 적어 넣는 데 성공했다면, 이 정보는 생성이 완료된 것입니다. 간단하죠?

▼ **그림 2-9** 데이터베이스에 Create된 정보들

식당 이름	지역	유형	후기
막 나가는 날에는 막국수를	경기	한식	이름에 걸맞게 막국수 맛도 막 나가네요...
지니 떡볶이	부산	분식	음식은 맛있는데 테이블 간격이 좁아요.
드래곤도 반한 커피	서울	카페	커피랑 라떼 모두 맛있네요. 추천합니다!

보통 IT 서비스는 데이터 생성을 위해 사용자에게 데이터베이스에 적어 넣을 정보를 입력해 달라고 요청합니다. IT 세상의 모든 데이터는 누군가의 입력 없이는 존재할 수 없으니까요! 사용자에게 생성할 데이터를 얻어 내는 방법도 별로 어렵지 않습니다. 헝그리정신에 맛집 정보를 등록하려는 사용자에게 {식당 이름, 지역, 유형, 후기} 정보를 입력할 수 있는 화면을 제공해 주면 됩니다.

먼저, 헝그리정신 서비스는 맛집 등록을 위해 다음과 같은 데이터 입력 화면을 제공합니다. 사용자는 이 화면을 보고 형식에 맞게 데이터를 입력한 후, '등록' 버튼을 누릅니다. 그러면 헝그리정신 서비스는 사용자가 입력한 데이터를 데이터베이스로 가져가서 기록해 달라고 요청합니다. 모든 작업이 완료되고 나면, 서비스는 사용자에게 '잘 등록했어!'라고 알려주는 화면을 보여 줍니다. 이 과정을 통해 헝그리정신 서비스의 데이터베이스에 새로운 데이터가 생성되고, 사용자는 본인이 입력한 데이터가 잘 생성되었음을 알 수 있습니다.

▼ **그림 2-10** 헝그리정신에서 데이터를 생성하는 과정

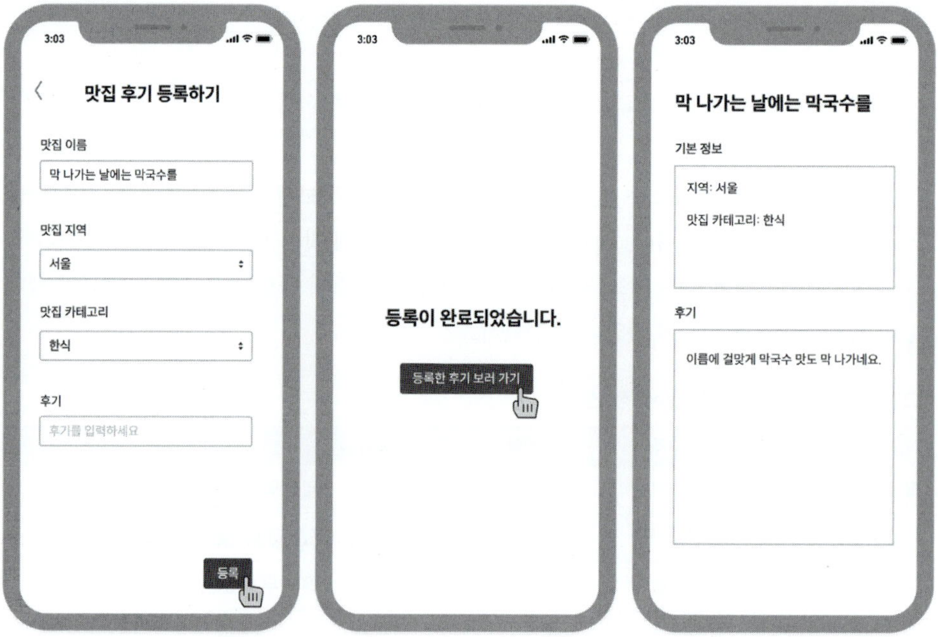

만약 헝그리정신 서비스에 데이터 생성 기능을 제공하지 않으면 어떻게 될까요? 맛집 데이터를 저장하는 데이터베이스는 텅 비어 있고, 당연하게도 사용자는 맛집 탐색 자체를 할 수 없습니다. 검색할 수 있는 맛집 데이터가 아무것도 없는 맛집 검색 서비스는 있으나 마나 한 빈 깡통에 불과합니다. 데이터가 없는 IT 서비스는 우리에게 별다른 가치를 줄 수 없습니다. 그렇기에 데이터 생성(Create)은 간단하지만 매우 중요한 기능입니다.

2.2.2 Read(조회)

데이터를 생성했다면, 당연히 생성한 데이터를 다시 확인할 수 있어야 합니다. 출석부에 이름을 적어만 두고 확인하지 않으면 그 출석부는 아무런 의미가 없습니다. IT 서비스도 마찬가지입니다. IT 서비스가 데이터베이스에 있는 정보를 다시 확인할 수 없다면, 수많은 데이터를 생성해 봤자 아무런 의미가 없습니다. 데이터를 쓰레기통에 집어 넣은 거나 다름 없죠. 데이터를 잘 만들었다면 다시 잘 활용할 수 있어야 합니다. 이처럼 데이터베이스에 등록되어 있는 정보를 다시 꺼내서 확인하는 과정을 Read(조회)라고 합니다.

앞서 말한 것처럼, 우리는 인터넷이라는 정보의 바다 속에서 살고 있습니다. 검색 한 번이면 과할 정도로 많은 정보가 눈앞에 펼쳐집니다. 이때, 우리 눈앞에 보이는 모든 정보는 사실 Read의 결과물입니다. 우리가 그 많은 정보를 볼 수 있는 건 검색 서비스가 어딘가에 저장되어 있는 정보를 Read해서 가져왔기 때문입니다. CRUD 중 IT 세상에서 가장 많이 일어나는 동작이 바로 이러한 Read 동작입니다.

다시 '헝그리정신' 서비스의 데이터베이스로 돌아가 봅시다. 지금 헝그리정신의 데이터베이스에는 총 세 개의 맛집 정보가 등록되어 있습니다. 사용자는 맛집 탐색 기능을 통해 데이터베이스에 저장된 맛집 데이터를 조회할 수 있고, 필요에 따라 조건을 지정할 수 있습니다. 만약 경기 지역의 맛집이 궁금하다면, 다음과 같이 데이터베이스에서 지역이 '경기'인 데이터를 찾아 조회하면 쉽게 원하는 데이터를 얻을 수 있습니다.

▼ **그림 2-11** 데이터베이스에서 데이터 조회하기

식당 이름	지역	유형	후기
막 나가는 날에는 막국수를	경기	한식	이름에 걸맞게 막국수 맛도 막 나가네요...
지니 떡볶이	부산	분식	음식은 맛있는데 테이블 간격이 좁아요.
드래곤도 반한 커피	서울	카페	커피랑 라떼 모두 맛있네요. 추천합니다!

IT 서비스의 Read 동작에서 중요한 건, 사용자가 '어떤 데이터를 보고 싶어 하는지'를 파악하는 것입니다. 일반적으로 IT 서비스의 데이터베이스는 매우 방대합니다. 하지만 사용자가 원하는 정보는 방대한 데이터 중 극히 일부에 불과합니다. 매번 IT 서비스가 가지고 있는 모든 데이터를 화면 가득 보고 싶어 하는 사용자는 아무도 없을 것입니다.

그렇기 때문에 IT 서비스에서 데이터 Read를 수행할 때는 사용자가 원하는 바를 명확히 파악할 필요가 있습니다. 사용자가 원하는 정보가 명확하다면, IT 서비스는 데이터베이스에서 해당 데이터만 빠르게 조회해서 가져올 수 있습니다. 그 후에는 조회한 정보를 사용자에게 예쁘게 보여주기만 하면 되는 것이죠.

즉, 사용자가 원하는 정보를 명확히 파악하고 그 정보만 데이터베이스에서 조회한 뒤 사용자에게 보기 좋게 전달하는 것이 Read 기능의 핵심입니다.

▼ **그림 2-12** 사용자가 데이터 요청 시 조회되는 화면

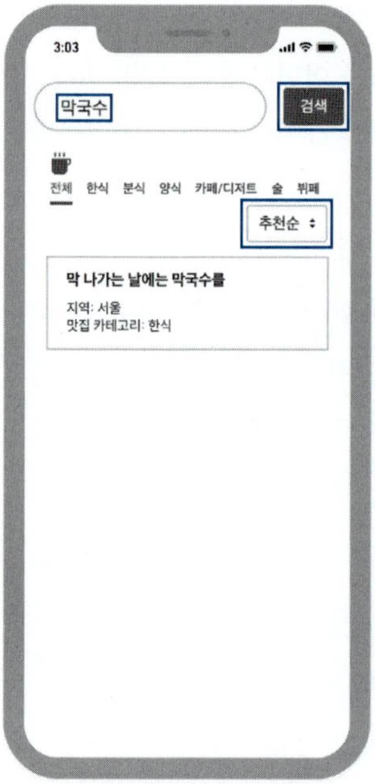

2.2.3 Update(수정)

세상에 영원한 것은 없습니다. 당연하게 여겨지던 상식이 잘못된 정보였다는 게 밝혀지기도 하고, 자주 가던 식당의 맛이 갑자기 변하기도 합니다. 데이터도 마찬가지입니다. 처음 생성된 정보가 영원히 그대로 유지된다는 보장은 없습니다. 세상이 변하면 정보도 변합니다. 정보가 변하면, 우리는 그 변경 사항을 데이터베이스에 반영해야 합니다! 이처럼 데이터베이스에 등록되어 있던 정보의 일부 혹은 전체를 변경하는 것을 Update(수정)라고 합니다.

Update와 Create는 모두 새로운 정보를 데이터베이스에 집어넣을 때 사용됩니다. 하지만 Create는 '완전히 새로운 데이터를 생성하는' 동작이고, Update는 '이미 생성되어 있는 데이터에 새로운 내용을 반영한다'는 점에서 그 차이가 있습니다.

헝그리정신에 등록된 맛집 데이터 역시 영원히 그대로일 수는 없습니다. 사장님의 손맛이 달라지면, 식당 리뷰도 달라집니다. 헝그리정신의 한 사용자는 자주 가던 식당이 사장님이 바뀌면서 음식의 맛이 달라진 것을 느꼈습니다. 놀랍게도 좋은 쪽으로 말이죠! 사용자는 음식을 먹으며, 헝그리정신 서비스에 예전에 등록했었던 식당 후기를 슬쩍 수정합니다.

▼ **그림 2-13** 기존에 등록된 후기 수정하기

식당 이름	지역	유형	후기
막 나가는 날에는 막국수를	경기	한식	이름에 걸맞게 막국수 맛도 막 나가네요...
지니 떡볶이	부산	분식	음식은 맛있는데 테이블 간격이 좁아요.
드래곤도 반한 커피	서울	카페	커피랑 라떼 모두 맛있네요. 추천합니다!

↓

식당 이름	지역	유형	후기
막 나가는 날에는 막국수를	경기	한식	**사장님 바뀌고 맛이 기가 막힙니다~!**
지니 떡볶이	부산	분식	음식은 맛있는데 테이블 간격이 좁아요.
드래곤도 반한 커피	서울	카페	커피랑 라떼 모두 맛있네요. 추천합니다!

이미 등록되어 있던 맛집 후기 데이터에 변경 사항이 발생하면, 헝그리정신 서비스는 데이터베이스의 후기 데이터를 최신 정보 값으로 Update합니다. 이때는 데이터베이스에 있는 기존 데이터인 '식당 이름', '지역', '유형'의 값은 건드리지 않고, '후기' 항목의 값만 새로운 데이터로 Update하게 됩니다.

▼ **그림 2-14** 서비스 내에서 정보가 정상적으로 수정되는 화면

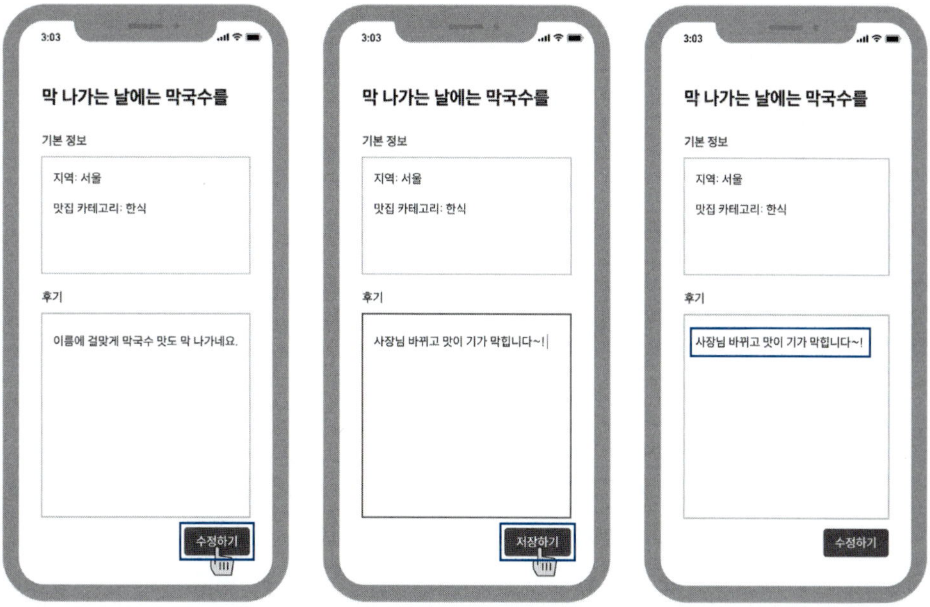

Update 동작에서 중요한 건 '무엇을 수정해야 하는가'를 아는 것입니다. 앞의 사용자가 식당의 '후기' 항목이 아닌 '지역' 항목에 새로운 후기 정보를 입력한 후 수정 버튼을 눌렀다고 상상해 봅시다. IT 서비스는 식당의 지역 정보에 대한 사용자의 Update 요청을 그대로 데이터베이스에 반영합니다. 그럼 이제 헝그리정신 서비스의 '막 나가는 날에는 막국수를' 식당의 지역 정보는 '사장님 바뀌고 맛이 기가 막힙니다~!'로 나오게 되는 것입니다.

▼ **그림 2-15** 다른 항목에 잘못 등록된 후기

식당 이름	지역	유형	후기
막 나가는 날에는 막국수를	**사장님 바뀌고 맛이 기가 막힙니다~!**	한식	이름에 걸맞게 막국수 맛도 막 나가네요...
지니 떡볶이	부산	분식	음식은 맛있는데 테이블 간격이 좁아요.
드래곤도 반한 커피	서울	카페	커피랑 라떼 모두 맛있네요. 추천합니다!

이러한 데이터를 본 사용자는 예상치 못한 데이터에 당황할 수밖에 없습니다. 그렇기에 IT 서비스는 Update 기능을 위해 데이터베이스에 있는 기존 데이터를 제시하고, 사용자가 수정할 수 있는 항목을 명확하게 보여 줄 필요가 있습니다.

시간이 지나고 세상이 변해 감에 따라 과거의 데이터는 점점 힘이 약해집니다. 데이터의 변경 사항을 데이터베이스에 반영할 수 없다면, IT 서비스는 과거에 갇혀 빛을 잃어갈 수밖에 없습니다. 즉, Update는 IT 서비스가 현재의 시간을 살아갈 수 있도록 만들어 주는 중요한 기능인 셈입니다.

2.2.4 Delete(삭제)

정리 정돈의 핵심은 필요 없는 물건을 버리는 일입니다. 잡다한 물건들을 제때 버리지 않고 쌓아놓다 보면 어느새 집은 발 디딜 틈 없이 어지러워집니다. 더 이상 사용하지 않는 물건이라면, 과감하게 쓰레기통에 넣어 버리는 것이 좋습니다. 그래야 진짜 필요한 물건을 채워 넣을 공간이 생기니까요!

데이터베이스도 불필요한 데이터를 그때그때 정리할 필요가 있습니다. 물론 생성 당시에는 필요한 데이터였겠지만, 상황은 변하기 마련입니다. 더 이상 사용하지 않는 데이터는 들고 있어봤자 관리 비용만 발생합니다. 불필요한 데이터는 데이터베이스에서 지워버리고, 그 자리에 새로

운 데이터를 채워 넣는 게 훨씬 효율적이죠. 이처럼 특정 정보를 데이터베이스에서 지우는 동작을 우리는 Delete(삭제)라고 부릅니다.

헝그리정신의 데이터베이스에 등록되어 있는 '막 나가는 날엔 막국수를' 식당이 결국 문을 닫았습니다. 폐업한 식당의 정보를 계속 가지고 있을 필요는 없겠죠? Delete가 필요한 데이터입니다. 헝그리정신 서비스에서 폐업한 식당의 정보를 삭제하는 방법은 간단합니다. 데이터베이스에 기록되어 있는 해당 식당의 데이터를 모두 날려버리면 끝입니다!

▼ **그림 2-16** 식당 데이터 삭제

식당 이름	지역	유형	후기
지니 떡볶이	부산	분식	음식은 맛있는데 테이블 간격이 좁아요.
드래곤도 반한 커피	서울	카페	커피랑 라떼 모두 맛있네요. 추천합니다!

데이터베이스에서 삭제된 정보는 더 이상 IT 서비스에서 볼 수 없게 됩니다. Read해서 보여 줄 데이터가 없으니, 당연한 일입니다. 이처럼 IT 서비스가 유효한 정보를 바탕으로 잘 돌아가기 위해서는 쓸데없는 정보를 데이터베이스에서 치워버리는 Delete 기능 역시 반드시 필요합니다.

Plus 요즘 대세 SQL과 CRUD

IT 서비스는 데이터 CRUD를 기반으로 동작하고, IT 서비스의 데이터는 모두 데이터베이스에 저장되어 있습니다. 그렇다면 IT 서비스의 CRUD 동작은 '무엇을 통해' 데이터베이스에 반영되는 걸까요?

그 주인공이 바로 그 유명한 SQL입니다! **SQL**(Structured Query Language)은 데이터베이스에 정보를 CRUD하기 위한 데이터 처리 언어입니다. 즉, SQL은 CRUD를 수행하는 언어인 셈입니다. 데이터베이스가 물류 창고라면, SQL은 물류 창고에 짐을 가져다 넣고, 관리하고, 다시 가져가는 성실한 일꾼입니다. IT 서비스에서 특정 데이터의 Create, Read, Update, Delete 동작이 발생하면, IT 서비스는 SQL 언어를 통해 데이터베이스에 명령하고 내부 데이터를 관리합니다.

SQL의 주요 명령어는 INSERT, SELECT, UPDATE, DELETE입니다. 혹시 눈치채셨나요? 이 네 가지 명령어는 각각 생성(Create), 조회(Read), 수정(Update), 삭제(Delete)의 동작을 담당하고 있습니다. CRUD가 개념이라면, SQL의 INSERT, SELECT, UPDATE, DELETE는 CRUD를 실현시켜 주는 마법의 주문과도 같습니다.

▼ **표 2-1** SQL의 주요 명령어와 CRUD

SQL(명령어)	CRUD(개념)
INSERT	Create(생성)
SELECT	Read(조회)
UPDATE	Update(수정)
DELETE	Delete(삭제)

SQL은 CRUD 구조를 기반으로 하고 있어 다른 개발 언어에 비해 체계가 단순한 편입니다. CRUD의 개념만 알고 있다면 SQL의 동작 원리도 쉽게 이해할 수 있습니다. 아래의 코드는 SQL을 활용한 '헝그리정신'이라는 데이터베이스에서(FROM) 식당 이름 정보를 모두 조회해 달라(SELECT)는 명령어입니다. 별로 어렵지 않죠?

```
SELECT 식당_이름
FROM 헝그리정신
```

최근 데이터에 기반한 의사 결정이 하나의 트렌드로 자리 잡으며 SQL에 대한 관심도 높아지고 있습니다. SQL을 통해 단순한 코드로도 필요한 데이터를 쏙쏙 뽑아 올 수 있다 보니, SQL을 사용할 수 있으면 데이터가 필요할 때마다 개발자에게 애절한 눈빛을 보내지 않아도 손쉽게 원하는 데이터를 얻을 수 있습니다. 이러한 이유로 요즘은 개발자나 데이터 분석가가 아닌 기획자, 디자이너도 데이터를 분석하고 인사이트를 얻기 위해 SQL을 배우는 모습을 꽤나 볼 수 있습니다. 물론 SQL이라는 언어를 굳이 배울 필요는 없습니다. SQL이 데이터베이스에 데이터를 생성하고, 조회하고, 수정하고, 삭제하는 동작을 도와주는 언어라는 정도만 알고 있어도 충분합니다. 만약 언젠가 SQL을 배우고 싶어지는 순간이 온다면, 2장에서 다루었던 CRUD의 개념을 떠올려 봅시다. 이미 SQL의 기본 원리를 알고 있으니, 절반은 먹고 들어가는 거나 다름없죠!

CHAPTER

03

IT 서비스의 기본 구조: 앱과 플랫폼

SECTION 3.1	IT 서비스가 사는 세상
SECTION 3.2	운영체제의 토박이, 네이티브 앱
SECTION 3.3	네이티브의 한계를 넘다, 웹 앱
SECTION 3.4	네이티브 앱과 웹 앱의 적절한 합의점, 하이브리드 앱
PLUS	IT 서비스가 너도 나도 플랫폼이라고 주장하는 이유

카카오톡이 없던 시절, 우리는 전화나 문자로 연락을 했습니다. 보통 요금제에서 보낼 수 있는 문자의 개수가 정해두었기에 하나의 문자도 소중하게 보내던 시절이었죠. 그러다 스마트폰이 나왔고, 스마트폰에서 사용할 수 있는 카카오톡 서비스가 출시되었습니다. 제한 없이 메시지를 보낼 수 있는 카카오톡 서비스는 혁신이었고, 많은 사람들이 카카오톡 때문에 스마트폰을 사용하기 시작했습니다. 사실상 한국 스마트폰 대중화의 일등공신은 카카오톡인 셈입니다.

카카오톡은 그때부터 지금까지 계속 국민 메신저 서비스의 자리를 지키고 있습니다. 한국 사회를 살아가는 대부분의 사람들은 카카오톡을 일상적으로 사용하고 있죠. 이때, 카카오톡이라는 IT 서비스를 사용하려면 무엇이 필요할까요? 당연한 이야기지만, 스마트폰이 있어야 합니다!

스마트폰이 아닌 핸드폰에서는 카카오톡을 사용할 수 없습니다. 스마트폰 보급 이전에는 대부분 피처폰을 사용했는데, 여기에서는 카카오톡을 사용할 수 없습니다. 카카오톡이라는 앱(app, application)은 스마트폰 위에서 돌아가도록 만들어졌기 때문입니다.

심지어 카카오톡이 처음 출시되었을 때는 아이폰에서만 사용할 수 있었습니다. 최초의 카카오톡 앱이 아이폰에서 사용하는 iOS라는 운영체제 환경에 맞추어 개발되었기 때문입니다. 물론 곧이어 안드로이드라는 운영체제 위에서 동작하는 앱 역시 출시되었고, 몇 년 후에는 스마트폰이 아닌 노트북에서도 사용할 수 있게 되었습니다. 지금은 거의 모든 종류의 스마트 기기에서 카카오톡을 사용할 수 있습니다.

▼ **그림 3-1** 카카오톡 출시 당시의 모습

이러한 카카오톡의 모습에서 알 수 있는 사실은 두 가지입니다. 첫 번째, 카카오톡과 같은 IT 서비스를 사용하기 위해서는 특정한 기기가 필요합니다. 노트북이나 스마트폰, 태블릿 등 기술적 기반이 갖춰진 스마트 기기가 있어야 IT 서비스를 사용할 수 있습니다.

두 번째, 스마트 기기의 환경마다 사용할 수 있는 앱이 다릅니다. 카카오톡은 아이폰에서 사용할 수 있는 앱을 먼저 출시했고, 이후에 안드로이드 기반 스마트폰에서 사용할 수 있는 앱과 PC 환경에서 사용할 수 있는 앱을 순차적으로 출시했습니다. 여기에서 아이폰과 안드로이드 기반 스마트폰, PC 환경에서 사용하는 카카오톡 앱이 서로 다르다는 걸 알 수 있습니다.

왜 카카오톡은 피처폰에서 사용할 수 없는 걸까요? 스마트폰과 노트북에 서로 다른 카카오톡 앱을 설치해야 하는 이유는 무엇일까요? 이번 장을 통해 IT 서비스가 살고 있는 세상의 비밀을 한 번 파헤쳐 봅시다.

3.1 SECTION IT 서비스가 사는 세상

우리는 다양한 종류의 스마트 기기, 즉 컴퓨터를 통해 IT 서비스를 사용하고 있습니다. 다시 말하면, 우리가 사용하는 IT 서비스는 컴퓨터 시스템 위에서 동작합니다. 컴퓨터가 없다면 네이버, 카카오톡, 쿠팡 등의 다양한 IT 서비스를 사용할 수조차 없죠. 따라서 IT 서비스의 구조에 대해 이해하기 위해서는 IT 서비스가 살아가는 컴퓨터 세상에 대해 먼저 이해할 필요가 있습니다.

컴퓨터의 구조는 하드웨어와 소프트웨어로 나누어 생각할 수 있습니다. 소프트웨어는 다시 시스템 소프트웨어와 응용 소프트웨어로 분류할 수 있습니다. 우리가 주로 사용하는 IT 서비스의 앱은 응용 소프트웨어에 해당하는 무언가로 볼 수 있죠. 응용 소프트웨어 역시 개발 방식에 따라 여러 가지 종류로 나눌 수 있습니다.

정리하자면, 컴퓨터는 하드웨어와 시스템 소프트웨어, 응용 소프트웨어로 이루어져 있고, 이들은 서로가 움직일 수 있는 기반 환경이 되어 줍니다. 무슨 말인지 모르겠다고요? 당연합니다. 우리는 아직 컴퓨터가 무엇인지조차 이야기하지 않았는 걸요!

IT 서비스가 어떤 구조로 이루어진 세상에서 살아가고 있는지, 한 번 차근차근 알아볼까요?

▼ **그림 3-2** IT 서비스가 실행되기 위해 필요한 친구들

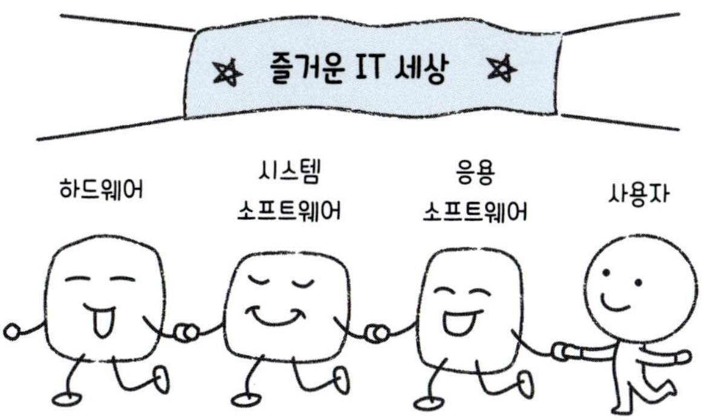

3.1.1 컴퓨터의 기본 구조: 하드웨어와 소프트웨어

카카오톡과 같은 IT 서비스는 대부분 앱이라는 형태로 제공됩니다. 앱 외에도 애플리케이션, 응용 프로그램 등으로 불리기도 하죠. 우리가 일상적으로 사용하는 IT 서비스의 앱은 스마트폰, 노트북, 태블릿 등과 같은 기기에서만 사용할 수 없습니다. 즉, 해당 앱을 사용하기 위해서는 반드시 특정한 환경이 갖춰진 '컴퓨터'가 필요합니다.

앗, 컴퓨터는 잘 안 쓰고 스마트폰만 사용하신다고요? 스마트폰도 일종의 컴퓨터입니다! 일반적으로 컴퓨터라고 하면 데스크톱이나 노트북을 떠올리는 경우가 많습니다. 하지만 우리가 매일같이 사용하는 스마트폰, 스마트 워치, 태블릿, 게임기는 모두 일종의 컴퓨터입니다.

컴퓨터(computer)란 **데이터를 처리하고 연산을 수행할 수 있는 기계**를 아우르는 단어입니다. 생각보다 넓은 범위의 기기를 지칭하는 개념이죠. 최근에는 다양한 형태의 컴퓨터가 일상적으로 사용되고 있습니다. 사실, 앞에서 말한 피처폰도 기술적으로 분류하자면 컴퓨터에 해당합니다. 다만 카카오톡을 실행할 수 없는, 조금 덜 똑똑한(?) 컴퓨터일 뿐이죠.

> **컴퓨터(computer)**: 정보를 저장, 검색, 처리하며, 프로그래밍이 가능한 전자 장치

▼ **그림 3-3** 컴퓨터의 다양한 모습

컴퓨터는 IT 세상과 우리를 연결하는 매개체입니다. 이러한 컴퓨터를 좀 더 자세하게 들여다볼까요? 컴퓨터의 구성 요소는 크게 하드웨어와 소프트웨어로 분류할 수 있습니다. IT 세상을 살

아가다 보면 하드웨어, 소프트웨어라는 단어를 한 번쯤은 듣게 됩니다. 보통 눈에 보이는 기계가 하드웨어, 눈에 보이지 않는 프로그램은 소프트웨어라고 이야기하죠. 정확한 설명이지만, 좀 더 자세하게 알아볼까요?

우리는 컴퓨터를 구성하고 있는 CPU(중앙처리장치), 메모리, 메인보드, 디스플레이, 키보드와 같이, 손으로 만질 수 있는 것들을 하드웨어라고 부릅니다. 즉, **하드웨어(hardware)는 컴퓨터를 이루고 있는 물리적인 부품**을 통칭하는 말입니다.

> **하드웨어(hardware)**: 컴퓨터가 동작하는 데 필요한 물리적인 구성 요소. 주로 입력, 연산, 제어, 기억, 출력 등의 기능을 담당한다.

▼ **그림 3-4** 스마트폰의 하드웨어

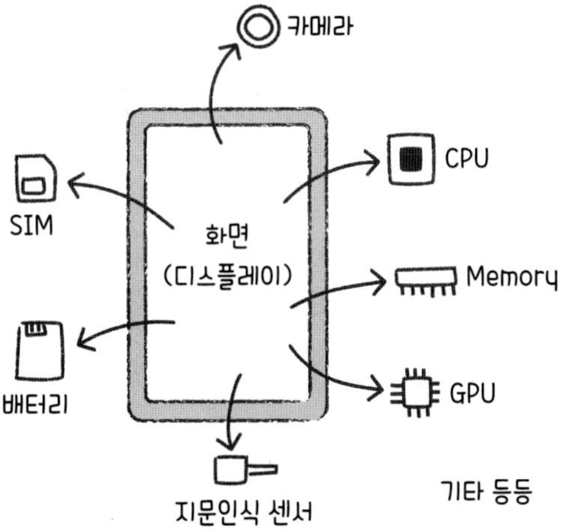

컴퓨터를 사용하는 건 사실상 하드웨어를 제어하는 일련의 과정입니다. 컴퓨터를 구성하는 수많은 하드웨어는 각자 수행하는 역할이 있습니다. CPU는 연산을 하고, 메모리는 데이터를 기억하며, 디스플레이는 화면에 이미지를 보여 줍니다. 이러한 하드웨어가 각자의 일을 열심히 처리했을 때, 컴퓨터는 우리가 원하는 대로 동작하게 됩니다.

스마트폰에서 카카오톡 앱을 클릭하는 간단한 동작에도 많은 하드웨어가 관여하고 있습니다. 입력부터 출력까지 전부 말이죠! 먼저 카카오톡 앱이 보이는 디스플레이를 터치하면, 컴퓨터의 CPU와 메모리 등의 하드웨어가 열심히 움직여서 카카오톡 앱을 실행시킵니다. 그 결과물을 다시 디스플레이라는 하드웨어에 보여 주면, 사용자는 카카오톡 앱을 볼 수 있게 되는 것입니다.

▼ **그림 3-5** 하드웨어의 제어 과정

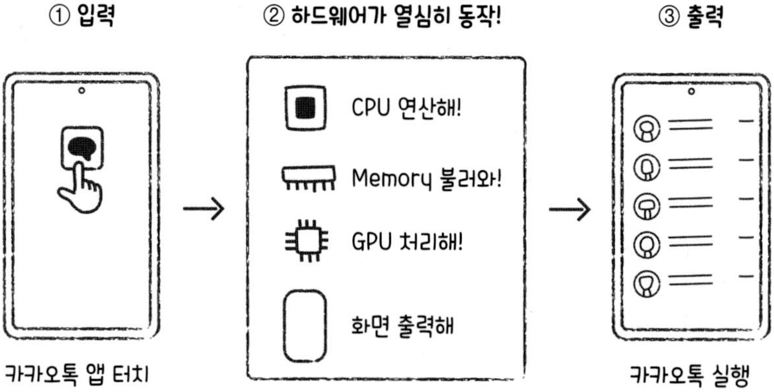

이처럼 컴퓨터의 하드웨어를 적절히 활용하면 사용자는 원하는 결과를 얻을 수 있습니다. 그런데 여기에서 의문이 생깁니다. 스마트폰의 화면을 터치하고 노트북 키보드를 두드리는 건 익숙합니다. 하지만 CPU나 메모리 같은 하드웨어는 제대로 본 적도 없습니다. 직접 사용하려고 한 적은 더더욱 없습니다. 그럼에도 불구하고 우리는 아무렇지 않게 컴퓨터를 사용하고 있죠. 어떻게 이런 일이 가능한 걸까요? 이 질문의 답은 소프트웨어가 가지고 있습니다.

우리는 컴퓨터를 통해 프로그램이라고 부르는 것들을 사용합니다. 앞서 이야기한 앱도 여기에 포함되죠. 컴퓨터 화면 속의 프로그램이 복잡한 컴퓨터의 하드웨어를 움직이도록 만든다는 걸 어렴풋이 느끼고는 있습니다. 실제로도 그렇습니다! 이때, 우리가 프로그램이라고 부르는 것들이 바로 소프트웨어에 해당합니다.

소프트웨어(software)는 **컴퓨터가 수행할 작업을 알려주는 프로그램**을 의미합니다. 이때 소프트웨어가 제어하는 '컴퓨터'는 하드웨어일 수도 있고, 또 다른 소프트웨어일 수도 있습니다. 소프트웨어는 우리가 본 적도 없는 컴퓨터의 구성 요소를 적절하게 움직여 원하는 결과를 얻을 수 있도록 만들어 줍니다.

> **소프트웨어(software)**: 컴퓨터가 작업을 수행하도록 지시하는 명령어의 집합

소프트웨어는 기본적으로 하드웨어를 기반으로 동작합니다. 하드웨어를 통해 들어온 입력값을 보고, 적절한 값이 출력될 수 있도록 하드웨어를 활용하죠. 다시 카카오톡 앱을 실행하는 동작으로 돌아가 봅시다. 사용자가 화면에 보이는 카카오톡 앱을 선택하면, 디스플레이를 통해 들어

온 사용자의 입력값이 카카오톡 소프트웨어에 전달됩니다. 입력값을 전달받은 카카오톡 소프트웨어는 CPU, 메모리 등의 여러 하드웨어에게 카카오톡을 실행하기 위한 동작을 수행하도록 명령합니다. 명령대로 동작한 하드웨어의 처리 결과가 디스플레이에 나타나면 사용자는 실행된 카카오톡 화면을 마주하게 됩니다.

소프트웨어는 명령하고, 하드웨어는 이를 수행합니다. 컴퓨터를 쉽고 편리하게 사용할 수 있는 건 모두 우리가 원하는 대로 컴퓨터를 조종해 주는 소프트웨어 덕분입니다.

▼ **그림 3-6** 소프트웨어와 하드웨어의 동작 과정

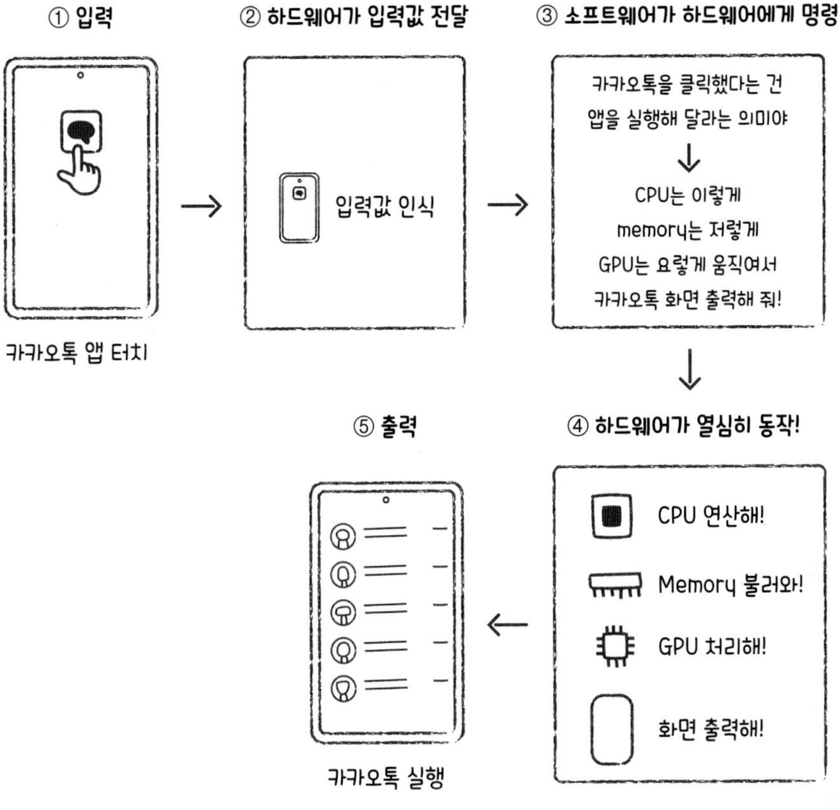

이처럼 컴퓨터가 움직이기 위해서는 하드웨어와 소프트웨어가 모두 필요합니다. 하드웨어는 소프트웨어가 없으면 움직이지 않고, 소프트웨어는 하드웨어 없이는 아무것도 할 수 없습니다. 하드웨어와 소프트웨어가 모두 있어야만 비로소 우리가 아는 똑똑한 컴퓨터가 될 수 있습니다.

컴퓨터의 하드웨어와 소프트웨어가 함께 일을 하는 모습은 마치 봉화를 사용하는 과정과 유사합니다. 봉화는 연기와 불빛으로 급한 소식을 알리던 전근대 군사 통신 시스템입니다. 옛날 군

대에서는 적의 침입을 빠르게 알리기 위해 높은 산이나 성벽에 봉수대라는 구조물을 설치하고 불을 피워 현재 상태를 다른 곳에 있는 아군에게 전달했습니다. 하드웨어와 소프트웨어가 상호 작용하며 컴퓨터가 동작하는 것처럼, 봉화 역시 여러 요소의 상호작용을 통해 동작합니다.

평화롭던 어느 날, 적이 국경을 넘어 침입했습니다. 군대가 적의 침입을 확인한 순간 북을 쳐서 내부의 군사들에게 이 사실을 알립니다. 북소리를 들은 군사는 잽싸게 뛰어가 봉수대에 불을 붙입니다. 불이 붙어 연기가 하늘 높이 피어오르는 봉수대를 보면 다른 곳에 있는 군대도 적의 침입 소식을 빠르게 확인할 수 있습니다.

옛날 봉화 시스템의 동작은 사실상 컴퓨터의 동작과 크게 다르지 않습니다. 봉화 시스템을 컴퓨터라고 하면 북과 봉수대는 하드웨어, 군사는 소프트웨어로 볼 수 있습니다. 이 시스템의 사용자는 해당 국가의 군대가 되겠죠.

먼저 사용자인 군대는 하드웨어인 북을 통해 적의 침입 사실을 봉화 시스템에 입력합니다. 입력값을 받은 소프트웨어인 병사는 봉수 체계에 따라 하드웨어인 봉수대에 불을 붙입니다. 불이 붙은 봉수대는 그 결과로 연기를 출력하고, 하드웨어의 출력값을 통해 다른 곳에 있는 군대는 적의 침입을 알아차릴 수 있습니다.

북이나 봉수대가 없으면 봉화는 동작하지 않습니다. 군사가 없어도 마찬가지입니다. 동작의 대상인 하드웨어와 이를 사용하는 소프트웨어가 모여 하나의 시스템이 되는 걸 생각하면, 옛날의 봉화도 오늘날의 컴퓨터도 크게 다르지 않습니다. 어렵고 복잡한 IT 세상도 현실 세계의 법칙 속에서 동작하는 건 마찬가지니까요!

▼ **그림 3-7** 봉화 시스템과 컴퓨터 시스템

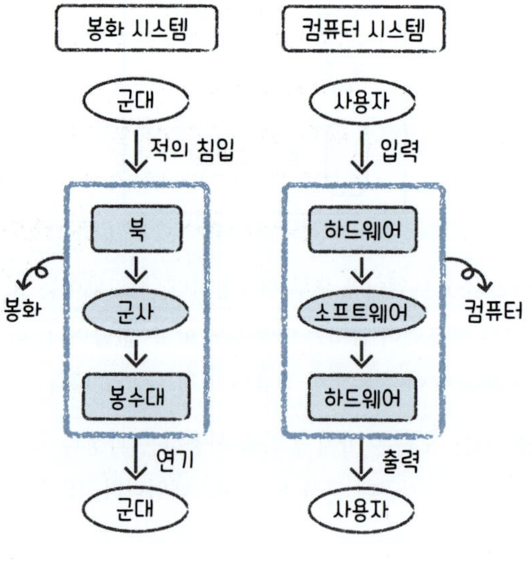

정리하자면, 컴퓨터는 하드웨어와 소프트웨어로 이루어진 똑똑한 전자 기기입니다. 컴퓨터를 사용하는 것은 복잡한 기계 장치인 하드웨어를 제어하는 일이고, 소프트웨어는 사용자가 원하는 대로 하드웨어를 움직일 수 있도록 도와줍니다. 이러한 하드웨어와 소프트웨어의 관계가 바로 IT 세상을 이루는 가장 기본적인 구조입니다.

3.1.2 소프트웨어의 종류: 시스템 소프트웨어와 응용 소프트웨어

다시 봉화의 예시로 돌아가 봅시다. 북소리를 듣고 봉수대에 불을 지피는 건 군사의 일입니다. 이때, 아무 병사나 데려다 놓는다고 해서 봉화 시스템이 잘 돌아갈까요? 그렇지 않습니다. 일개 병사는 사실상 결정권이 없습니다. 시스템이 잘 돌아가기 위해서는 동작을 수행할 병사와 상황을 판단하고 명령을 내릴 장군이 모두 필요합니다.

애초에 북과 봉수대, 병사가 필요한 이유는 장군의 명령대로 움직이는 시스템을 만들기 위함입니다. 장군이 명령을 바꾸면, 봉화 시스템의 결과도 바뀝니다. 장군이 적이 침입했을 때의 명령을 '세 개의 봉수대에 불을 붙여라.'에서 '두 개의 봉수대에 불을 붙여라.'로 바꿔서 내리기로 결정했다고 생각해 봅시다. 예전에는 북이 울리면 세 개의 봉수대에 연기가 났지만, 이제는 북이 울리면 두 개의 봉수대에서만 연기가 나오게 됩니다.

이처럼 봉화 시스템의 군사는 그 역할에 따라 병사와 장군으로 나누어 생각할 수 있습니다. 병사는 봉수대를 제어하고, 장군은 이런 병사를 제어합니다. 즉, 봉화 시스템의 동작은 사실상 장군이 무엇을 원하는지에 따라 달라지게 됩니다.

컴퓨터의 소프트웨어도 비슷합니다. 하드웨어를 직접 제어하는 소프트웨어가 있고, 이러한 소프트웨어에게 명령을 내리는 소프트웨어가 있습니다. 이때, 하드웨어를 제어하는 소프트웨어를 '시스템 소프트웨어', 시스템 소프트웨어를 움직이는 소프트웨어를 '응용 소프트웨어'라고 이야기합니다.

▼ **그림 3-8** 더욱 구체적인 봉화 시스템과 컴퓨터 시스템

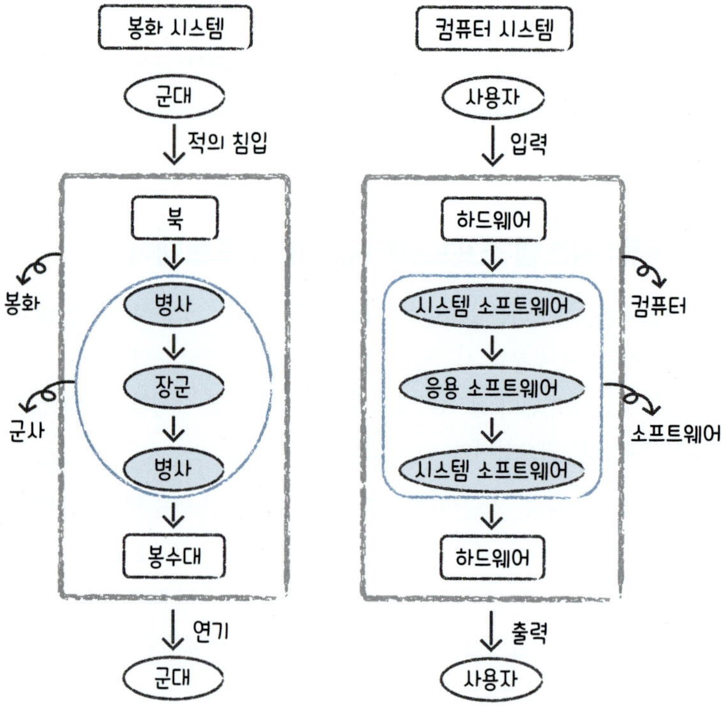

먼저 시스템 소프트웨어부터 알아볼까요? **시스템 소프트웨어(system software)는 하드웨어에 직접 명령을 내리고 제어하는 소프트웨어**입니다. 즉, 하드웨어에게 어떻게 움직이라고 직접 명령을 내리는 소프트웨어가 바로 시스템 소프트웨어입니다. 우리가 컴퓨터의 복잡한 하드웨어를 어려움 없이 사용할 수 있는 건 모두 시스템 소프트웨어 덕분이라고 볼 수 있습니다.

> **시스템 소프트웨어(system software)**: 하드웨어를 직접 제어하고 관리하는 소프트웨어

스마트폰에 설치되어 있는 iOS와 안드로이드, 노트북에 설치되어 있는 윈도우와 macOS 등의 운영체제(OS)가 바로 대표적인 시스템 소프트웨어입니다. 우리는 이러한 운영체제를 통해 스마트폰의 하드웨어를 사용하고 있었던 것입니다.

운영체제와 같은 시스템 소프트웨어는 하드웨어를 제어할 뿐만 아니라 다른 소프트웨어가 하드웨어를 사용할 수 있는 환경을 만들어 주기도 합니다. 장군의 명령을 받아서 봉수대에 불을 붙이는 병사처럼, 다른 소프트웨어가 원하는 대로 하드웨어를 제어해 주는 것이죠. 마치 하드웨어

와 다른 소프트웨어를 연결하는 매개체와 같은 역할을 수행하는 것입니다.

이때, 시스템 소프트웨어 위에서 동작하는 소프트웨어는 하드웨어를 직접 제어할 수는 없습니다. 물론 굳이 그럴 필요도 없습니다. 복잡한 하드웨어는 시스템 소프트웨어가 움직여 주니까요! 이들은 그저 시스템 소프트웨어에게 원하는 바를 이야기하기만 하면 됩니다. 이러한 소프트웨어는 시스템 소프트웨어가 깔아 주는 편안한 동작 환경 위에서, 사용자에게 필요한 기능을 제공하는 역할을 수행합니다.

이처럼 **시스템 소프트웨어 위에서 동작하며, 특정한 목적이나 기능을 수행하기 위해 만들어진 소프트웨어**가 바로 **응용 소프트웨어(application software)**입니다. 응용 소프트웨어의 앞 단어만 따서 애플리케이션(application) 혹은 앱(app)이라고 부르기도 합니다.

우리가 흔히 IT 서비스의 '앱', '애플리케이션'이라고 부르는 부분이 바로 이 응용 소프트웨어입니다. 데스크탑에서 사용하는 파워포인트, 엑셀부터 스마트폰에서 사용하는 카카오톡, 네이버 같은 앱까지, 우리에게 직접적으로 편리한 기능을 제공하는 프로그램은 대부분 응용 소프트웨어에 해당합니다.

> **응용 소프트웨어(application software)**: 특정한 목적이나 기능을 수행하기 위해 만들어진 소프트웨어. 시스템 소프트웨어 위에서만 실행될 수 있다.

봉화 시스템이 어떤 목적으로 움직이는지는 결정권자인 장군의 자리에 앉아 있는 사람에게 달려 있습니다. 컴퓨터의 응용 소프트웨어도 마찬가지입니다. 컴퓨터 시스템 동작의 결정권자는 응용 소프트웨어입니다. 사용자의 입력이 하드웨어를 통해 들어오면, 시스템 소프트웨어는 이를 응용 소프트웨어에게 전달합니다. 전달받은 입력값을 통해 원하는 동작을 판단한 응용 소프트웨어는 시스템 소프트웨어에게 어떤 동작이 필요한지 이야기하고, 시스템 소프트웨어는 이를 바탕으로 하드웨어를 제어해서 사용자에게 적절한 값을 출력하게 됩니다. 이러한 관점에서 보면 컴퓨터는 응용 소프트웨어의 명령에 따라 움직이는 똑똑한 기계 장치인 셈입니다.

이때 명령을 내리는 응용 소프트웨어가 바뀌면, 컴퓨터의 동작도 당연히 달라집니다. 만약 지금 컴퓨터에서 사용하고 있는 응용 소프트웨어가 카카오톡이라면, 컴퓨터는 메시지를 보내는 장치가 됩니다. 사용하는 응용 소프트웨어가 유튜브라면, 컴퓨터는 동영상 플레이어로 동작합니다. 은행 앱을 사용하면, 눈앞의 컴퓨터는 나만의 ATM이 됩니다. 지금 실행되고 있는 응용 소프트웨어가 컴퓨터 시스템의 조종대를 잡게 되는 것입니다. 하나의 컴퓨터로 셀 수 없이 많은 일을 할 수 있는 이유가 바로 여기에 있습니다.

이때 기억해야 할 점은, 응용 소프트웨어는 하드웨어와 시스템 소프트웨어가 만들어 놓은 환경 위에서만 실행될 수 있다는 점입니다. 마치 장군이 아무리 명령을 내려도 병사 없이는 봉수대에 불을 지필 수 없는 것처럼 말이죠! 응용 소프트웨어는 강력하지만, 하드웨어와 시스템 소프트웨어가 깔아주는 판이 없다면 아무것도 할 수 없는 코드 덩어리에 불과합니다.

▼ **그림 3-9** 응용 소프트웨어, 시스템 소프트웨어, 하드웨어

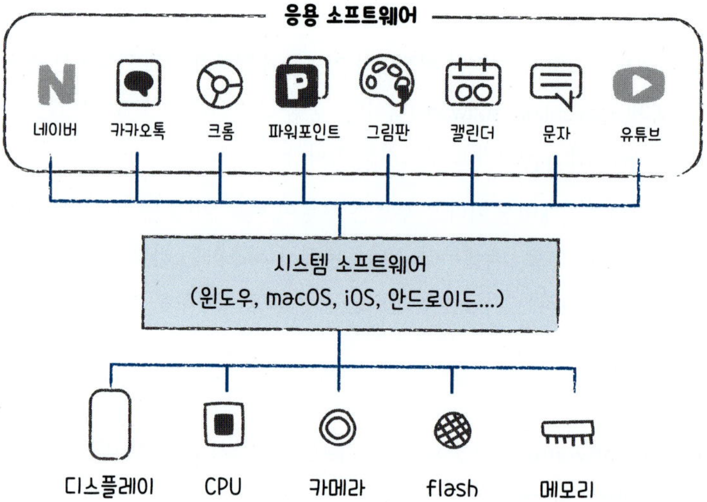

컴퓨터는 하드웨어와 시스템 소프트웨어, 응용 소프트웨어가 각각을 제어하는 구조로 이루어져 있습니다. 그리고 응용 소프트웨어를 제어하는 건 바로 사용자입니다. 우리는 이러한 구조 위에서 응용 소프트웨어를 통해 컴퓨터를 원하는 방식으로 사용하고 있었던 것입니다. 메시지를 보내고 영상을 시청하는 일상적인 동작 아래에 이렇게나 체계적이고 복잡한 구조가 숨어 있다니, 정말 신기하지 않나요?

3.1.3 플랫폼과 애플리케이션

지구상에는 바다, 강, 육지 등 다양한 환경이 존재합니다. 그 환경 속에는 인간을 포함한 수많은 생물들이 살고 있죠. 돌고래 같은 바다 생물은 바다에서, 메기와 같은 민물고기는 강에서, 인간은 땅 위에서 살아갑니다. 물론 연어처럼 바다와 민물에서 모두 살 수 있는 경우도 있지만 그렇게 흔하지는 않습니다.

각 생물은 살아가는 환경에 맞게 진화해 왔고, 그 환경에 특화된 신체 구조를 가지고 있습니다.

그렇기에 자신에게 익숙한 환경이 아닌 곳에서는 살 수 없는 경우가 대부분입니다. 물고기를 땅에 던져 두면 금방 죽습니다. 사람을 바닷속에 던져도 마찬가지죠. 본인과 맞지 않는 환경에서 제대로 움직일 수 없는 건 너무나도 당연한 자연의 이치입니다.

▼ **그림 3-10** 생물과 환경

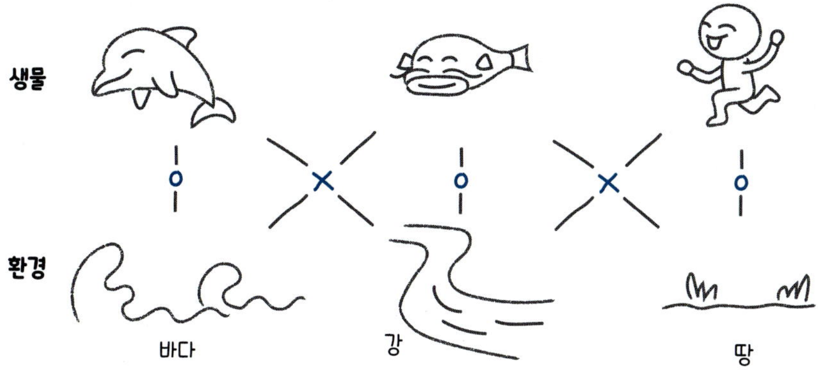

지구상에 여러 환경이 있듯, IT 세상에도 다양한 환경이 있습니다. 우리는 노트북, 스마트폰, 태블릿, 스마트 워치 등 다양한 형태의 컴퓨터를 일상적으로 사용하고 있습니다. 잠깐 사용해 보기만 해도 각각의 컴퓨터가 서로 다른 환경을 가지고 있다는 걸 쉽게 알 수 있죠. 기기의 종류뿐만 아니라 제조사에 따른 차이도 큽니다. 언뜻 비슷해 보이는 애플의 스마트폰과 삼성의 스마트폰도 조금만 살펴보면 외관부터 동작 방식까지 많은 부분에 차이가 있습니다. 이는 마치 강과 바다의 차이를 보는 것 같기도 합니다.

생물이 어떠한 환경에서 살아가기 위해서는 그 환경이 가진 자연의 법칙을 따라야 합니다. IT 세상에서 살아가는 IT 서비스 역시 마찬가지입니다. IT 서비스의 애플리케이션은 동작하고자 하는 컴퓨터 환경의 법칙을 따라야 합니다. 서로 다른 컴퓨터 환경에서 실행되는 애플리케이션은 마치 지구상의 생물처럼 각각의 환경에 적합한 내부 구조를 가지고 있습니다. 겉보기에는 똑같아 보이는 애플리케이션이지만, 뜯어보면 전혀 다른 방식으로 동작하는 경우도 흔히 볼 수 있습니다.

만약 애플리케이션이 적합하지 않은 환경에 설치되면 무슨 일이 일어날까요? 해당 애플리케이션은 마치 물 밖으로 나온 물고기처럼 제대로 움직일 수 없습니다. 실제로 iOS 기반 스마트폰용으로 만들어진 크롬 앱을 안드로이드 기반 스마트폰에 설치하면, 해당 앱은 실행조차 할 수 없습니다. 물론 설치하는 것부터 쉽지 않을 테지만요!

▼ **그림 3-11** 실행 환경과 애플리케이션의 관계

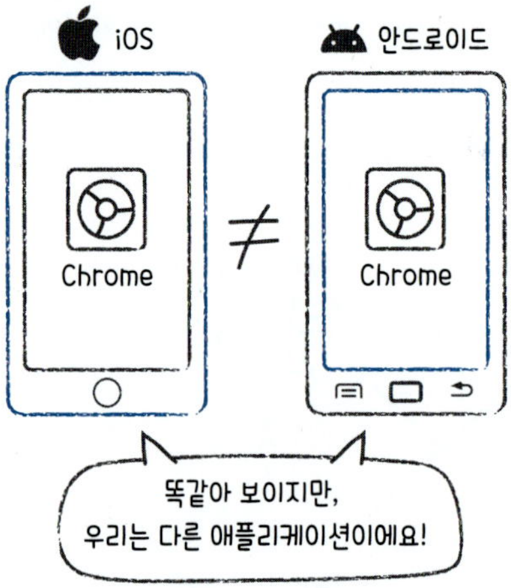

이처럼 IT 세상의 애플리케이션은 특정한 컴퓨터 환경에서만 실행될 수 있습니다. 이때, **애플리케이션 실행의 기반이 되는 컴퓨터 환경**을 **플랫폼**(platform)이라고 부릅니다. 플랫폼은 본래 기차역에서 승객들이 기차에 오르고 내리는 장소를 뜻하는 용어입니다. 플랫폼은 기차를 타고 내릴 수 있도록 해 주는 기반 시설이고, 기차라는 승객 운송 서비스는 이러한 플랫폼을 통해 제공됩니다.

IT 세상의 플랫폼도 마찬가지입니다. 애플리케이션, 즉 응용 소프트웨어가 동작하기 위한 기반 환경을 지칭하는 개념입니다. 플랫폼은 응용 소프트웨어가 작동할 수 있는 환경과 규칙을 제공하고, 응용 소프트웨어는 이러한 플랫폼 위에서 실행됩니다. 애플리케이션은 본인과 맞는 플랫폼 위에서만 제대로 동작할 수 있습니다.

> **플랫폼(platform)**: 응용 소프트웨어가 실행, 개발, 배포될 수 있는 기반. 하드웨어, 시스템 소프트웨어, 응용 소프트웨어 모두 플랫폼이 될 수 있다.

▼ **그림 3-12** 플랫폼과 애플리케이션

IT 세상의 플랫폼은 상대적인 개념입니다. 애플리케이션을 실행할 수 있는 환경을 통칭하여 플랫폼이라고 부르기 때문에, 애플리케이션의 특징에 따라 플랫폼의 범위 역시 달라지게 됩니다. 하드웨어, 시스템 소프트웨어는 물론 응용 소프트웨어 또한 다른 응용 소프트웨어의 플랫폼이 될 수 있습니다.

앞서 이야기했던 것처럼, 응용 소프트웨어의 플랫폼은 일반적으로 하드웨어와 시스템 소프트웨어로 구성되어 있습니다. 만약 애플 스마트폰의 iOS 운영체제 위에서 동작하는 애플리케이션이 있다면, 이 애플리케이션의 플랫폼은 애플 스마트폰과 iOS 운영체제입니다. 만약 동일한 애플리케이션을 안드로이드 운영체제 기반의 플랫폼에 얹어 놓으면 이 애플리케이션은 제대로 동작할 수 없습니다.

물론 항상 하드웨어와 시스템 소프트웨어만 플랫폼이 되는 건 아닙니다. 응용 소프트웨어 중에서는 또 다른 응용 소프트웨어 위에서 동작하는 경우도 많습니다. 네이버 앱에서 물건을 구매할 때를 떠올려 보면, 결제 과정에서 네이버 앱 위에 네이버페이 화면이 나타나곤 합니다. 이때 네이버페이 서비스는 네이버 앱 위에서 실행되고 있죠. 이처럼 응용 소프트웨어 위에 또 다른 응용 소프트웨어가 실행되는 경우에는 응용 소프트웨어 역시 플랫폼에 포함될 수 있습니다.

▼ **그림 3-13** 응용 소프트웨어가 또 다른 응용 소프트웨어의 플랫폼이 되는 경우

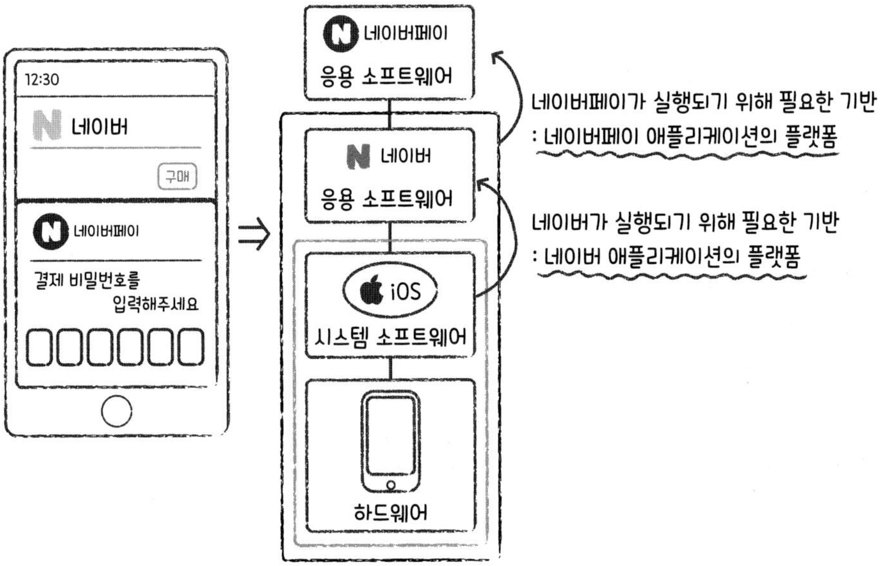

애플리케이션은 플랫폼 없이는 움직일 수 없는, 종속적인 관계를 맺고 있습니다. 그렇기에 애플리케이션을 개발할 때는 어떤 플랫폼 환경에서 동작하도록 만들 것인지를 반드시 고려해야 합니다. 플랫폼의 특성에 따라 애플리케이션의 성격 역시 크게 달라질 수 있기 때문입니다.

IT 세상의 애플리케이션은 플랫폼의 종류와 개발 방식에 따라 크게 네이티브 앱, 웹 앱, 하이브리드 앱의 세 유형으로 구분할 수 있습니다. 앞선 내용에서 IT 세상의 기본 구조와 애플리케이션의 동작 방식에 대해 알아보았으니, 이번에는 우리가 매일 사용하는 애플리케이션의 플랫폼 구조와 그 특징에 대해 확인해 볼까요?

▼ **그림 3-14** IT 서비스가 돌아가는 기본적인 구조

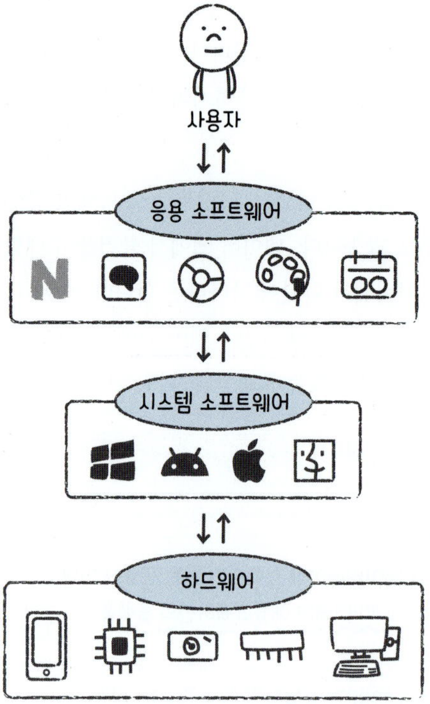

3.2 SECTION 운영체제의 토박이, 네이티브 앱

카카오톡 서비스의 홈페이지에는 애플리케이션을 다운로드할 수 있는 메뉴가 있습니다. 다운로드 메뉴를 클릭하면 안드로이드, iOS, 윈도우, macOS의 네 가지 다운로드 옵션을 확인할 수 있죠. 똑같은 카카오톡 서비스인데, 왜 네 가지나 되는 애플리케이션을 각각 제공하고 있는 걸까요?

▼ 그림 3-15 카카오톡 홈페이지의 앱 다운로드 옵션

출처: https://www.kakaocorp.com/page/service/service/KakaoTalk

이는 앞서 이야기한 플랫폼과 연관되어 있습니다. 특정 플랫폼에 카카오톡 서비스를 제공하고 싶다면, 해당 플랫폼에 적합하게 개발된 애플리케이션이 필요합니다. 이때 필요한 애플리케이션의 수는 애플리케이션을 제공하고 싶은 플랫폼의 수와 동일하죠. 카카오톡 서비스는 현재 가장 많이 사용되는 네 종류의 운영체제 환경에서 사용할 수 있도록, 앞과 같은 네 종류의 카카오톡 앱을 만들어서 제공하고 있는 것입니다. 다른 IT 서비스에서도 비슷한 모습을 흔하게 찾아볼 수 있습니다.

▼ 그림 3-16 운영체제별로 제공되는 애플리케이션

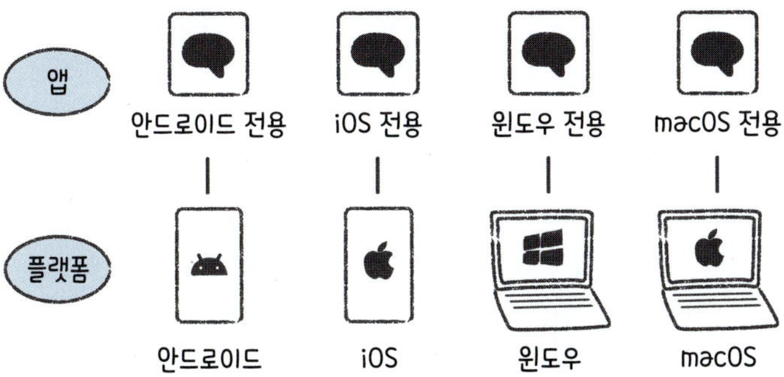

사실 운영체제마다 서로 다른 앱을 사용해야 한다는 건 대부분의 사람들이 알고 있습니다. 수많은 사용자가 이미 각자의 플랫폼에 맞는 애플리케이션을 다운로드해서 잘 사용하고 있죠. 하지만 왜 똑같은 서비스가 여러 개의 앱으로 나뉘어 제공되는지 이해하고 있는 사람은 많지 않습니다.

플랫폼 때문이 아니냐고요? 단지 플랫폼이 다르기 때문이라고 이야기하기는 어렵습니다. 사실, 운영체제마다 별도의 애플리케이션을 만들지 않는 방법도 있습니다. 운영체제 환경과 무관하게 동작하는 애플리케이션을 만들 수도 있죠. 하지만 카카오톡은 그러지 않았습니다. 왜 그런 걸까요?

지금부터 특정 운영체제에 특화된 애플리케이션인 네이티브 앱의 개념과 특징에 대해 알아보며, 카카오톡이 왜 귀찮게 운영체제마다 별도의 애플리케이션을 제공하고 있는지 한 번 이해해 봅시다.

3.2.1 네이티브 앱

페이스타임(Facetime) 앱을 사용해 본 적이 있나요? 페이스타임은 애플에서 제공하는 음성 및 영상 통화 서비스입니다. 이 애플리케이션은 오직 애플에서 제공하는 컴퓨터 기기에서만 사용할 수 있습니다. 다른 환경은 지원하지 않고 있죠. 만약 아이폰 사용자가 삼성 스마트폰 사용자와 영상 통화를 하고 싶다면, 페이스타임이 아닌 다른 방법을 찾아야 합니다.

왜 페이스타임 애플리케이션은 특정 기기에서만 사용할 수 있는 걸까요? 그 이유는 간단합니다. 페이스타임 앱을 애플 사에서 만들었기 때문입니다. 페이스타임의 애플리케이션은 iOS, macOS 등 애플 기기에서 사용하는 운영체제 환경에 맞춰서 개발되었습니다. 그렇기 때문에 페이스타임의 애플리케이션은 애플이 제공하는 플랫폼 위에서만 움직일 수 있는 것입니다.

다른 운영체제 환경에서 동작할 수 있는 페이스타임 앱을 만든다면 다른 기기에서도 사용할 수 있겠지만, 애플에서는 자신들이 판매하지 않는 컴퓨터 환경을 고려해서 별도의 애플리케이션을 만들어 줄 생각은 없어 보입니다.

▼ **그림 3-17** 삼성 핸드폰에서 실행되지 않는 페이스타임 앱

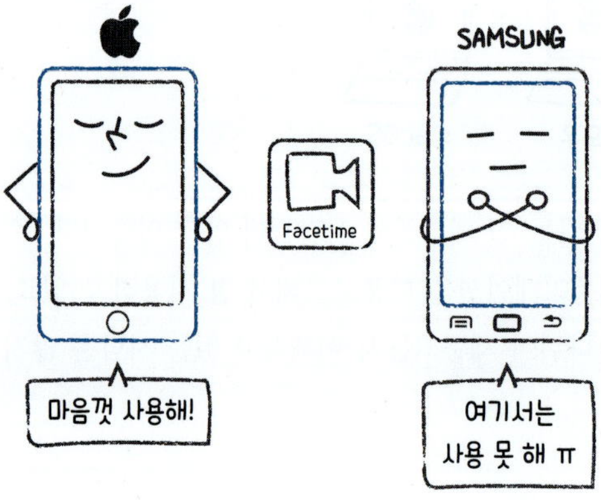

IT 세상의 애플리케이션은 플랫폼 위에서 동작합니다. 다시 말하면, 적절한 플랫폼이 없다면 애플리케이션은 움직일 수 없습니다. 그렇기 때문에 애플리케이션을 만들 때는 애플리케이션이 실행될 플랫폼의 환경을 고려할 수밖에 없습니다. 애플리케이션은 특히 운영체제에 많은 종속성을 갖습니다. 애플리케이션(응용 소프트웨어)이 실행되는 직접적인 기반 환경이 바로 운영체제(시스템 소프트웨어)이기 때문입니다.

특정 플랫폼, 즉 운영체제의 환경에 맞춰 개발된 애플리케이션은 당연하게도 해당 운영체제 위에서만 실행될 수 있습니다. 이처럼 **특정 운영체제에 완전히 맞춰서 개발된 애플리케이션**을 우리는 네이티브 애플리케이션, 즉 **네이티브 앱**(native app)이라고 이야기합니다.

특정한 지역의 모국어 화자, 또는 그 지역의 원주민을 네이티브(native)라는 단어로 표현하곤 합니다. 네이티브 앱의 특성도 비슷합니다. IT 세상에는 여러 운영체제가 있고, 각 운영체제마다 기술적인 규칙이나 실행 환경, 개발 언어 등에 차이가 있습니다. 네이티브 앱은 특정한 운영체제 환경에서, 그 운영체제의 언어를 사용하며 동작하는 원주민 같은 애플리케이션인 셈입니다.

> **네이티브 앱(native app)**: 특정한 OS(Operating System) 위에서만 실행되는 애플리케이션

▼ **그림 3-18** 운영체제와 네이티브 앱

이처럼 네이티브 앱은 특정 운영체제 환경에서만 동작합니다. IT 서비스를 여러 운영체제 환경에 제공하고 싶다면, 지원하는 환경의 수만큼 애플리케이션을 만들어야 하죠. IT 서비스 개발

자의 고민은 여기에서 시작됩니다. IT 서비스가 널리 사용되려면 최대한 많은 환경에서 애플리케이션을 사용할 수 있어야 합니다. 하지만 지원하는 운영체제가 늘어날 때마다 개발해야 하는 앱의 개수도 함께 늘어납니다. 이러한 딜레마 속에서 어떻게 네이티브 앱을 제공할 운영체제의 범위를 선택할 수 있을까요?

IT 세상에는 다양한 운영체제가 있지만, 모든 운영체제가 대중적으로 사용되고 있는 것은 아닙니다. 현재 운영체제 시장의 95%는 안드로이드, 윈도우, iOS, macOS가 차지하고 있습니다. 데스크톱과 같은 형태의 컴퓨터에는 윈도우나 macOS가 주로 사용되고, 스마트폰과 같은 모바일 기기에는 보통 안드로이드 또한 iOS가 탑재되어 있습니다. 이 네 가지 운영체제 환경만 챙기면, 거의 모든 사용자에게 다가갈 수 있습니다.

생각해보면, 특정 개인이 본인이 사용할 운영체제를 직접 선택하는 경우는 거의 없습니다. 컴퓨터를 판매할 때 이미 특정 운영체제가 설치되어 있는 경우가 대부분이죠. 컴퓨터를 구매한 사용자는 자연스럽게 구매 당시에 설치된 운영체제를 사용하게 됩니다.

이때 컴퓨터에 설치된 운영체제는 주로 어떤 회사에서 판매하는 기기인지에 따라 달라집니다. 이는 컴퓨터 기기 제조사와 운영체제 공급사가 미리 계약을 맺고 컴퓨터를 만들기 때문입니다. 특정 운영체제를 선택하는 데는 하드웨어와 운영체제가 잘 호환되도록 만들기 위한 기술적인 목적도 있고, 회사 간 사업적인 이해 관계 역시 어느 정도 포함되어 있습니다. 운영체제 사대천왕의 시대는 이렇게 만들어지고, 또 지속되고 있는 것입니다.

▼ **표 3-1** 가장 많이 사용되는 운영체제

운영체제	공급사	점유율*	플랫폼에서 사용되는 대표 개발 언어	해당 운영체제가 탑재된 기기
안드로이드	구글	45.19%	코틀린, 자바	갤럭시 S24, 구글 픽셀, ...
윈도우	마이크로소프트	25.98%	C++, C#	갤럭시 북, LG 그램, ...
iOS	애플	18.35%	Swift, Objective-C	아이폰
macOS	애플	5.37%	Swift, Objective-C	맥북

* statcounter에서 제공하는 데이터 기준(https://gs.statcounter.com/os-market-share)

위의 정보를 바탕으로 IT 서비스를 제공할 운영체제를 선택하고, 특정 운영체제에 맞는 네이티브 앱 개발을 완료했다고 생각해 봅시다. 이렇게 만들어진 네이티브 앱을 적절한 운영체제에서 사용하면 아무런 문제가 없습니다. 그런데 만약 네이티브 앱이 다른 운영체제 환경을 만나게 되면 어떤 일이 일어날까요?

네이티브 앱을 국가의 행정 처리 시스템이라고 생각하면, 운영체제에 따른 네이티브 앱의 동작을 쉽게 이해할 수 있습니다. 가상의 스마트폰 대륙에 안드로이드 국가와 iOS 국가가 있다고 가정해 봅시다. 두 국가에는 모두 출생 신고 제도가 있고, 서류를 제출하기만 하면 출생 신고가 완료되는 것도 동일합니다. 이때, 두 국가의 출생 신고 제도가 완전히 동일하다고 볼 수 있을까요?

그렇지 않습니다. 내부적으로는 두 국가에서 전혀 다른 과정을 통해 출생 신고를 처리하고 있기 때문입니다. 안드로이드 국가에서는 출생 신고 서류를 받으면 이 서류를 모두 인터넷 전산 시스템으로 옮긴 후 처리 담당자에게 보냅니다. 이 담당자는 출생 신고가 10건 정도 쌓이면 한 번에 검토하고 승인합니다. 반면, iOS 국가에서는 출생 신고 서류를 모두 종이로 관리합니다. 종이 서류를 직접 담당자에게 전달하고, 담당자는 서류를 받는 즉시 바로 출생 신고를 승인합니다.

두 국가 모두 출생 신고 제도를 제공하고 있고, 사용자 입장에서는 전혀 다를 것이 없습니다. 서류를 제출하고, 기다리면 승인이 되는 표면적인 과정 자체는 두 국가 모두 동일하기 때문입니다. 하지만 내부적인 출생 신고 처리 과정은 전혀 다르게 흘러갑니다. 이때, 안드로이드 국가에 가서 iOS 국가의 방식처럼 종이 서류 기반으로 출생 신고를 처리해 달라고 할 수 있을까요? 당연하게도 불가능합니다. 두 국가의 시스템 자체가 다르기 때문에 한 국가의 방식을 다른 국가에서 사용할 수도, 강요할 수도 없습니다. 특정 국가에 가면 그 국가의 법을 따르는 게 맞습니다.

▼ 그림 3-19 출생 신고 제도에 비유한 운영체제별 차이

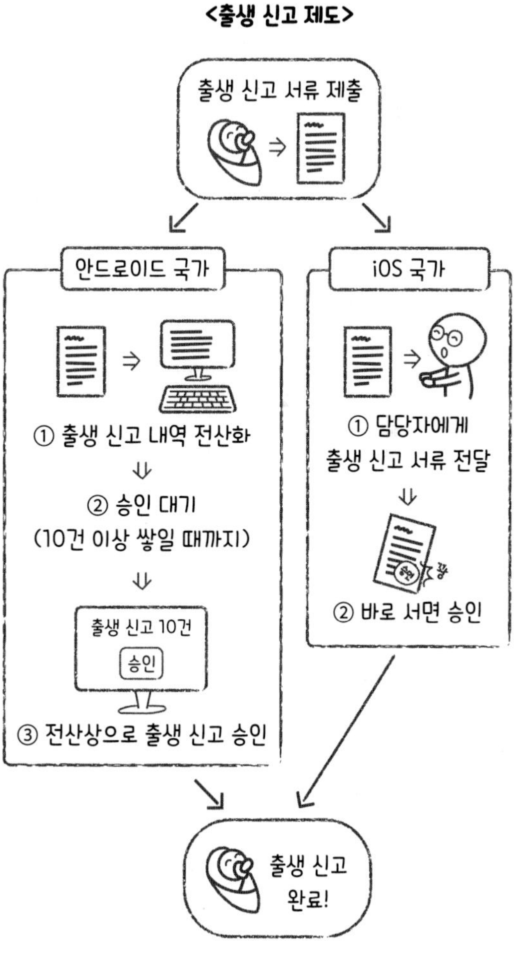

네이티브 앱으로 만들어진 카카오톡 서비스도 마찬가지입니다. 우리는 다양한 기기에서 동일한 카카오톡 서비스를 사용할 수 있습니다. 물론 카카오톡 애플리케이션을 처음 다운로드할 때는 본인의 운영체제 환경에 맞는 앱을 선택해야 합니다. 하지만 설치 후에는 어떤 기기에서 카카오톡을 실행하더라도 거의 동일한 모습의 채팅 서비스를 사용할 수 있습니다.

하지만 보이는 모습이 같다고 해서 내부 구조까지 동일한 것은 아닙니다. iOS 사용자와 안드로이드 사용자는 모두 똑같이 생긴 화면에서 메시지를 보냅니다. 하지만 애플리케이션의 내부 구조를 뜯어보면, iOS 네이티브 앱과 안드로이드 네이티브 앱은 서로 다른 방식으로 서비스 화면과 메시지 데이터를 처리하고 있죠. 이는 안드로이드 운영체제의 동작 환경과 iOS 운영체제의 동작 환경이 완전히 다르기 때문입니다. 만약 iOS 기반 네이티브 앱을 안드로이드 기반의 환경에 설치한다면, 해당 애플리케이션은 마치 다른 나라에 처음 던져진 외국인처럼 제대로 동작할 수 없게 됩니다.

▼ **그림 3-20** 안드로이드 네이티브 앱과 iOS 네이티브 앱

이처럼 네이티브 앱은 운영체제 환경과 떨어질 수 없는 종속적인 관계입니다. 그렇기 때문에 네이티브 앱으로 IT 서비스를 제공하고자 할 때는 어떤 운영체제에서 움직이는 앱을 만들지, 그 운영체제의 특징은 무엇인지에 대해 충분히 고려해야 합니다.

맛집 탐색 서비스인 헝그리정신의 앱 기획을 완료하고, 앱 개발을 시작하게 되었다고 상상해 봅시다. 우리는 완성된 서비스 기획서를 가지고 들뜬 마음으로 개발자에게 가서 이렇게 이야기합니다.

기획자: 개발자님, 헝그리정신 서비스의 앱 기획을 완료했습니다. 애플리케이션 개발이 완료되면 말씀해 주세요! 제 아이폰으로 테스트해 보겠습니다.

개발자: 네? 아이폰이요? 저는 안드로이드 앱 개발자인데요?

기획자: 앗…?

네이티브 앱에 대해 아무것도 모르는 상태로 IT 서비스를 만들면 위 대화처럼 민망한 상황이 발생할 수도 있습니다. 하지만 네이티브 앱이 어떻게 동작하는지 알고 있는 지금은 이와 같은 실수를 절대 하지 않겠죠?

3.2.2 네이티브 앱의 특징

네이티브 앱은 운영체제와 절대 떨어질 수 없는 영혼의 단짝입니다. 특정한 운영체제 환경에 맞춰 만들어진 네이티브 앱은 다른 운영체제 위에서는 제대로 동작할 수 없죠. 그렇기 때문에 IT 서비스를 네이티브 앱으로 제공하려면, IT 서비스가 지원하는 운영체제 환경의 개수만큼 애플리케이션을 만들어야 합니다. 개발자 입장에서 생각하면 굉장히 번거롭고 귀찮은 일입니다.

똑같은 서비스를 여러 개의 서로 다른 네이티브 앱으로 만들어 내기 위해서는 많은 시간과 노력이 필요합니다. 하나를 잘 만들어서 돌려쓰면 좋을 텐데 말이죠! 잠시 후에 이야기할 예정이지만, 사실 모든 운영체제 환경에서 사용할 수 있는 하나의 애플리케이션을 만드는 방법도 있습니다. 똑같이 생긴 애플리케이션을 네 가지의 다른 방식으로 만들지 않아도 된다니, 생각만 해도 행복합니다.

그런데 이상합니다. 하나의 애플리케이션만 만들 수 있는 방법이 있는데, 여전히 네이티브 앱 방식은 많은 사랑을 받고 있습니다. 카카오톡도, 네이버도, 다른 수많은 서비스도 운영체제마다 별도의 애플리케이션을 만들어 제공하고 있습니다. 왜 이렇게 많은 IT 서비스가 네이티브 앱 방식을 선택하는 걸까요?

이는 여러 애플리케이션을 만들어야 하는 번거로움에도 불구하고 포기할 수 없는 네이티브 앱의 강력한 장점이 있기 때문입니다. 번거로움을 넘어서는 네이티브 앱의 확실한 매력을 함께 확인해 볼까요?

▼ **그림 3-21** 네이티브 앱의 대표적인 특징

1) 최적화된 성능

사람은 소속된 사회와 환경에 큰 영향을 받습니다. 태어난 지역의 언어와 문화를 배우고, 주변 환경에 영향을 받으며 한 명의 인격체로 성장합니다. 이렇게 성장한 사람은 해당 지역과 문화권 속에서 자연스럽게 살아갈 수 있습니다. 한국에서 나고 자란 한국 네이티브(native)가 한국 사회에서 아무런 이질감 없이 살아가는 것처럼 말입니다.

그런데 한국에서만 살던 사람이 갑자기 낯선 외국 땅에 던져졌다고 생각해 봅시다. 전혀 다른 환경 속에서 마치 이전처럼 행동할 수 있을까요? 그렇지 않습니다. 언어, 문화, 제도 등 모든 것이 다른 곳에 아무런 준비도 없이 남겨졌다면, 그 사람은 당장 밥 한 끼 사 먹기도 힘들 것입니다.

네이티브 앱도 마찬가지입니다. 네이티브 앱은 특정 운영체제 위에서 실행될 수 있도록 만들어졌습니다. 특정 환경에 최적화된 형태인 애플리케이션인 것입니다. 처음부터 특정 플랫폼의 환경 하나하나를 고려하여 만들어진 네이티브 애플리케이션이기 때문에, 내부 구조 하나하나가 플랫폼과 긴밀하게 연결되어 있습니다.

이러한 네이티브 앱은 플랫폼 위에서 누구보다 빠르고 효율적으로 움직일 수 있습니다. 마치 물 만난 물고기처럼 말이죠! 만약 높은 성능이 보장되어야 하는 서비스를 제공한다면, 네이티브 앱 방식을 선택하는 게 가장 유리합니다.

▼ **그림 3-22** 서로 다른 운영체제에서 실행되는 네이티브 앱

2) 긴밀한 하드웨어 제어

한국에서 태어나 한국에서 살았을 때의 가장 큰 장점은 한국이라는 국가가 제공하는 다양한 제도와 정책을 제대로 활용할 수 있다는 것입니다. 대한민국의 국민은 건강 보험, 고용 보험 등 다양한 제도를 통해 여러 혜택을 받을 수 있습니다. 주거 지원 정책 등 새로운 정책이 생겼을 때도 마찬가지입니다. 만약 한국에 온 지 얼마 안 된 사람이라면 이런 제도를 알기 어렵겠지만, 한국 네이티브(native)는 손쉽게 접근하고 활용할 수 있습니다.

특정 운영체제를 기반으로 만들어진 네이티브 앱도 마찬가지입니다. 네이티브 앱은 운영체제의 기능부터 하드웨어까지 플랫폼 환경의 다양한 요소를 제대로 활용할 수 있습니다. 하드웨어를 직접 제어하는 운영체제와 긴밀하게 연결되어 있는 네이티브 앱의 특권인 셈입니다.

네이티브 앱이 아닌 경우, 네이티브 앱만큼 운영체제와 긴밀하게 상호작용할 수 없습니다. 운영체제와의 연결이 약해지면 하드웨어 사용 효율성 역시 낮아질 수밖에 없죠. 따라서 카메라, 전화, 마이크 등의 하드웨어를 많이 활용하는 서비스는 보통 네이티브 앱 방식으로 구현하는 편입니다.

▼ **그림 3-23** 네이티브 앱과 하드웨어의 상호작용 방식

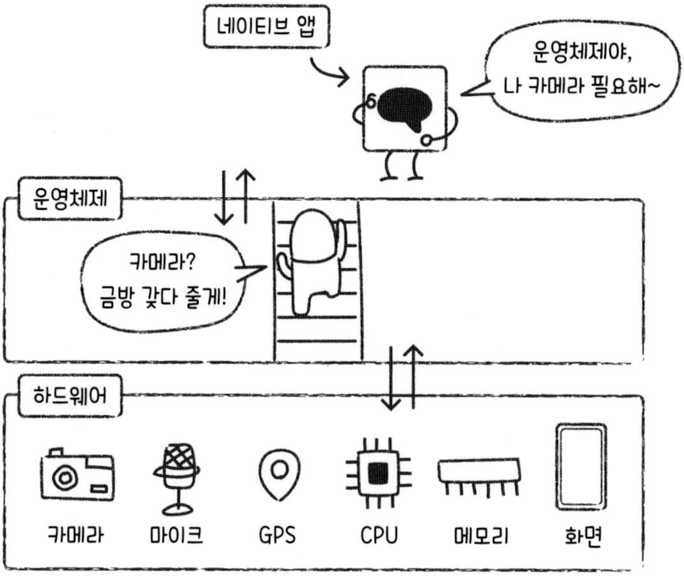

3) 애플리케이션 동작 방식

네이티브 앱은 운영체제에 찰싹 붙어서 돌아갑니다. 네이티브 앱이 운영체제와 만나려면, 운영체제와 네이티브 앱이 하나의 컴퓨터 안에 들어 있어야 합니다. 따라서 사용자는 네이티브 앱을 사용하기 위해 특정 운영체제가 설치된 컴퓨터에 해당 앱을 집어넣을 필요가 있습니다. 다시 말해, 앱 다운로드가 반드시 필요합니다.

네이티브 앱을 처음 다운로드하면 앱을 구성하는 데이터가 모두 컴퓨터에 저장됩니다. 네이티브 앱은 이렇게 컴퓨터에 저장된 데이터를 기반으로 동작합니다. 다운로드한 앱의 데이터가 컴퓨터의 플랫폼 환경과 만났을 때 비로소 우리는 네이티브 앱을 사용할 수 있습니다. 애플리케이션은 컴퓨터에 저장되어 있는 코드와 데이터를 통해 컴퓨터 환경을 제어하며 우리에게 편리한 기능을 제공합니다.

여기에서 네이티브 앱의 중요한 특징이 나타납니다. 바로 컴퓨터에 다운로드한 애플리케이션의 상태가 계속 유지된다는 점입니다. 어느 날, IT 서비스 제공자가 해당 앱을 혁신적으로 개선했다는 소식을 듣게 됩니다. 우리는 이러한 업데이트 사항을 바로 사용할 수 있을까요?

그렇지 않습니다. IT 서비스 제공자는 개선 사항이 반영된 네이티브 앱을 세상에 공개합니다. 하지만 IT 서비스 제공자가 사용자의 컴퓨터를 직접 제어하여 개선된 앱을 자동으로 설치해 줄 수는 없습니다. 가능하다면 그건 해킹이죠. 우리가 아무것도 하지 않으면, 우리는 계속 컴퓨터에 저장된 상태의 기존 앱, 즉 개선 사항이 반영되지 않은 앱을 사용하게 됩니다.

개선된 앱을 사용하고 싶다면, 사용자가 직접 개선된 앱의 코드와 데이터를 본인의 컴퓨터에 반영해야 합니다. 즉, 직접 앱을 업데이트해야 하는 것입니다. 카카오톡에 새로운 기능이 출시되었을 때 앱을 업데이트하지 않으면 해당 기능을 사용할 수 없는 이유가 바로 여기에 있습니다.

▼ 그림 3-24 네이티브 앱의 동작 방식 - 다운로드와 업데이트

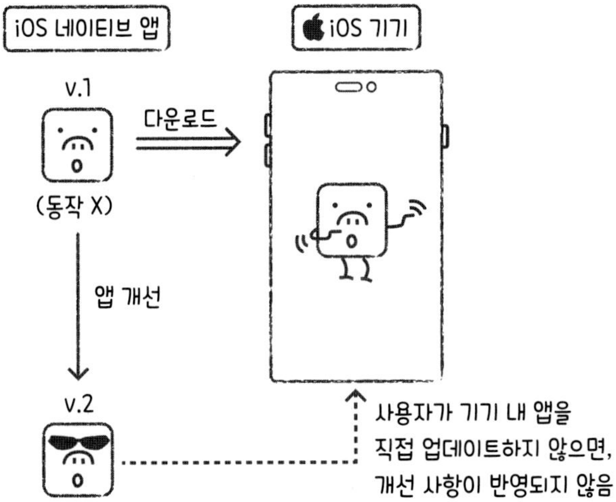

또한, 네이티브 앱의 전체 혹은 일부 기능은 인터넷이 없는 환경에서도 실행될 수 있습니다. 네이티브 앱이 동작하기 위한 코드와 데이터는 컴퓨터에 저장되어 있습니다. 네이티브 앱은 컴퓨터에 이미 저장되어 있는 데이터를 사용하기 때문에 외부와 굳이 연결될 필요가 없습니다. 필요한 걸 컴퓨터에 다 다운로드 해두었으니까요! 무인도에 컴퓨터만 들고 가도 전원만 켜져 있으면 설치된 네이티브 앱을 사용할 수 있습니다.

스마트폰에서 와이파이와 데이터를 차단했을 때 사용할 수 있는 앱이 있다면, 그 앱은 네이티브 앱을 기반으로 만들어졌다고 볼 수 있습니다. 인터넷 없이 사용 가능한 계산기, 알람 같은 애플리케이션은 내장된 코드만으로 동작하는 100% 네이티브 앱입니다. 비행기 모드를 켜고 카카오톡을 실행했을 때 친구 목록과 메시지방을 확인할 수 있는 것도 카카오톡이 네이티브 앱을 기반

으로 만들어졌고, 관련 데이터를 스마트폰 내에 저장해 두었기 때문입니다.

네이티브 앱은 빠르고 효율적으로 움직이며, 하드웨어를 자유롭게 활용할 수 있는 애플리케이션 개발 방식입니다. 개발 시의 번거로움에도 불구하고 많은 IT 서비스가 네이티브 앱으로 구현되어 있는 건, 불편을 감수할 정도로 네이티브 앱의 장점이 명확하기 때문입니다. 특히 네이티브 앱은 속도와 편의성에 민감한 모바일 중심 서비스에게 많은 사랑을 받고 있습니다.

빠르고 편리한 네이티브 앱을 사용하기 위해서는 앱 제공자와 사용자 모두 어느 정도 번거로움을 감수해야만 합니다. 제공자는 여러 개의 앱을 만들어야 하고, 사용자는 매번 다운로드와 업데이트를 해야 하죠. 사실, 예전에는 네이티브 앱으로 개발하는 것 외에는 딱히 대안이 없기도 했습니다.

하지만 지금의 IT 세상은 다릅니다. 네이티브 앱이 가지는 플랫폼 종속성의 한계를 가뿐히 부숴 버리는, 애플리케이션 개발 방식의 또 다른 큰 손이 존재합니다. 운영체제에 상관없이 어느 컴퓨터에서나 쉽고 편리하게 사용할 수 있는 꿈 같은 애플리케이션, 바로 '웹 앱'입니다.

3.3 SECTION 네이티브의 한계를 넘다, 웹 앱

네이티브 앱은 환경에 적합한 모습으로 살아가는 물고기와 같습니다. 민물고기는 민물에서만 살 수 있고, 바닷물고기는 바다에서만 살 수 있는 것처럼 안드로이드 네이티브 앱은 안드로이드 운영체제 위에서 동작하고, iOS 네이티브 앱은 iOS 운영체제 위에서만 동작할 수 있습니다. 애플리케이션은 이러한 운영체제의 제약에서 벗어날 수 없는 걸까요?

사실, 현실에서도 여러 환경을 넘나들며 살아가는 생물을 생각보다 흔하게 찾아볼 수 있습니다. 연어는 민물과 바다를 오가며 살아가고, 거북이는 육지와 물속 모두에서 지낼 수 있는 신체 구조를 가지고 있습니다.

IT 세상에도 연어나 거북이처럼 운영체제 환경과 상관없이 동작하는 애플리케이션이 있습니다. 노트북에서 네이버를 실행하는 과정을 생각해 봅시다. 노트북을 켜고, 가장 먼저 크롬이나 사파리 같은 웹 브라우저를 실행합니다. 그리고 웹 브라우저의 주소창에 네이버의 웹 사이트 주소인 www.naver.com을 입력하면 끝입니다. 별도의 설치 없이도 네이버 웹 페이지를 손쉽게 실행할 수 있는 것입니다.

네이버 웹 페이지는 노트북에서도, 친구의 스마트폰에서도, 도서관의 공용 컴퓨터에서도 동일한 방법으로 실행할 수 있습니다. IT 서비스를 사용하기 위해 기기마다 매번 앱을 내려 받아야 하는 네이티브 앱과는 사뭇 다른 모습입니다. 그렇다고 웹 페이지에서 제공되는 서비스가 네이버 모바일 애플리케이션과 크게 다른 것도 아닙니다. 이러한 네이버 웹 페이지 역시 컴퓨터를 사용하는 응용 소프트웨어입니다. 운영체제 환경에 구애받지 않는 애플리케이션인 것이죠!

운영체제 환경과 무관하게 사용할 수 있는 응용 소프트웨어면서, 우리에게는 이미 웹 페이지 또는 웹 사이트로 익숙한 '웹 앱'에 대해 좀 더 알아볼까요?

▼ **그림 3-25** 여러 운영체제에서 실행될 수 있는 웹 앱

3.3.1 웹 앱

웹 서핑(web surfing)이라는 말이 있습니다. 웹 서핑은 인터넷으로 연결된 방대한 웹 세상 속에서 서핑하듯 이리저리 돌아다니는 행동을 일컫는 말입니다. 일이나 과제를 하다 집중력이 떨어졌을 때, 우리는 자연스럽게 인터넷 세상으로 눈을 돌립니다. 다양한 웹 페이지를 자유롭게 넘나들며 정보의 바다에 몸을 맡기다 보면 어느새 시간이 훌쩍 지나가 버리곤 합니다.

일반적으로 웹 사이트 또는 웹 페이지라고 불리는 IT 서비스는 언제 어디서나 인터넷 연결만 있으면 쉽게 접근하고 사용할 수 있습니다. 이러한 웹 사이트도 모두 응용 소프트웨어라는 사실, 혹시 알고 계셨나요?

▼ **그림 3-26** 웹 앱 형태의 IT 서비스

애플리케이션은 실행되기 위한 플랫폼이 필요하고, 애플리케이션의 개발 방식은 플랫폼 환경에 종속될 수밖에 없습니다. 이때 네이티브 앱은 운영체제를 플랫폼으로 삼아 동작합니다. 따라서 네이티브 앱을 사용하기 위해서는 먼저 운영체제에 맞는 앱을 다운로드하는 과정이 필요합니다. 앱을 실행할 때도 일반적으로 컴퓨터에 저장되어 있는 애플리케이션 파일을 클릭하는 방법을 사용합니다.

그에 비해 웹 페이지는 네이티브 앱과 상당히 다른 모습을 보입니다. 별도 설치 없이도 URL 주소만 입력하면 순식간에 웹 페이지를 실행할 수 있습니다. 컴퓨터에 네이버 웹 페이지가 저장되어 있는 것도 아닌데 말이죠. 운영체제의 영향을 받지도 않습니다. 주소만 알면 노트북, 스마트폰, 태블릿 등 서로 다른 환경의 컴퓨터에서도 동일한 웹 페이지에 접근할 수 있습니다. 웹 페이지도 애플리케이션인데, 어떻게 이렇게 자유롭게 동작할 수 있는 걸까요?

답은 간단합니다. 웹 페이지의 플랫폼은 운영체제가 아닙니다. 웹 사이트나 웹 페이지, 또는 웹 애플리케이션이라고 불리는 **웹 앱**(web app)은 **웹 브라우저 위에서 동작하는 애플리케이션**입니다. 웹 앱이 종속되는 플랫폼 환경은 운영체제가 아닌, 웹 브라우저입니다. 웹 앱과 네이티브 앱은 동작 기반이 되는 플랫폼의 환경이 아예 다른 것입니다. 여기에서부터 웹 앱과 네이티브 앱의 차이가 시작됩니다.

웹 앱이 실행되는 플랫폼인 **웹 브라우저(web browser)**는 **사용자가 인터넷을 통해 웹 앱에 접근하고 실행할 수 있도록 도와주는 애플리케이션**입니다. 다시 말하면, IT 세상 속에 존재하는 수많은 웹 앱의 동작 기반이 되어 주는 소프트웨어가 바로 웹 브라우저입니다. 일상 속에서 자주 사용하는 크롬(Chrome), 에지(Edge), 사파리(Safari) 등이 대표적인 웹 브라우저의 예시입니다.

- **웹 앱**: 인터넷을 통해 웹 브라우저에서 실행되는 애플리케이션
- **웹 브라우저**: 사용자가 인터넷을 통해 웹 페이지에 접근하고, 웹 페이지와 상호작용할 수 있도록 도와주는 애플리케이션

▼ **표 3-2** 대표적인 웹 브라우저

웹 브라우저	공급사	점유율*
크롬(Chrome)	구글	65.18%
사파리(Safari)	애플	18.55%
에지(Edge)	마이크로소프트	5.26%

* statcounter에서 제공하는 데이터 기준(https://gs.statcounter.com/browser-market-share)

주목해야 할 부분은, 웹 브라우저 역시 애플리케이션이라는 점입니다. 응용 소프트웨어인 웹 앱의 플랫폼인 웹 브라우저 역시 응용 소프트웨어입니다. 웹 브라우저 자체는 특정한 운영체제 위에서 동작하는 네이티브 앱에 해당합니다. 좀 더 구체적으로 이야기하면, 웹 앱의 동작 기반을 제공하기 위해 만들어진 네이티브 애플리케이션이죠.

정리하자면 웹 브라우저는 운영체제 위에서 돌아가는 네이티브 앱이고, 웹 앱은 웹 브라우저라는 네이티브 앱을 플랫폼 삼아 동작하는 형태의 애플리케이션인 셈입니다.

▼ **그림 3-27** 웹 앱과 웹 앱의 플랫폼

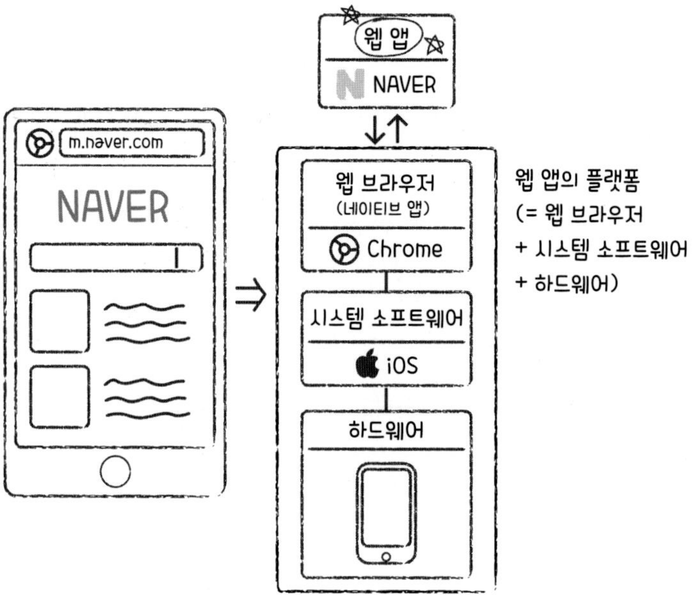

웹 앱의 플랫폼 환경에 대해 조금 더 알아볼까요? 웹 브라우저는 애플리케이션이자 웹 앱의 플랫폼인 소프트웨어입니다. 이러한 웹 브라우저는 네이티브 앱의 플랫폼이자 시스템 소프트웨어인 운영체제와는 전혀 다른 특성을 가질 수밖에 없습니다.

먼저, 운영체제는 컴퓨터 기기가 판매되기 전부터 설치되어 있습니다. 사용자는 보통 운영체제를 선택하기보다는 받아들이는 편이죠. 하지만 웹 브라우저는 사용자는 원하는 앱을 선택해서 사용할 수 있습니다. 크롬을 사용할 수도 있고, 사파리를 사용할 수도 있습니다. 사용자가 직접 웹 앱의 플랫폼 환경을 선택할 수 있는 것입니다.

또한 운영체제는 그 종류에 따라 애플리케이션에게 서로 다른 플랫폼 환경을 제공합니다. 이로 인해 각 운영체제 위에서 동작하는 애플리케이션도 완전히 다른 방식으로 만들어질 수밖에 없습니다. 애플리케이션이 운영체제의 네이티브가 될 수밖에 없는 환경입니다.

하지만 웹 브라우저가 웹 앱에게 제공하는 플랫폼 환경은 모두 동일합니다. IT 세상에는 다양한 웹 브라우저가 존재하고, 이들은 모두 '웹 앱을 실행할 수 있는 구조'를 동일하게 공유하고 있습니다. 따라서 우리는 어떤 종류의 웹 브라우저를 사용하더라도 동일한 웹 앱을 문제없이 실행할 수 있습니다. 마찬가지로 웹 브라우저 하나만 있으면, 세상의 모든 웹 앱을 실행할 수 있죠.

웹 앱을 만들 때는 다수의 플랫폼 환경을 신경 쓸 필요가 없습니다. 모든 웹 브라우저가 동일한 플랫폼 환경을 제공하고 있기 때문에, 하나의 웹 앱만 만들면 끝이죠. 이렇게 만들어진 웹 앱은 웹 브라우저가 있는 모든 컴퓨터 환경에서 손쉽게 실행하고 사용할 수 있습니다.

▼ **그림 3-28** 네이티브 앱과 웹 앱의 사용 방법

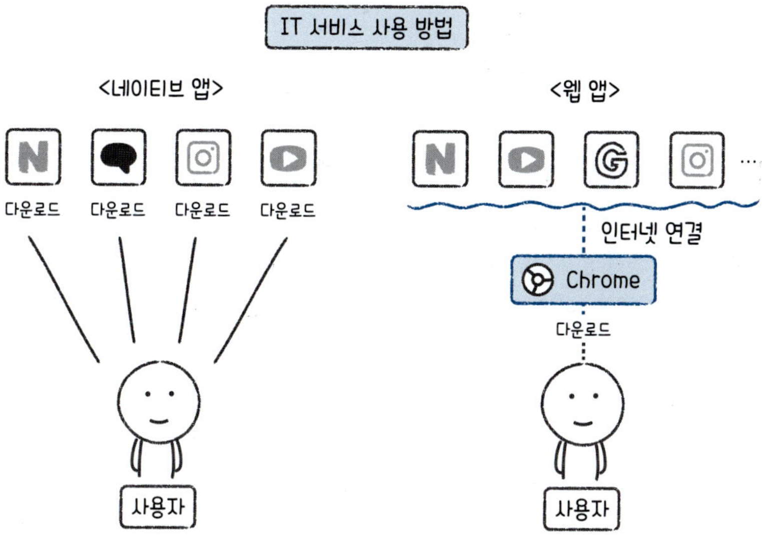

그렇다면 웹 앱은 어떻게 실행되는 걸까요? 웹 브라우저라는 플랫폼 위에서 동작하는 웹 앱은 별도의 다운로드 없이도 URL 형태의 주소를 통해 손쉽게 접근할 수 있습니다. 웹 브라우저에 URL을 입력하면 웹 앱을 불러올 수 있습니다. 이렇게 불러온 웹 앱은 웹 브라우저 위에 나타나게 됩니다. 사용자는 웹 브라우저를 통해 웹 앱의 화면을 보고, 웹 앱을 사용할 수 있는 것입니다.

▼ **그림 3-29** 네이티브 앱 vs 웹 앱

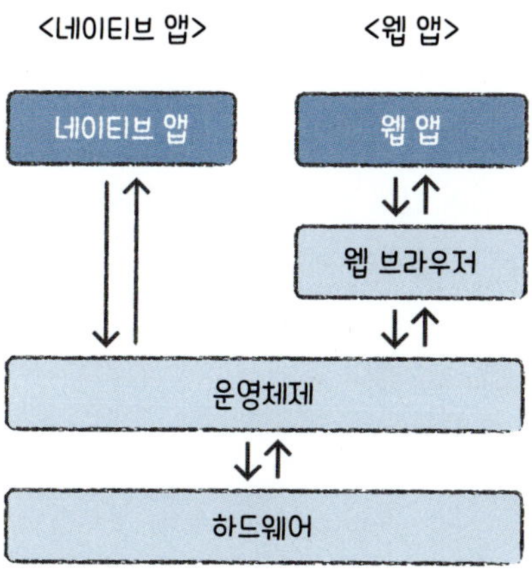

3.3.2 웹 앱의 특징

이것저것 제약이 많았던 네이티브 앱과 달리, IT 세상의 수많은 웹 앱을 사용하기 위해 필요한 건 딱 두 가지입니다. 바로 웹 브라우저와 인터넷입니다. 웹 브라우저를 플랫폼으로 사용하는 웹 앱은 운영체제 환경에 종속되지 않기 때문에 다양한 컴퓨터 환경에서 자유롭게 실행될 수 있습니다. 또한 웹 앱은 인터넷을 통해 불러오고 있기 때문에 굳이 사용자의 컴퓨터에 무언가를 저장할 필요가 없습니다.

즉, 웹 브라우저와 인터넷만 있다면 우리는 IT 세상의 모든 웹 앱을 실행할 수 있는 것입니다. 개발과 사용이 모두 간단하고 편리한 웹 앱은 장점이 매우 큰 애플리케이션 개발 방식임이 확실합니다. 하지만 이러한 웹 앱의 특성이 어떤 측면에서는 오히려 단점이 되기도 합니다. 마냥 좋게만 보이는 웹 앱의 장점과 단점을, 웹 앱의 구조적 특성을 통해 한 번 확인해 볼까요?

1) 높은 범용성

웹 앱은 자유로운 정보 생산과 공유를 위해 만들어진 웹 기술을 기반으로 하는 애플리케이션 개발 방식입니다. 웹이라는 기술 자체가 제약 없는 정보 공유를 위해 만들어진 것입니다. 따라서 IT 세상의 사람들은 모두가 동등하게 웹 기술을 사용할 수 있도록 협의된 규칙을 만들어 두었습니다. 전 세계 사람들이 공용어를 통해 자유롭게 의사소통할 수 있는 것처럼, IT 세상에서는 협의된 규칙을 바탕으로 누구나 웹 기술을 활용한 앱을 만들고 공유할 수 있습니다.

웹 앱이 세계 공용어를 기준으로 만들어진 앱이라면, 웹 브라우저는 웹 앱을 번역해 주는 성능 좋은 번역기입니다. 웹 앱의 동작 언어를 웹 브라우저가 설치된 컴퓨터 환경이 이해할 수 있는 언어로 해석해 주는 중간 다리와 같은 역할을 한다고 볼 수 있죠. 웹 브라우저는 웹 앱이 실행될 수 있는 기반을 제공하고, 웹 앱이 운영체제나 하드웨어 같은 플랫폼과 잘 소통할 수 있도록 연결합니다. 웹 기술 규칙에 맞게 만들어진 웹 앱이라면 어떤 웹 브라우저 위에서나 제약 없이 실행될 수 있습니다.

사용자는 IT 세상에 있는 모든 웹 앱을 간편하게 실행하고 사용할 수 있습니다. 컴퓨터에 웹 브라우저라는 번역기만 설치되어 있다면 말이죠! 이러한 웹 앱의 실행 방식은 운영체제 환경에 따라 별도의 애플리케이션을 하나하나 설치해야 했던 네이티브 앱과는 비교할 수 없는 범용성과 자유도를 가지고 있습니다.

▼ **그림 3-30** 모든 운영체제 환경에서 실행될 수 있는 웹 앱

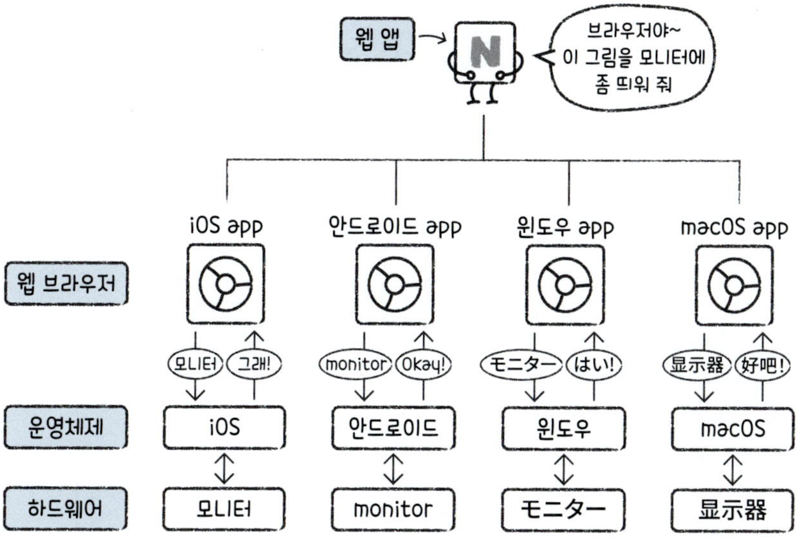

2) 낮은 효율성

웹 앱은 모든 하드웨어와 운영체제 환경에서 문제없이 실행될 수 있습니다. 마치 세계 공용어인 영어로 전 세계 사람들과 소통이 가능한 것처럼 말입니다. 하지만 영어가 모국어가 아닌 사람과 영어로 대화를 할 때, 대화 속의 모든 의미가 모국어만큼 상대방에게 전달될 수 있을까요? 한국어가 모국어인 사람과 영어로 대화를 하면 한국어로 대화를 하는 것보다 훨씬 불편합니다. 성능 좋은 번역기가 있다고 하더라도 모국어 대화만큼 편하게 이루어질 수는 없습니다.

웹 브라우저를 거쳐서 동작하는 웹 앱도 비슷한 제약을 가지고 있습니다. 웹 앱은 웹 브라우저를 기반으로 동작합니다. 웹 브라우저는 웹 앱이 어디서나 실행될 수 있도록 만들어 주는 강력한 매개체입니다. 하지만 애플리케이션 동작 과정에서는 약간의 걸림돌이 되기도 합니다. 운영체제와 애플리케이션 사이에 웹 브라우저라는 단계가 추가되면, 운영체제와 애플리케이션이 직접 상호작용하는 것보다 동작이 비효율적일 수밖에 없습니다.

웹 앱으로 만들어진 IT 서비스는 웹 브라우저를 통해서만 사용자의 운영체제 및 하드웨어와 상호작용할 수 있습니다. 반면, 네이티브 앱으로 구현된 IT 서비스는 운영체제 바로 위에서 돌아갑니다. 무조건 웹 브라우저를 거쳐서 컴퓨터를 제어해야 하는 웹 앱은 네이티브 앱만큼 빠르게 동작할 수 없습니다. 컴퓨터의 하드웨어를 마음껏 활용하기도 어렵죠. 애플리케이션 동작 구조상 웹 앱은 이러한 비효율을 감수할 수밖에 없습니다.

▼ **그림 3-31** 네이티브 앱보다 효율성이 낮은 웹 앱

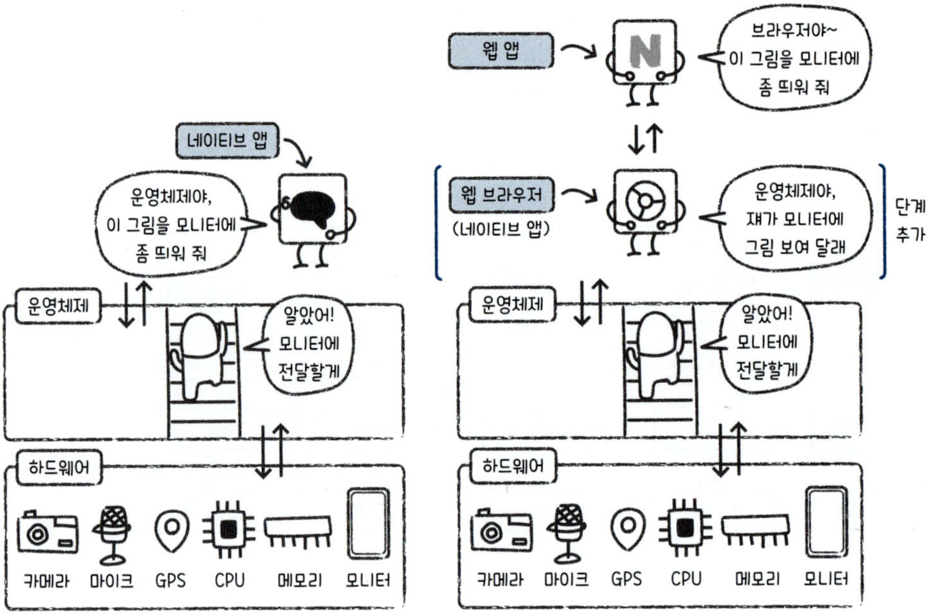

3) 앱 제공 방법

반드시 컴퓨터에 설치되어 있어야 실행할 수 있는 네이티브 앱과 달리, 웹 앱은 별도의 준비 없이도 간단하게 실행할 수 있습니다. 웹 브라우저를 열고, 실행하고자 하는 웹 앱의 인터넷 주소를 입력하기만 하면 됩니다. 웹 앱은 사용자의 컴퓨터에 저장되어 있지 않습니다. 인터넷으로 연결되어 있는 IT 세상의 어딘가에 저장되어 있죠. 애플리케이션을 다운로드할 필요도, 업데이트할 필요도 없습니다. 단지 웹 브라우저와 인터넷을 통해 원하는 웹 앱에 접근해서 사용하는 것뿐입니다.

물론 이러한 웹 앱의 동작 방식에는 커다란 맹점이 하나 있습니다. 인터넷이 없으면 웹 앱을 사용할 수 없다는 것입니다. 인터넷만 잘 연결되어 있다면 우리는 무서울 것이 없습니다. 네이버 검색부터 정부24 민원 신청에 이르기까지! 다양한 웹 서비스를 앉은 자리에서 편하게 사용할 수 있죠. 하지만 인터넷 연결이 끊어지면 모든 것이 꿈처럼 사라집니다. 마치 IT 세상과 통하는 문이 굳게 닫힌 것처럼, 단 하나의 웹 앱도 사용할 수 없게 됩니다.

▼ **그림 3-32** 인터넷이 연결되어야 사용할 수 있는 웹 앱

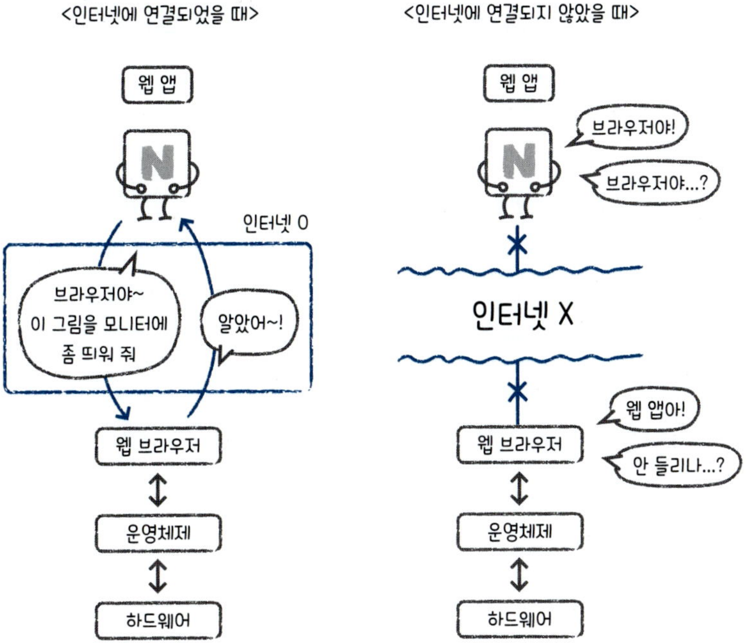

웹 앱은 장점이 아주 강력한 애플리케이션 개발 방식입니다. 웹 앱은 운영체제 환경에 구애받지 않고 어느 환경에서나 사용할 수 있습니다. 웹 앱을 사용할 때는 다운로드나 업데이트와 같은 귀찮은 과정도 필요하지 않습니다. 웹 브라우저와 인터넷만 있다면 IT 세상의 모든 웹 앱에 접근할 수 있죠.

하지만 장점이 큰 만큼 단점도 명확하기 마련입니다. 웹 브라우저 위에서 실행되는 웹 앱은 운영체제와 딱 붙어 있는 네이티브 앱보다 속도나 성능 측면에서 떨어질 수밖에 없고, 컴퓨터의 하드웨어도 효과적으로 사용하기 어렵습니다. 웹 브라우저나 인터넷 중 하나라도 없다면 웹 앱 자체에 접근이 불가한 것도 큰 제약 사항입니다. 그렇기에 웹 앱은 웹 접근성이 좋고 활용도가 높은 데스크톱 중심의 환경에 맞게 만들어지는 경우가 많습니다.

3.4 SECTION 네이티브 앱과 웹 앱의 적절한 합의점, 하이브리드 앱

네이티브 앱과 웹 앱은 각자의 장점과 단점이 명확한 애플리케이션 개발 방식입니다. 네이티브 앱의 장점은 웹 앱의 단점이고, 웹 앱의 장점은 네이티브 앱의 단점입니다. 따라서 IT 서비스를 제공하는 입장에서는 어려운 선택의 상황에 놓일 수밖에 없습니다. 그냥 네이티브 앱과 웹 앱의 장점만 쏙쏙 뽑아서 새로운 형태의 애플리케이션을 만들 수는 없을까요?

놀랍게도 가능합니다! 네이티브 앱 방식과 웹 앱 방식을 적절하게 섞어서 하나의 애플리케이션을 만드는 것이죠. 최근 많은 IT 서비스가 선택하고 있는 방식이기도 합니다. 네이티브 앱과 웹 앱의 아름다운 합의점, 바로 '하이브리드 앱'입니다.

▼ **그림 3-33** 네이티브 앱과 웹 앱의 합의점, 하이브리드 앱

3.4.1 하이브리드 앱

어린 시절, 저는 커피 자판기를 보며 저 네모 상자에서 어떻게 커피가 만들어지는지가 항상 궁금했습니다. 사실 자판기 껍데기 안에 숨어 있는 작은 사람이 커피를 만들어 주고 있는 게 아닐까 하는 재미있는 상상을 해 보기도 했죠.

순수했던 그 어린이는 커서 커피를 물처럼 마시는 평범한 어른이 되었습니다. 카페인 충전을 위해 커피 자판기를 사용하며 다시 생각에 빠집니다. 커피 자판기를 사용하면 빠르고 간편하지만, 커피가 별로 맛이 없습니다. 바리스타가 내려 주는 커피는 맛있지만, 카페까지 가야 해서 귀찮습니다. 그냥 자판기 속에 바리스타를 가둬 버리면 맛있는 커피를 편하게 먹을 수 있지 않을까, 하고 잠깐 생각하다 말도 안 되는 상상이라며 웃어 넘깁니다.

커피 자판기의 내부에는 사람이 아닌 기계 장치가 들어 있다는 건 모두가 아는 사실입니다. 거기에 사람을 가두면 경찰에게 잡혀가겠죠. 그런데 만약 네모난 껍데기 속에 진짜 바리스타가 들어가서 커피를 내려 주는 자판기가 나타난다면, 우리는 껍데기만 보고 그 속에 진짜 사람이 있다는 걸 알아챌 수 있을까요?

▼ **그림 3-34** 겉모습은 똑같지만 내부는 전혀 다른 두 자판기

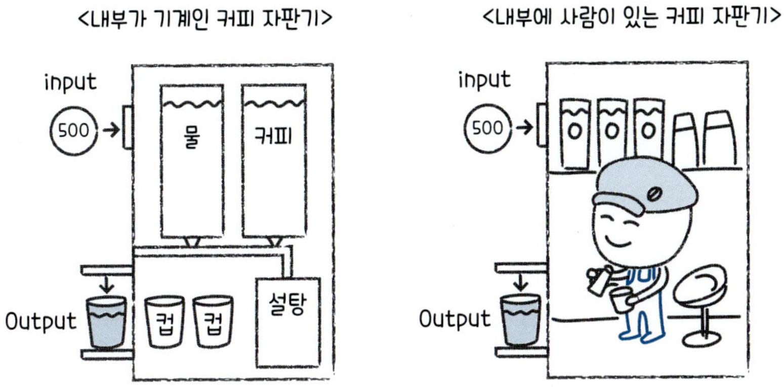

현실에서는 말도 안 되는 상상이지만, IT 세상에서는 가능합니다. IT 세상의 개발자는 네이티브 앱의 장점과 웹 앱의 장점을 모두 가진 애플리케이션을 만드는 방법을 고민하다, 네이티브 앱에 웹 앱을 붙이면 꽤 괜찮은 애플리케이션을 만들 수 있다는 사실을 발견했습니다. 이것이 바로 '하이브리드 앱'입니다.

하이브리드 앱(hybrid app)은 **네이티브 앱과 웹 앱을 결합하여 만든 복합형 애플리케이션**입니다. 하이브리드 앱은 일반적으로 네이티브 앱으로 껍데기를 만들고, 내부 화면은 웹 앱으로 채우는 방식으로 개발됩니다. 커피 자판기가 네이티브 앱이고 바리스타가 웹 앱이라면, 하이브리드 앱은 껍데기 속에 바리스타가 들어가 있는 커피 자판기인 셈입니다. 하나의 애플리케이션을 만들 때 네이티브 앱 방식과 웹 앱 방식을 모두 사용하여 최대한의 효용을 챙기는 것이 바로 하이브리드 앱의 목적입니다.

> **하이브리드 앱(hybrid app)**: 네이티브 앱과 웹 앱의 요소를 결합한 애플리케이션.

하이브리드 앱의 겉모습은 네이티브 앱이지만 내용물은 웹 앱입니다. 하이브리드 앱은 평범한 하나의 애플리케이션처럼 사용자에게 제공됩니다. 하지만 앱 내부를 뜯어보면 실질적인 서비스 기능은 웹 앱으로 구현하고, 이러한 웹 앱이 잘 동작할 수 있는 맞춤형 플랫폼을 네이티브 앱 방

식으로 만들어 함께 제공하는 형태에 가깝습니다.

우리가 자주 사용하는 네이버의 모바일 앱에서도 일부 화면을 웹 앱으로 제공하고 있습니다. 네이버 모바일 앱도 하이브리드 앱 방식을 사용하고 있는 것입니다. 이러한 애플리케이션의 하이브리드 구조는 생각보다 쉽게 확인해 볼 수 있습니다.

네이버 앱에서 네이버 블로그를 접속한 뒤 손가락으로 화면을 살짝 내려 보면 화면 위쪽에 웹 주소란이 나오는 걸 볼 수 있습니다. 블로그 화면의 상단에 나타난 주소를 복사해서 다른 웹 브라우저에 붙여 넣으면, 해당 웹 브라우저에서도 동일한 네이버 블로그 화면이 나타납니다. 즉, 네이버 앱은 컴퓨터에 설치하는 네이티브 앱의 모습을 하고 있지만, 내부 화면은 웹 앱 방식으로 제공되는 하이브리드 앱으로 볼 수 있습니다. 물론 어떤 부분까지가 네이티브 앱 방식이고, 어떤 부분까지가 웹 앱 방식인지 정확히 파악하기는 어렵지만 말이죠!

▼ **그림 3-35** 하이브리드 앱으로 구현된 네이버 앱

<네이버 앱 블로그 화면> <다른 웹 브라우저에서 동일한 주소로 접근>

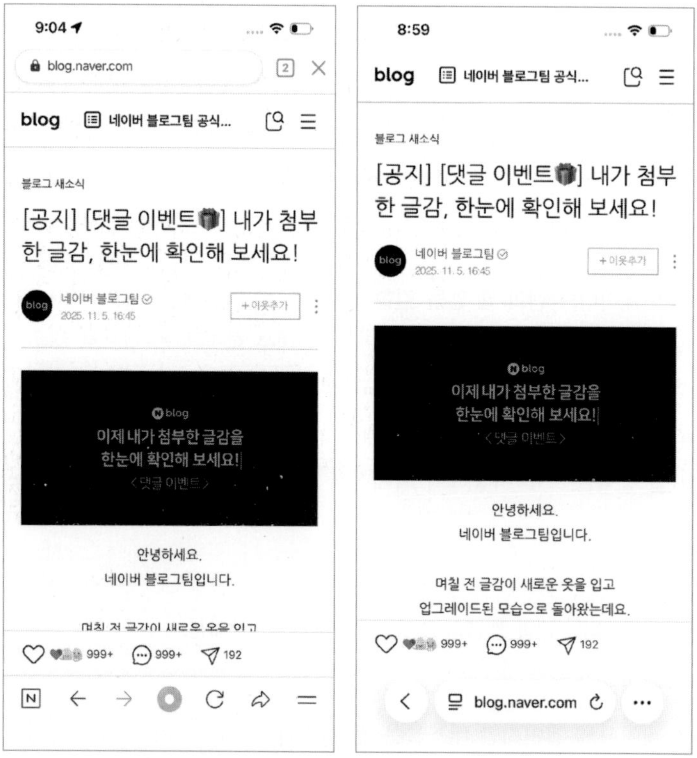

하이브리드 앱은 네이티브 앱과 웹 앱의 복합 구조를 통해 두 애플리케이션 개발 방식의 장점을 모두 챙길 수 있습니다. 웹 앱에 비해 빠르고 효율적으로 동작할 수 있으며, 하드웨어 역시 더욱

자유롭게 사용할 수 있습니다. 또한 핵심적인 기능이 웹 앱 방식으로 제공되기 때문에 사용자의 업데이트 없이도 바로바로 변경 사항을 업데이트해 주는 것도 가능합니다.

최근에는 애플리케이션의 목적에 따라 더욱 자유로운 방식으로 하이브리드 앱을 구성하는 경우도 많습니다. 네이티브 앱으로 제공하는 게 효율적인 기능은 네이티브 앱으로, 웹 앱으로 제공하는 게 효율적인 기능은 웹 앱으로 만들어 하나의 하이브리드 앱으로 묶어 버리는 것이죠. 네이티브 앱과 웹 앱을 모두 놓칠 수 없는 IT 서비스의 고민을 엿볼 수 있는 부분이기도 합니다.

▼ **그림 3-36** 네이티브 앱 vs 웹 앱 vs 하이브리드 앱

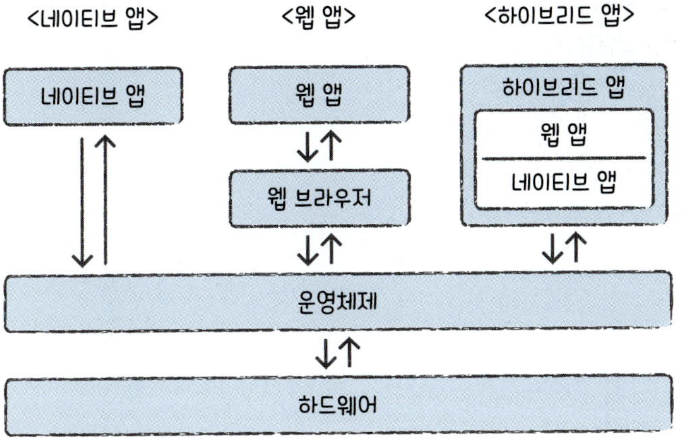

3.4.2 하이브리드 앱의 특징

네이티브 앱과 웹 앱을 합친 하이브리드 앱은 네이티브 앱과 웹 앱의 특징을 모두 가지고 있습니다. 이러한 하이브리드 앱은 두 애플리케이션 방식의 장점을 모두 얻는 동시에 단점도 함께 가져갈 수밖에 없습니다. 마치 바리스타가 들어 있는 커피 자판기처럼 말이죠. 네이티브 앱과 웹 앱의 변신 합체 로봇인 하이브리드 앱은 어떤 특징을 가지고 있는지 한번 알아볼까요?

1) 네이티브 앱보다 만들기 편하다

IT 서비스를 하이브리드 앱 방식으로 제공하는 경우, 애플리케이션의 내부 화면은 웹 앱 방식으로 만들어집니다. 이때, 웹 앱으로 만들어진 부분은 여러 플랫폼에서 함께 사용할 수 있습니다. 물론 네이티브 앱으로 구현하는 부분은 운영체제마다 별도로 개발해야 하지만, 웹 앱으로 구현하는 내부 화면은 하나만 만들어도 됩니다. 애플리케이션 전체를 네이티브 앱으로 각각 개발하는 것에 비하면 훨씬 효율적입니다.

또한 하이브리드 앱 내부에서 웹 앱으로 제공되는 화면은 하나의 코드로 돌아갑니다. 따라서 애플리케이션을 개선하거나 오류를 수정하는 작업도 상대적으로 쉽습니다. 네 개의 앱을 수정하는 것보다는 하나를 수정하는 게 훨씬 간편하니까요! 사용자가 별도로 업데이트를 하지 않아도 수정 사항을 즉시 반영할 수 있는 것도 장점입니다.

▼ **그림 3-37** 서로 다른 운영체제에서 동작하는 하이브리드 앱의 구조

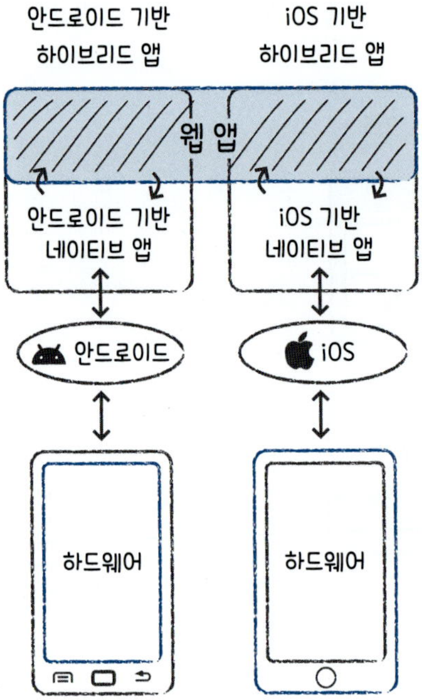

2) 웹 앱보다 효율적이다

하이브리드 앱은 내부 주요 기능을 담당하는 웹 앱 영역과 웹 앱이 잘 동작할 수 있도록 판을 깔아 주는 네이티브 앱 영역으로 나누어 생각할 수 있습니다. 즉, 하이브리드 앱의 네이티브 앱 영역은 사실상 웹 앱의 플랫폼 역할 또한 수행하고 있습니다. 애플리케이션 안에 자체 웹 브라우저를 탑재한 셈입니다.

기존의 웹 앱은 외부의 웹 브라우저를 통해 움직이다 보니 원하는 만큼의 효율성을 기대하기 어렵습니다. 하지만 하이브리드 앱은 내부 웹 앱을 위한 맞춤형 플랫폼을 제공해 줍니다. 이러한 구조를 바탕으로 한 하이브리드 앱은 일반적인 웹 앱보다 훨씬 효율적으로 동작할 수 있습니다. 컴퓨터 하드웨어의 활용 측면에서도 하이브리드 앱이 좀 더 유리하죠.

물론 하이브리드 앱의 성능이나 효율성이 네이티브 앱만큼 높아지기는 어렵습니다. 하이브리드 앱 내부의 웹 앱 영역 역시 운영체제와 바로 연결될 수는 없습니다. 아무리 맞춤형 플랫폼이라고 하더라도 한 단계가 더 필요하다는 건 변하지 않습니다. 따라서 하이브리드 앱이 아무리 효율적이라고 해도, 운영체제 바로 위에서 돌아가는 네이티브 앱만큼 빠르고 효율적으로 동작하기는 어렵습니다.

▼ **그림 3-38** 동일 환경에서 네이티브 앱, 웹 앱, 하이브리드 앱의 효율성 비교

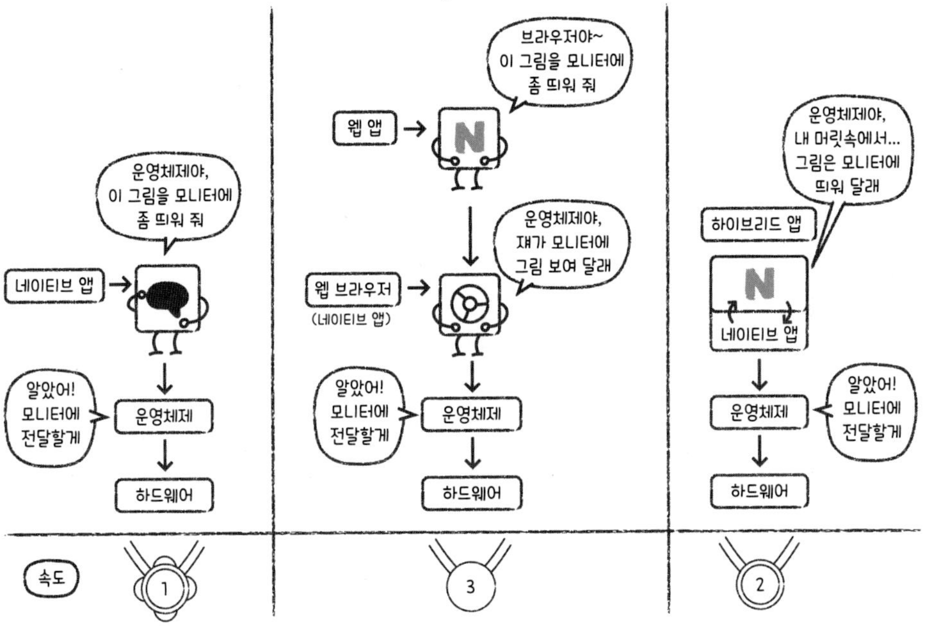

정리하자면, 하이브리드 앱은 네이티브 앱과 웹 앱을 적절히 섞어서 유의미한 합의점을 찾아낸 애플리케이션 개발 방식이라고 할 수 있습니다. 뭘 해도 중간은 가는 친구인 셈이죠!

맛집 탐색 서비스인 헝그리정신을 만드는 과정으로 다시 돌아가 봅시다. 헝그리정신 서비스를 어떤 애플리케이션으로 제공할지 선택해야 하는 상황입니다. 네이티브 앱과 웹 앱, 그리고 하이브리드 앱 중 어떤 앱으로 개발해야 할까요? IT 서비스의 특성과 제공 환경을 고려하여 적합한 애플리케이션 개발 방식을 선택해 봅시다.

먼저 헝그리정신 서비스가 주로 사용될 컴퓨터 환경을 생각해 봅시다. 맛집 탐색 서비스는 주로 일상 속에서 사용하는 경우가 많을 것 같습니다. 컴퓨터 앞에 앉아 있을 때보다는 스마트폰을 통해 자유롭게 탐색하는 사용성이 더욱 바람직해 보입니다. 따라서 헝그리정신 서비스는 모바일 사용성을 우선시하는 게 좋을 것 같습니다.

또한 맛집 탐색 서비스는 컴퓨터의 하드웨어를 지속적으로 사용할 필요가 있습니다. GPS를 통해 사용자의 위치 정보를 얻어야 하고, 음식 사진을 찍을 때는 카메라도 사용할 수 있어야 하죠. 컴퓨터의 하드웨어를 잘 활용할 수 있는 애플리케이션 개발 방식을 선택하는 게 유리할 것 같습니다.

아직 초기 단계이다 보니, IT 서비스를 제공한 후에도 업데이트가 많이 필요할 것 같습니다. 후기 기능도 고도화해야 하고, 맛집 정보도 계속해서 업데이트해야 하죠. 그렇다면 운영 측면에서 애플리케이션의 수정과 관리가 용이한 방식을 선택하는 게 좋겠네요.

위와 같은 상황을 기준으로 판단해 보면, 헝그리정신 서비스의 애플리케이션은 하이브리드 앱으로 만드는 게 가장 적합할 것 같습니다. 이제 개발자에게 하이브리드 앱으로 만들어 달라고 매달리는 일만 남았네요!

▼ **그림 3-39** 밸런스 게임: 헝그리정신 앱은 어떤 형태로 만들어야 할까?

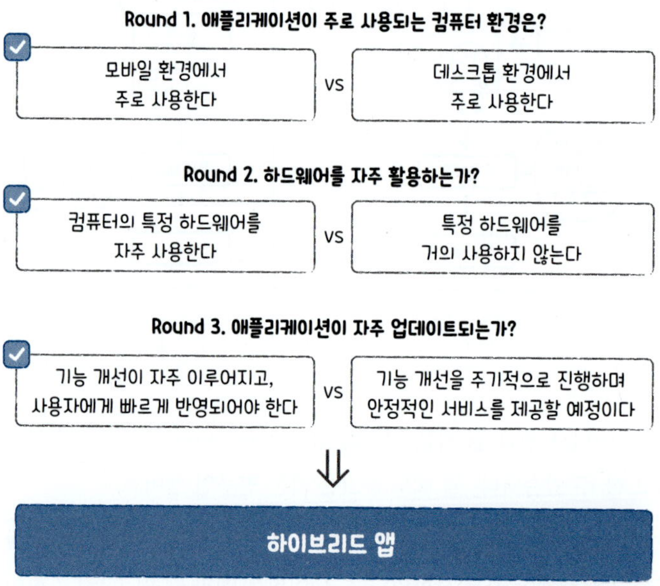

Plus IT 서비스가 너도 나도 플랫폼이라고 주장하는 이유

IT 세상은 빠르게 변화하고 있습니다. 매일 새로운 IT 서비스가 출시되고, 기존 서비스는 계속 해서 발전합니다. 이런 변화의 흐름 속에서 최근 많이 보이는 표현이 있습니다. 바로 '플랫폼'이라는 단어입니다. 마치 트렌드라도 된 것처럼 많은 IT 서비스가 본인이 플랫폼 서비스라고 주장합니다. 쿠팡도, 배달의민족도, 당근도 모두 본인을 플랫폼 서비스라고 지칭하고 있습니다.

우리는 이미 IT 세상의 플랫폼이 어떤 의미인지 알고 있습니다. 플랫폼은 애플리케이션이 실행되는 기반을 의미합니다. 어떤 애플리케이션 위에서 또 다른 애플리케이션이 돌아간다면, 애플리케이션 또한 플랫폼이 될 수 있습니다. 마치 웹 앱이 실행되는 웹 브라우저나 네이버 블로그 서비스를 실행하는 네이버 애플리케이션처럼 말이죠!

하지만 최근에는 이러한 정의에 맞지 않는 IT 서비스도 본인을 플랫폼이라고 이야기하는 경우가 종종 보입니다. 아무리 봐도 위에서 돌아가는 애플리케이션이 없는 것 같은데 말입니다. 도대체 왜 그러는 걸까요?

▼ 그림 3-40 플랫폼이라고 자칭하는 IT 서비스

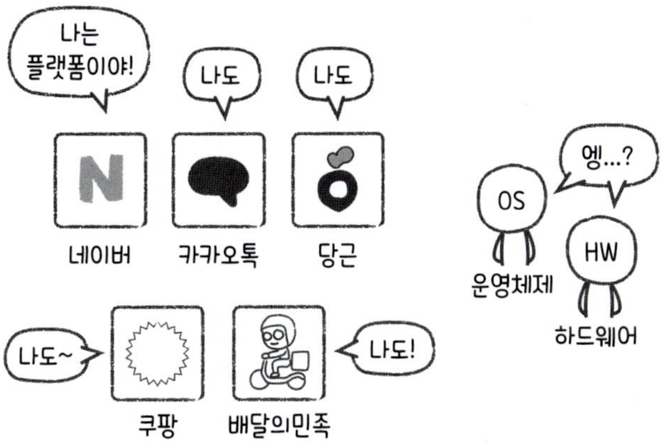

이러한 IT 서비스가 말하는 플랫폼은 사실 애플리케이션과 플랫폼의 관계에서 정의되는 개념이 아닙니다. 애플리케이션을 실행하는 기반이 아닌, 사람과 사람 또는 사람과 서비스가 만나는 연결의 장이라는 의미를 담고 있습니다.

원래 플랫폼(platform)은 기차역에서 승객들이 기차에 오르고 내리는 장소를 의미합니다. 기차와 승객이라는 서로 다른 두 대상을 '연결해 주는' 물리적 기반이 플랫폼인 것입니다. 이러한 의미에서 파생되어, 플랫폼은 기차와 승객 외에도 서로 다른 대상을 연결해 주는 역할을 하는 무언가를 통칭하기도 합니다. IT 세상의 플랫폼도 '애플리케이션과 사용자를 연결하는 기반'이라는 맥락에서 플랫폼이라고 부르고 있습니다.

쿠팡, 배달의민족, 당근 등의 IT 서비스는 사용자와 사용자를 연결하는 플랫폼의 역할을 하고 있습니다. 쿠팡에서는 소매업자와 소비자가 만나 거래가 일어납니다. 배달의민족은 식당과 소비자, 배달원을 연결하여 완결된 음식 배달 서비스를 제공하고 있습니다. 당근 역시 근처에 있는 사람을 서로 연결하여 중고 거래, 알바, 소모임 등의 다양한 기능을 제공하고 있습니다. 쇼핑, 배달, 커뮤니티 등 수많은 연결의 기반이 된다는 의미에서 각자가 자신을 플랫폼 서비스라 지칭하는 것입니다. 본인이 잘 갖추어진 플랫폼이니, 와서 사용하라는 거죠.

▼ **그림 3-41** 플랫폼의 의미

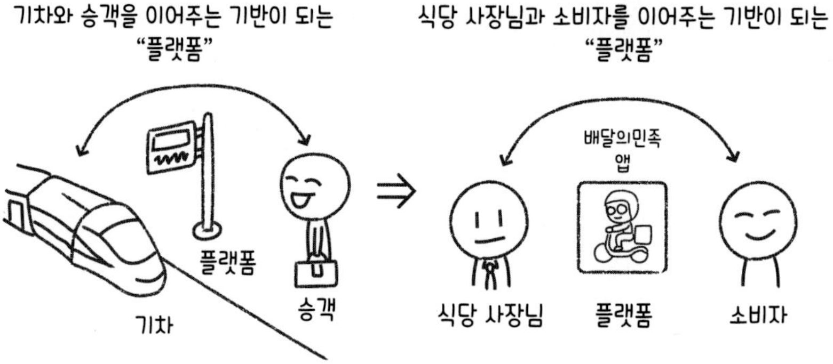

이렇듯 플랫폼이라는 단어는 IT 세상에서도 다양한 의미로 사용되고 있습니다. 앞으로는 플랫폼을 자처하는 IT 서비스를 만났을 때, 이 서비스가 무엇을 연결하고 있는지를 확인해 봅시다. 다른 앱의 동작 기반이 되어 애플리케이션과 사용자를 연결하는지, 혹은 사용자와 또 다른 사용자를 연결하는지를 확인하면 해당 서비스의 특성을 더 잘 이해할 수 있을 것입니다.

CHAPTER

04

IT 서비스의 외모지상주의: 프런트엔드

SECTION 4.1 앞과 뒤가 다른 IT 서비스의 이중인격

SECTION 4.2 사용자가 만날 수 있는 건 오직 프런트엔드뿐

SECTION 4.3 웹 앱의 프런트엔드

PLUS 프런트엔드와 항상 함께하는 친구, UI와 UX

IT 서비스 화면을 보는 건 요즘 우리에게 너무 당연한 일입니다. 카카오톡으로 메시지를 보내고, 유튜브로 영상을 보고, 네이버로 오늘의 뉴스를 확인하고… 하루 종일 수많은 화면들이 눈앞을 스쳐갑니다. 이렇듯 일상적으로 보고 있는 IT 서비스의 화면들은, 사실 우리가 볼 수 있는 것보다 훨씬 더 복잡한 구조로 이루어져 있습니다.

대표적인 IT 서비스인 구글의 웹 페이지에 접속해 볼까요? 구글 웹 페이지의 메인 화면은 텍스트, 도형, 이미지와 같이 매우 간단한 요소로 이루어져 있습니다. 사용 방법도 직관적입니다. 눈에 보이는 검색창에 텍스트를 입력하고 버튼을 클릭하기만 하면, 사용자는 세상의 모든 지식에 접근할 수 있습니다. 너무 간단해서 따로 설명이 필요 없을 정도죠!

▼ **그림 4-1** 구글 검색 서비스 메인 화면

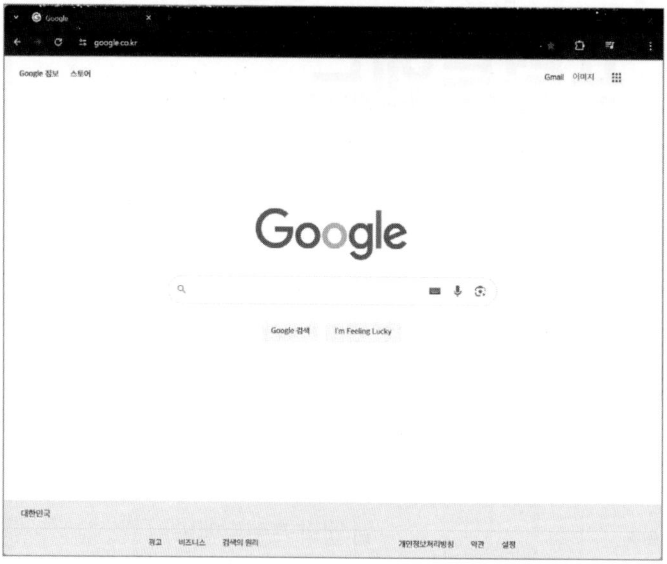

하지만 우리가 검색을 하는 순간, 구글 검색 애플리케이션은 보이는 것보다 훨씬 바쁘게 움직입니다. 구글 서비스가 가지고 있는 수많은 데이터 중 사용자가 입력한 검색어와 관련된 정보를 선별하고, 선별된 정보 중 어떤 데이터가 사용자에게 더 적합한지 판단해야 합니다. 이렇게 힘들게 찾아낸 검색 결과지만, 우리는 이러한 과정을 인지하기 어렵습니다. 구글 검색 서비스는 별일 없었다는 듯 순식간에 잘 정리된 검색 결과 화면을 만들어 우리에게 보여 주기 때문입니다.

일상적으로 사용하는 IT 서비스의 껍데기를 살짝만 들춰 보면 완전히 새로운 세상이 펼쳐집니다. IT 서비스는 보이지 않는 곳에 숨어 있는 복잡한 로직을 기반으로 끊임없이 움직이고 있습니다. 하지만 사용자는 이러한 내부적인 복잡함을 전혀 알지 못합니다. 그저 눈앞에 제공되는 화면만 보게 될 뿐이죠. 이게 어떻게 가능한 걸까요?

이번 장에서는 복잡한 걸 복잡하지 않게 만들어 주는, IT 서비스의 겉모습인 프런트엔드에 대해서 이야기해 보겠습니다.

4.1 SECTION 앞과 뒤가 다른 IT 서비스의 이중인격

'빙산의 일각'이라는 표현을 들어 보셨나요? 겉으로 보이는 것이 전체의 극히 일부분에 불과함을 비유적으로 이르는 말입니다. 실제로 모든 빙산은 수면 아래에 보이는 것보다 더욱 커다란, 눈에 보이지 않는 영역이 존재합니다. 물 위의 모습만 보고서는 빙산의 전체 모습을 감히 판단할 수 없습니다.

IT 서비스 역시 하나의 커다란 빙산과 같습니다. 우리에게 익숙한 IT 서비스의 화면 뒤에는 애플리케이션을 동작하게 하는 복잡하고 커다란 무언가가 존재합니다. 하지만 일반적인 사용자는 화면 아래에 감추어진 IT 서비스의 진짜 모습을 볼 수 없죠. 이러한 기준을 바탕으로 우리는 애플리케이션을 두 개의 영역으로 나누어 볼 수 있습니다. 눈으로 볼 수 있는 빙산의 일각처럼 사용자가 직접 보고 상호작용할 수 있는 '프런트엔드(front–end)'와 물속에서 보이지 않는 빙산처럼 사용자의 동작과 데이터를 처리하는 눈에 보이지 않는 '백엔드(back–end)'가 바로 그것입니다.

▼ 그림 4-2 빙산과 프런트엔드, 백엔드 비교

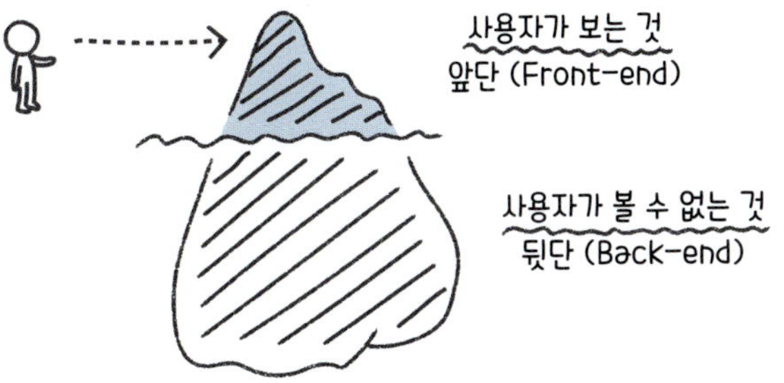

프런트엔드란 **레이아웃, 텍스트, 버튼, 이미지 및 그래프와 같이 사용자가 직접 상호작용할 수 있는 화면상의 요소**를 의미합니다. 다시 말하면, 우리가 애플리케이션을 사용하면서 보고 듣고 만지며 상호작용하는 모든 것들이 바로 프런트엔드인 것입니다.

네이버 앱에서 뉴스를 확인한다고 생각해 봅시다. 네이버 앱을 실행하면 가장 먼저 사용자의 눈앞에 깔끔하고 예쁜 메인 화면이 나타납니다. 이 화면에서 버튼이나 텍스트를 몇 번 누르기만 하면 수많은 뉴스 정보에 접근할 수 있습니다. 딱히 뉴스를 확인하는 방법을 배운 적은 없지만, 화면의 여러 요소가 안내하는 대로 따라가다 보면 신기하게도 금방 뉴스 화면에 도달하게 됩니다. 이렇듯 사용자와 직접 상호작용이 이루어지는 애플리케이션의 외적인 부분을 우리는 프런트엔드라고 부릅니다.

하지만 눈에 보이는 화면이 애플리케이션의 전부는 아닙니다. 네이버 앱에서 노출되는 최신 뉴스들은 누군가가 어디서 열심히 가져와야 하지 않을까요? 눈에 보이는 화면을 만들기 위해서는 사용자의 행동을 처리하고 데이터를 관리하며 연산을 수행하는 등 애플리케이션의 숨은 노력이 필요합니다. 이처럼 **애플리케이션의 보이지 않는 곳에서 이루어지는 복잡한 처리 과정**을 우리는 **백엔드**라고 부릅니다.

- **프런트엔드(front-end)**: 사용자가 직접 보고, 상호작용할 수 있는 화면 영역
- **백엔드(back-end)**: 서버, 데이터베이스 등 사용자가 눈으로 볼 수 없는 영역

이번 장에서는 IT 서비스의 얼굴인 프런트엔드를 집중적으로 살펴볼 예정입니다. 백엔드에 대한 내용은 5장 이후에서 더 자세히 다룰 예정이니, 조금만 기다려 주세요!

▼ **그림 4-3** 프런트엔드와 백엔드의 구조

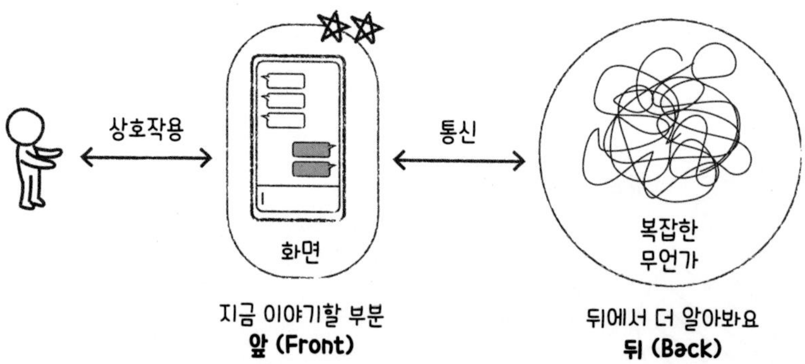

기본적으로 프런트엔드는 사용자와 직접 상호작용하는, 눈에 보이는 화면상의 영역을 의미합니다. 하지만 때로는 조금 다른 의미로 사용되기도 합니다. 애플리케이션의 개발 구조에 대해 이야기할 때는, 사용자와 가까운 개발 영역 전체를 프런트엔드라고 부르기도 합니다. 일단 애플리케이션의 개발 구조와 같은 복잡한 이야기는 나중에 하기로 하고, 이번 장에서는 프런트엔드의 기본적인 의미인 '사용자와 만나는 외적인 부분'에 집중해 봅시다!

4.2 SECTION 사용자가 만날 수 있는 건 오직 프런트엔드뿐

4.2.1 프런트엔드의 역할

프런트엔드가 빙산의 일각이라면, 프런트엔드는 애플리케이션에서 그다지 중요하지 않은 부분인 걸까요? 당연하게도 전혀 그렇지 않습니다. 튀어나온 빙산의 모습을 보고 선장이 뱃머리를 돌리듯이, 프런트엔드도 사용자가 해당 IT 서비스를 파악하고 사용할 수 있도록 만드는 중요한 역할을 하고 있습니다.

엘리베이터를 사용하는 과정을 떠올려 봅시다. 1층에서 엘리베이터를 타고 4층에 있는 집으로 가려면, 어떤 과정이 필요할까요? 먼저, 엘리베이터 앞으로 가서 올라가는 방향의 버튼을 눌러야 합니다. 버튼을 누르면, 해당 버튼에 불이 들어오며 패널에 나타나는 숫자가 하나씩 바뀌기 시작합니다. 이를 통해 우리는 '엘리베이터가 내려오고 있다'는 사실을 인지할 수 있습니다. 엘리베이터가 1층에 도착하면 버튼에 불이 꺼지고 띵~하는 익숙한 소리가 나며 문이 열립니다. 우리는 열린 엘리베이터 안으로 들어가 4층 버튼과 함께 닫힘 버튼을 열심히 눌러 줍니다. 문이 닫히고 엘리베이터가 움직이기 시작합니다. 속도는 좀 느리지만, 패널에서 바뀌는 숫자들을 보고 있으면 금세 도착하곤 합니다. 잠시 후 4층에 도착했다는 소리가 들리며 문이 열립니다.

▼ **그림 4-4** 일반적인 엘리베이터의 모습

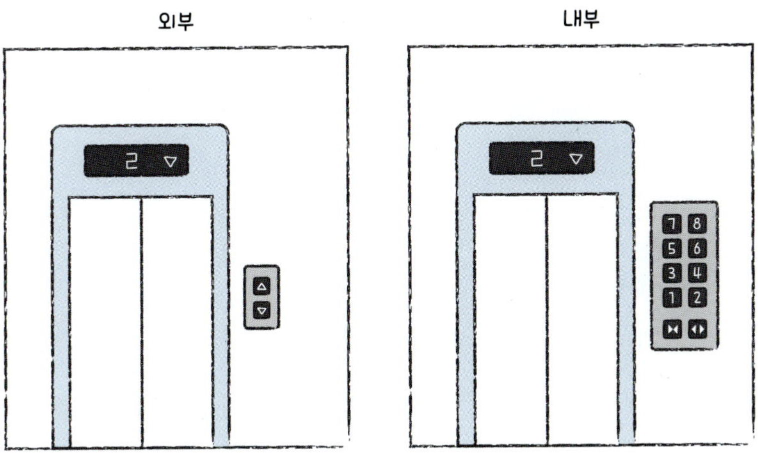

우리는 엘리베이터의 기계 장치가 어떻게 동작하는지는 모릅니다. 하지만 눈앞에 주어진 버튼과 패널 등을 통해 손쉽게 엘리베이터를 사용할 수 있습니다. 엘리베이터마다 생긴 모습은 조금씩 다르지만, 전반적으로 유사한 겉모습을 가지고 있습니다. 그렇기 때문에 처음 보는 엘리베이터도 별다른 어려움 없이 사용할 수 있습니다.

이때, 눈에 보이는 엘리베이터의 겉모습은 엘리베이터의 프런트엔드에 해당합니다. 사용자는 엘리베이터의 프런트엔드를 보고 '이건 엘리베이터구나!'라는 사실을 자연스럽게 인지합니다. 엘리베이터를 탈 때도 마찬가지입니다. 사용자는 버튼이나 패널처럼 눈앞에 제공된 프런트엔드를 통해서만 엘리베이터와 상호작용할 수 있습니다. 만약 엘리베이터의 프런트엔드가 잘 구성되어 있다면, 단순하고 익숙한 버튼 몇 개를 눌러 손쉽게 엘리베이터를 이용할 수 있을 것입니다. 그 뒤에 얼마나 복잡한 기계 장치(백엔드)가 있는지와 상관없이 말입니다.

▼ **그림 4-5** 엘리베이터의 프런트엔드와 백엔드

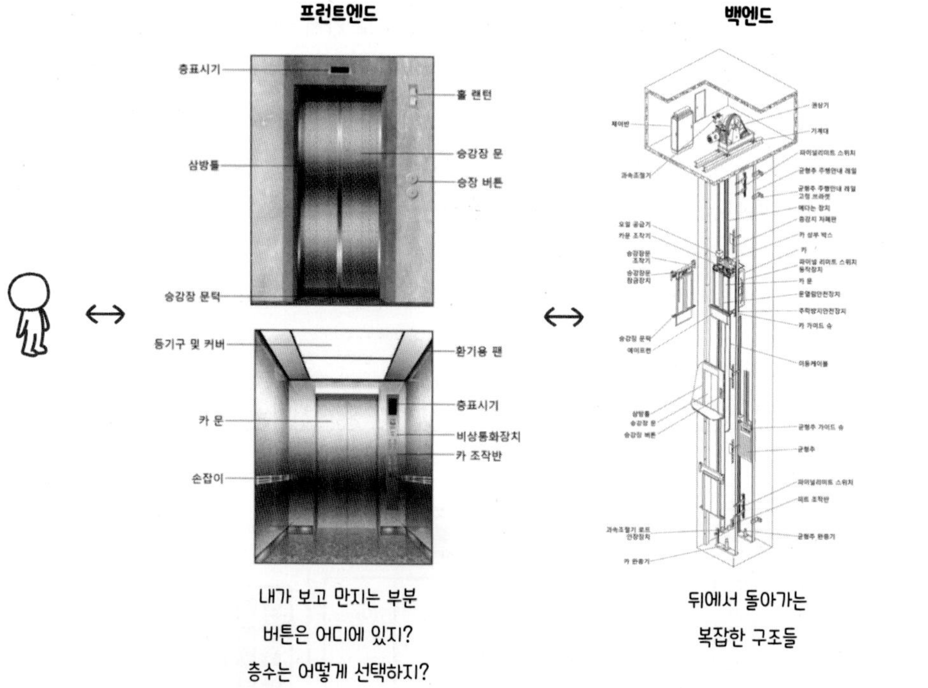

출처: 사단법인 대한승강기협회 홈페이지(https://www.kola.or.kr/pages/52/45, https://www.kola.or.kr/pages/52/44)

IT 서비스의 프런트엔드도 크게 다르지 않습니다. 이번에는 쿠팡에서 머그컵을 하나 구매하는 상황을 상상해 봅시다. 스마트폰에서 쿠팡 앱을 열고 검색창에 '머그컵'을 입력한 후 검색 버튼을 누르면, 화면이 바뀌면서 화면 중간에 동그란 로딩 중 표시 이미지가 빙글빙글 돌아갑니다.

이미지에 잠시 정신이 팔린 사이, 어디선가 가져왔을 수많은 검색 결과가 눈앞에 가득 펼쳐집니다. 화면에 나타난 수많은 판매 상품 중 마음에 드는 머그컵의 이미지를 누르면 선택한 머그컵을 구매할 수 있는 페이지에 도달하게 됩니다.

혹시 눈치챘나요? 엘리베이터와 쿠팡의 예시를 비교해 보면 IT 서비스의 프런트엔드가 하는 역할은 엘리베이터의 프런트엔드와 크게 다르지 않다는 걸 알 수 있습니다. 엘리베이터를 이용할 때처럼, 사용자는 프런트엔드를 통해 손쉽게 IT 서비스를 사용할 수 있습니다. 화면 뒤에서 어떤 복잡한 일이 일어나고 있는지와 무관하게 말이죠!

▼ **그림 4-6** 엘리베이터와 IT 서비스의 프런트엔드 비교

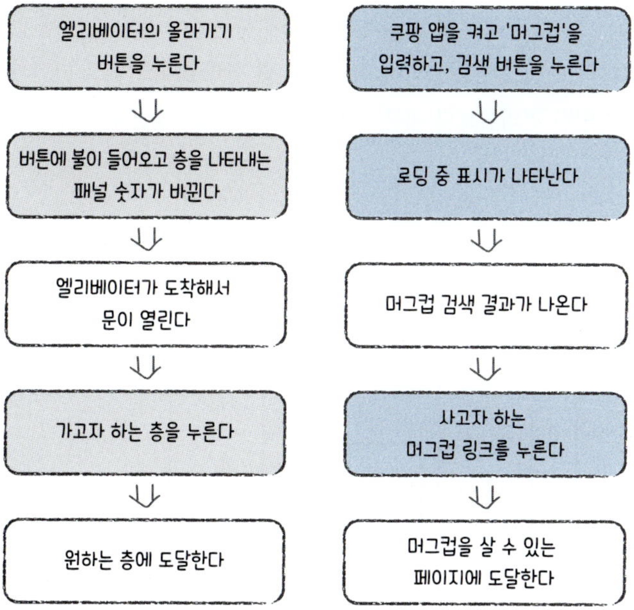

잘 구성된 프런트엔드는 그 자체로 설명서의 역할을 합니다. 우리가 처음 보는 엘리베이터를 익숙하게 사용할 수 있는 것처럼, IT 서비스의 프런트엔드가 잘 구성되어 있다면 사용자는 별다른 설명 없이도 바로 서비스를 사용할 수 있습니다. 상단에 있는 X 버튼을 누르면 해당 화면이 종료되고, 하얗고 긴 네모 형태의 공간에 커서가 반짝거리면 글자를 입력할 수 있고, '구매하기' 버튼을 누르면 상품 결제 페이지로 이동할 수 있습니다. 이러한 동작은 컴퓨터나 스마트폰을 조금 써봤다 하는 사람이라면 누구나 이해하고 있는 규칙입니다. 우리는 IT 서비스의 외적 요소를 통해 화면 내에서 어떤 행동을 할 수 있는지 인지하고, 또 목적에 맞게 애플리케이션을 사용할 수 있는 것입니다.

4.2.2 좋은 프런트엔드의 중요성

만약 자주 사용하는 IT 서비스의 프런트엔드가 갑자기 바뀐다면 어떤 일이 일어날까요? 어느 날 갑자기 엘리베이터의 모습이 다음과 같이 변경되었다고 생각해 봅시다. 층수를 선택하는 인터페이스가 엘리베이터 외부로 이동하고, 선택하는 방법도 텐키 형식의 터치 패드로 변경되었습니다. 층수를 보여 주는 패널도 사라졌습니다. 평소처럼 엘리베이터를 타려고 했는데 이런 상황을 마주한다면, 너무 화가 날 것 같지 않나요?

우리는 엘리베이터가 공통적으로 가지고 있는 사용성에 익숙해져 있습니다. 당연히 정해진 버튼을 누르고 패널로 현재 층수를 파악하며 엘리베이터를 사용할 수 있을 것이라고 기대합니다. 이러한 상황에서 갑자기 프런트엔드의 많은 부분이 달라지면 사용에 불편함이 생길 수밖에 없습니다. 이번 변경으로 엘리베이터의 백엔드가 개선되어 속도가 훨씬 빨라졌다고 해도 마찬가지입니다. 사용자는 속도 향상으로 인한 편리함보다 버튼 위치 변경으로 인한 불편함을 더 크게 느낄 것입니다.

▼ 그림 4-7 변경된 엘리베이터의 모습

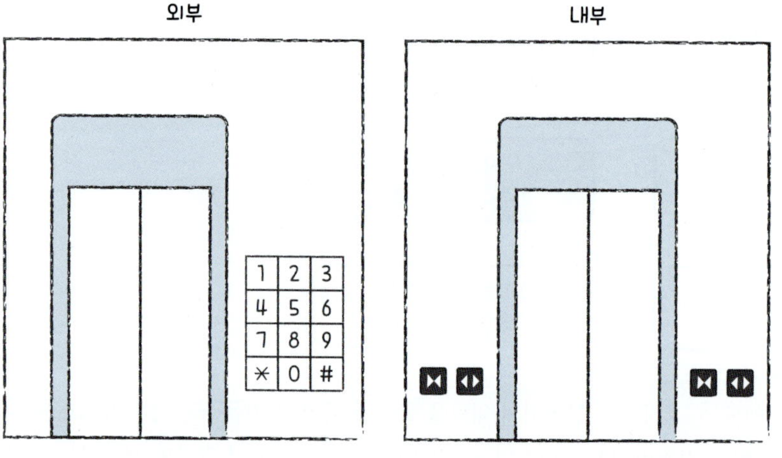

IT 서비스를 사용하다 불편한 프런트엔드를 마주했을 때, 우리는 불편한 엘리베이터를 탔을 때와 동일한 경험을 하게 됩니다. 다시 쿠팡에서 머그컵을 구매하는 상황입니다. 쿠팡 앱을 업데이트한 후 갑자기 화면 상단의 검색창이 사라진다면 어떨까요? 키워드 검색 없이 무조건 카테고리를 선택하는 방식으로만 상품을 검색할 수 있도록 프런트엔드가 변경되었다고 가정해 봅시다. 프런트엔드에 변경이 있었을 뿐, 쿠팡이 제공하는 '상품 검색과 구매'라는 핵심 기능은 변하지 않았습니다. 하지만 사용자는 이러한 변화에 큰 불편함을 느끼며 다른 서비스를 찾게 될 것입니다.

이처럼 IT 서비스에서 프런트엔드는 사용자에게 큰 영향을 미치고 있습니다. 애플리케이션이 제공하는 기능(백엔드)만큼이나 그 기능을 제공하는 방법(프런트엔드) 또한 중요한 것입니다.

프런트엔드가 IT 서비스의 얼굴이라면, IT 서비스는 외모지상주의에서 벗어날 수 없습니다. 아무리 좋은 기능을 제공하더라도 사용하는 방법이 어렵고 귀찮다면, 사용자는 다른 서비스를 찾아 떠나게 됩니다. 사용자 수가 곧 가치가 되는 IT 세상에서 좋은 프런트엔드는 사용자를 끌어들이고 머무르게 하는 강력한 힘입니다.

▼ **그림 4-8** IT 서비스의 외모지상주의

4.3 SECTION 웹 앱의 프런트엔드

프런트엔드는 애플리케이션을 구성하는 수많은 요소 중 '사용자와 직접 상호작용하는 영역'을 부르는 말입니다. 즉, 일반 사용자에게 IT 서비스를 제공하는 애플리케이션이라면 모두 프런트엔드를 가지고 있습니다.

하지만 IT 회사 내에서 '프런트엔드'라고 하는 경우에는 보통 웹 앱의 프런트엔드를 뜻합니다. 분명 우리는 네이티브 앱의 프런트엔드를 열심히 클릭하며 IT 서비스를 사용하고 있는데도 말이죠! 직무 이름인 경우는 더 심합니다. 프런트엔드 개발자라고 하면 99%는 웹 프런트엔드 개발자를 의미합니다. 모든 종류의 애플리케이션에는 모두 프런트엔드가 있는데, 왜 웹 앱의 프런트엔드로 인식하는 걸까요?

이는 웹 앱과 네이티브 앱의 구조가 다르기 때문입니다. 웹 앱은 보이는 곳에서 사용자와 직접 상호작용하는 프런트엔드 영역과 안 보이는 곳에서 열심히 움직이는 백엔드 영역의 개발 방식이 명확하게 다릅니다. 쉽게 이야기하면, 웹 앱은 프런트엔드 영역을 똑 떼서 따로 만들 수 있습니다.

하지만 네이티브 앱은 프런트엔드만 똑 떼서 만들 수 없습니다. 네이티브 앱의 구조는 크게 두 부분으로 나눌 수 있습니다. 하나는 사용자가 직접 컴퓨터에 설치해서 직접 사용하는 부분이고, 또 다른 하나는 사용자의 컴퓨터에 설치되지 않는 부분입니다. 인터넷 없이도 일부 사용이 가능한 네이티브 앱의 특성상, 컴퓨터에 설치되는 부분에는 프런트엔드뿐만 아니라 앱 내 DB나 계산 로직 등 백엔드 영역이 일부 포함됩니다.

▼ **그림 4-9** 웹 앱과 네이티브 앱의 구조

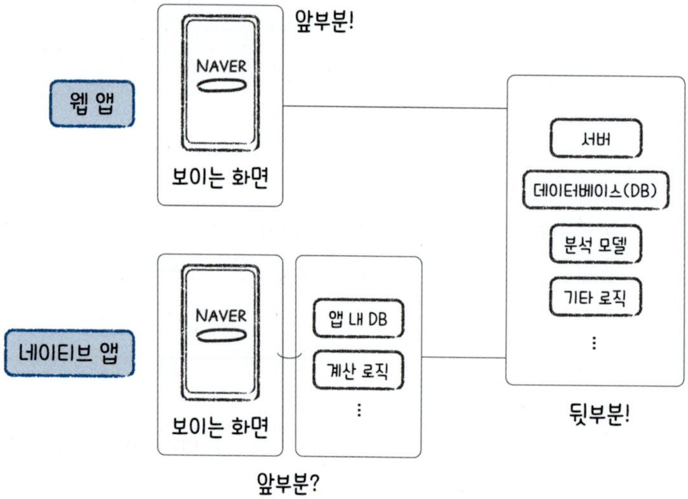

이와 같은 구조적 차이 때문에, 개발자 입장에서 네이티브 앱의 '사용자와 상호작용하는 화면'을 크게 구분하지는 않습니다. 오히려 구조적으로 분리된 '앞부분'과 '뒷부분' 간의 관계가 훨씬 중요하게 여겨집니다. 이러한 개발 구조는 5장에서 자세하게 설명할 예정이니 조금만 기다려 주세요!

지금은 프런트엔드와 백엔드의 개발 분리가 명확한 웹 앱을 중심으로, 프런트엔드는 어떻게 만들어지는지 좀 더 자세하게 알아봅시다.

4.3.1 웹 프런트엔드를 만드는 언어: HTML, CSS, 자바스크립트

웹 앱의 프런트엔드는 무엇일까요? 우리가 '웹 사이트'라고 부르는 웹 앱을 사용할 때 보이는 모든 화면이 다 프런트엔드입니다. 단순하게 생각하면, 눈에 보이고 직접 상호작용할 수 있는 웹 페이지의 모든 구성 요소가 바로 웹 앱의 프런트엔드인 셈입니다.

웹 앱은 프런트엔드를 만드는 개발 언어와 백엔드를 만드는 개발 언어가 완전히 다릅니다. 이때, 프런트엔드인 웹 페이지는 HTML과 CSS, 자바스크립트라는 언어를 사용해서 개발하게 됩니다. 이 세 언어는 '웹 프런트엔드 개발'을 검색하면 가장 많이 접하게 되는 세 단어이기도 합니다.

프런트엔드를 검색하자마자 이 세 언어부터 튀어나오다 보니, 프런트엔드를 이해하기 위해서는 이 언어를 모두 배워야 하는 게 아닌가 하는 생각이 들기도 합니다. 하지만 개발자가 되려는 게 아닌 이상 코드를 작성하는 방법을 알 필요는 없습니다. 그저 HTML과 CSS, 자바스크립트가 무엇이고 각 언어가 웹 프런트엔드의 어떤 부분을 담당하고 있는지만 알아도 충분합니다!

▼ **그림 4-10** HTML, CSS, 자바스크립트의 로고 이미지

사람의 몸에는 전체 골격을 구성하는 뼈, 외적인 모습을 이루는 피부, 그리고 뼈와 피부로 구성된 몸을 움직일 수 있도록 도와주는 뇌가 있습니다. 웹 페이지도 마찬가지입니다. HTML은 웹 페이지의 기본 뼈대를 만들고, CSS는 살을 붙여 예쁘게 꾸미고, 자바스크립트는 HTML과 CSS로 짜인 몸을 실제로 움직이도록 만들어 주는 역할을 합니다. 몸에서 뼈와 피부, 뇌가 모두 있어야 제대로 움직일 수 있는 것처럼, 웹 페이지가 제대로 동작하려면 HTML과 CSS, 자바스크립트가 모두 필요합니다.

정리하면, 웹 페이지의 내용과 기본 구조는 HTML, 디자인은 CSS, 동작은 자바스크립트가 담당한다고 볼 수 있습니다. 각각의 언어의 역할과 특징에 대해 좀 더 알아볼까요?

▼ **그림 4-11** HTML, CSS, 자바스크립트의 역할

뼈대를 세우는 HTML

웹 페이지의 뼈대를 만드는 HTML은 Hyper Text Markup Language의 약자로, 이름 그대로 **하이퍼텍스트를 만드는 마크업 언어**입니다. 어려운 단어 투성이지만, 사실은 별 거 아닌 내용입니다.

네이버 웹 페이지 화면에서 인터넷 뉴스의 제목을 클릭하면 어떻게 될까요? 당연하게도, 선택한 뉴스 기사를 볼 수 있는 웹 페이지로 연결됩니다. 이처럼 **하나의 웹 페이지에서 다른 웹 페이지로 이동할 수 있도록 연결해 주는 기술을 하이퍼링크**(hyperlink)라고 합니다. 말 그대로 서로 다른 웹 페이지를 연결(link)하는 인터넷 기술입니다. 또한 이 **하이퍼링크를 걸어두는 텍스트를 하이퍼텍스트**(hypertext)라고 부릅니다. 네이버 웹 페이지의 메인 화면에서 클릭했을 때 뉴스 기사로 연결되는 그 텍스트가 바로 하이퍼링크가 걸린 하이퍼텍스트인 것입니다.

우리가 보는 모든 웹 페이지는 '하이퍼링크'가 적용된 수많은 '하이퍼텍스트'로 이루어진, HTML 문서를 기반으로 하고 있습니다. 네이버 메인 페이지에서 특정 뉴스 기사 페이지로 이동하고, 그 페이지에서 또 다른 뉴스 기사로 이동하고, 그러다 광고를 통해 인터넷 쇼핑 페이지로 넘어갑니다. 이렇게 수많은 웹 페이지를 넘나들며 시간을 무한히 흘려보낼 수 있는 것은 모두 하이퍼링크와 하이퍼텍스트 덕분입니다.

- **HTML(Hyper Text Markup Language)**: 웹 페이지의 기본 구조를 담당하는 마크업 언어
- **하이퍼링크(hyperlink)**: 한 페이지에서 다른 페이지로 이동할 수 있도록 연결해 주는 기술
- **하이퍼텍스트(hypertext)**: 한 페이지에서 다른 페이지로 이동할 수 있도록 연결해 주는, 하이퍼링크의 기반이 되는 텍스트

▼ **그림 4-12** 하이퍼텍스트와 하이퍼링크

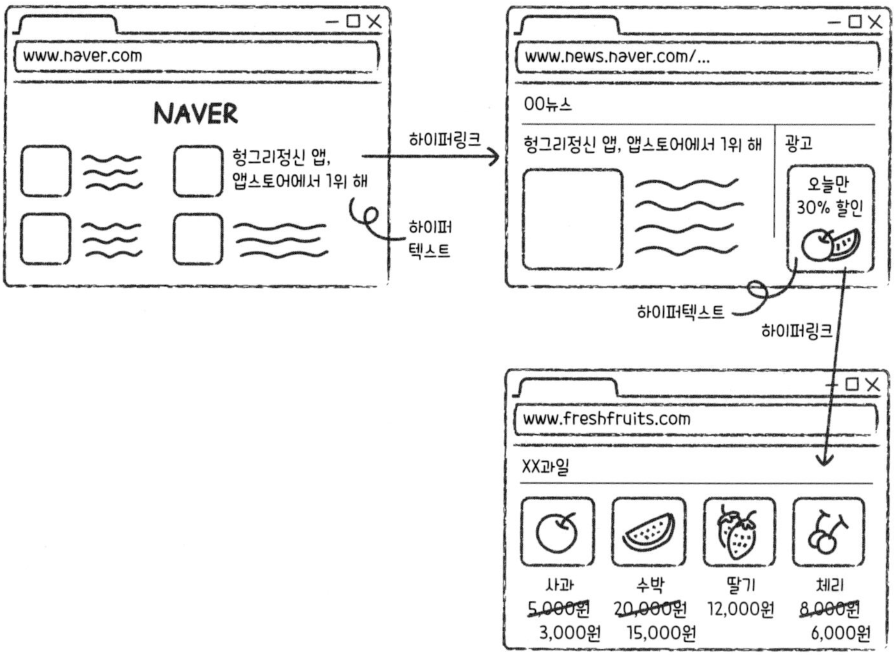

하이퍼텍스트 문서는 웹 페이지를 이루는 기본 바탕입니다. 하지만 그 자체로는 아무런 구조나 형식이 없습니다. 하이퍼텍스트만 적혀 있는 문서는 마치 메모장에 텍스트를 가득 입력해 놓은 것과 비슷합니다. 마치 신체를 구성하는 뼈를 쭉 늘어놓은 것과 다를 바 없죠. 사람의 형태로 만들기 위해서는 가지고 있는 뼈를 정해진 구조에 따라 적절하게 짜맞출 필요가 있습니다.

웹 페이지도 마찬가지입니다. 웹 페이지의 목적에 따라 적절한 형태로 하이퍼텍스트를 구조화할 필요가 있습니다. 이때, **웹 페이지의 구조를 제대로 갖추기 위한 구조적인 규칙**이 바로 **마크업(markup) 언어**입니다. 마크업 언어는 문서에 담긴 많은 정보를 사용자에게 쉽고 명확하게 전달하기 위한 규칙을 정의한 언어입니다. 마크업 언어는 실제로 다양한 마크(mark, 태그라고도 함)를 활용해 하이퍼텍스트 내의 데이터를 제목, 문단, 표 등으로 정의하고 구조화합니다.

> **마크업(markup) 언어**: 문서 내 데이터의 표시 형식이나 논리 구조를 명시하기 위한 규칙을 정의한 언어

▼ **그림 4-13** 마크업의 역할

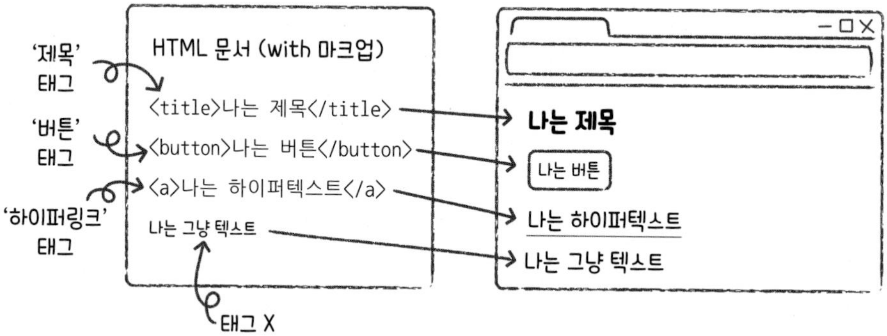

모든 내용을 하나로 정리하면, HTML은 체계적인 하이퍼텍스트 문서를 만들어 내기 위한 마크업 언어입니다. HTML이라는 언어를 활용하여 하나의 웹 페이지에 보여지는 모든 내용을 문서로 작성합니다. 이렇게 만들어진 HTML 문서가 바로 웹 페이지의 기본 골격이 되는 것입니다.

웹 앱을 사용하면서 이러한 HTML 문서를 직접 보게 될 일은 매우 드물지만, 원한다면 생각보다 쉽게 확인할 수 있습니다. 웹 페이지를 켜 둔 상태에서 키보드의 F12 키를 눌러 보면, 이상한 텍스트가 쭉 나타납니다. 이 텍스트들이 바로 해당 웹 페이지의 HTML 문서입니다.

HTML 문서가 웹 페이지를 구성하는 기본이라면 HTML만으로 웹 페이지를 만들 수 있는 걸까요? 물론 가능합니다! 하지만 HTML만 사용해서 만족스러운 웹 페이지를 만들기는 어렵습니다. 아래 이미지는 HTML만으로 맛집 탐색 서비스인 '헝그리정신'의 화면을 구현해 본 모습입니다. 웹 페이지라고 부를 수 있기는 하지만, 그다지 예쁘지 않습니다. 해당 페이지에서 가능한 동작 또한 매우 한정적이죠.

▼ **그림 4-14** HTML로만 구현된 '헝그리정신' 화면

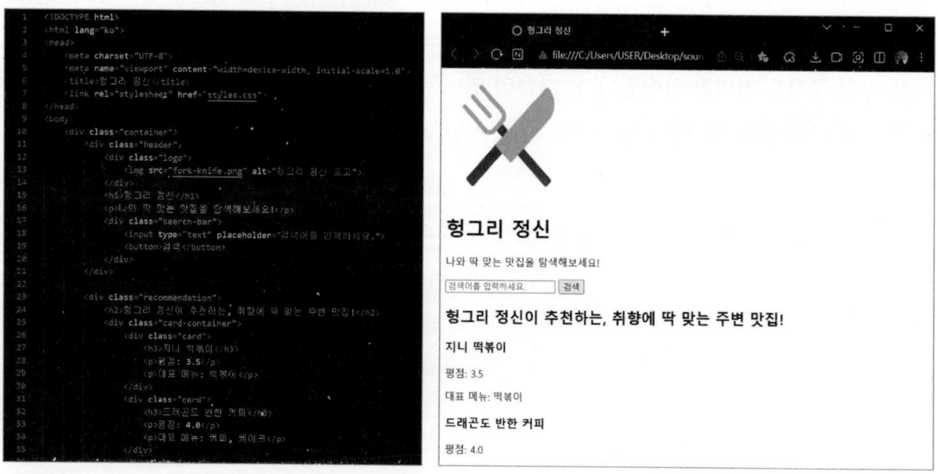

볼만한 웹 페이지를 만들기 위해서는 무엇이 더 필요할까요? 바로 CSS입니다! 이제 HTML로 세운 웹 페이지의 뼈대 위에 CSS로 살을 붙여 보겠습니다.

살을 붙이는 CSS

HTML 문서가 웹 앱 프런트엔드의 뼈대라면, CSS는 뼈대에 살을 붙이는 역할을 합니다. **CSS**는 Cascading Style Sheets의 약자입니다. 스타일 시트라는 표현에서 짐작할 수 있듯, CSS는 HTML로 만들어진 **웹 페이지가 화면에 보여지는 방법을 정의하는 스타일 언어**입니다. 텍스트로만 구성되어 있는 HTML 문서가 예쁜 웹 페이지로 사용자에게 보여지는 것은 모두 CSS로 예쁘게 꾸몄기 때문입니다.

CSS 또한 마크업 언어의 일종입니다. HTML이 하이퍼텍스트의 구조에 대한 규칙이었다면, CSS는 웹 페이지가 보여지는 방식에 대한 규칙이라고 할 수 있습니다. 우리는 HTML 문서에 포함되어 있는 텍스트가 어느 정도 크기로 나타나야 하는지, 무슨 색으로 표시할지, 여백은 어느 정도로 줄지 등의 다양한 디자인 요소를 CSS로 설정할 수 있습니다.

> **CSS(Cascading Style Sheets)**: 마크업 언어로 작성된 문서가 실제 화면에 표시되는 방법을 지정하는 스타일 언어

▼ 그림 4-15 HTML 문서를 꾸미는 CSS

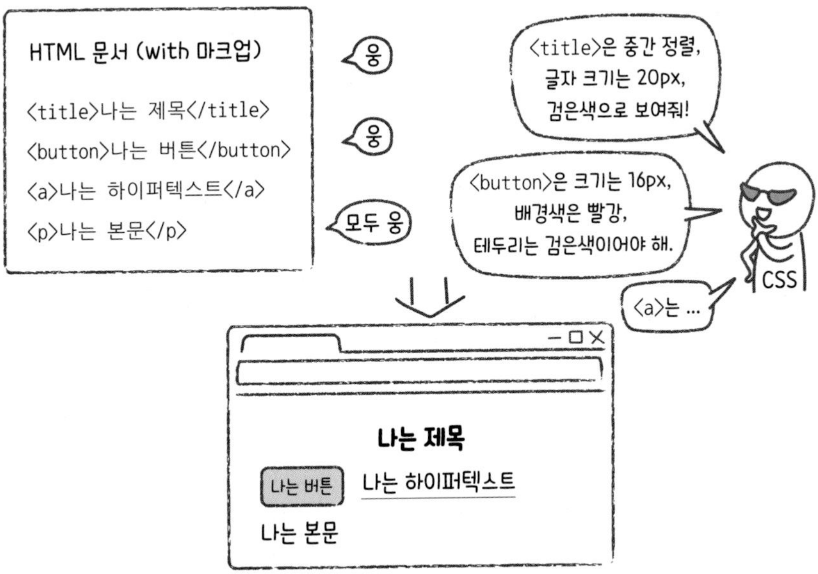

그럼 HTML에 CSS까지 적용한 웹 페이지는 어떤 모습일까요? 앞에서 본 헝그리정신 화면에 CSS까지 적용하면 다음 그림과 같이 변신합니다! 이제 정말 평소에 보는 웹 페이지 같은 모습이 되었습니다. 하지만 아직 동작은 한정적입니다. 화면 속의 검색 버튼은 눌렀을 때 검색이 수행될 것처럼 생겼지만, 현재 상태에서는 버튼을 눌러도 아무 동작도 일어나지 않습니다. 아직 검색 버튼이 어떻게 동작해야 하는지는 아무도 알려주지 않았거든요!

▼ **그림 4-16** HTML과 CSS로 구현된 헝그리정신 웹 페이지 화면

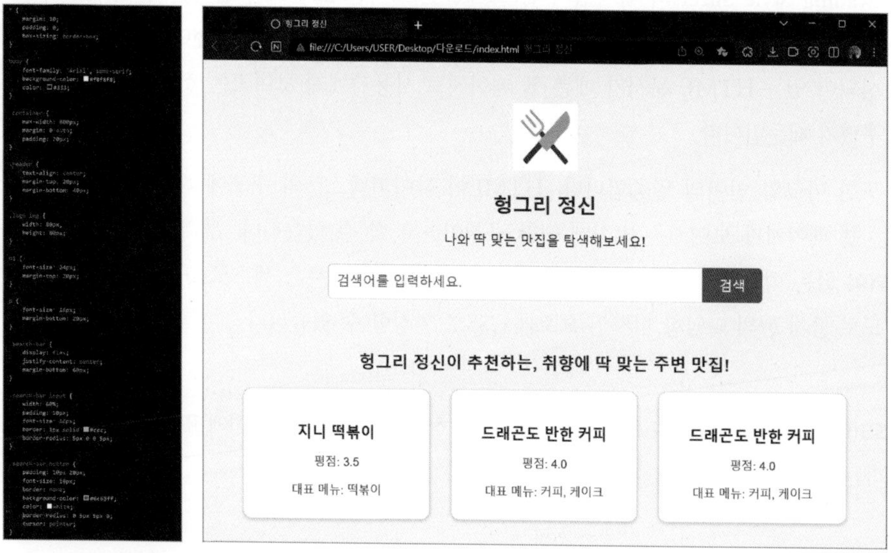

HTML과 CSS를 통해 웹 페이지의 뼈와 살을 모두 갖추었으니, 이제 자바스크립트로 웹 페이지에 생명력을 불어넣어 볼까요?

생명력을 불어넣는 자바스크립트

한 편의 멋진 연극을 만들기 위해서는 잘 짜인 대본(script)이 무엇보다도 중요합니다. 관객이 극장에 들어오면 배우는 대본에 나와 있는 그대로 연기를 합니다. 배우가 대본에 나와 있는 대사와 동작을 모두 수행하고 나면 연극이 끝나고, 관객은 만족하며 돌아갑니다.

자바스크립트(JavaScript, JS)로 작성한 코드도 스크립트(script)라고 부릅니다. HTML과 CSS로 만들어진 웹 페이지가 멋진 비주얼의 배우라면, 자바스크립트 코드는 연극을 이끌어가는 잘 짜여진 대본입니다. HTML과 CSS로는 예쁜 모양의 버튼을 만들 수 있고, 자바스크립트로는 그 버튼을 눌렀을 때 어떤 동작이 수행되어야 하는지 알려줄 수 있습니다. '사용자가 이 버튼을 누르면 새로운 안내 페이지로 연결되어야 한다'와 같이 일종의 동작 대본을 자바스크립트로 작성

해 두면 웹 페이지는 해당 동작이 발생했을 때 자바스크립트가 써 준 대본대로 움직이는 것입니다.

즉, **자바스크립트는 HTML과 CSS로 만들어진 웹 페이지가 실제로 동작할 수 있도록 만들어 주는 프로그래밍 언어**입니다. 웹 페이지가 어떻게 움직여야 하는지에 대한 대본을 자바스크립트라는 언어로 작성하는 셈입니다. 자바스크립트는 외관만 예쁜 웹 페이지에 숨을 불어넣어, 웹 페이지가 사용자와 상호작용하며 살아 움직일 수 있도록 만들어 줍니다.

> **자바스크립트(JavaScript)**: HTML과 CSS로 만들어진 웹 문서가 동작하는 방식을 정의하는 프로그래밍 언어

▼ **그림 4-17** 웹 페이지를 움직이게 만드는 자바스크립트

헝그리정신 서비스의 웹 페이지로 다시 돌아가 봅시다. HTML과 CSS로만 만든 검색 버튼은 아무리 눌러도 반응이 없습니다. 해당 검색 버튼을 눌렀을 때 입력된 검색어에 맞는 검색 결과를 보여 주고 싶다면 어떻게 해야 할까요?

방법은 간단합니다. 자바스크립트로 검색 버튼에게 어떻게 동작해야 하는지 알려주면 됩니다! 먼저, 자바스크립트로 '검색 버튼을 클릭하면 입력된 검색어와 일치하는 데이터를 찾아서 검색 결과 페이지로 보여 준다'라는 내용이 담긴 스크립트를 작성합니다. 그리고 작성한 자바스크립트 스크립트를 해당 웹 페이지에 추가하기만 하면 끝입니다.

이처럼 우리가 매일 마주하는 웹 앱의 프런트엔드 화면은 HTML, CSS, 자바스크립트의 3단

구조로 이루어져 있습니다. HTML로 웹 페이지의 구조와 내용을 구성하고, CSS로 웹 페이지의 요소들을 디자인하며, 자바스크립트로 웹 페이지의 각 요소가 어떻게 움직이는지 정의하는 유기적인 과정을 통해 하나의 웹 앱 프런트엔드가 완성되는 것입니다.

이제 우리는 웹 앱 프런트엔드가 '무엇'으로 만들어지는지 알게 되었습니다! 앞으로 IT 서비스를 사용할 때 우리의 행동 하나하나에 반응하는 프런트엔드를 보며, 이 모든 것들을 한 땀 한 땀 만들었을 개발자의 피, 땀, 눈물을 떠올려 보는 건 어떨까요?

4.3.2 어떤 웹 페이지를 만들까: 적응형 웹과 반응형 웹

웹 앱의 프런트엔드는 '무엇으로' 만드는지가 중요한 만큼, '어떻게' 만드는지 또한 중요합니다. 네이티브 앱과 달리 다양한 컴퓨터 환경에서 실행될 수 있는 웹 앱은, 프런트엔드를 만들 때 고려해야 할 부분이 더욱 많습니다.

네이티브 앱은 특정 플랫폼 환경에서만 사용할 수 있습니다. 따라서 프런트엔드를 만들 때 특정 기기의 사용 환경만 고려하면 됩니다. iOS 네이티브 앱은 iOS가 들어 있는 스마트폰 화면에 최적화된 프런트엔드를 만들고, 윈도우 네이티브 앱은 윈도우가 주로 설치되는 데스크톱 화면에서 사용하기 편하게 프런트엔드를 구성하면 됩니다. 다른 환경의 컴퓨터는 딱히 고민할 필요가 없습니다.

하지만 웹 앱은 다릅니다. 웹 앱은 웹 브라우저만 있다면 어떤 기기에서나 실행될 수 있습니다. 커다랗고 넓은 데스크톱 화면에서도, 작고 길쭉한 스마트폰 화면에서도 웹 앱을 실행할 수 있습니다. 애플리케이션을 실행할 수 있는 환경이 다양한 만큼, 웹 앱 프런트엔드를 만들 때도 다양한 플랫폼 환경을 고려해야 하는 것입니다.

▼ **그림 4-18** 컴퓨터마다 다양한 화면 크기

만약 데스크톱의 화면 비율로 만들어진 웹 앱 프런트엔드를 스마트폰에서 사용하면 어떻게 될까요? 화면 비율이 맞지 않아 웹 페이지의 내용을 제대로 확인할 수 없을 것입니다. 스마트폰 화면 비율로 만들어진 웹 앱 프런트엔드를 데스크톱 모니터로 본다고 해도 비슷한 불편함을 겪게 됩니다.

그런데 우리는 수많은 웹 페이지를 사용하면서 위와 같은 불편함을 느낀 적은 별로 없습니다. 분명히 하나의 웹 앱을 여러 컴퓨터에서 사용하고 있는 건데, 어떻게 웹 앱의 프런트엔드는 다양한 환경에 맞는 화면을 착착 보여 줄 수 있는 걸까요?

▼ **그림 4-19** 컴퓨터 화면 크기마다 다르게 나타나는 웹 앱의 프런트엔드 화면

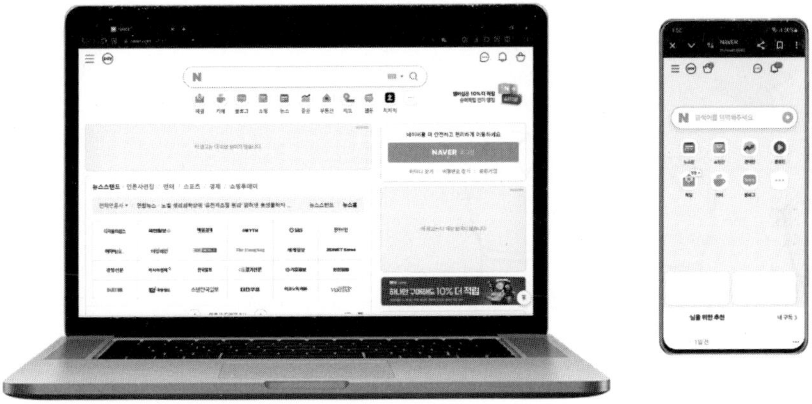

사용자가 웹 앱을 여러 기기에서 자연스럽게 사용할 수 있도록 프런트엔드를 만드는 방법은 크게 두 가지가 있습니다. '적응형' 웹 페이지로 만드는 방법과 '반응형' 웹 페이지로 만드는 방법입니다.

적응형 웹 페이지와 반응형 웹 페이지의 가장 큰 차이는 '하나의 웹 페이지로 모든 환경에 대응할 수 있는가?'입니다. 웹 기반 서비스를 만들게 된다면 반드시 마주하게 될 그 개념, 웹 프런트엔드 구현 방식의 양대 산맥인 '적응형'과 '반응형'에 대해 조금 더 자세히 알아볼까요?

1) 나에게 잘 맞는 웹, 적응형 웹

우리는 노트북, 스마트폰, 태블릿 등 다양한 컴퓨터 기기를 사용하고 있습니다. 사람마다 체형이 다른 것처럼, 컴퓨터도 기기마다 서로 다른 화면 크기와 비율을 가지고 있습니다. 이때 웹 앱의 프런트엔드를 '적응형 웹 페이지'로 만드는 것은, 체형에 따라 사이즈를 나누어 옷을 생산하는 것과 유사합니다.

보통 기성복은 사이즈가 특정한 기준을 바탕으로 사이즈가 나뉘어져 있습니다. 같은 디자인의 옷이 S, M, L… 등 여러 사이즈로 생산되고, 소비자는 본인의 사이즈에 맞는 옷을 선택해서 구매합니다. 특정 체형에 맞게 만들어진 옷은 체형 조건이 맞는 사람이 입었을 때 가장 잘 어울립니다. 만약 적당한 체격의 사람이라면, 별다른 고민 없이 M 사이즈 옷을 찾아서 사면 잘 맞을 것입니다. 하지만 마음에 든 옷에 M 사이즈가 없다면 어떻게 될까요? 물론 다른 사이즈의 옷을 어떻게 입을 수는 있겠지만, S 사이즈는 너무 불편하고, L 사이즈는 너무 커서 입었을 때 어색하게 느껴질 것입니다. 생산자가 M 사이즈의 옷을 제공하지 않으면 소비자는 해당 옷을 포기하거나 체형에 맞지 않는 옷을 억지로 입어야만 합니다.

▼ **그림 4-20** 사이즈별로 만들어지는 옷

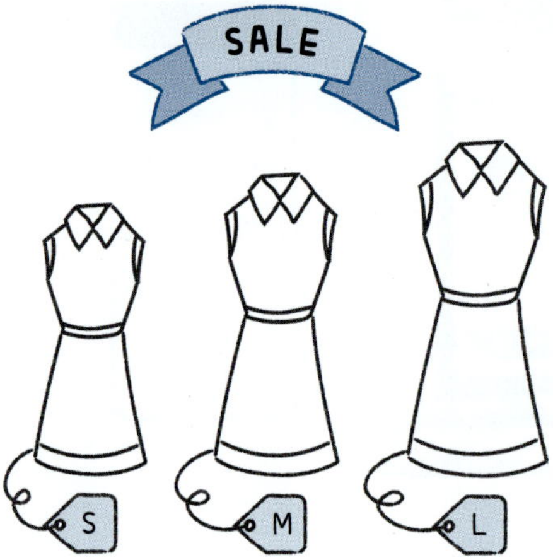

적응형 웹 페이지도 이와 비슷합니다. 화면 크기와 비율에 따라 잘 맞는 웹 페이지를 각각 만들어서 사용자에게 제공합니다. 같은 디자인의 옷을 여러 사이즈로 나누어 제작하고, 사람마다 체형에 가장 잘 맞는 옷을 선택하도록 하는 방식과 유사합니다. 이처럼 스마트폰, 태블릿, 데스크톱 등 **특정 화면 조건에 적합한 웹 프런트엔드를 구현하여 제공하는 방식**을 **적응형 웹**(adaptive web)이라고 합니다. 즉, 적응형 웹은 특정 환경에 적응된 최적의 웹 페이지를 따로 만들어서 별도로 제공하는 프런트엔드 구현 방식입니다.

> **적응형 웹(adaptive web)**: 각각의 기기 환경에 적응된 최적의 웹 프런트엔드를 만들어 제공하는 웹 페이지 구현 방식

웹 페이지를 적응형 웹 방식으로 만들고자 한다면 스마트폰에서 보는 웹 페이지와 노트북에서 보는 웹 페이지, 태블릿에서 보는 웹 페이지를 별도로 개발해야 합니다. 하나의 웹 앱이지만, 화면 조건별로 보여질 여러 개의 프런트엔드(웹 페이지)를 가지고 있는 셈입니다. 사용자가 적응형 웹 방식으로 만들어진 웹 앱에 접근하면, 웹 앱은 사용자가 어떤 컴퓨터 기기로 접속했는지 확인합니다. 그리고 사용자의 기기 환경에 맞는 적응형 웹 페이지를 선택해서 보여 주게 됩니다.

대표적인 적응형 웹의 예시로는 네이버의 웹 앱 프런트엔드 화면을 들 수 있습니다. 네이버는 데스크톱이나 노트북 환경에서 접근할 때는 https://www.naver.com 페이지로 연결되고, 모바일 기기 환경에서 접근할 때는 https://m.naver.com 페이지로 연결됩니다. 네이버의 메인 웹 페이지는 아예 URL까지 분리되어 있는, 전형적인 적응형 웹 방식인 것입니다.

▼ **그림 4-21** 네이버의 적응형 웹 페이지 비교: 노트북에서 네이버 웹 페이지를 실행했을 때(왼쪽), 스마트폰에서 네이버 웹 페이지를 실행했을 때(오른쪽)

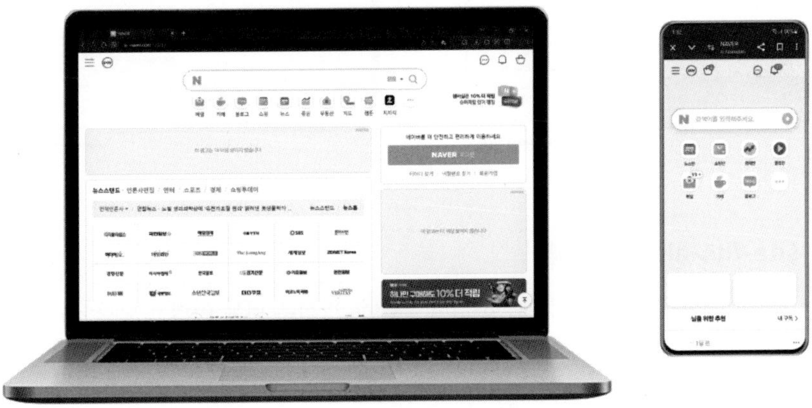

적응형 웹 페이지는 동일한 웹 사이트라고 하더라도 보여질 환경에 따라 여러 페이지가 개별적으로 만들어지고 관리됩니다. 노트북용 웹 페이지는 노트북의 크고 넓은 화면에 적합하도록, 스마트폰용 웹 페이지는 스마트폰의 좁고 긴 화면에 적합하도록 만들어집니다.

이처럼 적응형 웹 페이지는 보여지는 환경에 가장 적합하게 설계되어 환경별로 최적의 사용자 경험을 제공할 수 있습니다. 또한 적응형 웹 페이지는 특정 기기의 화면 특성만 고려해 만들기 때문에 반응형 웹 페이지에 비해 빠르게 설계하고 개발할 수 있습니다. 최적화된 코드 덕분에 웹 페이지의 실행 속도도 비교적 빠른 편입니다.

물론 적응형 웹 방식에 장점만 있는 것은 아닙니다. 화면 조건별로 적합한 웹 페이지를 만든다는 건 결국 만들어야 할 웹 페이지의 수가 늘어난다는 의미입니다. 제공하고 싶은 기기 환경이 많을수록, 더 많은 웹 페이지를 만들고 관리해야만 합니다. 노트북의 화면에 적합하게 만든 웹 페이지는 스마트폰 환경에서 제대로 활용할 수 없습니다. 스마트폰 환경에서 웹 앱을 편하게 사용할 수 있도록 제공하려면, 스마트폰 화면에 적합한 새로운 웹 페이지를 만들어야만 합니다.

이렇듯 적응형 웹 방식으로 프런트엔드를 구성하는 경우, 서비스 제공 유연성이 떨어지고 여러 웹 페이지를 개발하고 관리해야 하는 구현 및 운영상의 번거로움이 존재합니다. 하지만 각 환경에 가장 적합한 화면을 제공할 수 있다는 건 포기하기 어려운 장점입니다.

▼ **그림 4-22** 적응형 웹의 특징

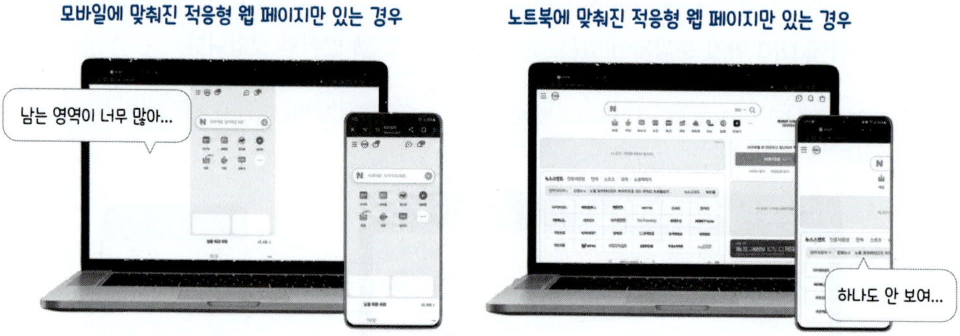

2) One-site-fits-all! 반응형 웹

여러 개의 웹 페이지를 만들고 관리해야 하는 적응형 웹 방식은 너무 어렵고 힘들 것 같습니다. 같은 웹 앱인데, 하나의 페이지만 만들어서 모든 컴퓨터 화면에 보여 주면 안 되는 걸까요? 마치 프리 사이즈(free-size) 옷처럼 말이죠!

프리 사이즈의 옷은 모든 사람이 입을 수 있는 하나의 사이즈로 제작됩니다. 프리 사이즈 옷을 입을 때는 완벽한 핏을 기대하기는 어렵지만, 대부분의 체형에 무난하게 맞습니다. 생산자 입장에서는 한 사이즈의 옷만 생산하면 되는 게 가장 큰 이점입니다. 한 가지 사이즈의 옷만 있어서 재고 관리도 쉽고, 어떤 체형의 손님이 오는지와 상관없이 같은 사이즈의 옷만 건네주면 되니 다시 새로운 무언가를 만들 필요도 없습니다. 물론 모두에게 맞는 옷을 만들기 위해서는 많은 고민이 필요합니다. 디자인도 제한적일 수밖에 없죠. 하지만 한 번 만들고 난 이후에 판매자는 매우 편안합니다.

▼ **그림 4-23** 한 가지 프리 사이즈로 만들어지는 옷

웹 앱의 프런트엔드에도 프리 사이즈가 존재합니다. 바로 반응형 웹 페이지입니다. **반응형 웹**(responsive web)은 **사용자의 환경에 '반응'해 상황에 따라 화면을 조정해 보여 주는 웹 프런트엔드 구현 방식**입니다. 반응형 웹 방식으로 만들어진 하나의 웹 페이지는 마치 고무줄처럼 늘어나고 줄어들며 노트북, 스마트폰, 태블릿 등 모든 컴퓨터 화면에 대응할 수 있습니다.

> **반응형 웹(responsive web)**: 다양한 기기 환경에 따라 반응하는 하나의 웹 프런트엔드를 만들어 제공하는 웹 페이지 구현 방식

특정 환경에 완벽히 맞춰진 웹 페이지를 제공하는 적응형 웹과 달리, 반응형 웹 페이지는 어떤 컴퓨터 환경으로 접근해도 적당한 웹 페이지를 볼 수 있습니다. 반응형 웹 페이지는 화면 비율에 따라 내부 요소의 크기나 배열이 유동적으로 변합니다. 이러한 유연성을 통해 하나의 웹 페이지만으로 스마트폰, 태블릿, 데스크톱 등 다양한 기기 환경에 맞는 화면을 제공할 수 있는 것입니다.

대표적인 반응형 웹 서비스로 애플 공식 웹 페이지를 들 수 있습니다. 반응형 웹 사이트로 구현된 애플 공식 웹 페이지는 어느 환경에서 접근해도 https://www.apple.com 페이지로 연결됩니다. 노트북 환경에서 애플 공식 웹 페이지 화면을 늘렸다 줄였다 해 보면 그 너비에 따라 화면의 모습이 달라지는 것을 확인할 수 있습니다. 이처럼 화면 비율에 유동적으로 변하는 모습이 바로 반응형 웹 페이지의 대표적인 특징입니다.

▼ 그림 4-24 애플 공식 웹 페이지의 반응형 웹 페이지 비교

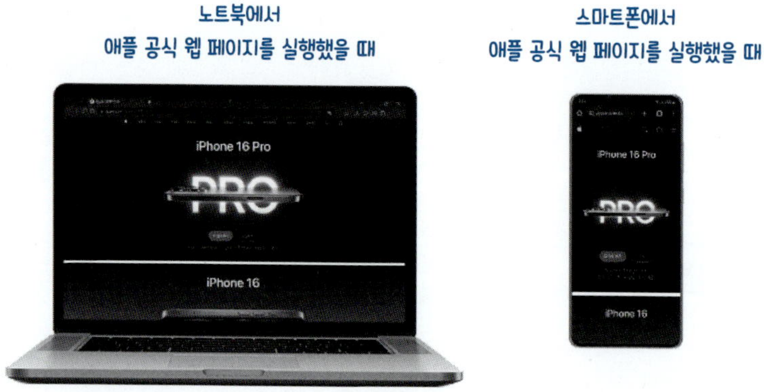

반응형 웹은 하나의 웹 페이지를 통해 여러 환경에서 일관된 사용자 경험을 제공할 수 있습니다. 또한 환경별로 별도의 페이지를 만들 필요가 없기 때문에 운영상의 번거로움이 적은 편입니다. 이렇게 보면 반응형 웹 페이지는 완벽한 기술인 것 같습니다. 하지만 장점이 있다면 단점 역시 존재하기 마련입니다.

반응형 웹 페이지를 만들기 위해서는 웹 앱이 제공될 모든 화면 조건을 하나의 페이지에서 모두 고려해야 합니다. 따라서 처음 웹 페이지를 기획하고 개발할 때 적응형 웹보다 많은 시간과 노력이 필요합니다. 이렇게 많은 노력을 들인다고 해도 적응형 웹 페이지만큼 높은 사용성을 기대하기는 어렵습니다. 또한 반응형 웹 페이지는 실행될 때마다 기기 환경을 확인하고 화면 비율에 따라 페이지 요소를 계산해서 배치해야 합니다. 그러다 보니 적응형 웹 페이지에 비해 상대적으로 실행 속도가 느리거나 성능이 떨어질 수 있습니다.

▼ 그림 4-25 반응형 웹의 특징

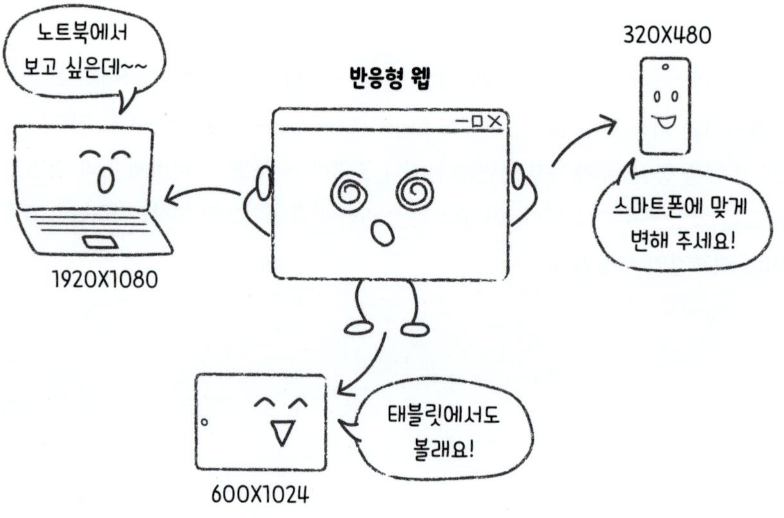

이렇듯 적응형 웹과 반응형 웹은 각각의 장점이 명확한 구현 방식입니다. 최근 관리와 운영의 용이성 측면에서 반응형 웹 방식이 더 선호되는 추세이기는 하지만, 어느 한쪽이 정답이라고 할 수는 없습니다. 따라서 웹 앱의 프런트엔드를 만들 때는 애플리케이션의 특성과 개발 환경에 따라 더 적합한 방식을 선택하는 것이 중요합니다.

Plus 프런트엔드와 항상 함께하는 친구, UI와 UX

IT 세상에는 수많은 IT 서비스가 존재합니다. 하지만 수많은 IT 서비스 중 사용자에게 선택받아 살아남은 서비스는 극히 일부에 불과합니다. 어떤 서비스가 사용자에게 선택받게 되는 걸까요? 이때, 중요한 조건 중 하나가 바로 좋은 프런트엔드입니다. 어렵고 복잡한 애플리케이션을 편리하고 친숙한 화면으로 바꿔 주는 것이 바로 프런트엔드의 역할입니다. 동일한 기능을 제공하는 IT 서비스가 있다면, 사용자는 더 예쁜 화면과 더 즐거운 경험을 제공하는 프런트엔드를 가진 IT 서비스를 선택하기 마련입니다.

좋은 프런트엔드에 대해 이야기할 때 절대 빼놓을 수 없는 두 단어가 있습니다. 바로 UI와 UX입니다. 사용자에게 매력적인 프런트엔드를 만들고 싶다면, 가장 먼저 UI와 UX가 무엇을 의미하는지 이해해야 합니다.

UI(User Interface)는 **사용자가 IT 서비스를 사용하면서 만나게 되는 화면 안의 모든 요소**를 통칭하는 개념입니다. 즉, IT 서비스 화면에 보이는 모든 요소가 바로 UI인 것입니다. 텍스트, 버튼, 이미지와 같은 요소와 이를 배치하는 방식 등 애플리케이션의 프런트엔드에서 볼 수 있는 시각적인 요소들이 모두 UI의 범주에 포함됩니다.

반면, UX(User eXperience, **사용자 경험**)는 **애플리케이션을 사용하며 느끼는 사용자의 경험**을 의미합니다. 버튼의 모습을 디자인하고 화면에 조화롭게 배치하는 게 UI라면, UX는 그 버튼을 사용하는 과정에서 발생하는 일련의 경험을 모두 포함합니다. 필요한 버튼을 사용자가 바로 찾을 수 있는지, 어떤 기능인지 명확하게 전달되는지, 사용하는 과정에서 불편함은 없는지 등 프런트엔드를 사용하는 과정의 총체적인 경험을 의미하는 넓고 추상적인 개념입니다.

IT 서비스의 프런트엔드를 집에 비유한다면 UI는 벽지의 무늬, 가구의 배치, 소품의 디자인 등 눈에 보이는 시각적인 인테리어에 해당합니다. 지저분한 집보다는 잘 정리되고 예쁘게 꾸며진 집에 더 살고 싶은 것처럼, 효과적으로 디자인된 UI는 사용자에게 시각적인 만족감을 제공합니다. 그리고 UX는 꾸며져 있는 집 안에서 일어나는 모든 행동과 그에 대한 경험에 해당합니다. 필요한 물건이 빠짐없이 갖춰져 있는지, 이동 동선이 효율적인지, 전체적인 집의 분위기가 따뜻하고 편안한지 등 집 안에서 이루어지는 수많은 경험이 모두 UX인 것입니다.

누구나 아름답게 꾸며진 집에서 살고 싶어합니다. 하지만 인테리어만 예쁘게 잘된 집을 살기 좋은 집이라고 할 수 있을까요? 당연히 그렇지 않습니다. 보기에는 너무 예쁘지만 잡다한 물건이 많아 청소가 어렵고 구조가 복잡해서 이동이 불편하다면 그 집은 살기 좋은 집이 아닙니다.

▼ **그림 4-26** 그림 26 UI와 UX 비교

▼ **그림 4-27** 좋은 프런트엔드와 UI, UX

프런트엔드도 마찬가지입니다. 멋진 UI는 사용자가 애플리케이션을 사용하도록 하는 강력한 유인입니다. 못난 화면보다는 예쁘고 깔끔하게 구성된 화면을 가진 IT 서비스에 더 눈길이 가는 건 당연한 일입니다. 하지만 IT 서비스 화면의 UI가 멋진 걸로는 사용자를 계속 잡아둘 수 없습니다. 프런트엔드가 아무리 예뻐도 사용하기 불편하다면 사용자는 다른 서비스로 떠나가기 마련입니다. 그렇기에 프런트엔드는 사용자가 불편함이나 부족함을 느끼지 않고, 서비스 사용 목적을 효율적으로 달성할 수 있도록 좋은 UX도 가지고 있어야 합니다.

사용자가 곧 경쟁력인 IT 서비스에서 사용자와 직접 상호작용하는 프런트엔드의 힘은 매우 강력합니다. 프런트엔드의 좋은 UI는 시각적으로 만족감을 높이면서 사용자를 끌어들이고, 좋은 UX는 긍정적인 사용 경험을 통해 사용자를 우리 서비스에 계속 머물게 합니다. 결국 좋은 프런트엔드를 만들기 위해서는 UI와 UX의 두 측면이 모두 고려되어야만 합니다.

CHAPTER

05

IT 서비스를 만드는 환상의 듀오: 서버와 클라이언트

SECTION 5.1	IT 세상의 기본 구조를 뜯어보자
SECTION 5.2	서버와 클라이언트
SECTION 5.3	클라이언트-서버 구조가 세상을 지배한 이유
SECTION 5.4	IT 서비스의 오류, 누가 문제일까?
PLUS	클라이언트는 서버를 어떻게 찾는 걸까?

1년에 두 번, 대학생의 미래를 좌우하는 중대한 순간이 찾아옵니다. 바로 수강 신청 기간입니다. 듣고자 하는 수업은 항상 인기가 많고, 실패했을 때의 대안은 참담합니다. 그렇기 때문에 수강 신청 시간이 다가오면 우리는 그 어떤 두뇌 게임보다 피 말리는 눈치 싸움을 시작합니다.

수강 신청이 시작되고, 누구보다 빠른 속도로 수강 신청 버튼을 클릭합니다. 그런데 갑자기 옆자리에서 절망에 가득찬 비명 소리가 들려옵니다.

"아, 수강 신청 서버 터졌다!"

눈앞의 화면에는 수강 신청에 성공했다는 문구 대신, '서버에 문제가 발생했습니다. 잠시 후에 다시 시도해 주세요.'라는 문구가 나타납니다. 한 번에 너무 많은 사용자가 몰린 나머지, 수강 신청 서버가 터진 것 같습니다. 아, 이번 학기의 아름다운 시간표는 물 건너 가버렸네요.

▼ **그림 5-1** 서버 오류 메시지

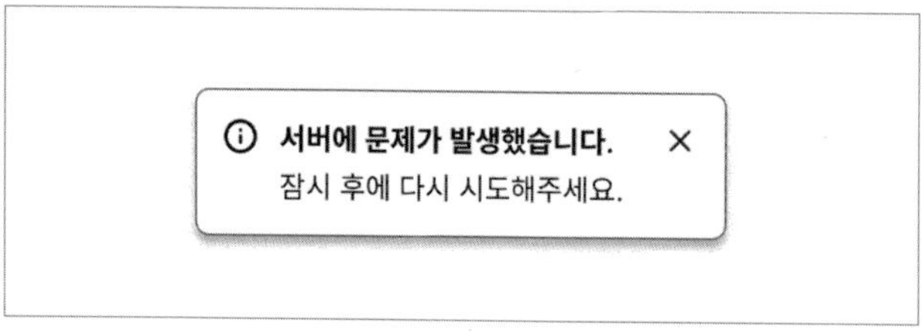

이처럼 너무 많은 사용자가 몰려 서비스에 접속이 불가한 상황을 우리는 '서버가 터졌다'고 이야기합니다. 수강 신청을 하거나, 인기가 많은 공연 티켓을 예매할 때 종종 볼 수 있는 현상입니다. 그런데 왜 이런 현상을 보고 서버가 터졌다고 이야기하는 걸까요? 진짜 어딘가에 있는 '서버'라는 게 펑 하고 폭발해 버렸다면 뉴스에 나왔을 텐데 말입니다.

▼ **그림 5-2** 터져 버린 서버(DALL-E AI로 생성)

이번 장에서는 중요한 순간에 속절없이 터져 버리는 '서버'와 서버의 단짝이면서도 종종 서버를 터트리는 '클라이언트'에 대해 이야기하려고 합니다. 클라이언트와 서버를 기반으로 하는 IT 서비스의 구조를 알게 되면, 수강 신청 담당자의 고충도 조금은 이해할 수 있을지 모르죠!

5.1 SECTION IT 세상의 기본 구조를 뜯어보자

아침에 일어나면 우리는 가장 먼저 스마트폰을 켭니다. 밤새 친구에게 온 연락이 있는지 확인하기 위해 카카오톡 메신저 앱에 들어가죠. 그런데 이상합니다. 카카오톡 메신저에 그 흔한 광고 메시지 하나 온 게 없습니다. 친구에게 메시지를 보내 보지만, 그조차 제대로 발송되지 않습니다. 도대체 무슨 문제가 생긴 걸까요?

아하, 와이파이 연결이 끊겨 있었군요! 놀란 마음을 가라앉히고 와이파이를 연결하자 친구들이 보낸 새로운 메시지가 이제야 보입니다. 메시지 전송도 정상적으로 이루어집니다. 이제야 인터넷 세상에 제대로 들어온 것 같아 마음이 편안합니다.

▼ **그림 5-3** 와이파이가 있어야 동작하는 카카오톡

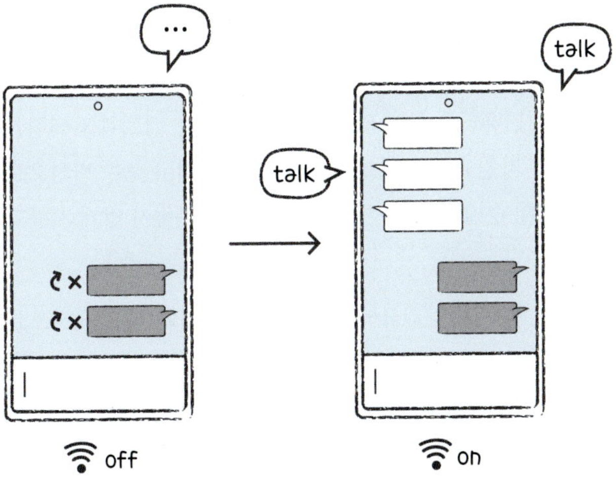

카카오톡뿐만 아니라 우리가 일상적으로 사용하는 대부분의 IT 서비스는 네트워크가 연결되어 있어야 제대로 동작합니다. 가장 대표적인 네트워크가 바로 인터넷(internet)입니다. 우리는 인터넷이 연결되어 있을 때 사용하고 있는 컴퓨터가 다른 무언가와 '연결'되어 있다는 느낌을 받습

니다. 자세한 동작 원리는 모르지만, 인터넷이 연결되어 있어야 IT 서비스를 자유롭게 사용할 수 있다는 걸 경험적으로 알고 있죠. 인터넷 없이는 카카오톡 메시지를 보낼 수 없고, 인스타그램에서 친구의 사진을 볼 수 없고, 쿠팡에서 필요한 물건을 구매할 수 없습니다.

네이버, 카카오톡, 쿠팡과 같은 IT 서비스는 우리의 작은 스마트폰이 모두 감당하기에는 너무나도 크고 복잡합니다. 한 손에 들어오는 작은 스마트폰에 네이버, 카카오톡, 쿠팡의 모든 데이터가 들어 있을 수 없다는 건 당연한 사실입니다. 그렇다면 내가 가지고 있지 않은 데이터를 나의 작은 스마트폰에서 보려면 어떻게 해야 할까요? IT 세상의 '어딘가'에 쌓여 있는 정보를 인터넷이라는 네트워크 연결을 통해 가지고 와야 합니다.

▼ **그림 5-4** 사용자의 스마트폰과 연결된 '어딘가'

대부분의 IT 서비스는 수많은 정보와 복잡한 로직을 가지고 있는 '어딘가'와 연결되어 있는 구조로 이루어져 있습니다. 우리가 스마트폰이나 노트북에서 사용하는 IT 서비스, 즉 애플리케이션은 눈에 보이는 화면이 전부는 아닙니다. 거대한 양의 데이터와 복잡한 동작을 처리하는 코드는 IT 회사에서 관리하는 다른 성능 좋은 컴퓨터에 들어 있죠. 그리고 우리는 네트워크 연결을 통해 이 성능 좋은 컴퓨터가 가지고 있는 자원에 접근해서 사용합니다. 이런 구조를 바탕으로 우리는 스마트폰이나 노트북으로는 감당할 수 없는 다양한 IT 서비스를 아무렇지 않게 사용할 수 있는 것입니다.

정리하면, 대부분의 IT 서비스는 우리가 사용하는 '컴퓨터'가 수많은 데이터와 복잡한 코드를 가지고 있는 '다른 컴퓨터'와 '네트워크'를 통해 연결되어 요청과 응답을 주고받는 구조로 이루어져 있습니다. 이때 우리가 사용하는 컴퓨터를 **요청자**, 데이터와 코드를 한가득 가지고 있는 컴퓨터는 **응답자**라고 부릅니다.

▼ **그림 5-5** IT 서비스의 요청자, 응답자, 네트워크

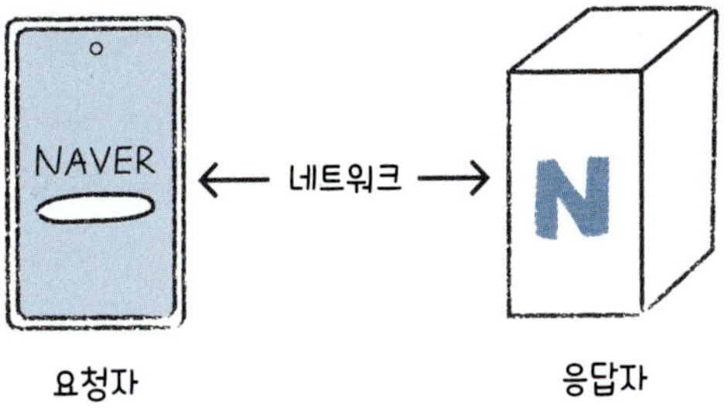

두 컴퓨터가 '요청자'와 '응답자'로 불리는 이유는 간단합니다. 보통 우리가 사용하는 컴퓨터는 다른 성능 좋은 컴퓨터에 무언가를 요청하고, 그 성능 좋은 컴퓨터는 그 요청을 처리하고 결과를 다시 응답하는 방식으로 관계를 맺고 있기 때문입니다.

컴퓨터의 요청과 응답 프로세스는 복잡하게 느껴질 수 있지만, 사실 식당에서 음식을 주문하는 것과 크게 다르지 않습니다. 점심을 먹기 위해 방문한 중식당에서 우리는 손을 들고 큰 소리로 주문을 넣습니다.

"사장님! 여기 짜장면 하나, 짬뽕 하나요!"

주문을 들은 직원은 손님이 요청한 짜장면 하나, 짬뽕 하나를 빠르게 만들어서 가져다줍니다. 식당에서 손님은 음식을 요청하고 직원은 요청받은 음식을 손님에게 제공합니다. 사실상 식당은 손님의 음식 주문과 직원의 음식 제공이 끝없는 반복되는 공간인 셈입니다.

IT 서비스도 식당과 크게 다르지 않습니다. IT 서비스의 요청자 컴퓨터는 식당에 찾아온 손님이고, 응답자 컴퓨터는 그 식당의 직원입니다. 요청자와 응답자를 연결하는 네트워크는 마치 주문할 때의 목소리와 같은 역할을 합니다.

이번에는 네이버 애플리케이션의 검색창에 '판교 맛집'을 검색하는 과정을 상상해 봅시다. 먼저 스마트폰에서 네이버 앱을 실행합니다. 화면 중앙의 검색창에 '판교 맛집'을 입력하고 검색 버튼을 클릭하면, 네이버 서비스는 입력된 검색어와 적합한 데이터를 찾아서 사용자의 눈앞에 일목요연하게 보여 줍니다. 네이버가 검색 결과를 찾아서 보여 주는 데 걸리는 시간은 아무리 길어도 몇 초를 넘지 않습니다.

화면만 보고 있는 우리는 알 수 없지만, 네이버는 검색 결과를 보여 주기 위해 그 짧은 시간 동안 수많은 작업을 수행합니다. 일단 우리가 네이버 앱을 사용하고 있는 스마트폰, 즉 요청자 컴퓨터는 검색어와 맞는 결과를 찾아 달라는 요청을 네이버의 응답자 컴퓨터에 보냅니다. 이 요청은 네트워크를 통해 전달됩니다. 요청을 전달받은 응답자 컴퓨터는 가지고 있는 방대한 데이

터 중 해당 검색어와 관련된 데이터를 선별합니다. 검색이 끝나면 응답자 컴퓨터는 요청자 컴퓨터에게 선별한 데이터를 전송합니다. 검색 결과를 응답 받은 요청자 컴퓨터인 스마트폰은 해당 데이터를 서비스 화면에 일목요연하게 보여 줍니다. 복잡해 보이지만, 이 모든 과정은 1초도 안 되는 시간 동안 빠르게 이루어집니다.

▼ **그림 5-6** IT 서비스와 식당 비교

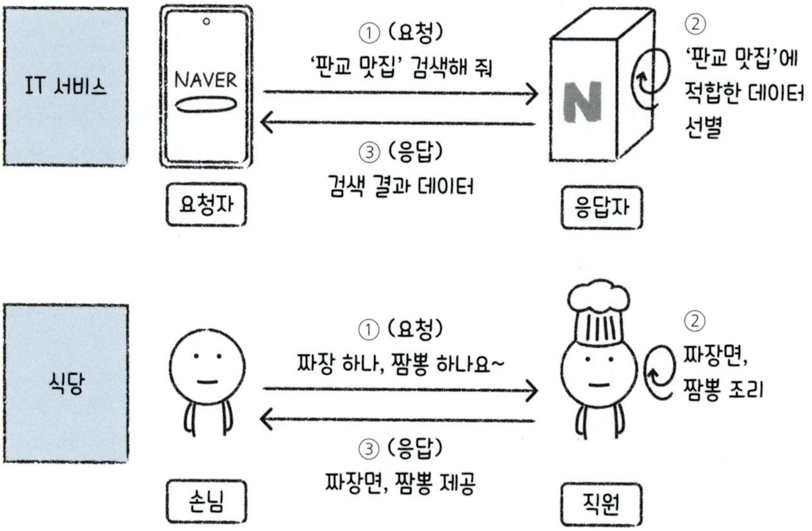

이러한 요청과 응답이 원활하게 이루어지면 식당과 IT 서비스는 모두 문제없이 잘 돌아갑니다. 하지만 세상에는 항상 이상적인 상황만 있는 건 아닙니다. 다시 식당의 예시로 돌아가 봅시다. 점심 시간에 갑자기 많은 손님이 몰리게 된다면, 식당에서는 어떤 일이 벌어질까요?

테이블이 10개밖에 없는 중식당에 갑자기 100팀의 손님이 한 번에 들이닥쳤습니다. 전혀 예상치도 못하게 말이죠! 갑자기 너무 많은 손님이 몰린 식당은 아비규환이 됩니다. 막 들어온 손님들은 서로 테이블에 앉겠다고 싸우고, 테이블을 차지한 손님은 원하는 음식을 고래고래 소리칩니다. 직원은 정신없는 환경과 밀려들어 오는 주문에 머리가 터질 것 같습니다. 음식을 만들기는커녕 그저 주저앉아 울고 싶을 뿐이죠. 이러한 아비규환 속 식당의 모든 손님은 제대로 식사를 할 수 없게 됩니다.

뭔가 생각나지 않나요? 맞습니다. 처음 이야기했던 수강 신청 서버가 터지는 현상 역시 비슷한 이유로 발생합니다. 수강 신청 시간이 되면 수많은 대학생의 요청자 컴퓨터가 한 번에 수강 신청 프로그램의 응답자 컴퓨터로 수강 신청 요청을 보냅니다. 이때 수강 신청 서비스의 응답자 컴퓨터가 처리할 수 있는 요청보다 훨씬 많은 요청이 한꺼번에 들어오면 문제가 발생합니다. 처리할 수 없을 정도로 많은 요청을 받은 응답자 컴퓨터는 마치 손님이 한꺼번에 들이닥친 식당처럼 아무것도 할 수 없는 상태가 됩니다. 수많은 요청이 몰려서 응답자 컴퓨터가 멈추면 우리가 보내는 수강신청 요청을 제대로 처리할 수 없습니다. 멈춰버린 응답자 컴퓨터로부터 제대로 된 응답을 받지 못한 요청자 컴퓨터는 사용자에게 해 줄 수 있는 게 없습니다. 화면에 오류 메시지를 띄워 주며 상황을 알릴 뿐이죠.

▼ **그림 5-7** 너무 많은 요청이 들어온 응답자 컴퓨터

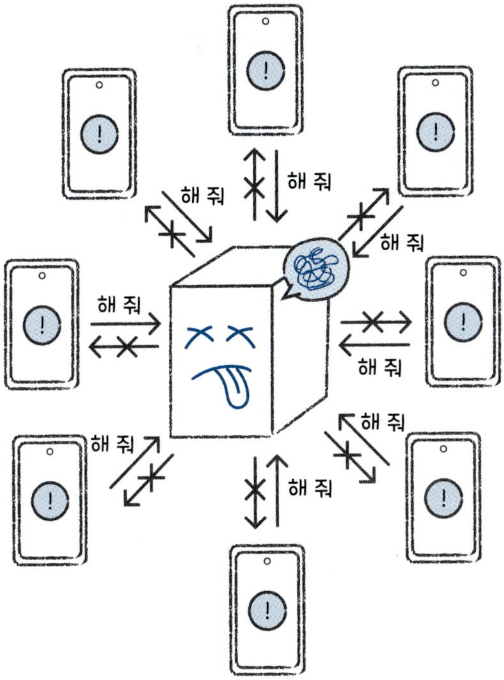

이런 현상이 발생했을 때 우리는 '응답자 컴퓨터가 터졌다'고 이야기하곤 합니다. 한계치를 넘는 공기가 들어와서 터져 버린 풍선처럼 제 기능을 하지 못하는 상태가 된 것입니다. 이때, '응답자 컴퓨터'를 '서버'라는 단어로 바꾸기만 하면 익숙한 그 표현이 됩니다. 그렇습니다. 지금까지 열심히 이야기했던 응답자 컴퓨터가 바로 그 유명한 '서버'입니다. 요청자 컴퓨터도 '클라이언트'라는 이름이 따로 있죠.

식당의 손님과 직원의 관계처럼, IT 세상에서 요청과 응답을 주고받는 구조를 우리는 '클라이언트-서버' 구조라고 이야기합니다. 많은 애플리케이션이 이 구조를 기반으로 돌아가고 있죠. 응답자인 서버(server)와 요청자인 클라이언트(client)에 대해 좀 더 알아보며, IT 서비스의 기본 구조를 이해해 볼까요?

5.2 SECTION 서버와 클라이언트

IT 서비스가 동작하려면 우리가 가지고 있는 컴퓨터로는 부족합니다. 우리가 원하는 다양하고 복잡한 동작을 처리해 줄 또 다른 컴퓨터가 있어야 하죠. 이러한 관계를 우리는 **클라이언트-서버 구조**라고 이야기합니다. 이 구조 속에서 요청을 보내는 쪽을 '클라이언트', 받은 요청을 수행하고 결과를 응답하는 쪽을 '서버'라고 부릅니다. 서로 다른 곳에 있는 클라이언트와 서버는 '네트워크'를 통해 요청과 응답을 주고받게 됩니다.

서버와 클라이언트는 요청과 응답을 주고받는 통신 관계 속에서 정의되는 개념입니다. 어떤 컴퓨터나 프로그램이 요청과 응답의 관계를 이루고 있다면, 우리는 이를 클라이언트-서버 구조라고 이야기합니다. 이때 '클라이언트'와 '서버'라는 이름의 무언가가 명확하게 존재하는 게 아닙니다. 가만히 있던 컴퓨터가 누군가에게 요청을 보내면, 그때 이 컴퓨터는 클라이언트의 역할을 하는 것이죠. 그렇기에 똑같은 컴퓨터라고 해도, 관계 속에서의 역할에 따라 요청자인 클라이언트가 될 수도 있고, 응답자인 서버가 될 수도 있습니다. 한 식당의 직원이 다른 식당에 가면 손님이 되는 것처럼 말입니다.

현대 애플리케이션 구조에서 클라이언트와 서버는 절대 빼놓을 수 없는 중요한 개념입니다. 직원과 손님 중 하나라도 없다면 식당이 제대로 돌아갈 수 없는 것처럼, 클라이언트와 서버는 IT 서비스가 돌아가는 데 반드시 필요한 요소입니다. 우리가 일상적으로 사용하는 네이버, 카카오톡과 같은 IT 서비스도 모두 클라이언트-서버 구조를 기반으로 돌아가고 있습니다.

▼ **그림 5-8** 손님만 있는 식당, 직원만 있는 식당

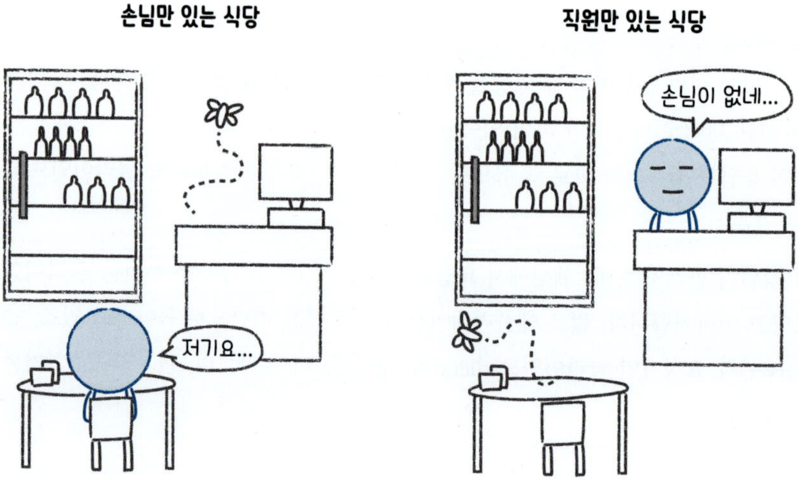

지금부터 IT 서비스의 핵심 구조를 이루고 있는 서버와 클라이언트가 정확히 무엇인지, IT 세상 속에서 어떤 역할을 하고 있는지 차근차근 알아봅시다.

5.2.1 서버: 소원을 말해 봐~

서버가 뭔지는 잘 모르지만, 서버라는 단어 자체는 일상 속에서 생각보다 흔하게 볼 수 있습니다. 수강 신청이나 공연을 예매할 때 사람이 너무 많이 몰려서 문제가 생기면 다들 '서버가 터졌다'며 슬퍼합니다. 노트북에 와이파이를 연결하지 않고 카카오톡을 실행했을 때도 '카카오톡 서버에 연결할 수 없습니다.'라는 안내 문구를 확인할 수 있죠.

▼ **그림 5-9** 카카오톡의 서버 오류 메시지

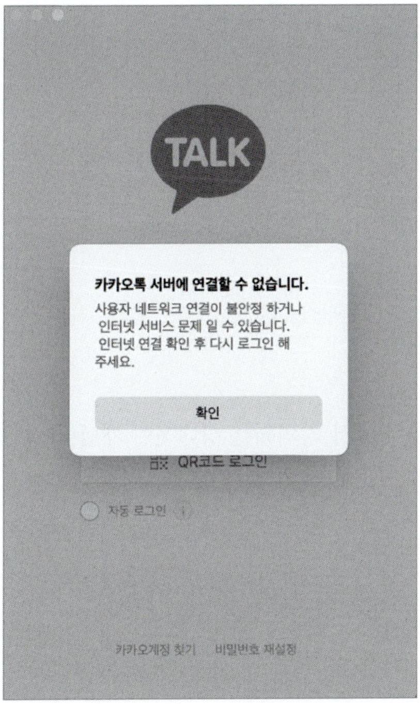

우리의 동작이 좌절될 때마다 어김없이 등장하는 '서버'라는 단어를 보고 있으면, 괜히 서버가 모든 잘못의 원흉이고 IT 세상의 악역인 것처럼 느껴지기도 합니다. 하지만 서버는 보이지 않는 곳에서 묵묵히 일한 죄밖에 없습니다. 항상 열심히 일하던 서버에 어쩌다 문제가 생겼거나, 네트워크 불량으로 연결이 끊어진 것뿐이죠.

이처럼 서버는 사용자의 눈앞이 아닌 다른 곳에서 중요한 일을 처리하는 무언가를 지칭할 때 주로 사용됩니다. 제대로 연결되어 있으면 IT 서비스가 정상적으로 동작하고, 그렇지 않으면 IT 서비스 사용에 문제가 생기죠. 이는 모두 IT 서비스는 요청자(클라이언트)와 응답자(서버)가 네트워크를 통해 연결되어 있는 구조 속에서 동작하고 있기 때문입니다.

정리하자면, **서버는 네트워크를 통해 다른 컴퓨터나 프로그램의 요청을 받고, 그에 대한 결과를 응답하는 컴퓨터 시스템 또는 소프트웨어**를 부르는 개념입니다. 서버(server)라는 이름처럼, 클라이언트의 요청을 받고 이에 따른 결과물을 제공(serve)하는 '제공자'의 역할을 하고 있습니다.

> **서버(server)**: 네트워크를 통해 클라이언트의 요청을 처리하고 정보를 제공하는 컴퓨터 또는 소프트웨어

▼ **그림 5-10** IT 서비스의 서버

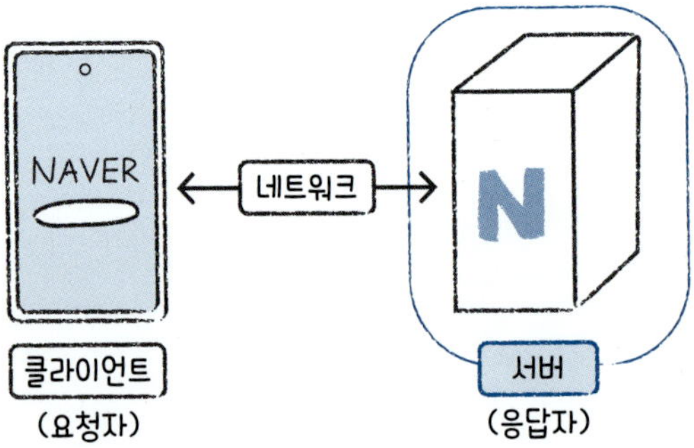

앞서 이야기했듯, 서버는 요청과 응답을 주고받는 관계 속에서 정의되는 상대적인 개념입니다. 두 컴퓨터 또는 프로그램이 네트워크를 통해 요청과 응답을 주고받는 구조일 때, 요청을 받아서 처리하는 쪽을 서버라고 부르고 있습니다. 요청을 받아서 처리하는 역할을 하고 있다면 생긴 것과 상관없이 서버인 것입니다.

실제 IT 서비스에서 '서버'의 역할로 사용하고 있는 컴퓨터도 우리가 알고 있는 일반적인 컴퓨터와 크게 다르지 않습니다. 성능이 좋고 안정성이 높은 컴퓨터에게 서버 역할을 하도록 만든 것뿐이니까요!

▼ **그림 5-11** 실제로 판매되고 있는 서버용 컴퓨터

만약 어떤 컴퓨터가 요청을 받기도 하고 다른 컴퓨터에게 요청을 보내기도 한다면, 그 컴퓨터는 서버가 맞을까요? 상황에 따라 서버일 수도, 그렇지 않을 수도 있습니다. 요청을 받는 관계에서는 서버가 되고, 요청을 보내는 관계에서는 서버가 아니게 되는 것이죠. 그런데도 IT 업계의 사람들은 이러한 컴퓨터를 그냥 서버라고 부르곤 합니다. 왜 그런 걸까요?

초기의 단순한 클라이언트-서버 구조에서는 서버 컴퓨터는 항상 서버의 역할만 수행했습니다. 그렇기에 서버 역할을 수행하는 컴퓨터 자체를 서버라 불러도 전혀 이상하지 않았습니다. 하지만 기술이 발전하면서 애플리케이션의 구조도 달라졌습니다. 애플리케이션 구조가 고도화되면서 기존의 서버가 다른 서버에 요청을 보내는 경우도 많아지게 되었습니다. 기존 서버 컴퓨터를 계속 서버라고 부르기는 하지만, 따지고 보면 항상 서버는 아닌 것이죠.

이러한 변화를 거치면서 '서버'라는 단어의 의미는 좀 더 넓어졌습니다. 원래는 응답자 역할을 할 때는 서버, 요청자 역할을 할 때는 클라이언트라고 불러야 하지만, 전체적인 구조에서 서버 역할을 하는 경우가 있기만 하면 그냥 다 서버로 지칭하곤 합니다. 그 컴퓨터가 요청자 역할 또한 수행하는 관계에서도 말이죠! 서버 역할을 하던 컴퓨터가 다른 컴퓨터에 요청을 보내는 관계를 아예 '서버 투 서버 통신'이라고 부르기도 합니다.

실제로 웹 브라우저의 요청을 받아서 웹 페이지를 제공하는 '웹 서버'는 서버이자 클라이언트입니다. 브라우저와 통신할 때는 서버의 역할을 수행하고, 또 다른 서버에게 데이터나 서비스를 요청할 때는 클라이언트가 됩니다. 하지만 IT 세상에서는 이 친구를 그냥 웹 서버라고 부릅니다. 클라이언트일 때도, 서버일 때도 말이죠. '클라이언트인 웹 서버는~'과 같은 표현이 가능한 것입니다.

이처럼 서버는 사용 맥락에 따라 그 의미가 달라질 수 있는 단어입니다. 따라서 서버라는 단어를 들었을 때, 어떤 맥락에서 사용되고 있는지 파악할 필요가 있습니다.

▼ **그림 5-12** 서버 개념의 변화

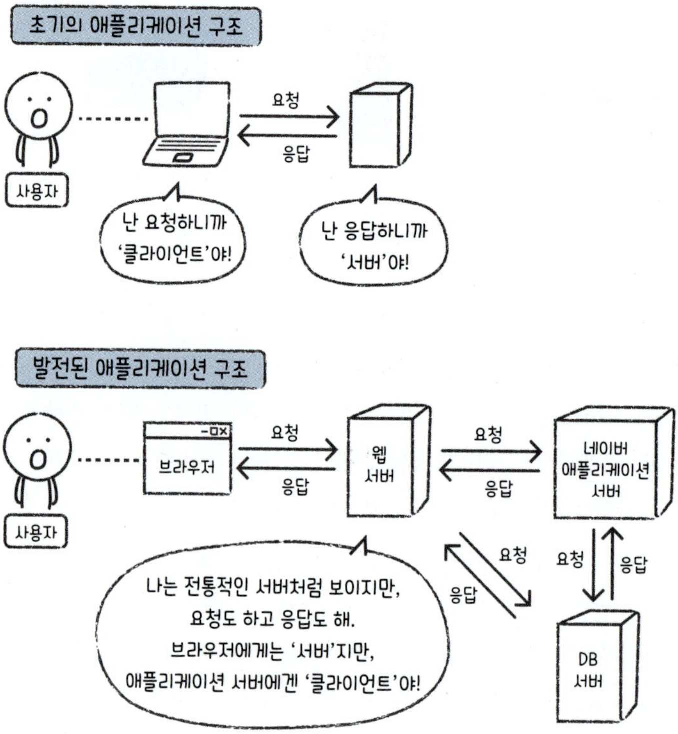

이렇게 역할에 따라 정의되는 서버는 IT 서비스 내에서 구체적으로 어떤 역할을 수행하게 되는 걸까요? 서버가 하는 일은 크게 두 가지로 나눌 수 있습니다. 하나는 요청받은 작업을 처리하는 일이고, 다른 하나는 데이터를 저장하고 관리하는 일입니다. 하나씩 알아볼까요?

1) 요청 받은 작업을 처리한다

네이버 검색 서비스에서 '판교 맛집'을 검색하는 상황을 다시 상상해 봅시다. 스마트폰에서 네이버 애플리케이션을 실행하고, 검색창에 '판교 맛집'을 입력한 뒤 검색 버튼을 누릅니다. 이때, 우리 스마트폰에서 실행된 네이버 애플리케이션은 네이버의 검색 서버로 '판교 맛집'에 적합한 정보를 달라는 요청을 보내게 됩니다. 이러한 요청을 받은 서버는 가지고 있는 수많은 데이터 중 '판교 맛집' 검색어에 적합한 항목을 선별하고, 그 결과를 다시 응답합니다.

우리가 가지고 있는 스마트폰은 똑똑하지만, 네이버가 가지고 있는 수많은 데이터 속에서 '판교 맛집'에 적합한 정보를 1초도 안 되는 시간만에 찾아낼 수 있을 정도로 똑똑하지는 않습니다. 어려운 일은 전문가에게 맡겨 버리는 게 상책이죠. 그래서 서버가 필요한 것입니다. 서버는 복잡하고 커다란 일을 전문적으로 처리하기 위해 존재합니다. 즉, 클라이언트의 요청을 받아서 처리하고 그 결과를 다시 알려주는 것이 서버의 가장 대표적인 역할입니다.

▼ **그림 5-13** 클라이언트의 요청을 처리하는 서버

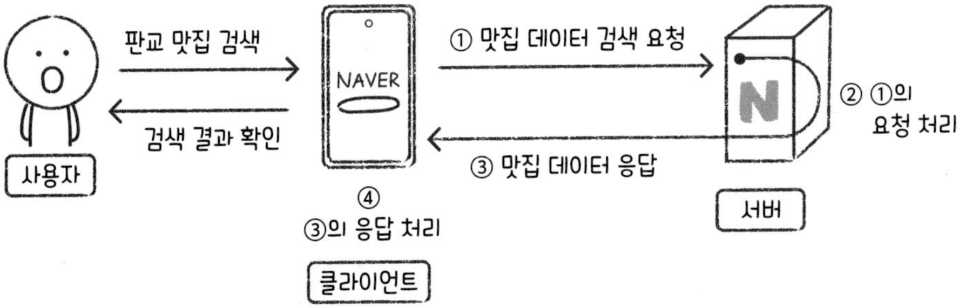

서버는 일반적으로 24시간, 365일 내내 돌아갑니다. 언제 어디에서 요청이 들어올지 모르기 때문이죠. 서버는 언제, 누가, 어떤 요청을 보내더라도 그 요청을 처리해 줘야 하기 때문에 항상 응답 대기 상태를 유지하고 있습니다. 우리가 새벽 4시에도 판교 맛집을 검색할 수 있는 건, 우리 눈에 보이지 않는 곳에서 묵묵히 요청을 기다리는 서버가 있기 때문입니다.

만약 서버가 동작을 멈춘다면 어떤 일이 벌어질까요? 카카오톡 서비스의 서버 담당자가 퇴근할 때 실수로 서버 컴퓨터를 모두 꺼 버렸다고 상상해 봅시다. 카카오톡의 서버 컴퓨터가 꺼지면, 다시 서버를 켜기 전까지 우리는 카카오톡 메시지는 보내거나 받을 수 없습니다. 우리의 컴퓨터가 '카카오톡 메시지를 보내 줘'라는 요청을 아무리 보내도 요청에 응답할 수 있는 서버 컴퓨터가 없기 때문입니다. 서버에 이러한 문제가 발생하면 우리는 익숙한 오류 메시지를 보게 됩니다.

"카카오톡 서버가 응답하지 않습니다. 잠시 후에 다시 시도해 주세요."

서버가 요청을 처리해 주지 않으면 IT 서비스는 제대로 동작할 수 없습니다. 우리가 문제없이 IT 서비스를 사용하고 있다는 건, 서버가 요청을 처리하고 결과를 응답하는 역할을 제대로 수행하고 있다는 의미입니다.

▼ **그림 5-14** 서버가 클라이언트의 요청을 처리하지 못하는 경우

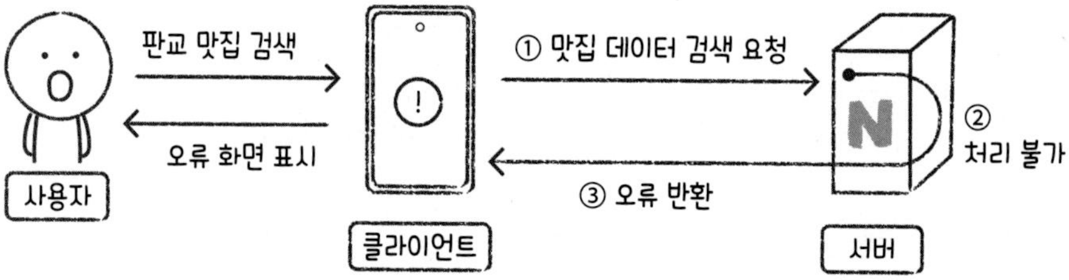

2) 데이터베이스를 저장한다

네이버는 매우 방대한 데이터를 대상으로 검색 기능을 제공하고 있습니다. 우리는 네이버 검색을 통해 오늘의 날씨부터 누군가가 10년 전에 다녀온 떡볶이 가게의 후기까지 확인할 수 있습니다. 네이버 서비스에 얼마나 많은 데이터가 저장되어 있을지 감히 상상하기도 어렵습니다. 그렇다면 이 수많은 정보들은 도대체 어디에 저장되어 있는 걸까요?

2장에서 이야기했던 데이터베이스를 떠올려봅시다. IT 서비스가 가지고 있는 모든 데이터는 데이터베이스에서 파일의 형태로 관리되고 있습니다. 그리고 이 데이터 파일은 보통 IT 서비스의 서버 컴퓨터에 저장되어 있습니다. 이렇게 데이터베이스를 저장하고 관리하는 서버를 보통 DB 서버라고 부릅니다.

DB 서버는 IT 서비스의 데이터를 저장하고 있습니다. 그리고 클라이언트의 요청에 따라 저장된 데이터베이스에 데이터를 생성하고, 수정하고, 조회하고, 삭제합니다. 네이버 서비스의 방대한 데이터 역시 어딘가에 있는 네이버 DB 서버에 저장되어 있을 것입니다.

IT 서비스에게 데이터는 생명과도 같습니다. 네이버가 자랑하는 수많은 데이터가 사라진다면, 검색을 포함한 네이버의 모든 서비스는 사실상 무의미합니다. 그렇기 때문에 많은 IT 서비스는 DB 서버 관리에 심혈을 기울이고 있습니다. 심지어는 이러한 서버 컴퓨터를 보관하고 관리하기 위해 '데이터센터'라는 물리적 공간을 별도로 만들기도 합니다. 마치 조선 시대에 '규장각'이라는 왕실 도서관을 만들어 수많은 서적을 소중하게 보관했던 것처럼 말이죠! 네이버 역시 네이버 서비스의 데이터를 손상없이 보관하고 관리하기 위해 '각'이라는 데이터센터를 만들어 서버 컴퓨터를 보관하고 있습니다.

▼ **그림 5-15** 네이버의 데이터센터 '각'

출처: 네이버 데이터센터 각 홈페이지(https://datacenter.navercorp.com)

5.2.2 클라이언트: 제 소원은요...

클라이언트라는 단어는 서버만큼 흔하게 보이지는 않습니다. 그래서 그런지 클라이언트라는 단어만 보면 오히려 서버보다 더 어색하게 느껴지기도 합니다. 하지만 구조적으로 보면 클라이언트가 서버보다 사용자와 가깝습니다. 당장 우리 손에도 하나 들려 있죠.

우리의 일상은 다양한 IT 서비스로 가득 차 있습니다. 네이버에서 오늘의 날씨를 확인하고, 카카오톡으로 친구들과 메시지를 주고받으며 유튜브로 다양한 영상을 시청합니다. 이러한 IT 서비스의 동작은 모두 요청과 응답을 통해 이루어집니다. 사실상 IT 서비스의 서버에게 요청을 보내고, 서버의 처리 결과를 받는 과정의 반복인 것입니다.

이때 서버에 요청을 보내는 건 누구일까요? 바로 IT 서비스를 사용하는 우리입니다. 정확히 말하면, 우리가 사용하고 있는 컴퓨터 또는 애플리케이션입니다.

▼ **그림 5-16** 우리는 모두 클라이언트

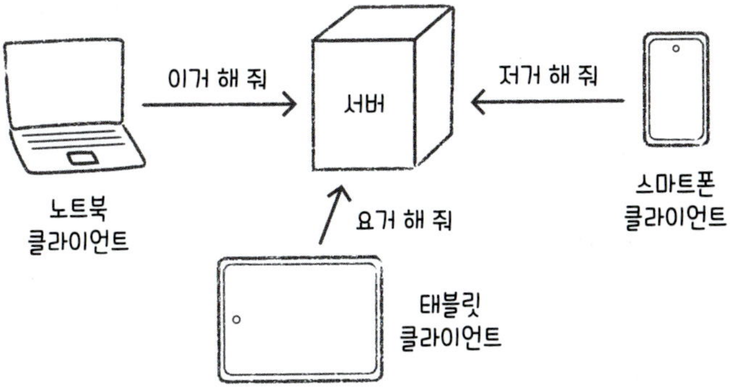

클라이언트(client)는 서버에게 요청을 보내고, 그 요청에 대한 응답을 받아서 처리하는 컴퓨터 또는 소프트웨어를 지칭합니다. 'Client'라는 영어 단어의 원래 의미가 '고객, 의뢰인'인 걸 생각하면, 왜 클라이언트라고 부르는지 훨씬 잘 이해할 수 있습니다. 마치 식당에서 고객이 직원에게 음식을 달라고 요청하는 것처럼, 클라이언트는 서버에게 정보나 처리 결과를 달라고 요청합니다. 서버 입장에서는 고객인 셈이죠.

> **클라이언트(client)**: 네트워크를 통해 서버에게 요청을 보내고 응답을 받아 이를 처리하는 컴퓨터 또는 소프트웨어

클라이언트 역시 네트워크를 통해 요청과 응답을 하는 관계 속에서 정의되는 상대적 개념입니다. 똑같은 컴퓨터라고 해도 다른 서버에게 요청을 보낼 때는 클라이언트, 다른 컴퓨터의 요청을 받아서 처리할 때는 서버가 됩니다. 관계 속의 역할에 따라 누가 클라이언트인지 정의되는 것입니다. 그렇다면 이러한 클라이언트가 통신 과정에서 하는 역할은 무엇일까요?

1) 서버에게 요청을 보낸다

다시 네이버에서 '판교 맛집'을 검색하는 상황으로 돌아가 봅시다. 네이버의 방대한 데이터에서 '판교 맛집'과 관련된 데이터를 찾는 일은 매우 복잡하고 어렵습니다. 작은 스마트폰 하나로는 어림도 없죠. 그렇기에 클라이언트는 네이버가 가지고 있는 성능 좋은 컴퓨터에게 이를 검색해 달라고 요청합니다.

이때 클라이언트가 하는 일은 간단합니다. 네이버 서버에게 가지고 있는 데이터 중 '판교 맛집'과 관련된 데이터를 찾아 달라고 요청하는 것뿐입니다. 그럼에도 불구하고 요청자로서 클라이언트의 역할은 매우 중요합니다. 별 거 없어 보이지만, 이러한 요청이 있어야 클라이언트-서버 통신이 시작되기 때문입니다.

식당에 손님이 없으면 직원은 움직이지 않습니다. 손님이 없는 식당은 사실상 운영이 불가능하죠. IT 서비스도 마찬가지입니다. 클라이언트가 요청하지 않으면 서버는 움직이지 않습니다. 서버의 성능이 아무리 좋아도, 클라이언트가 요청을 보내지 않으면 쓸모가 없습니다. 간단해 보이지만 없어서는 안 될 역할입니다.

이러한 클라이언트의 요청은 검색, 계산, 로그인 등의 서비스 요청일 수도 있고, 파일, 컨텐츠, 개인 정보 등의 데이터 처리 요청일 수도 있습니다. 중요한 건 서버가 원하는 대로 움직일 수 있

도록 적절한 형태의 요청을 보내는 것입니다. 네이버에서 '판교 맛집'을 검색하는 경우, 클라이언트는 '가지고 있는 데이터 중 판교 맛집과 관련된 데이터를 찾아서 전달해 달라'는 요청을 서버에게 보내야 합니다. 요청을 받은 네이버 서버가 결과를 응답해 주면 클라이언트는 복잡한 동작 없이도 검색 결과를 얻을 수 있습니다.

▼ **그림 5-17** 클라이언트의 요청

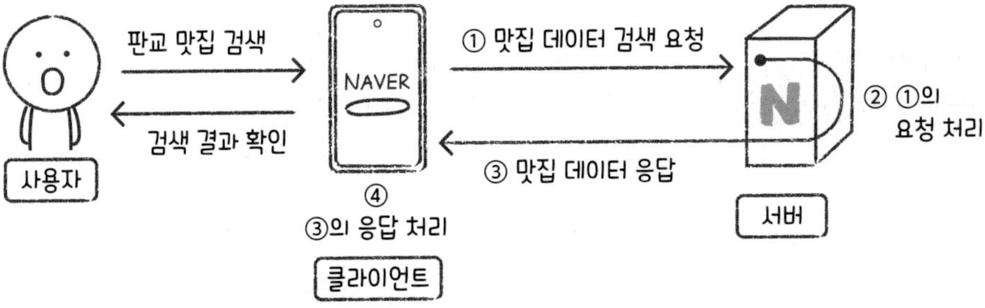

2) 서버의 응답 결과를 처리한다

클라이언트가 요청을 보내고 서버의 응답을 받았습니다. 그러면 IT 서비스의 동작이 완료되는 걸까요? 전혀 그렇지 않습니다. 클라이언트가 요청을 보냈다는 건 어떤 동작을 하는 데 서버의 도움이 필요했기 때문입니다. 서버의 도움을 받은 클라이언트는 이를 바탕으로 원래 하려던 동작을 완수해야 합니다.

네이버에 '판교 맛집'을 검색하면 눈 깜박할 사이에 검색 결과 화면이 나타납니다. 이때 검색 결과 화면에서 볼 수 있는 데이터는 모두 네이버 서버가 찾아서 응답해 준 것들입니다. 이때 컴퓨터의 언어로 이루어진 서버의 응답값을 바로 사용자에게 보여 줄 수는 없습니다. 사용자에게 익숙한 형태의 검색 결과 화면을 보여 주기 위해서는 서버에게 받은 응답값을 클라이언트가 다시 처리하는 과정이 필요합니다.

이처럼 서버로부터 응답 받은 결과를 재처리하는 것 또한 클라이언트의 중요한 역할입니다. 물론 클라이언트가 응답 결과를 처리하는 방식은 그 목적에 따라 서로 다릅니다. 웹 브라우저가 웹 서버에 네이버 웹 페이지를 요청해서 가져오는 경우, 클라이언트인 웹 브라우저는 응답 받은 네이버 웹 페이지가 화면에 잘 나타날 수 있도록 처리합니다. 반면 네이버 검색 서버가 DB 서버에 특정 데이터 조회를 요청하는 경우, 클라이언트인 네이버 검색 서버는 DB 서버로부터 응답 받은 데이터를 또 다른 클라이언트의 요청에 응답할 데이터의 형태로 가공하게 될 것입니다.

▼ 그림 5-18 클라이언트의 응답 처리

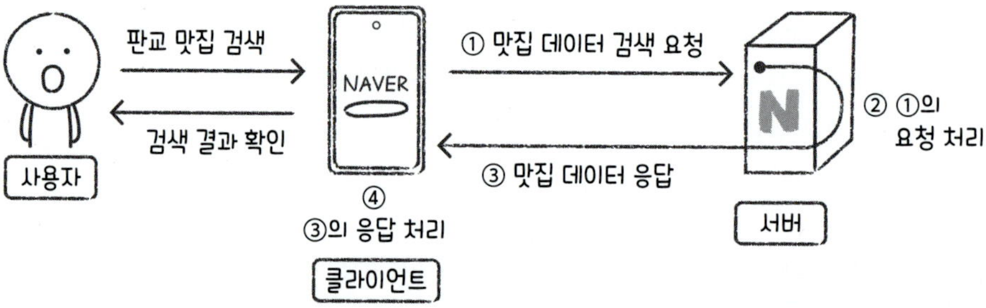

5.3 SECTION 클라이언트-서버 구조가 세상을 지배한 이유

이처럼 클라이언트와 서버는 서로 다른 역할을 수행합니다. 따라서 해당 구조로 이루어진 IT 서비스가 동작하기 위해서는 클라이언트와 서버가 계속해서 통신해야 합니다. 수많은 요청과 응답을 바탕으로 사용자가 원하는 결과를 뽑아내야 하는, 일종의 팀 프로젝트인 셈입니다. IT 서비스라는 거대한 팀 프로젝트를 성공적으로 수행하고 있는 클라이언트와 서버는 그야말로 환상의 짝꿍이 아닐 수 없습니다.

이러한 클라이언트-서버 구조는 현대 애플리케이션의 기본 구조로 자리 잡았다고 해도 과언이 아닙니다. 요즘에는 클라이언트-서버 구조가 아닌 애플리케이션을 찾는 게 더 어려울 정도이죠. 학교 수업을 들을 때는 팀 프로젝트가 없기를 기도했는데, IT 세상에서는 모두가 팀 프로젝트를 선택하는 게 신기할 따름입니다. 클라이언트와 서버가 요청과 응답을 주고받는 구조에 어떤 이점이 있기에, 이렇게 많은 IT 서비스가 클라이언트-서버 구조를 차용하고 있는 걸까요?

▼ 그림 5-19 애플리케이션 기본 구조인 서버와 클라이언트

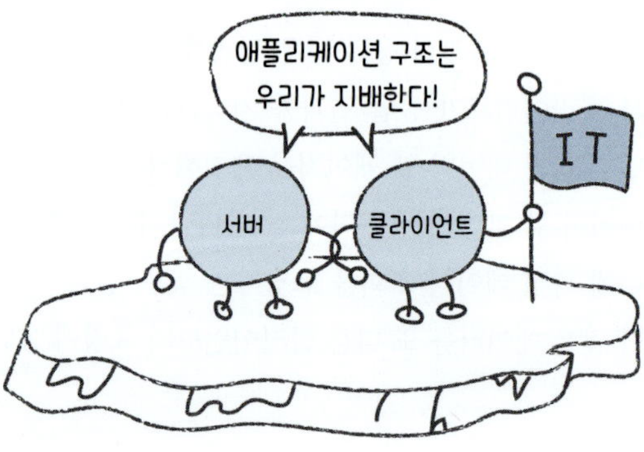

5.3.1 편리한 접근성

요즘에는 다양한 기능을 갖춘 문서 편집 프로그램이 많습니다. 심지어 별도 설치 없이 웹으로도 문서를 작성하고 저장할 수 있죠. 하지만 예전에는 그렇지 않았습니다. 문서 작업을 하려면 '한글' 또는 '워드' 프로그램을 사용해야만 했습니다. 컴퓨터에 애플리케이션이 미리 설치되어 있어야 문서 작업이 가능했고, 작성한 문서도 해당 컴퓨터에서만 저장하고 확인할 수 있었습니다.

하지만 요즘은 컴퓨터에 아무런 프로그램이 설치되어 있지 않아도 괜찮습니다. 컴퓨터와 인터넷만 있다면 웹 서비스를 통해 구글 문서(Google Docs)와 같은 문서 편집 프로그램을 손쉽게 실행할 수 있습니다. 컴퓨터 내장 메모리 대신 구글 드라이브(Google Drive)에 문서 파일을 저장해 두면, 어디서나 자유롭게 문서를 확인하고 편집할 수도 있습니다.

이전과 비교하면 애플리케이션을 사용하기 위한 제약이 많이 사라졌습니다. 사용하기 훨씬 편리해졌죠. 이러한 변화는 모두 클라이언트와 서버가 서로 통신하며 동작하고 있기 때문입니다.

▼ **그림 5-20** 문서 편집 프로그램의 과거와 현재

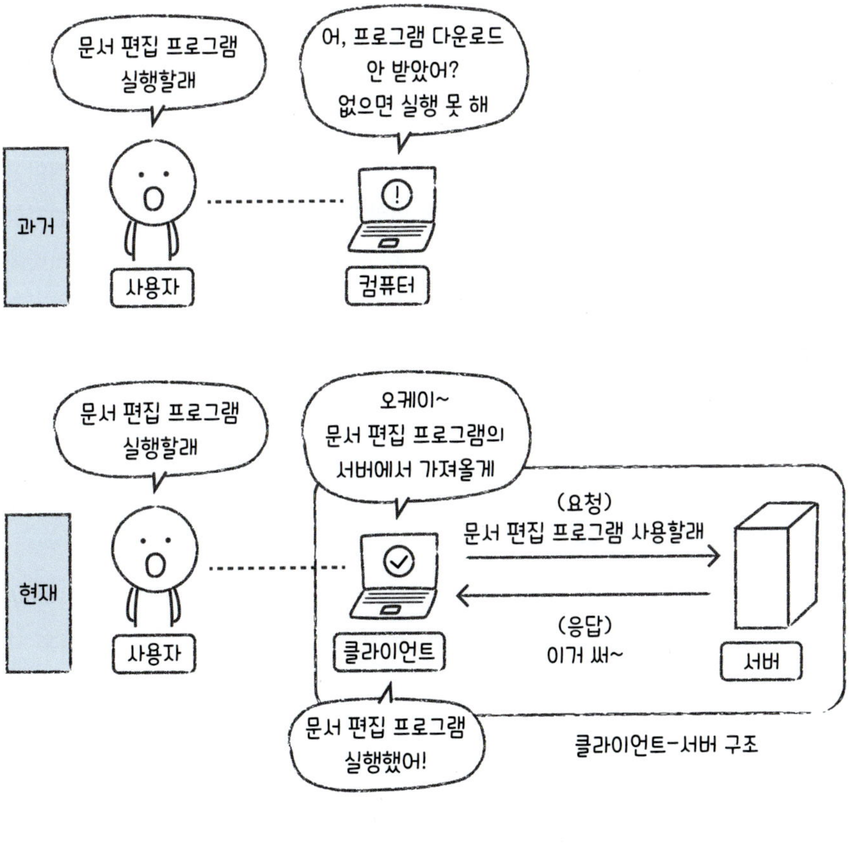

예전의 문서 작업 프로그램은 서버와 클라이언트 통신 없이, 컴퓨터 한 대로 모든 동작을 처리하는 대표적인 애플리케이션입니다. 애플리케이션을 사용하는 데 필요한 모든 것들이 하나의 컴퓨터 안에 들어 있어야 했죠. 그렇기 때문에 사용자는 매번 용량이 크고 무거운 애플리케이션을 컴퓨터에 설치해야만 했습니다. 애플리케이션의 모든 코드와 데이터가 설치되지 않은 컴퓨터에서는 어떤 방법을 써도 서비스를 이용할 수 없습니다.

하지만 클라이언트-서버 구조로 이루어진 애플리케이션은 그렇지 않습니다. 클라이언트-서버 구조의 애플리케이션은 복잡한 코드와 데이터를 다른 컴퓨터(서버)에 보관합니다. 사용자의 컴퓨터(클라이언트)는 서버로 요청을 보내고 응답을 받아서 처리하는 정도의 가벼운 기반 환경만 갖춰져 있으면 충분합니다. 복잡한 동작이 필요할 때는 서버에 요청을 보내서 결과를 받으면 되니까요! 클라이언트-서버 구조를 통해 설치해야 하는 애플리케이션이 가벼워지면서, 우리는 용량이나 성능 부담 없이 앱을 설치하고 사용할 수 있게 되었습니다.

웹 애플리케이션은 더욱 편리합니다. 컴퓨터에 웹 브라우저 하나만 설치되어 있으면 모든 웹 앱을 실행할 수 있습니다. 웹 브라우저는 IT 세상의 모든 웹 앱에 대한 클라이언트로 동작합니다. 웹 브라우저는 웹 서비스 제공자에게 요청을 보내고, 응답 받은 웹 페이지를 화면에 보여 주는 역할을 하고 있습니다. 이러한 통신 구조 덕분에 우리는 수많은 웹 앱에 편리하게 접근하고 사용할 수 있는 것입니다.

이처럼 서버와 클라이언트가 서로 통신하는 구조 덕분에 IT 서비스는 사용자의 애플리케이션 접근성을 비약적으로 높일 수 있었습니다. 우리는 더 이상 애플리케이션의 코드를 모두 설치할 필요도 데이터를 매번 들고 다닐 필요도 없습니다. 중요한 일을 IT 세상 어딘가에 있는 서버에게 맡기고, 필요할 때 요청만 하면 되니까요! 클라이언트-서버 구조 덕분에 애플리케이션 접근에 대한 부담이 확 낮아지고, 이로 인해 더 많은 서비스를 더 쉽고 편리하게 사용할 수 있는 환경이 만들어진 것입니다.

5.3.2 동작과 운영의 효율성

하나의 컴퓨터에서 모든 일을 처리해야 하는 예전의 애플리케이션과 달리, 클라이언트-서버 구조에서는 서버와 클라이언트가 필요한 일을 서로 나누어 처리합니다. 보통 복잡하고 어려운 일은 주로 성능 좋은 서버가 담당합니다. 클라이언트는 필요한 일을 서버에게 요청하고, 서버의 응답을 가공해서 사용자에게 전달하는 역할을 맡고 있죠.

분업이라는 개념이 등장하면서 사회 구조가 완전히 뒤바뀌었던 것처럼, 서버와 클라이언트의 분업 구조는 IT 세상에 많은 변화를 불러일으켰습니다.

먼저, 애플리케이션 사용자가 컴퓨터를 더 효율적으로 사용할 수 있게 되었습니다. 기존에는 특정 프로그램을 사용하기 위해 필요한 일의 양이 100이라면, 프로그램이 돌아가고 있는 컴퓨터가 100의 일을 모두 해야 했습니다. 한 번에 여러 앱을 사용하는 건 사실상 불가능했죠. 하지만 클라이언트-서버 구조로 돌아가는 경우, 클라이언트 컴퓨터는 1의 일만 하면 됩니다. 나머지 일은 서버에 맡겨 버리면 되니까요! 남은 99를 활용하면 문서를 편집하는 동시에 카카오톡도 하고, 노래도 듣고, 유튜브도 볼 수 있습니다.

이처럼 서버와 클라이언트의 분업 구조는 애플리케이션의 효율성을 높여 주었습니다. 똑같은 노트북을 사용하더라도, 이전에 비해 더 많은 일을 한꺼번에 처리할 수 있게 된 것입니다.

▼ **그림 5-21** 클라이언트 입장에서의 효율성

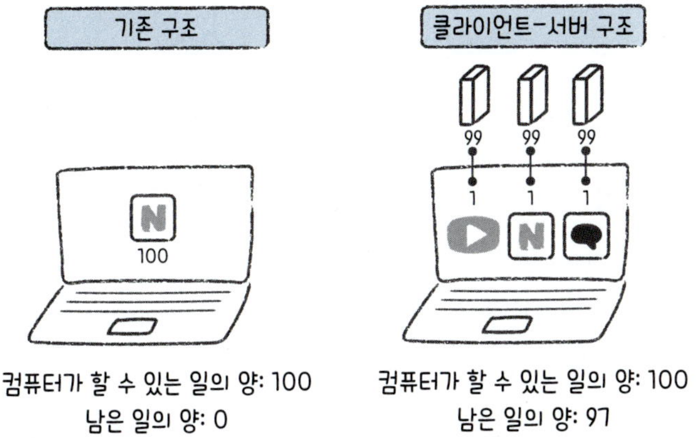

개발자가 애플리케이션을 운영할 때도 클라이언트-서버 구조가 훨씬 효율적입니다. 다시 예전의 문서 편집 프로그램을 생각해 봅시다. 문서 편집 프로그램의 개발자가 오랜 버그였던 글자 입력이 버벅거리는 오류를 드디어 수정했습니다. 하지만 개발자가 앱을 수정했다고 해서 해당 사항이 곧바로 사용자의 컴퓨터에 반영되지는 않습니다. 통신하지 않는 애플리케이션은 컴퓨터에 설치된 데이터만을 기반으로 동작하기 때문에 개발자는 수정된 버전의 애플리케이션을 다시 설치하도록 사용자에게 열심히 알려야만 그 문제를 해결할 수 있습니다.

하지만 클라이언트와 서버가 분리되어 있는 애플리케이션은 그렇지 않습니다. 클라이언트-서버 구조의 문서 편집 프로그램을 사용하는 경우, 오류 수정 사항을 반영하기 위해 사용자가 직접 앱을 업데이트할 필요가 없습니다. 코드 변경 사항을 서버에 반영하면 끝이죠. 개발자가 문서 편집 프로그램의 서버에 오류 개선 사항을 반영하면 사용자의 클라이언트는 자연스럽게 수정된 서버와 통신하게 됩니다. 별도의 앱 업데이트 없이도 수정 사항이 즉시 애플리케이션 동작에 반영되는 것입니다.

▼ **그림 5-22** 서버 입장에서의 효율성

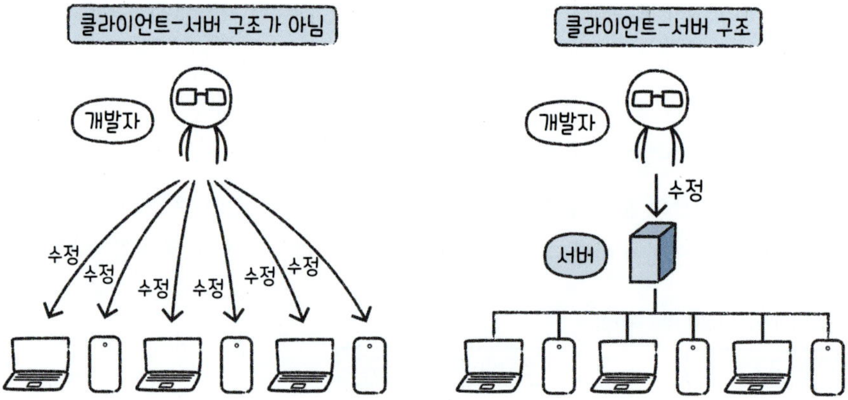

5.3.3 애플리케이션의 확장성

IT 서비스가 고도화될수록 애플리케이션이 가지고 있는 필요한 코드와 데이터 역시 늘어납니다. 물론 스마트폰과 노트북의 성능은 계속해서 좋아지고 있습니다. 하지만 아무리 성능이 좋아도 스마트폰 하나에 네이버 서비스의 모든 코드와 데이터를 담을 수는 없습니다. 처음에는 스마트폰 하나로 충분히 동작하던 애플리케이션도, 계속해서 개선하다 보면 어느 순간 스마트폰이 해당 애플리케이션을 감당할 수 없어지는 순간을 마주할 수밖에 없습니다.

일반적인 컴퓨터가 100의 일을 할 수 있다고 생각해 봅시다. 하나의 컴퓨터 안에서 애플리케이션이 동작해야 한다면, 해당 애플리케이션은 100을 초과하는 일을 하면 안 됩니다. 만약 어떤 애플리케이션이 동작하는 데 필요한 일이 200이라면, 이 애플리케이션이 동작하기 위해 필요한 일을 일반적인 컴퓨터에서는 처리할 수 없습니다. 만약 많은 사람이 앱을 사용하길 원한다면 대부분의 컴퓨터에서 동작할 수 있도록 애플리케이션의 기능을 덜어내야 할 것입니다.

하지만 애플리케이션을 클라이언트-서버 구조로 만들면 이러한 물리적 제약에서 자유로워질 수 있습니다. 성능 좋은 서버 컴퓨터에게 199의 일을 시키고, 클라이언트인 사용자의 컴퓨터는 1의 일만 하게 만들면 되니까요! 만약 더 복잡한 기능을 추가하고 싶다면, 서버 컴퓨터를 늘려 300, 400의 일을 할 수 있는 서버 환경을 만들면 됩니다. 사용자의 환경과 무관하게 IT 서비스를 계속해서 개선하고 확장할 수 있는 것입니다.

▼ 그림 5-23 서버의 확장성

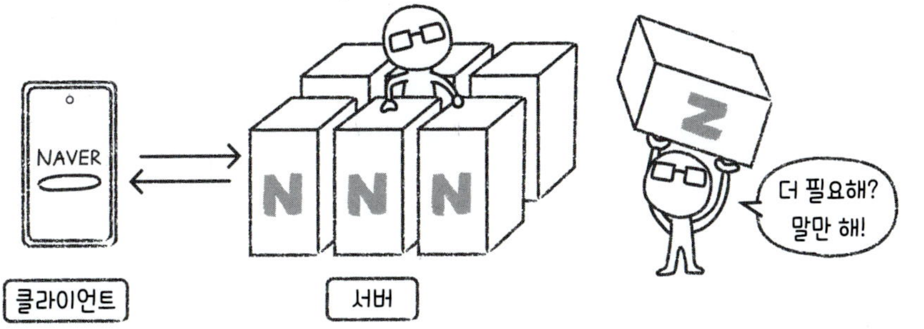

이전에는 불가능했던 복잡하고 거대한 IT 서비스도 클라이언트-서버 구조에서는 가능합니다. IT 서비스 제공자가 충분한 서버 환경을 구축해 두면, 사용자가 어떤 컴퓨터를 가지고 있던 상관없이 서비스를 제공할 수 있습니다. 애플리케이션의 대규모 개선이나 사용자의 폭발적인 증가 역시 '서버 증설'이라는 마법의 단어 하나로 모두 해결할 수 있는 세상이 되었습니다. 물론 비용은 들지만 말이죠! 클라이언트-서버 구조가 없었다면 네이버나 구글, 카카오톡과 같은 IT 서비스는 세상에 나올 수도, 이렇게 커질 수도 없었을 것입니다.

5.4 SECTION IT 서비스의 오류, 누가 문제일까?

우리가 사용하는 IT 서비스는 편하지만 때때로 사람 속을 긁습니다. 툭하면 오류가 발생하고, 중요한 일이 있을 때면 늘 서버가 터지곤 합니다. 앞의 내용을 보면 클라이언트-서버 구조는 장점이 많은 것 같은데, 이렇게 좋은 구조로 만들어진 애플리케이션에 왜 자꾸 문제가 생기는 걸까요?

세상에 완벽한 것은 없습니다. 완벽해 보이는 서버와 클라이언트의 분업 체계에도 허점은 존재하기 마련입니다. 클라이언트-서버 구조는 서버에 요청을 보내는 '클라이언트', 클라이언트의 요청을 처리하고 결과를 응답하는 '서버', 클라이언트와 서버를 연결하는 '네트워크'로 이루어져 있습니다. 이들이 각각의 역할을 제대로 수행하면 애플리케이션은 문제없이 잘 돌아갈 수 있습니다.

그런데 이 셋 중 하나라도 문제가 생기면 어떻게 될까요? 당연히 사용자는 애플리케이션을 제대로 사용할 수 없게 됩니다. IT 서비스에 오류가 발생하는 것입니다. 실제로 우리가 IT 서비스를 사용하면서 경험하는 오류는 대부분 서버, 클라이언트, 네트워크 중 하나가 일을 제대로 안 하고 있기 때문입니다. 팀 프로젝트에서 팀원 하나가 사고를 친 것이나 다름없죠.

일을 하는 사람이 늘어난다는 건 사고를 칠 수 있는 사람이 늘어나는 것과 같습니다. 클라이언트와 서버의 통신 과정에서 발생할 수 있는 오류를 통해, 클라이언트-서버 구조의 이면을 확인해 볼까요?

▼ **그림 5-24** 애플리케이션 오류, 누구의 잘못인가?

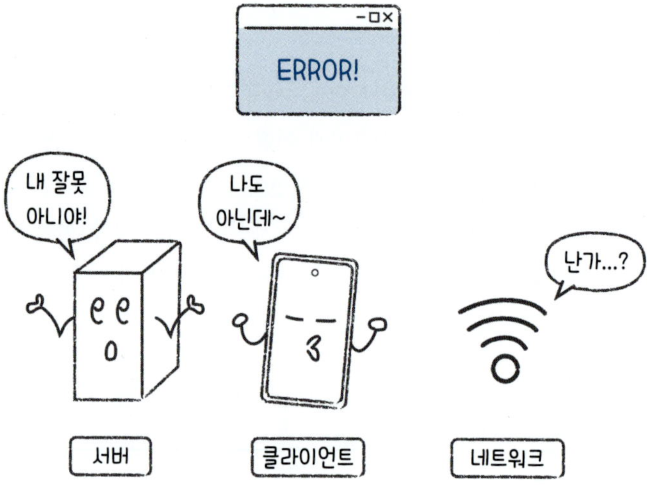

5.4.1 서버 오류

서버는 IT 서비스의 중요한 코드와 데이터를 가지고 있는, IT 서비스의 두뇌와 같습니다. IT 서비스를 사용하는 클라이언트는 서버에 요청을 보내고 서버가 처리한 응답값을 받아 갑니다. 그런데 이렇게 중요한 일을 하는 서버에 문제가 생긴다면 어떻게 될까요?

맛집 탐색 서비스인 헝그리정신이 클라이언트-서버 구조로 만들어져 있다고 가정해 봅시다. 그러던 어느 날, 한 개발자가 서버 컴퓨터에서 잘 동작하고 있던 헝그리정신의 검색 로직의 중요한 부분을 실수로 삭제해 버렸습니다. 헝그리정신의 서버가 검색 요청을 제대로 처리해 줄 수 없게 된 것입니다. 클라이언트가 '판교 맛집'에 대해 검색해 달라고 서버에 요청을 보내도, 서버는 이상한 결과만 반환할 뿐입니다. 이상한 결과를 받은 클라이언트는 사용자에게 오류 화면을 보여 줄 수밖에 없습니다.

더욱 심각한 건, 헝그리정신의 검색 기능을 사용하는 모든 사용자가 같은 오류를 겪게 된다는 것입니다. 문제가 생긴 서버로 요청을 보낸 모든 클라이언트는 이상한 응답을 받게 됩니다. 동시다발적으로 쏟아지는 고객 문의에 정신을 차린 개발자가 서버의 검색 로직을 다시 수정하고 나면, 그제서야 사용자는 제대로 된 검색 결과 화면을 볼 수 있습니다.

서버에 문제가 발생하면 IT 서비스는 마치 뇌에 문제가 생긴 사람처럼 움직입니다. 클라이언트가 보낸 요청을 제대로 처리해 줄 수 없고, 원하는 응답도 돌려줄 수 없습니다. 그 어떤 클라이언트가 찾아와도 마찬가지입니다. 서버에 문제가 생기면, IT 서비스를 사용하는 전 세계의 모든 사용자가 동일한 오류를 경험하게 되는 것입니다.

생각만 해도 아찔하지 않나요? 물론 실제로 사용자가 IT 서비스를 사용하면서 이와 같은 서버 오류를 경험할 가능성은 그리 높지 않습니다. IT 서비스 제공자가 서버를 매우 소중하게 관리하며 이러한 문제가 발생하지 않도록 노력하고 있기 때문입니다.

▼ **그림 5-25** 서버 오류

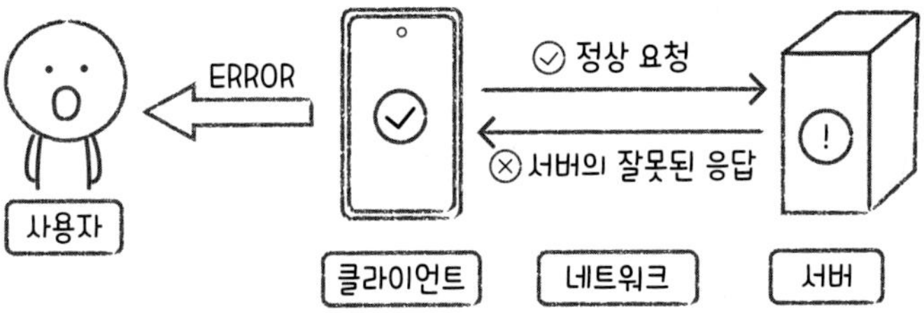

안타깝게도, 이러한 노력으로 모든 서버 오류를 해결할 수 있는 건 아닙니다. 아무리 내부적으로 잘 관리해도 외부에서 공격이 들어오는 건 막을 수 없으니까요!

헝그리정신 서비스의 서버가 한 번에 처리할 수 있는 일의 양이 1000이라고 가정해 봅시다. 헝그리정신의 서버에 100개의 클라이언트가 동시에 20의 일을 요청하면 어떻게 될까요? 한꺼번에 많은 부탁을 받으면 머리가 멈춰 버리는 것처럼, 서버도 처리할 수 없는 양의 요청이 한꺼번에 들어오면 멈춰 버립니다. 과부하에 걸려 그 어떤 일도 제대로 처리할 수 없게 되는 것입니다.

이처럼 클라이언트의 수많은 요청으로 서버의 동작이 멈추는 상황을 우리는 '서버가 터진다'라고 표현하곤 합니다. 수강 신청이나 콘서트 티켓을 예매할 때 발생하는 서버 오류 역시 너무 많은 사용자가 몰려들었기 때문입니다.

서버 과부하로 인한 오류의 해결책은 의외로 간단합니다. 서버 관리자가 문제가 발생한 서버를 껐다가 켜면 됩니다. 과부하가 걸리지 않은 상태로 서버 컴퓨터를 되돌리는 것이죠. 다만, 서버를 재시작하는 과정에서 우리의 수강 신청 요청이나 콘서트 예매 요청이 날아가 버리는 또 다른 문제가 발생할 수도 있습니다.

가장 좋은 건 서버 과부하 문제가 발생하지 않도록 사전에 대비하는 것입니다. 서버를 증설해서 서버가 처리할 수 있는 일의 양을 늘리거나, 요청을 받으면 일단 쌓아 놓고 순서대로 처리하도록 하는 로직을 추가하는 등의 방식으로 서버 과부하의 위험을 줄일 수 있습니다.

▼ **그림 5-26** 클라이언트 요청이 너무 많이 들어오면?

5.4.2 클라이언트 오류

서버가 애플리케이션의 두뇌라면, 클라이언트는 애플리케이션의 신체 기관입니다. 지금 눈앞에서 컵이 떨어지고 있다고 상상해 봅시다. 눈으로 컵이 떨어지는 상황을 보면 눈은 해당 정보를 뇌로 보내고, 컵이 떨어지고 있다는 사실을 인식한 뇌는 손에게 컵을 잡으라는 응답을 반환합니다. 이러한 과정이 잘 이루어지면 우리는 떨어지는 컵을 안전하게 잡을 수 있습니다.

만약 이 상황에서 눈이나 손에 문제가 생기면 어떻게 될까요? 눈에 문제가 생기면 컵이 떨어지는 모습을 제대로 볼 수 없습니다. 컵이 떨어지고 있다는 시각적 정보 자체를 뇌로 전달할 수 없기 때문에, 컵이 바닥에 떨어질 때까지 아무런 동작도 일어나지 않을 것입니다. 손에 문제가 생겨도 마찬가지입니다. 뇌에서 손을 움직여 컵을 잡으라는 응답을 반환하더라도 손을 움직일 수 없다면 아무 소용이 없습니다.

아무리 뇌가 똑똑해도 정보를 전달하고 응답을 수행하는 신체 기관 없이는 할 수 있는 일이 없습니다. 서버와 클라이언트도 마찬가지입니다. 클라이언트가 서버에 정보를 요청하는 과정에 문제가 생기면 서버는 제대로 된 요청을 받을 수 없습니다. 마치 눈에 문제가 생겨 제대로 된 정보를 얻지 못하는 뇌처럼 말이죠! 제대로 요청하지 않았으니 당연히 서버의 응답도 원하는 대로 돌아오지 않습니다.

서버의 응답을 받아서 처리하는 과정에 문제가 생겨도 마찬가지입니다. 클라이언트가 제대로 된 요청을 보냈고, 서버도 제대로 응답을 반환했습니다. 그런데 클라이언트가 응답을 제대로 처리하지 못하면 어떻게 될까요? 마치 손에 문제가 생긴 사람처럼 IT 서비스는 아무런 동작도 하지 않거나 의도와는 전혀 다른 동작을 하게 됩니다.

▼ **그림 5-27** 클라이언트 오류

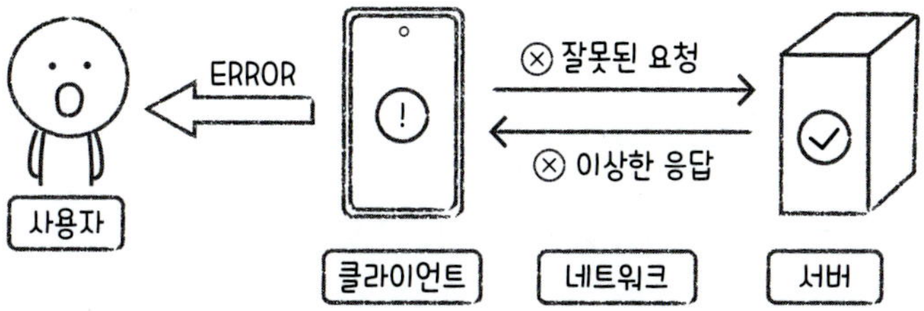

이러한 클라이언트 오류는 오로지 문제가 있는 클라이언트에서만 발생합니다. 따라서 한 사용자에게 오류가 발생한다고 해서 모든 사용자가 같은 오류를 겪게 되는 건 아닙니다. 만약 헝그리정신의 안드로이드용 앱에 문제가 있다면, 안드로이드 운영체제를 사용하는 기기에서 안드로이드용 앱을 사용하는 경우에만 오류가 발생하게 됩니다. 클라이언트 이슈가 없는 iOS 앱을 사용하는 사람은 문제없이 서버와 통신하며 IT 서비스를 사용할 수 있습니다.

클라이언트 오류를 해결하기 위해서는 문제가 있는 클라이언트를 수정해야 합니다. 안드로이드 앱에서만 문제가 발생한다면, 안드로이드 앱 사용자는 오류가 수정된 버전의 앱으로 교체하여 문제를 해결할 수 있습니다. 만약 아직 오류가 수정된 버전의 앱이 없다면 안타깝게도 개발자가 얼른 수정된 버전의 앱을 제공해 주기를 바라는 수밖에 없습니다.

5.4.3 네트워크 오류

네트워크는 두뇌인 서버와 신체 기관인 클라이언트를 연결해 주는 신경과 같습니다. 클라이언트와 서버 구조로 동작하는 IT 서비스는 인터넷이 연결되어 있어야 사용할 수 있죠. 클라이언트는 네트워크를 통해 서버에 요청을 보내고, 서버도 네트워크를 통해 응답 결과를 다시 클라이언트에게 전달합니다. 애플리케이션이 제대로 동작하려면 반드시 서버와 클라이언트가 네트워크를 통해 연결되어 있어야 합니다.

만약 네트워크의 연결이 불안정해지면 어떤 일이 일어날까요? 당연하게도 애플리케이션은 제대로 동작할 수 없습니다. 네트워크 없이는 클라이언트는 서버로 요청을 보낼 수 없고 서버는 응답을 클라이언트에 반환할 수 없습니다. 연결되어 있을 때는 누구보다 강력한 서버와 클라이언트지만, 네트워크 없이 따로 떨어져 있으면 할 수 있는 게 별로 없습니다.

▼ **그림 5-28** 네트워크 이슈

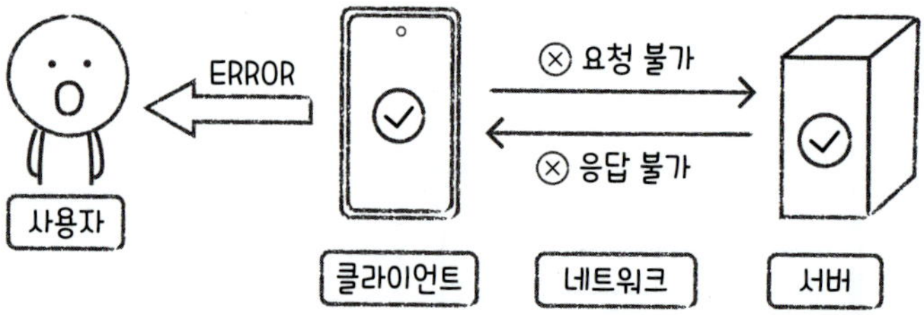

네트워크 오류는 애플리케이션 자체의 결함은 아닙니다. 네트워크가 없거나 불안정하여 클라이언트와 서버를 연결하는 통로가 잠시 끊어진 것뿐이죠. 네트워크를 다시 연결하면 정상적으로 애플리케이션을 사용할 수 있습니다.

이러한 네트워크 오류는 일상 속에서 쉽게 경험할 수 있습니다. 스마트폰에서 와이파이와 데이터 연결을 모두 해제한 채로 네이버 앱을 실행하기만 해도 네트워크 오류 화면을 볼 수 있죠. 이러한 네트워크 오류는 해당 애플리케이션이 서버와 클라이언트가 통신하는 구조로 이루어져 있다는 증거이기도 합니다. 일상적으로 사용하는 수많은 애플리케이션이 클라이언트-서버 구조라는 걸 쉽게 알 수 있는 부분입니다.

Plus 클라이언트는 서버를 어떻게 찾는 걸까?

우리가 사용하는 대부분의 IT 서비스는 클라이언트와 서버가 서로 통신하며 동작하고 있습니다. 이러한 구조를 바탕으로 우리는 네이버, 카카오톡, 유튜브 등의 다양한 IT 서비스를 가볍고 편리하게 사용할 수 있습니다. 작은 스마트폰 하나만 있어도 수많은 서비스를 사용할 수 있죠.

특히, 웹 앱은 클라이언트-서버 구조에서 매우 강력합니다. 웹 브라우저라는 클라이언트 하나만 있으면, 이 세상의 모든 웹 앱을 실행할 수 있으니까요! 만약 네이버 웹 페이지에 접근하고 싶다면, 네이버 서버를 찾아가서 웹 페이지를 달라고 요청하면 됩니다.

다만 문제가 하나 있습니다. IT 세상은 넓고 IT 서비스는 많습니다. 수많은 IT 서비스가 돌아가려면 IT 세상에는 얼마나 많은 서버 컴퓨터가 있어야 할까요? 감히 셀 수도 없을 정도로 많은 서버 컴퓨터 중 정확히 네이버의 서버를 찾으라고 한다면, 과연 찾을 수 있을까요?

사실 우리는 이렇게 어려워 보이는 일을 매일 성공하고 있습니다. 바로 DNS(Domain Name System) 덕분입니다.

▼ **그림 5-29** 수많은 서버 속 내가 원하는 서버 찾기

컴퓨터는 저마다 고유한 'IP 주소'를 가지고 있습니다. IP 주소는 컴퓨터의 네트워크상 위치를 나타내는 주소와 같습니다. 원하는 컴퓨터의 IP 주소를 알면, 손쉽게 그 컴퓨터를 찾을 수 있죠. 네이버 서비스의 IP 주소를 223.130.200.210이라고 가정해 봅시다. 이 IP 주소를 활용하면 우리는 손쉽게 네이버 서버의 위치를 찾아서 웹 페이지를 달라는 요청을 보낼 수 있습니다.

하지만 IP 주소는 컴퓨터가 사용하기 쉽게 만들어져 있다 보니, 사람이 이를 기억하고 활용하기는 어렵습니다. 전화번호도 기억하기 어려운데, 어떻게 컴퓨터 주소를 외우겠어요! 따라서 IP 주소와 함께 컴퓨터에 사람이 보기 쉬운 형태의 주소를 하나 더 부여하기로 했습니다. 이것이 바로 '도메인 이름'입니다. 도메인 이름은 naver.com처럼 사람이 인식하고 기억하기 쉽게 이루어져 있습니다. 앞 주소를 보면 바로 네이버 서비스의 주소라는 걸 알 수 있는 것처럼 말입니다.

네트워크상에서 네이버 서비스를 찾으려면 일단 네이버의 IP 주소를 알아야 합니다. 하지만 우리는 네이버의 IP 주소를 모릅니다. 오직 도메인 이름만 알고 있죠. 이러한 정보의 간극을 어떻게 메울 수 있을까요?

이때 필요한 것이 DNS입니다. DNS(Domain Name System)는 **도메인 이름을 컴퓨터가 알고 있는 IP 주소로 변환해 주는 시스템**입니다.

> **DNS(Domain Name System)**: 서버 호스트를 식별할 수 있는 숫자인 IP와 사용자에게 접근성이 높은 도메인 이름을 매핑해 주는 시스템

▼ **그림 5-30** 휴대폰 번호와 유사한 기능을 하는 IP 주소

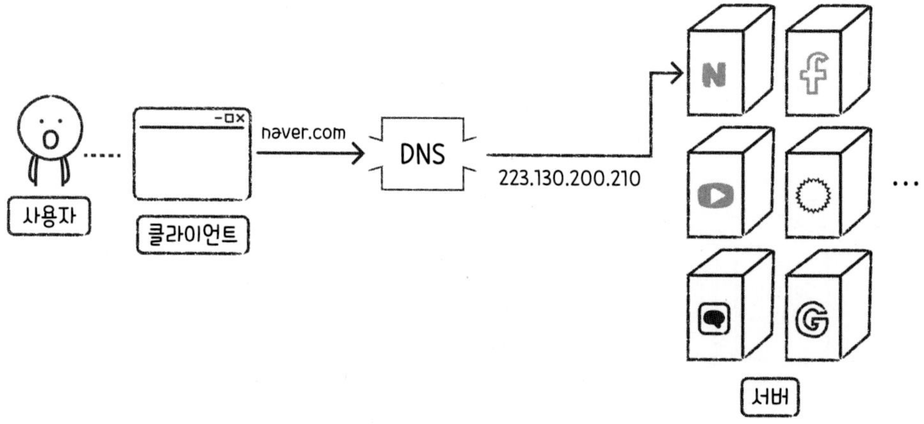

DNS는 전 세계 컴퓨터의 정보를 담고 있는 거대한 주소록과 같습니다. 혹시 주변 사람의 전화번호를 몇 개나 알고 계신가요? 요즘에는 가족이 아니면 굳이 전화번호를 외우지 않습니다. 그냥 핸드폰 주소록에 저장해 두고, 이름으로 검색해서 전화를 겁니다.

DNS로 서버 주소를 찾는 방식도 동일합니다. 클라이언트가 도메인 이름을 들고 오면, 서버인 DNS는 해당 도메인 이름을 가진 IP 주소를 찾아 줍니다. 그럼 클라이언트는 이 IP 주소를 보고 원하는 서버를 찾아갈 수 있는 것입니다. 처음 접근하는 웹 페이지도 도메인 이름만 알면 손쉽게 사용할 수 있는 건 모두 DNS가 IP 주소를 찾아 주고 있기 때문입니다.

이처럼 IP 주소와 도메인 이름을 연결하는 DNS 서버 덕분에 우리는 IT 세상 속 수많은 컴퓨터 중 원하는 서버를 빠르게 찾고, 문제없이 요청을 보낼 수 있습니다.

CHAPTER

06

IT 세상의 통신 방식: API

SECTION 6.1 IT 서비스는 API로 말해요

SECTION 6.2 다양한 모습의 API

SECTION 6.3 어떻게 API로 요청과 응답을 주고받을까?

PLUS 직접 API 요청을 보내고 응답을 받아 보자

날씨는 하루의 기분을 책임지는 중요한 요소입니다. 특히 여행을 갈 때는 더욱 그렇습니다. 우리는 여행을 가기 전, 기도하는 마음으로 여행지의 날씨를 찾아보곤 합니다. 날씨를 찾아보는 방법은 간단합니다. 구글 검색창에 여행 지역의 이름을 입력하면, 구글 검색 서비스는 바로 해당 지역의 날씨를 화면에 보여 줍니다. 여행지가 어디든 구글 검색 한 번이면 모든 지역의 일기예보를 확인할 수 있습니다. 한국, 일본, 캐나다, 심지어는 저 멀리 아이슬란드까지도 말이죠!

▼ **그림 6-1** 구글 검색 시 나오는 날씨 정보

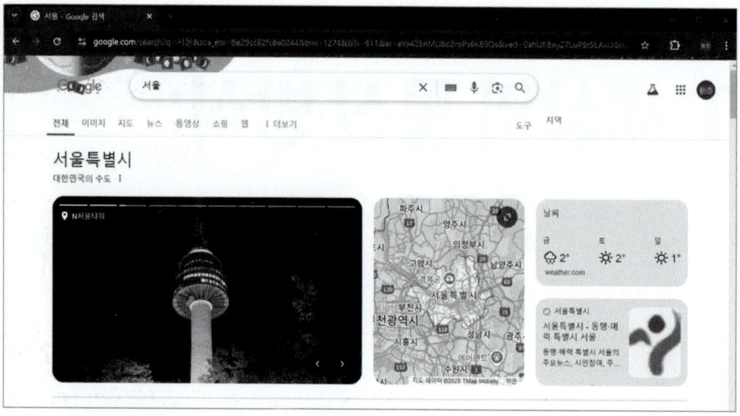

여기서 한 가지 궁금증이 생깁니다. 구글은 어떻게 전 세계 모든 곳의 날씨 정보를 알고 있는 걸까요? 당연한 말이지만, 구글이 전 세계 모든 도시에 전문가를 직접 파견하여 실시간으로 기상을 관측하고 있는 건 아닙니다. 대신, 기상청처럼 날씨를 잘 알고 있는 곳에서 날씨 정보를 가져오고 있습니다. 구글 검색 서비스는 다른 서비스가 가지고 있는 날씨 정보를 받아와서 사용자의 화면에 보여 주는 것뿐이죠.

뭔가 익숙하지 않나요? 맞습니다! 구글은 바로 앞 장에서 알아보았던 클라이언트와 서버의 통신 구조를 활용하여 날씨 정보를 가져오고 있는 것입니다. 구글은 클라이언트가 되어 기상청 서버에 정보를 요청하고, 기상청은 요청에 맞는 응답을 전달해 줍니다. 구글은 기상청이 응답해 준 정보를 통해, 날씨를 직접 관측하지 않고도 사용자가 원하는 지역의 날씨를 알려줄 수 있습니다.

▼ **그림 6-2** 구글과 기상청의 클라이언트-서버 구조

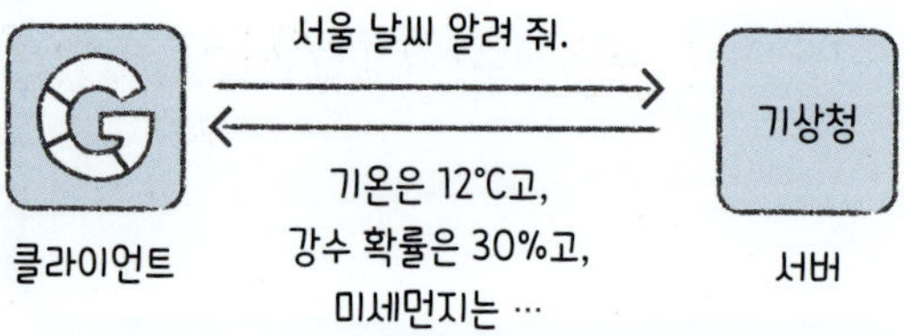

그런데 구글 서비스는 도대체 어떤 방법으로 통신하길래, 전 세계 수많은 지역의 날씨 정보를 문제없이 요청하고 응답 받을 수 있는 걸까요? 구글 회사에서 담당자가 매번 기상청에게 데이터를 달라고 전화를 하거나 이메일을 보내는 것도 아닐 텐데 말이죠!

그 답은 바로 API에 있습니다. API는 클라이언트-서버 통신 구조에서 빠질 수 없는 핵심 요소입니다. 서버는 클라이언트와 통신하기 위해 API를 제공하고, 클라이언트는 API를 활용하여 서버에 요청을 보내고 응답을 받습니다. 클라이언트와 서버를 이어 주는 소통 채널인 API를, 이번 장에서 한 번 자세히 알아볼까요?

▼ **그림 6-3** 클라이언트와 서버 사이의 소통 채널, API

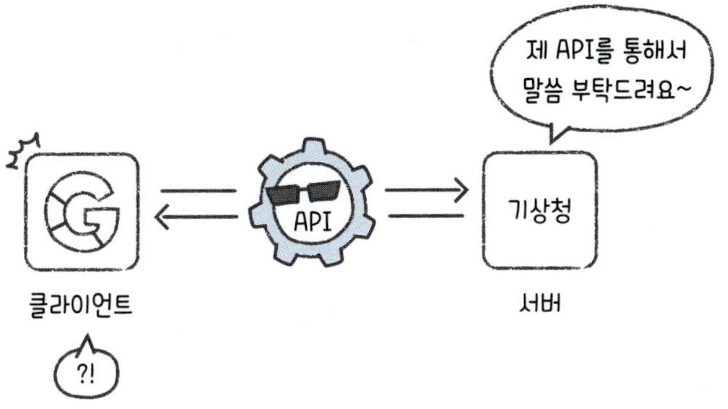

6.1 SECTION IT 서비스는 API로 말해요

6.1.1 API

5장에서 이야기했던 것처럼, 현대의 애플리케이션은 클라이언트와 서버가 요청과 응답을 주고받으며 동작하고 있습니다. 이러한 모습은 현실 세상에서 우리가 일하는 방식과 크게 다르지 않습니다. 정해진 규칙에 따라 요청을 보내거나, 받은 요청을 처리하는 일의 반복이죠.

행정복지센터에서 부동산 등기부등본을 열람하는 상황을 상상해 봅시다. 새로운 집을 계약하기 전, 해당 부동산에 별다른 문제가 없는지 확인하는 과정은 반드시 필요합니다. 이 정보는 행정복지센터에서 얻을 수 있습니다. 그렇다면 일단 부동산 정보 확인을 위해 일단 행정복지센터로 가 봅시다. 어떻게 정보 열람을 신청하는지 몰라도 괜찮습니다. 행정복지센터에 가면 친절한 설명과 함께 정해진 양식의 신청서가 준비되어 있으니까요! 우리는 그저 안내에 따라 '부동산 등기부등본 열람' 신청서에 필요한 정보를 정해진 형식대로 적어 넣기만 하면 됩니다.

형식에 맞춰 작성한 신청서를 담당자에게 전달하면 민원 신청은 끝이 납니다. 이제 담당자가 신청한 부동산의 정보를 찾아서 알려줄 때까지 기다리기만 하면 됩니다. 이후 작업을 완료한 담당자는 확인된 정보를 '부동산 등기부등본'이라는 정해진 형식의 문서로 출력해서 민원인에게 전달합니다. 즉, 우리는 이 모든 행정 처리의 결과를 부동산 등기부등본이라는 문서로 받게 되는 것입니다.

이처럼 민원 신청서를 제출하고 부동산 등기부등본 문서를 받는 과정을 통해 우리는 원하는 부동산의 정보를 확인하고 활용할 수 있습니다. 이러한 민원 처리 과정은 클라이언트와 서버의 통신 방식과 거의 동일합니다. 민원인의 요청이 들어오면, 담당자는 요청을 처리하고, 그 결과를 민원인에게 응답합니다. 민원인이 클라이언트, 행정복지센터의 담당자가 서버의 역할을 하는 셈입니다.

▼ **그림 6-4** 행정복지센터의 업무 처리 방식

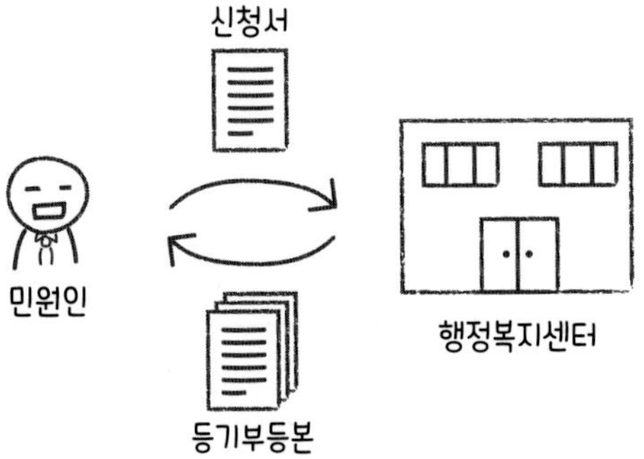

여기에서 주목해야 할 점은 민원인과 담당자가 요청과 응답을 주고받는 방법입니다. 클라이언트인 민원인과 서버인 담당자는 정해진 형식의 문서를 통해 소통합니다. 클라이언트는 '민원 신청서'라는 문서로 서버에게 요청을 전달하고, 서버는 처리 결과를 '부동산 등기부등본'이라는 문서로 클라이언트에게 응답합니다. 다른 민원인이 와도 행정복지센터는 동일하게 움직입니다. 같은 형식의 민원 신청서를 받고, 같은 형식의 부동산 등기부등본을 출력해 줍니다. 이러한 문서들은 행정복지센터에서 사용되는 일종의 통신 법칙인 셈입니다.

로마에 가면 로마법을 따르라는 말처럼, 행정복지센터의 민원 서비스를 이용하려면 행정복지센터의 법을 따라야 합니다. 민원인은 행정복지센터가 제공하는 민원 서비스만 이용할 수 있고, 정해진 형태의 신청서만 사용할 수 있습니다. 만약 누군가가 다짜고짜 담당자에게 가서 '나를 모르느냐'며 소리를 지르면 어떻게 될까요? 담당자는 당연히 해당 민원인의 요청을 들어 줄 수 없습니다. 절차에 맞지 않을 뿐만 아니라, 어떤 민원인지조차 알 수 없으니까요!

민원인이 적절한 신청서를 제출하면, 그제서야 담당자는 민원을 처리하기 시작합니다. 민원 처리가 완료된 후에는 결과 역시 정해진 형식대로 반환합니다. 부동산 등기부등본 문서가 어려워서 이해를 못하겠다고, 본인이 이해하기 편한 방식으로 바꿔서 달라고 해도 소용없습니다. 각 항목에 대한 안내문을 참고하며 본인이 직접 이해하는 수밖에 없죠. 즉, 행정복지센터에서 일어나는 요청과 응답은 철저히 행정복지센터가 정한 규칙을 바탕으로 이루어지는 것입니다.

▼ **그림 6-5** 행정복지센터의 민원 신청 규칙

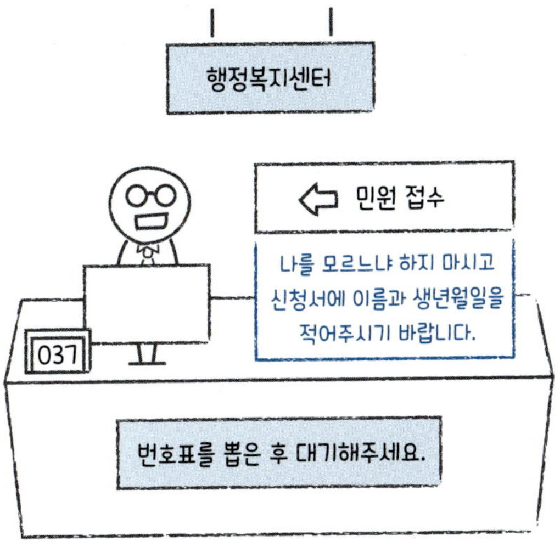

수많은 클라이언트의 요청을 처리하는 IT 서비스의 서버 역시 본인만의 서버 법을 만들 필요가 있습니다. 서버가 제공하는 기능의 범위와 요청 방식, 응답 결과의 형태를 미리 정해두는 것이죠. 통신 규칙을 만들어 두면 서버는 어떤 클라이언트와 통신하더라도 정해진 체계 안에서 빠르게 요청을 처리할 수 있습니다. 이때, 서버가 만든 통신 규칙을 'API'라고 부르는 것입니다.

API(Application Programming Interface)는 **서로 다른 컴퓨터나 소프트웨어가 데이터나 기능을 주고받을 수 있도록 하는 표준화된 통신 규칙**을 의미합니다. Application Programming Interface라는 이름만 보면 어떤 역할을 하는지 잘 이해가 가지 않습니다. 좀 더 자세하게 뜯어볼까요?

일단 인터페이스(Interface)부터 이해해 봅시다. 인터페이스는 서로 다른 두 개체가 상호작용할 수 있도록 도와주는 매개체를 의미합니다. 4장에서 이야기했던 프런트엔드가 바로 대표적인 인터페이스입니다. 우리는 애플리케이션을 매일같이 사용하지만, 그 애플리케이션이 어떻게 동작하는지는 전혀 알지 못합니다. 왜냐하면 알 필요가 전혀 없기 때문입니다.

우리는 화면에 보이는 버튼을 누르기만 해도 원하는 대로 애플리케이션을 사용할 수 있습니다.

이는 모두 프런트엔드가 사용자와 애플리케이션을 연결해 주기 때문입니다. 사용자는 프런트엔드를 통해 요청을 하고, 애플리케이션은 응답값을 프런트엔드에 보여 줍니다. 프런트엔드가 사용자와 애플리케이션의 통신 매개체로 동작하고 있는 셈입니다.

클라이언트와 서버의 관계도 사용자와 애플리케이션의 관계와 크게 다르지 않습니다. 클라이언트는 서버가 어떻게 동작하는지 잘 알지 못하지만, 서버에 요청을 보내고 응답을 받고 싶어 합니다. 즉, 원하는 대로 움직이도록 서버에게 명령(programming)을 하고 싶은 것입니다. 이때 클라이언트는 API라는 인터페이스를 활용합니다. 마치 애플리케이션이 사용자를 위해 프런트엔드를 제공하는 것처럼, 서버는 클라이언트를 위해 API라는 통신 규칙을 제공합니다. API만 있다면, 클라이언트는 그 서버가 어떻게 생겼는지, 정확히 어떤 로직으로 동작하는지 몰라도 괜찮습니다. API가 정해 놓은 규칙에 따라 서버에 요청을 보내고, 응답을 받기만 하면 되니까요!

정리하면, API는 **특정 자원(Application)을 원하는 대로 사용(Programming)할 수 있도록 도와주는 매개체(Interface)**라는 의미로 볼 수 있습니다. 쉽게 이야기하면 API는 클라이언트에게 제공되는 서버 사용 설명서인 셈입니다.

> **API(Application Programming Interface)**: 서로 다른 소프트웨어가 데이터나 기능을 주고받을 수 있도록 하는 통신 규칙

▼ **그림 6-6** 서버와 클라이언트 간 규칙

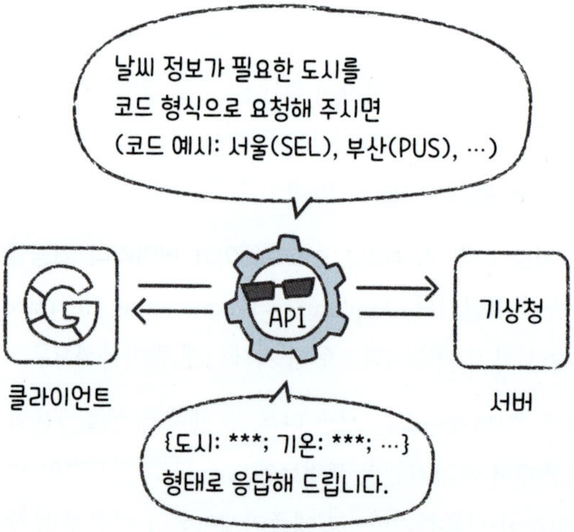

앞서 구글 서비스가 우리 동네의 날씨 정보를 보여 줄 수 있었던 건 구글이 기상청과 같이 날씨 정보를 제공하는 곳에서 데이터를 받아왔기 때문입니다. 이때, 클라이언트인 구글 서비스는 서버인 기상청 서비스가 정해 둔 API를 통해 날씨 데이터를 요청하고 응답을 받습니다.

API는 일반적으로 다음과 같은 문서 형태로 클라이언트에게 제공됩니다. 서버 사용 설명서인 셈이죠. 제공되는 API 가이드 문서에 따라 클라이언트가 요청을 보내면, 서버에서는 정해진 형식에 맞게 응답을 내려 줍니다. API의 동작 방식은 뒤에서 자세히 이야기할 예정이니, 조금만 기다려 주세요!

▼ **그림 6-7** API 문서 형태 보여 주기

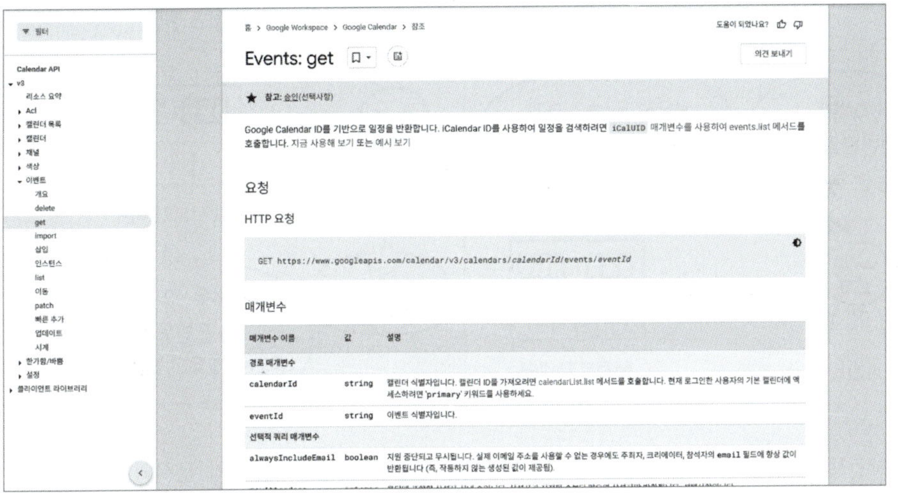

출처: https://developers.google.com/calendar/api/v3/reference/events/get?hl=ko

6.1.2 API의 중요성

행정복지센터에서 민원인과 담당자는 정해진 문서를 통해 소통합니다. 우리는 민원 처리가 어떤 과정으로 진행되는지는 잘 모르지만, 규칙을 잘 따르기만 하면 아무런 문제가 되지 않습니다.

그런데 갑자기 행정복지센터에서 사용하는 모든 문서와 규칙이 사라진다면 어떻게 될까요? 일단 민원 신청 과정부터 혼란스러워집니다. 민원인은 부동산 등기부등본 열람을 위해 어떤 정보가 필요한지 잘 모르기 때문에 일단 무작정 창구로 가서 담당자에게 필요한 민원의 내용을 설명하고, 어떤 정보가 필요한지 하나하나 물어보면서 알아내야 합니다. 이렇게 알아낸 필수 정보를 다시 확인하고 정리한 후, 다시 담당자에게 가서 이를 직접 전달하며 다시 민원 처리를 요청해야 합니다. 그러다 뭔가 하나라도 빼먹는 순간, 바로 민원 신청은 반려됩니다.

이렇게 어렵고 귀찮은 과정을 모두 극복하고 신청을 완료했다고 칩시다. 그런데 그 결과물은 어떻게 받아야 할까요? 부동산 등기부등본 문서가 없다면, 민원인은 담당자가 말로 줄줄 설명해주는 부동산 관련 내용들을 어떻게든 알아들으며 내용을 파악해야 할 것입니다. 중간에 내용을 놓치면 재앙입니다. 정해진 문서로 소통하면 명확하고 간단하게 끝날 일인데, 상상만으로도 머리가 아픕니다.

▼ **그림 6-8** 문서 규칙이 없는 세상의 민원 처리

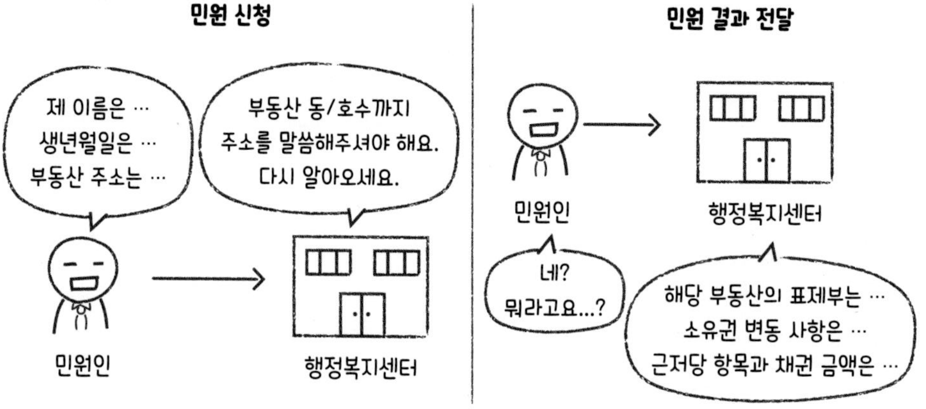

클라이언트와 서버의 통신 과정에서 API가 하는 역할은 행정복지센터의 문서와 비슷합니다. API가 없을 때 발생하는 문제도 이와 크게 다르지 않죠. 기상청 서버가 갑자기 API를 없애 버렸다고 가정해 봅시다. 이제 클라이언트는 기상청 서버와 어떻게 통신해야 할까요?

API가 없다면 클라이언트는 요청을 보내기 위해 뭘 해야 하는지 알 수 있는 방법이 없습니다. 심지어 요청을 보낼 서버의 위치조차 말이죠! 행정복지센터는 지도를 보고 찾아갈 수라도 있지만, 기상청의 서버가 어디에 있는지는 알 길이 없습니다. 겨우겨우 기상청 서버의 네트워크 주소를 알아냈다고 칩시다. 그렇다고 해서 요청을 보낼 수 있는 건 아닙니다. 민원 담당자는 말이라도 통하지만, 서버는 말이 안 통합니다. 해당 서버가 어떤 언어를 사용하고 어떤 로직으로 돌아가는지 알 수 없다 보니, 외부인이 기상청 서버가 이해할 수 있는 방식으로 요청을 보내는 것이 사실상 불가능합니다.

기상청에 근무하는 서버 개발자를 수소문해서 겨우 기상청 서버에 날씨 데이터 조회 요청을 보내는 데 성공했다고 해도, 고생 끝에 응답 받은 데이터 또한 친절하지 않을 가능성이 큽니다. 별다른 규칙이 정해져 있지 않다면 서버는 내부적으로 사용하고 있는 데이터 형태 그대로 응답 값을 내려 줄 것입니다. 만약 이 방식이 클라이언트와 다르다면, 클라이언트는 마치 처음 보는 아랍어로 된 문서를 받은 한국인처럼 혼란스러울 수밖에 없습니다. 응답 결과 데이터가 서울 전역의 날씨 데이터처럼 방대한 양의 정보인 경우에는 이를 해석하기 위해 많은 시간과 노력을 들여야 할 것입니다.

▼ **그림 6-9** API가 없는 세상의 클라이언트와 서버

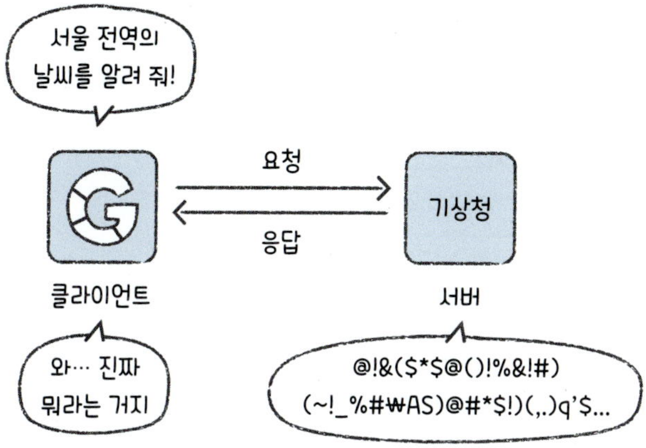

이러한 불편함은 API를 통해 간단하게 해결할 수 있습니다. 마치 우리가 구글 서비스의 내부 구조나 동작 방식에 대해서는 전혀 알지 못하더라도 프런트엔드를 통해 편하고 익숙하게 구글 서비스를 사용할 수 있는 것처럼, 클라이언트는 API를 통해 서버에 편하게 요청을 보내고 응답을 받을 수 있습니다. 서버의 복잡한 내부 구조나 데이터 처리 방식에 대해서는 전혀 알지 못하더라도 말이죠!

API를 사용하면 클라이언트-서버 통신 과정도 훨씬 효율적입니다. 클라이언트가 정해진 API 형식에 맞게 요청을 보내면 서버는 요청의 내용을 빠르게 파악하고 처리할 수 있습니다. 처리 결과에 대한 응답 역시 정해진 형식대로 반환되니 API 문서를 통해 응답 규칙을 알고 있는 클라이언트 역시 빠르게 서버의 응답을 해석하고 다음 동작을 수행할 수 있습니다.

▼ **그림 6-10** API로 통신하는 클라이언트와 서버

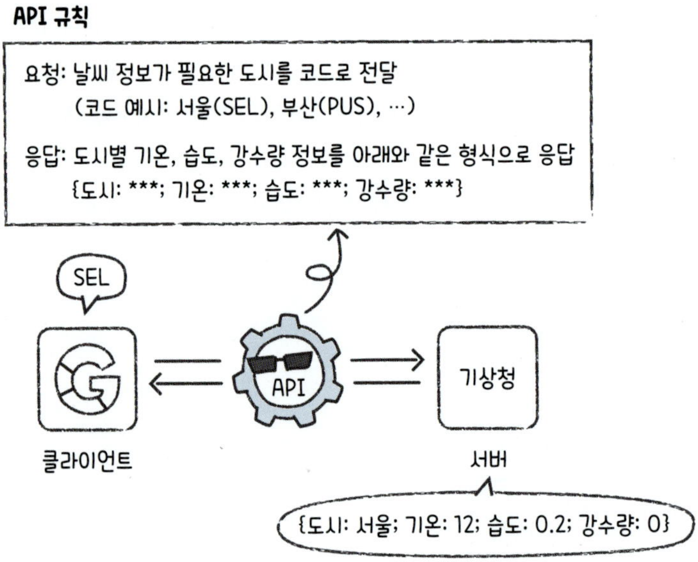

이처럼 클라이언트의 요청과 서버의 응답이 API라는 규칙을 바탕으로 이루어지며 IT 세상은 더욱 발전하게 되었습니다. API를 통해 체계적이고 효율적으로 통신하며 IT 서비스가 더 빠르게 고도화될 수 있었고, IT 세상의 수많은 애플리케이션이 일관된 규칙하에 서로 데이터를 주고받으며 거대한 생태계를 이룰 수 있었습니다. 이는 모두 API가 클라이언트와 서버의 통신을 더욱 쉽고 편리하게 만들어 주었기 때문입니다.

SECTION 6.2 다양한 모습의 API

API는 요청을 받는 쪽, 즉 서버가 정하는 규칙입니다. 따라서 누가 제공하는지에 따라 API는 서로 다른 모습을 가지고 있습니다. 행정복지센터에서 민원인과 담당자의 소통은 정해진 문서를 기반으로 이루어집니다. 하지만 식당에서 손님과 직원이 소통하는 방식은 전혀 다릅니다. 식당에서 클라이언트인 손님과 서버인 직원을 연결하는 인터페이스는 메뉴판입니다. 행정복지센터와 식당은 그 특성에 따라 서로 다른 형태의 API를 가지고 있는 것입니다.

행정복지센터와 식당의 소통 방식이 다른 것처럼, IT 서비스도 각자의 특성에 맞는 API를 가지고 있습니다. 검색 서비스인 네이버의 프런트엔드와 메시지 서비스인 카카오톡의 프런트엔드가 서로 다른 것처럼, 네이버 검색 서버와 카카오톡 메시지 서버의 API 역시 서로 다릅니다. 특정 서버에 요청을 보내고 응답을 받기 위해서는 해당 요청을 수행하는 서버가 정해 둔 API의 규칙을 따라야 합니다. 네이버에서 사용하는 API 규칙을 가지고 카카오톡에 요청을 보내면 원하는 답변을 얻을 수 없습니다. 식당에 등기부 등본 신청서를 가지고 가서 주문을 할 수는 없는 것처럼 말이죠!

▼ **그림 6-11** 등기부 등본을 가지고 가서 식당에 내미는 모습

모든 사람이 서로 다른 얼굴을 가지고 있는 것처럼, IT 세상의 API는 제공자에 따라 서로 다른 모습을 가지고 있습니다. 그럼에도 불구하고 공통적으로 가지고 있는 특성에 따라 몇 가지 종류로 분류해 볼 수 있습니다. 대부분의 식당에서 유사한 형태의 메뉴판을 사용하고 있고, 대부분의 공공기관에서 유사한 문서 형식을 사용하고 있는 것처럼 말이죠! IT 세상의 API가 보통 어떤 모습들을 하고 있는지 좀 더 자세하게 알아볼까요?

6.2.1 누가 사용하는지에 따라 달라지는 API

식당에서 음식을 주문하는 상황을 상상해 봅시다. 식당은 판매하는 음식의 목록을 메뉴판으로 만들어 손님에게 제공합니다. 일반적인 손님은 이 메뉴판에 나와 있는 음식만 주문할 수 있죠. 메뉴판이 식당의 규칙인 셈입니다. 만약 손님이 메뉴판에 없는 음식을 주문하면, 식당의 직원은 주문을 받아 주지 않습니다. 메뉴 이름을 손님 마음대로 바꿔 불러도 마찬가지입니다. 식당의 직원은 식당의 규칙을 따르는 손님의 주문만 받아서 처리합니다.

손님: 맛있는 걸로 주세요!

직원: '맛있는 거'라는 메뉴는 없습니다.

손님: 그럼 고추장에 볶은 돼지고기 요리로 주세요.

직원: '고추장에 볶은 돼지고기 요리'라는 메뉴는 없습니다.

손님: 그럼 그냥 제육볶음 주세요.

직원: 네! '제육볶음'으로 가져다 드리도록 하겠습니다.

하지만 식당에 찾아온 손님이 단골이라면 어떨까요? 식당에 주기적으로 방문해서 친분을 쌓은 단골 손님이라면, 좀 더 편한 방식이나 표현을 사용해서 주문해도 괜찮습니다. 매일 찾아오는 단골 손님이 '늘 먹던 걸로' 달라는 주문을 하면, 직원은 충분히 알아듣고 음식을 준비해 줄 수 있습니다. 단골 손님은 편의를 봐줄 수 있는 클라이언트인 셈입니다.

단골 손님: 늘 먹던 걸로.

직원: 네! 늘 주문하시던 '제육볶음'으로 가져다 드리겠습니다.

그렇다면 단골 손님에서 더 나아가, 식당에 찾아온 손님이 식당 주인의 자녀라면 어떨까요? 가족이라면 단골손님보다 훨씬 편하게, 메뉴판에 없는 메뉴도 원하는 방식으로 요청할 수 있을 것입니다. 다른 사람도 아닌 가족이니까요!

손님(딸): 엄마, 밥 주세요!

직원(엄마): 알았어~! 너가 매일 먹는 '제육볶음'에 좋아하는 '새우' 추가해서 만들어 줄게!

손님(딸): 근데 밥 대신 파스타면으로 주세요.

직원(엄마): 식성 참 이상하네... 조금만 기다려~

밥을 달라는 한 마디만 듣고도 엄마는 딸이 원하는 음식을 만들어 줄 수 있습니다. 음식을 요청하는 사람을 아주 잘 알고 있고, 매번 똑같은 요청을 한다는 걸 알고 있기 때문입니다. 가족이라면 다른 손님에게는 허용되지 않는 요청 사항도 마음 넓게 받아 줄 수 있습니다. 식당이라는 동일한 공간이지만, 누가 주문하는지에 따라 요청 방식과 응답 값이 완전히 달라질 수 있는 것입니다.

▼ **그림 6-12** 손님별 음식을 주문하는 모습

IT 서비스가 제공하는 API도 마찬가지입니다. 누가 사용하는 API인지에 따라 API의 규칙은 얼마든지 달라질 수 있습니다. 모두 같은 서버가 제공하는 API라고 해도 말이죠! 기상청 시스템에서 날씨 조회용 API를 만든다고 생각해 봅시다. 기상청은 일반 사용자와 기상청 내부 날씨 분석팀에게 날씨 정보를 제공하려고 합니다. 이때, 두 집단에서 원하는 정보의 수준은 서로 다를 것입니다. 일반 사용자는 기온, 강수량 등의 간단한 정보만 보면 만족합니다. 하지만 날씨 분석팀은 훨씬 자세하고 복잡하고 방대한 정보를 필요로 합니다.

어떻게 하면 두 집단이 모두 만족하는 날씨 조회 API를 만들 수 있을까요? 답은 간단합니다. 날씨 조회 API를 두 가지 버전으로 만들면 됩니다. 하나는 명확한 규칙하에 간단한 정보를 제공하는 외부용 API로, 다른 하나는 훨씬 다양한 정보를 유연한 방식으로 요청할 수 있는 내부용 API로 말입니다. 두 API는 모두 기상청 시스템에서 날씨를 조회하기 위한 API지만 각 API에서 정의하는 규칙은 많이 다를 것입니다.

이처럼 API는 누구에게 제공되는지에 따라 조금씩 다른 모습을 갖게 됩니다. IT 세상에서는 이러한 특성을 기준으로 API의 유형을 크게 Public API, Partner API, Private API로 분류하고 있습니다.

Public API는 대중에게 공개적으로 제공되는 API를 의미합니다. 마치 식당의 메뉴판처럼 누구에게나 공개되어 있는 API입니다. Public API의 문서와 사용 방법은 인터넷에 검색하기만 해도 손쉽게 알 수 있습니다.

대표적인 Public API로는 대한민국 기상청에서 제공하는 날씨 예보 API가 있습니다. 국내의 날씨 정보를 얻어서 본인의 서비스에 적용하고 싶은 경우, Public API인 기상청의 날씨 예보 API

를 통해 원하는 정보를 편하게 요청하고 응답 받을 수 있습니다.

▼ **그림 6-13** Public API

물론 전체가 아닌 특정한 집단에게만 비공개로 제공하는 API도 있습니다. 식당이 단골 손님에게 좀 더 편한 주문 방식을 허용하는 것처럼, IT 서비스도 중요한 협업사나 돈을 내는 사람들을 대상으로 그들의 편의를 반영한 특별 API를 제공합니다.

이때, **특정 대상에게만 제공하는 비공개 API를 Partner API**라고 이야기합니다. 일반적으로 Partner API는 비즈니스 파트너사를 대상으로 제공되며, 일반 사용자는 접근할 수 없습니다. 선택받은 클라이언트만 사용할 수 있는 보통 Partner API는 Public API보다 기능도 많고 사용 시 제약 사항도 적은 편입니다. 클라이언트인 파트너사가 필요한 기능을 요청하면 Partner API에 반영해 주기도 합니다.

▼ **그림 6-14** Partner API

그렇다면 IT 서비스 제공사에서 내부적으로 사용하는 API는 어떨까요? 같은 회사 내에서 사용하는 API는 훨씬 다양한 기능을 편리하게 요청할 수 있도록 만들어져 있습니다. 보안 이슈 등으로 외부 클라이언트에게는 제공할 수 없는 기능도 내부적으로는 얼마든지 제공할 수 있습니다. 마치 가족의 부탁을 들어 주는 것처럼 말이죠.

이처럼 회사 외부에는 공개하지 않고 **내부적으로만 사용하는** API를 Private API라고 부릅니다. 회사 내부의 통신을 위한 API이기 때문에, 통신 규칙과 제공 기능이 상대적으로 자유롭게 설정되어 있습니다. 업무를 위해 특정 API가 필요하다는 부탁을 받으면 없던 API를 만들어 줄 수도 있습니다. 요청자가 원하는 방식을 충분히 반영해서 말이죠!

▼ **그림 6-15** Private API

- **Public API**: 공개적으로 제공되는 API
- **Partner API**: 특정 사용자에게만 제공되는 API
- **Private API**: 회사 내부적으로 사용하는 API

6.2.2 가장 대표적인 API 구조, REST

IT 세상에는 수많은 애플리케이션이 존재하고, 클라이언트와 서버의 통신도 매우 활발하게 이루어지고 있습니다. 서버는 본인의 데이터나 서비스를 사용하고 싶어 하는 클라이언트를 위해 API를 제공하고, 클라이언트는 서버가 제공하는 API를 통해 서버에 요청을 보내고 응답을 받습니다. IT 세상에서 사용하고 있는 API의 수는 감히 짐작하는 것조차 불가능할 정도로 많습니다.

이때, 제공되는 API의 형식은 서버가 정하기 나름입니다. 행정복지센터에서는 지정된 형식의 문서로 신청과 응답을 주고받고, 식당에서는 주문을 받기 위해 메뉴판을 활용합니다. API도 마찬가지입니다. 어떤 방식으로 요청을 받고 응답을 내려줄지에 대한 결정권은 API의 제공자인 서버에게 있습니다.

물론 그렇다고 해서 서버 개발자가 매번 새로운 형태의 API를 만들지는 않습니다. 만약 많은 API가 개성 있는 형태를 띄고 있다면, 클라이언트는 통신을 할 때 너무나 부담스러운 상황을 마주할 수밖에 없습니다. 대한민국의 기상청과 미국 기상청, 아이슬란드 기상청의 API 제공 방식이 완전히 다르다고 생각해 봅시다. 이때, 이 국가들의 날씨 정보를 알고 싶은 클라이언트는 특정 국가의 기상청에 요청을 보낼 때마다 새로운 방식의 통신 규칙을 학습하고 사용해야 합니다. 클라이언트 입장에서 생각하면 매우 비효율적입니다.

대부분의 식당은 비슷한 메뉴판 형식을 사용하고 대부분의 공공기관에서는 일관된 신청서 형식을 사용합니다. API에도 이러한 '협의된 구조'가 있다면, 클라이언트가 훨씬 편하게 이해할 수 있지 않을까요?

▼ 그림 6-16 애플리케이션별로 서로 다른 형식의 API

IT 세상은 언제나 효율적인 방향을 추구합니다. 이에 IT 세상에서는 서버의 특성에 따라 바람직한 API 구조(architecture)를 협의하고, 이에 맞춰 API를 제공하도록 권장하고 있습니다. REST, SOAP, GraphQL WebSocket 등 다양한 구현 방식이 존재하는데, 최근에는 REST 구조가 가장 대중적으로 사용되고 있습니다.

REST는 Representational State Transfer의 약자로, 웹 기술을 기반으로 만들어진 애플리케이션 통신 규칙입니다. REST 구조는 웹의 통신 방식을 기반으로 하고 있어, 주로 웹 애플리케이션의 클라이언트-서버 통신에 많이 사용됩니다. 또한 REST는 데이터 CRUD 동작을 중심으로 하는 명확한 구조를 가지고 있습니다. 따라서 REST 구조를 따르고 있는 API는 처음 보는 사람도 동작 구조를 쉽게 이해할 수 있습니다.

이러한 REST 방식을 잘 지켜 만들어진 API를 IT 세상에서는 'RESTful한 API' 혹은 'REST API'라고 이야기합니다. 즉, REST API는 특정한 API를 지칭하는 말이 아닌, REST 구조를 잘 지킨 API에 붙여 주는 인증 마크에 가깝습니다. 마치 식품에 부여하는 친환경 인증 마크처럼 말이죠!

세상의 모든 식당 주인이 모여 '정식 메뉴판'에 대한 명확한 기준을 만들었다고 가정해 봅시다. 사용자가 손쉽게 음식을 주문할 수 있도록 식당에서는 메뉴 이름, 메뉴 사진, 가격, 원산지의 네 가지 항목을 담은 문서를 제공해야 하며, 이 조건을 만족하는 문서를 '정식 메뉴판'이라고 부르기로 협의한 것입니다.

이 기준을 바탕으로 보면, 위의 네 가지 정보를 모두 제공하는 식당의 문서는 정식 메뉴판이라고 부를 수 있습니다. 하나 정도는 빠져도 정식 메뉴판이라고 불러줄 수 있습니다. 하지만 특정 식당에서 종이에 메뉴 이름만 적어 놓았다면 어떨까요? 손님은 메뉴 이름만 보고도 별다른 문제없이 주문을 하고 음식을 받을 수 있습니다. 해당 문서 역시 메뉴판의 역할을 수행할 수 있는 것입니다. 하지만 이 식당의 메뉴판을 '정식 메뉴판'이라고 부를 수는 없습니다. 정식 메뉴판이 되기 위한 조건을 충분히 만족하지 않았기 때문입니다.

▼ **그림 6-17** 진정한 메뉴판을 찾아라

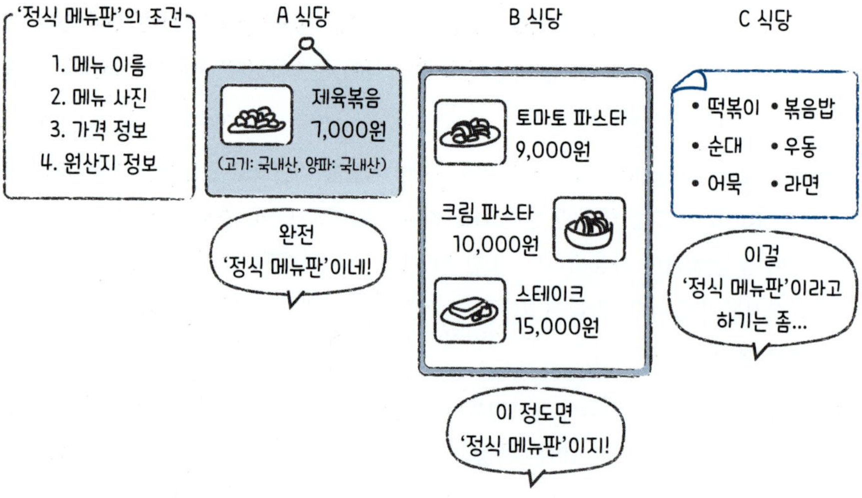

REST API도 마찬가지입니다. REST 구조를 따르지 않은 API도 정상적인 API입니다. 사용하는 데 별다른 문제가 없죠. REST API가 아닐 뿐입니다. 그럼에도 IT 세상의 수많은 서버가 REST의 조건을 만족하는 API를 만들고 있습니다. 그 이유는 간단합니다. REST의 규칙을 따라 모두가 아는 방식으로 API를 만들면, 더 많은 클라이언트와 원활하게 통신할 수 있기 때문입니다.

그렇다면 REST 구조를 따르는 API로 인정받기 위해서는 어떤 조건을 만족해야 할까요? 먼저, 서버는 각각의 구성 요소를 '자원(resource)'이라는 단위로 구분해서 요청을 받아야 합니다. 구글 API가 RESTful하다면 지도 조회 요청은 구글 지도 자원으로, 일정 생성 요청은 구글 캘린더 자원으로 나누어 받아야 합니다. 지도와 캘린더에 대한 요청을 하나의 서버로 받아서 모두 처리해 버리면, 해당 API는 REST 조건을 만족한다고 보기 어렵습니다. 또한 REST API를 사용한 클라이언트와 서버의 통신은 CRUD 규칙을 바탕으로 데이터의 생성/조회/수정/삭제 동작을 처리하는 과정을 지원해야 합니다. 또한 요청과 응답 시에는 웹의 통신 규칙(HTTP)을 따라야 합니다.

이 외에도 REST 구조를 만족하기 위한 조건은 여러 가지가 있습니다. 하지만 지금 모든 것을 알고 이해할 필요는 없습니다. 당장 RESTful한 API를 만들 것도 아니니까 말이죠! 오히려 IT 서비스에서 대중적으로 사용되는 REST API가 어떻게 생겼고, 실제 통신 상황에서 어떻게 동작하는지를 이해하는 것이 더 효율적입니다.

그렇다면 대중적으로 사용되는 REST API를 기준으로 클라이언트와 서버가 어떻게 API를 통해 요청과 응답을 주고받는지 좀 더 자세히 알아볼까요?

6.3 SECTION 어떻게 API로 요청과 응답을 주고받을까?

클라이언트와 서버가 API로 통신을 하고 있다고는 하지만, 아직 잘 와 닿지 않습니다. 보이지 않는 곳에서 일어나는 상호작용을 상상하기란 쉬운 일이 아니죠. 하지만 알고 보면 API는 그다지 대단한 모습을 가지고 있지는 않습니다. 클라이언트와 서버가 API를 통해 요청을 하고 응답을 받는 모습은 어린 시절 엄마의 심부름을 하는 우리의 모습과 크게 다르지 않습니다.

한가한 주말 오전, 우리는 누가 부르기 전에는 절대 침대에서 일어나지 않습니다. 점심 식사를 준비하던 어머니는 요리 재료가 부족하다는 사실을 알게 되었고, 누워 있는 나의 이름을 부르며 심부름 좀 다녀오라고 소리칩니다. 이름 석 자가 불리고 나서야 침대에서 일어난 우리에게 어머니는 필요한 재료들을 사오라는 심부름을 시킵니다. 사야 할 물건이 많거나 여러 조건이 붙는 경우, 심부름에 필요한 정보를 종이에 적어서 알려주기도 합니다.

심부름에 대한 정보를 모두 듣고 난 후 우리는 집을 나섭니다. 물건을 판매하고 있는 마트로 가서, 필요한 물품을 모두 구매한 후, 다시 집으로 돌아옵니다. 물론 언제나 심부름을 완벽하게 수행하는 건 아닙니다. 필요한 물품이 마트에 없을 수도 있고, 중간에 오락실에 들어가 심부름에 사용할 돈을 모두 써 버릴 수도 있습니다. 어쨌든 모든 일이 끝나고 집으로 돌아온 나에게 엄마에게 심부름의 결과를 알려주고 사온 물품을 전달합니다. 나의 심부름 결과에 따라 맛있는 점심 식사가 만들어질 수도, 재료가 없어 대충 때우게 될 수도 있습니다.

▼ **그림 6-18** 심부름을 하는 우리의 모습

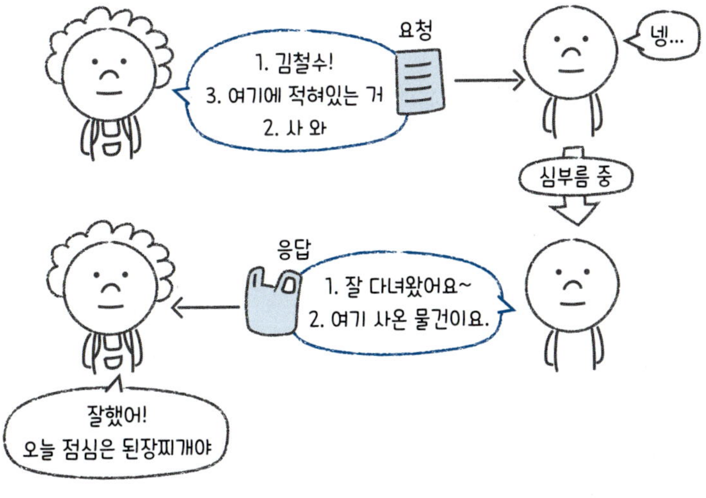

앞 내용의 '어머니'를 클라이언트로 '나'를 서버로 바꾸기만 하면, 이것이 바로 클라이언트-서버의 통신이 이루어지는 과정입니다. 심부름을 위해 엄마와 나 사이에서 이루어지는 대화 속에서도 API의 구성 요소를 모두 찾아볼 수 있습니다. 클라이언트와 서버의 통신 과정을 심부름이라고 생각하며 다시 한번 확인해 볼까요?

클라이언트가 열심히 일을 하다 보니 서버에게 부탁해야 하는 일이 생겼습니다. 이때 클라이언트는 서버에게 API로 요청을 보냅니다. 서버에게 일을 시키기 위해서는 API의 규칙에 맞춰 누가 무엇을 해야 하는지를 정확히 알려줘야 합니다. 서버는 요청이 정확히 본인에게 들어오지 않으면 움직이지 않습니다. 마치 침대에 누워 뒹구는 주말 오전의 우리처럼 말이죠!

API를 통해 클라이언트의 요청을 받은 서버는 열심히 요청을 처리합니다. 물론 서버가 항상 요청 처리에 성공하는 건 아닙니다. 상황에 따라 클라이언트의 요청은 성공적으로 처리될 수도 있고, 실패할 수도 있습니다. 결과가 어찌 되었든 시킨 일을 끝낸 서버는 그 결과를 클라이언트에게 API에 정의된 형식대로 응답합니다. 서버에게 요청의 결과물을 전달받은 클라이언트는 이를 사용해서 남은 일을 마저 처리합니다.

▼ **그림 6-19** 클라이언트와 서버의 통신

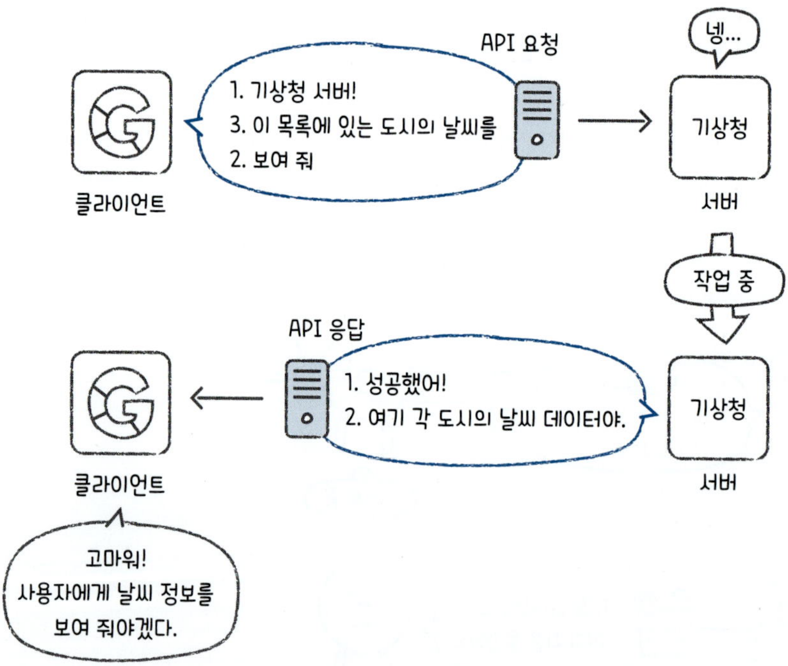

이처럼 클라이언트는 서버에 API 요청(API request)을 보내고, 서버는 클라이언트에게 API 응답(API response)을 반환하며 통신하고 있습니다. 클라이언트는 서버가 API로 정한 방법대로 API 요청을 보냅니다. 요청을 받은 서버는 API로 미리 정해 둔 형식에 맞춰 클라이언트에게 API 응답을 반환해 줍니다. 즉, API는 클라이언트와 서버의 요청과 응답의 형식을 정의해 둔 통신 규칙인 셈입니다.

이제는 슬슬 API의 요청과 응답이 어떻게 생겼는지 궁금하지 않으신가요? 지금부터 API 요청과 응답이 어떤 구조로 이루어져 있는지 조금 더 뜯어보겠습니다. 자주 사용되는 REST API를 기준으로 말이죠!

6.3.1 API 요청: 서버야, 이거 해 줘!

엄마가 우리에게 심부름을 시킬 때처럼, 클라이언트가 서버에게 요청을 보내기 위해서는 몇 가지 필요한 것들이 있습니다. 먼저 요청을 수행할 서버의 정보가 필요합니다. 마치 심부름을 할 사람의 이름을 부르듯, 요청을 수행할 서버를 정확하게 호출할 수 있어야 하죠. 또한 서버가 수행해야 하는 일의 정보 역시 필요합니다. 어떤 작업을, 어떻게 해야 하는지 명확하게 알려줘야 서버가 문제없이 요청을 처리할 수 있습니다.

즉, API 요청(API Request)에는 크게 세 가지 요소가 필요합니다. 누구에게, 무엇을, 어떻게 요청할지를 알려줘야 요청이 처리될 수 있죠. 이 세 항목이 바로 API 요청의 대표적인 구성 요소입니다. API 요청의 세 구성 요소에 대해 좀 더 구체적으로 알아볼까요?

▼ 그림 6-20 API 요청의 구성

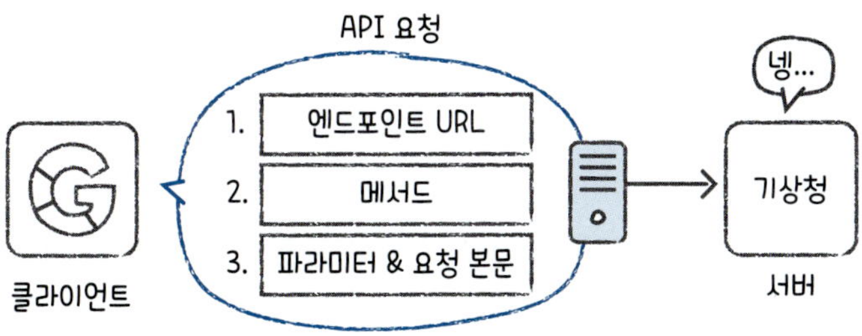

1) 누구에게 요청할까? 엔드포인트 URL

심부름을 시킬 때는 요청의 대상을 정확히 지칭해야 합니다. 아들이 두 명인 집에서 '아들, 심부름 좀 해 줘!'라고 이야기하면, 그 어떤 아들도 움직이지 않습니다.

서버에게 일을 시킬 때도 마찬가지입니다. IT 세상에는 수많은 서버가 존재하고, 모두 각자의 일이 있습니다. 요청을 처리해 줄 서버를 정확히 지칭하지 않으면 그 어떤 서버도 해당 요청을 들어 주지 않습니다. 따라서 클라이언트는 원하는 서버에게 요청이 전달될 수 있도록 API 요청에 해당 서버의 주소를 표시해야 합니다. 더 정확하게는, 해당 서버의 네트워크상의 위치 정보를 적어야 하죠.

이러한 네트워크상의 주소 역할을 하는 것이 바로 엔드포인트 URL입니다. **엔드포인트 URL(Endpoint URL)**은 API **요청을 수행할 서버의 접근 경로**에 해당합니다. IT 세상의 수많은 서버 중 원하는 서버에게 API 요청을 보낼 수 있는 건 모두 엔드포인트 URL 덕분입니다.

▼ **그림 6-21** 엔드포인트 URL

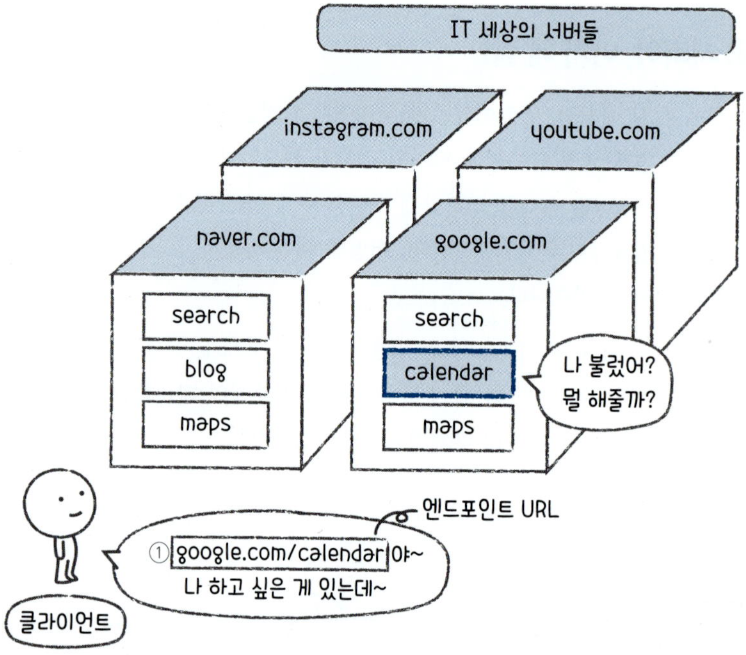

API 요청의 엔드포인트 URL이 담고 있는 정보는 생각보다 자세합니다. 어떤 서버의 어떤 세부 자원(resource)에 요청을 보낼지까지 지정할 수 있습니다. 이때, 엔드포인트 URL에는 앞서 언급했던 서버의 위치 정보인 도메인 이름을 비롯한 다양한 정보가 포함될 수 있습니다. 엔드포인트 URL이 일반적으로 어떻게 구성되는지, 실제 예시를 통해 살짝 알아볼까요?

맛집 탐색 서비스인 헝그리정신에 새로운 기능을 추가하려고 합니다. 사용자의 구글 캘린더에 맛집 예약 일정을 즉시 등록해 주는 기능이죠. 헝그리정신에서 구글 캘린더에 일정 등록을 요청하려면 일단 구글 캘린더 서버의 주소, 즉 엔드포인트 URL이 필요합니다. 이때 구글 캘린더 서버의 엔드포인트 URL은 API 문서를 통해 쉽게 확인할 수 있습니다.

```
https://www.googleapis.com/calendar/v3/calendars/calendarId/events
```

(출처: https://developers.google.com/calendar/api/v3/reference/events/insert?hl=ko)

이 URL이 바로 구글 캘린더 서버의 엔드포인트 URL입니다. 지금은 엔드포인트 URL이 이렇게 생겼다는 것만 알아도 충분합니다. 하지만 위 URL을 좀 더 자세히 보면, 엔드포인트 URL을 통해 어떻게 서버의 위치 정보를 특정할 수 있는지 더 잘 이해할 수 있습니다. 구글 캘린더 API의 엔드포인트 URL은 다음과 같이 나누어볼 수 있습니다.

- **www.googleapis.com/calendar**: API 요청을 보낼 구글의 도메인 이름, 즉, 서버 주소입니다. 엔드포인트 URL이 네트워크 세상의 도로명 주소 전체라면, 도메인 이름은 '구글' 아파트를 찾기 위한 도로명 주소에 해당합니다. 이 부분은 구글 서버(www.googleapis.com) 중 특정한 자원인 캘린더(calendar) 자원에 요청을 보내 달라는 의미입니다.
- **/v3/calendars/calendarId/events**: 일정 등록 요청을 보낼 정확한 캘린더의 경로 정보에 해당합니다. 택배를 받을 주소를 적을 때 추가로 작성하는 '세부 주소' 항목과도 유사하죠. 이 부분에 대한 내용은 '경로 파라미터' 항목에서 좀 더 자세히 알아보겠습니다.

2) 무엇을 요청할까? 메서드

위와 같이 엔드포인트 URL로 요청을 수행할 서버를 명확하게 지정했습니다. 그렇다면 이제는 서버에게 어떤 요청을 수행해야 할지 알려줘야 합니다. 엄마가 심부름을 시킬 때 '사과'라고만 이야기한다면 어떨까요? 이 말만 듣고는 사과를 사오라는 건지, 찾아보라는 건지, 아니면 갖다 버리라는 건지 정확히 알 수 없습니다.

클라이언트가 서버에게 요청을 보낼 때도 마찬가지입니다. 클라이언트는 서버에게 이 요청이 어떤 요청인지 알려줘야 합니다. 즉, API 요청에는 '서버가 어떤 동작을 수행해야 하는지'가 명확하게 표시되어 있어야 합니다.

2장에서 이야기했던 것처럼, 모든 IT 서비스의 데이터는 CRUD(Create, Read, Update, Delete)를 바탕으로 움직이고 있습니다. IT 서비스 동작의 일부인 API 역시 마찬가지입니다. 클라이언트는 API를 통해 서버에게 특정 데이터를 생성해 달라고 하거나, 이미 있는 데이터를 조회하거나, 잘못된 정보를 수정해 달라고 하거나, 아예 기존 데이터를 삭제해 달라는 요청을 보내게 됩니다. 즉, API로 보내는 모든 요청의 동작은 결국 CRUD의 틀을 벗어나지 않습니다.

따라서 API 요청에 요청 유형을 적는다는 건, 해당 API 요청이 CRUD 중 어떤 동작에 대한 요청인지를 명시한다는 말과 같습니다. 이때, **클라이언트가 서버에게 API를 통해 요청하는 작업이 무엇인지 알려주는 지시어를 메서드(method)**라고 부릅니다. 클라이언트는 메서드를 통해 서버에게 보내는 요청이 CRUD 중 어떤 동작인지 명확하게 전달할 수 있는 것입니다.

▼ **그림 6-22** 메서드

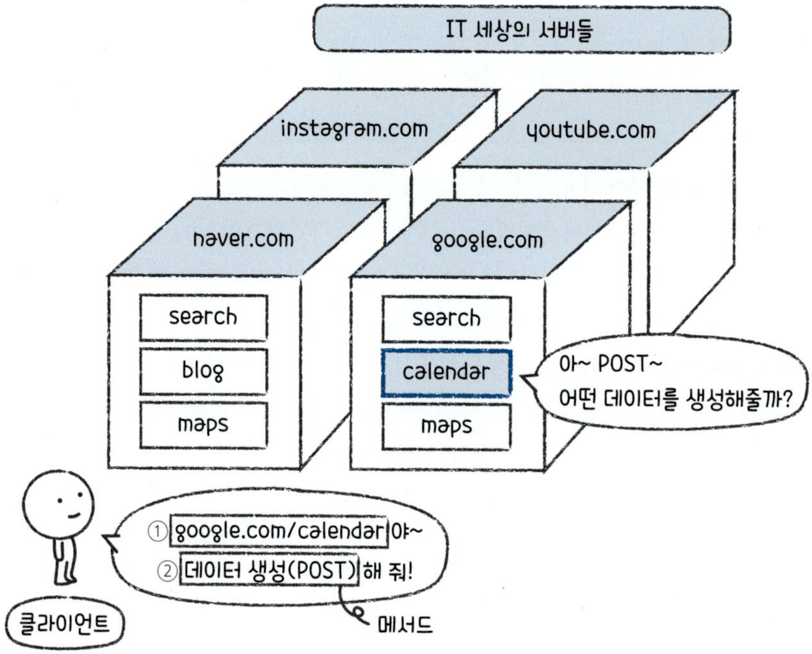

앞서 이야기한 것처럼 REST API의 메서드는 CRUD를 기반으로 구성되어 있습니다. 단, Create, Read, Update, Delete 대신 POST, GET, PUT/PATCH, DELETE라는 용어를 주로 사용합니다. 각각의 메서드가 어떤 요청을 처리하는지, 맛집 탐색 서비스인 '헝그리정신'의 예시와 함께 자세히 알아볼까요?

▼ **표 6-1** API 메서드

메서드	CRUD 동작
POST	생성(Create)
GET	조회(Read)
PUT	전체 수정(Update)

메서드	CRUD 동작
PATCH	부분 수정(Update)
DELETE	삭제(Delete)

(1) POST: 새 데이터를 만들어 줘

POST 메서드는 클라이언트가 서버에게 새로운 데이터를 생성해 달라고 요청할 때 사용됩니다. 즉, CRUD의 Create에 해당하는 동작입니다. 헝그리정신이 구글 캘린더에게 새로운 일정 데이터를 생성해 달라고 요청할 때 POST 메서드를 사용할 수 있습니다.

(2) GET: 기존 데이터를 보여 줘

GET 메서드는 클라이언트가 서버에게 데이터를 조회해 달라고 요청할 때 사용됩니다. 즉, CRUD의 Read에 해당하는 동작입니다. 헝그리정신에서 사용자의 구글 캘린더에 등록된 맛집 예약 일정을 가져와서 보여 주고 싶을 때 GET 메서드를 활용해서 요청을 보낼 수 있습니다.

(3) PUT & PATCH: 기존 데이터를 수정해 줘

PUT과 PATCH 메서드는 기존 데이터의 수정을 요청할 때 사용됩니다. 둘 다 CRUD의 Update 동작에 해당하지만, 두 메서드에는 약간의 차이가 있습니다.

PUT은 수정 대상의 전체를 새로운 데이터로 덮어씌울 때 사용합니다. 이미 생성된 일정 데이터의 제목, 일자, 장소 등 모든 내용을 수정하고 싶다면 PUT 메서드를 사용하면 됩니다.

반면, PATCH는 기존 데이터의 일부 항목만 수정할 때 주로 사용됩니다. 기존에 등록해 둔 맛집 예약 일정의 시간 정보만 수정하고 싶은 경우 PATCH 메서드로 요청을 보낼 수 있습니다.

(4) DELETE: 기존 데이터를 삭제해 줘

DELETE 메서드는 서버에게 기존 데이터를 삭제해 달라고 요청할 때 사용됩니다. 즉, CRUD의 Delete 동작에 해당합니다. 만약 헝그리정신의 사용자가 맛집 예약을 취소한다면, 구글 캘린더에 등록된 일정도 삭제되어야 합니다. 이럴 때 DELETE 메서드를 사용하면 구글 캘린더에게 일정 데이터 삭제 요청을 보낼 수 있습니다.

3) 어떻게 요청할까? 파라미터와 요청 본문

엔드포인트 URL을 통해 API 요청을 보낼 서버를 특정하고, 요청의 유형도 메서드로 알려줬습니다. 그렇다면 서버는 바로 API로 들어온 요청을 수행할 수 있을까요? 그렇지 않습니다. 요청 작업에 대한 세부적인 내용 역시 전달해야 합니다.

어떤 물건을 얼마나 사와야 하는지에 대한 세부적인 정보 없이는 심부름을 제대로 할 수 없습니다. 서버의 요청 처리도 마찬가지입니다. 데이터를 생성해 달라는 요청이 들어와도, 생성할 데이터에 대한 세부 정보가 없으면 아무것도 해 줄 수 없습니다. 서버가 마음대로 데이터를 창작할 수는 없으니까요! 요청이 정상적으로 처리되기 위해서는 서버가 해 줘야 하는 일의 세부 정보 역시 API 요청과 함께 전달되어야 합니다.

요청의 세부 정보는 요청의 유형에 따라 다양한 형태로 API 요청에 포함될 수 있습니다. 만약 헝그리정신이 구글 캘린더에게 '5월 26일에 등록된 예약 일정을 보여 줘'라는 작업을 요청한다면, 클라이언트는 API 요청에 GET 메서드와 함께 5월 26일이라는 날짜 정보만 얹어서 보내면 됩니다. 하지만 헝그리정신이 구글 캘린더에게 '5월 26일 12시에 지니 분식집 예약 일정을 생성해 줘'라는 작업을 요청하는 경우는 조금 다릅니다. POST 메서드와 함께 구글 캘린더에서 일정 생성을 위해 요구하는 모든 정보를 정해진 형식에 맞게 정리해서 API 요청에 담아 보내야 합니다.

API 요청에 필요한 세부 정보를 담아 보내는 방법은 여러 가지가 있습니다. 일반적으로 API는 세 가지 규칙에 따라 요청의 세부 정보를 전달하는데요. 경로 파라미터(path parameter), 쿼리 파라미터(query parameter), 요청 본문(request body)이 바로 그것입니다.

▼ **그림 6-23** 파라미터와 요청 본문

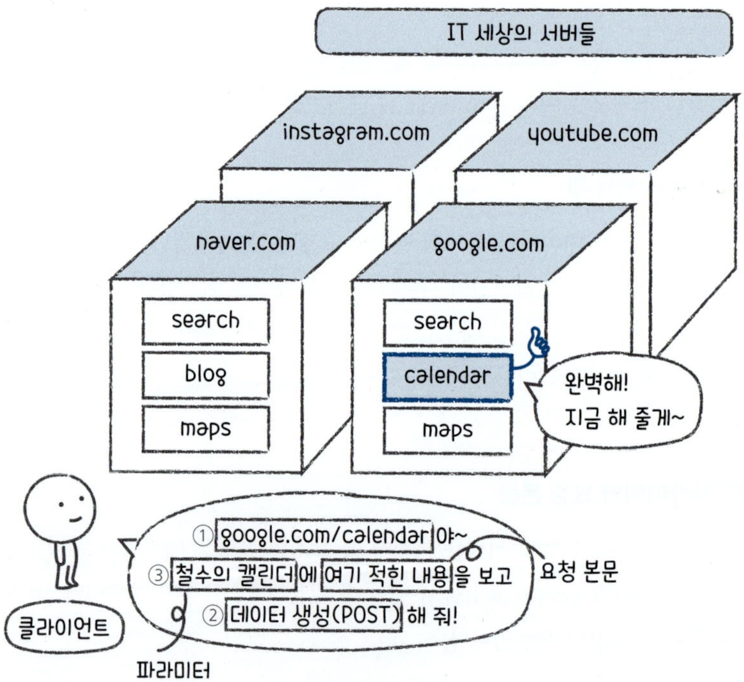

(1) 요청의 대상을 명확히 하는 경로 파라미터

헝그리정신이 구글 캘린더에 예약 일정을 생성해 달라고 요청하는 상황으로 돌아가 봅시다. 구글 캘린더에 일정을 생성해 달라는 부탁을 할 때, 단순히 구글 캘린더 전체 서버로 경로 정보를 지정해서 요청을 보내면 어떻게 될까요? 요청을 받은 구글 서버는 구글 캘린더가 가진 수많은 자원 중 '어떤 캘린더'에 일정을 생성해야 할지 알 수 없게 됩니다. 정확하게 요청을 보내려면 '구글 캘린더'의 '어떤 캘린더 자원'에 데이터를 생성할지에 대해 알려주어야 하죠.

이렇듯 요청 동작의 대상이 되는 자원을 명확하게 지정해야 하는 경우, API 요청에 경로 파라미터를 포함해야 합니다. **경로 파라미터(path parameter, 경로 매개변수)는 서버에게 가지고 있는 서비스나 데이터 중 정확히 어떤 자원에 대한 요청인지 전달하기 위해 사용하는 세부 정보 값**입니다. 이름에서 알 수 있는 것처럼, 경로 파라미터는 보통 서버의 경로 정보인 엔드포인트 URL에 포함되어 요청의 대상을 더 자세히 특정할 수 있게 해 줍니다.

구글 캘린더에 일정 생성 요청을 보낼 때 필요한 엔드포인트 URL을 다시 확인해 봅시다. URL 뒤편을 보면, 'calendarId'라고 적힌 부분이 바로 경로 파라미터에 해당합니다. API 요청을 보낼 때는 요청의 대상이 되는 정확한 경로 정보, 즉 일정을 생성할 캘린더의 ID 값을 넣어서 보내면 됩니다.

▼ 그림 6-24 경로 파라미터

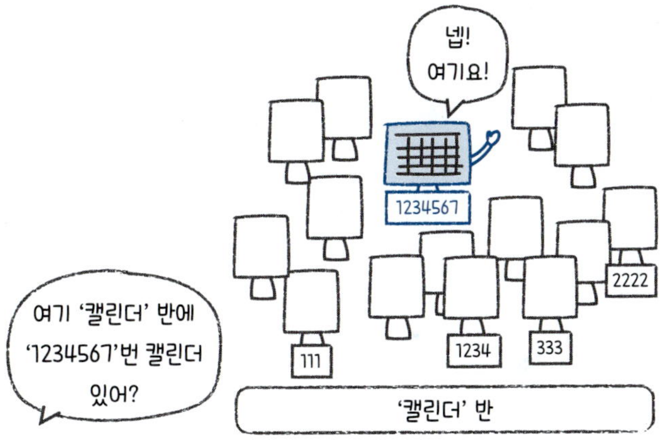

방법은 어렵지 않습니다. 다음 예시처럼 'calendarId'가 있는 부분에 일정을 생성할 사용자 캘린더의 ID 정보를 적어 넣기만 하면 됩니다. 엔드포인트 URL에 경로 파라미터를 넣어 API 요청을 보내면, 요청을 받은 구글 캘린더 서버는 ID가 1234567인 캘린더에 전달받은 일정 데이터를 생성해 줍니다.

```
https://www.googleapis.com/calendar/v3/calendars/calendarId/events
https://www.googleapis.com/calendar/v3/calendars/1234567/events
```

(2) 부가 기능을 제공하는 쿼리 파라미터

심부름을 하는 상황을 다시 떠올려 봅시다. 두부를 사오라는 심부름을 시킬 때, 어머니는 정말 아무 두부나 사오는 걸 원하지는 않습니다. 좋아하는 특정 브랜드의 두부나 가장 할인을 많이 하는 두부를 사오라는 등 세부 조건을 지켜야 하는 경우가 많죠. 두부를 사서 돌아오는 길에 우편함을 확인하라는 등 추가 동작을 요청하기도 합니다.

일상적인 심부름에도 여러 조건이 붙는 것처럼 API 요청을 보낼 때도 다양한 조건을 붙여서 보낼 수 있습니다. 이렇게 부가적인 정보나 추가 동작을 더해 요청을 보낼 때 우리는 쿼리 파라미터를 사용합니다. **쿼리 파라미터(query parameter, 쿼리 매개변수)**는 **엔드포인트 URL의 뒤에서 물음표와 함께 사용되는 문자열**을 의미합니다. 쿼리(query)라는 단어 자체가 '문의' 또는 '물음'이라는 의미를 가지고 있죠. 클라이언트는 이러한 쿼리 파라미터를 통해 서버에게 요청에 대한 추가적인 정보를 전달하거나 요청의 세부 조건을 지정할 수 있습니다.

일반적으로 쿼리 파라미터는 API 요청에 반드시 포함되어야 하는 값은 아닙니다. API 요청에 사용할 수 있는 쿼리 파라미터의 항목은 API를 제공하는 서버마다 다르며, 그 형태도 각 서버가 정의하기 나름입니다. 각 서버는 보통 클라이언트가 자주 요청할 것 같거나 클라이언트가 사용하면 편할 것 같은 기능을 쿼리 파라미터의 형태로 API에 제공하고 있습니다.

예를 들어, 구글 캘린더의 API 요청에는 'sendUpdates'라는 쿼리 파라미터가 정의되어 있습니다. 이는 구글 캘린더에서 일정을 생성한 후 사용자에게 '일정이 생성되었다는 알림'을 전송할지를 선택할 수 있게 해 주는 값입니다. 헝그리정신에서 구글 캘린더에 예약 일정 생성 요청을 보낼 때, 일정이 정상적으로 생성된 경우 사용자에게 알림을 보내 달라고 요청하고 싶습니다. 그렇다면 클라이언트인 헝그리정신은 다음과 같은 형태로 쿼리 매개변수를 붙여서 API 요청을 보낼 수 있습니다.

```
https://www.googleapis.com/calendar/v3/calendars/1234567/
events?sendUpdates=all
```

(3) 구체적인 데이터를 전달하는 요청 본문

API 요청의 엔드포인트 URL에 서버의 경로를 지정하고, 메서드로 데이터 생성 요청이라는 것도 표시했습니다. 이 내용만 보고 서버가 일정을 생성해 줄 수 있을까요? 그렇지 않습니다. 우리는 아직 어떤 일정을 만들어야 하는지를 알려주지 않았습니다. 생성할 일정 정보를 알려주지 않고 생성 요청을 보내는 건 뭘 사야 하는지 알려주지 않고 마트에 가라는 심부름을 시킨 격입니다. API 요청에 생성해야 할 일정 데이터가 몇 월 며칠 몇 시의 일정이고 예약 장소는 어떤 식당인지 등을 자세히 적혀 있어야, 서버인 구글 캘린더가 원하는 일정을 생성해 줄 수 있습니다.

이처럼 요청에 대한 자세한 정보를 전달해야 하는 경우 API의 요청 본문을 활용할 수 있습니다. **요청 본문**(request body)은 **서버에게 전달하는 구체적인 데이터를 담고 있는 영역**입니다. 어머니가 복잡한 심부름을 시킬 때 심부름 목록을 따로 적어서 주는 것처럼, 요청 본문은 엔드포인트 URL이나 메서드와 분리된 별도의 항목으로 서버에 전달됩니다.

물론 요청 본문이 모든 API 요청에 필요한 건 아닙니다. 일반적으로 요청 본문은 데이터를 생성(POST)하거나 수정(PUT, PATCH)하는 요청에서 주로 사용됩니다. 데이터를 어떻게 생성하고 수정해야 하는지를 요청 본문에 적어 넣는 것입니다. 반면, 데이터 조회(GET)나 삭제(DELETE) 요청 시에는 별도의 요청 본문이 필요 없는 경우도 많습니다.

▼ 그림 6-25 요청 본문

API의 요청 본문을 작성할 때는 주로 JSON이라는 규칙을 사용하는 경우가 많습니다. JSON은 데이터를 쉽게 교환하기 위해 만들어진 텍스트 기반의 표준 형식입니다. JSON으로 구성된 데이터 문서는 얼핏 보면 복잡하게 느껴지지만, 조금만 자세히 보면 누구나 이해할 수 있는 쉬운 규칙으로 이루어져 있습니다.

헝그리정신에서 사용자가 식당을 예약하면 해당 예약 일정을 사용자의 구글 캘린더에 생성해 달라는 요청을 보내려고 합니다. 사용자가 5월 26일 저녁 7시에 '지니 분식집'을 예약했을 때, 이 정보를 구글 캘린더에 일정 형태로 생성하려면 다음과 같은 요청 본문이 필요합니다. 요청 본문의 작성 규칙은 API 문서에 자세하게 안내되어 있기 때문에, 처음 API를 사용하는 사람도 어렵지 않게 작성할 수 있습니다.

```
{
  "summary": "지니 분식집 예약",
  "description": "헝그리정신 서비스를 통해 예약한 일정입니다.",
  "start": {
    "dateTime": "2025-05-26T19:00:00",
    "timeZone": "Asia/Seoul"
  },
  "end": {
    "dateTime": "2025-05-26T21:00:00",
    "timeZone": "Asia/Seoul"
  }
}
```

6.3.2 API 응답: 클라이언트야, 시킨 거 다 했어!

심부름을 시키고 나면 어찌됐든 결과가 돌아오기 마련입니다. 두부를 사오라는 심부름을 시켰다면 그 결과는 두부이거나, 사오지 못한 두부에 대한 변명일 것입니다. API도 마찬가지입니다. 클라이언트가 서버로 API 요청을 보내면 서버는 요청에 대한 응답을 반환합니다. 그 처리 결과가 어떠하든 말이죠! 이때 서버가 반환하는 API 요청에 대한 결과값을 API 응답(API response)이라고 부릅니다.

API 응답의 구성 요소 역시 심부름의 결과와 크게 다르지 않습니다. 심부름을 성공한 경우 우리는 '잘 사 왔어~'라고 하며 사온 물건을 건넵니다. 만약 실패했다면 불쌍한 표정과 함께 변명을 늘어놓죠. 서버의 API 응답도 비슷합니다. API 응답은 요청의 성공 여부를 나타내는 '상태 코드(status code)'와 상세한 처리 결과값을 담고 있는 '응답 본문(response body)'으로 이루어져 있습니다. 각각의 구성 요소가 어떤 모습을 하고 있는지 좀 더 자세하게 알아볼까요?

▼ 그림 6-26 API 응답의 구성

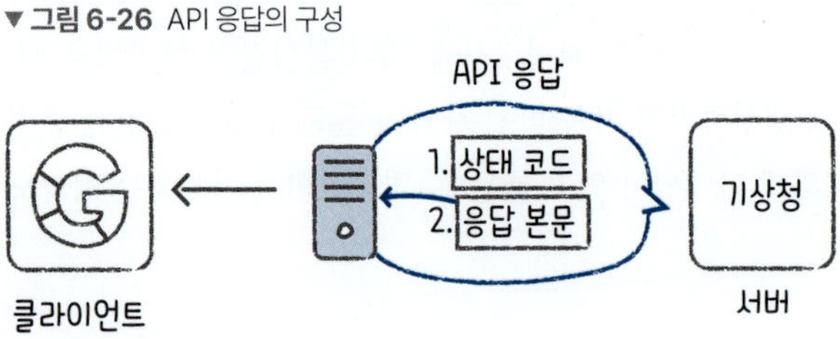

1) 응답의 성공 여부, 상태 코드

심부름을 하러 나갔던 아들이 드디어 집에 돌아왔습니다. 사실, 문을 열고 들어온 아들의 표정을 보면 심부름의 성공 여부를 한눈에 파악할 수 있습니다. 심부름을 성공적으로 완수했다면, 의기양양한 표정으로 사온 물건을 전달합니다. 만약 실패했다면, 불쌍한 표정과 함께 빈 손으로 들어와서는 심부름에 실패한 이유를 구구절절 늘어놓게 되죠.

서버가 반환하는 API 응답도 마찬가지입니다. 서버는 API 응답의 가장 잘 보이는 곳에 요청의 성공 여부를 짧은 코드 형태로 표시하고 있습니다. 마치 클라이언트가 API 요청에 메서드를 적어서 어떤 작업에 대한 요청인지 명확하게 전달하는 것처럼 말이죠! API 응답을 받은 클라이언트는 가장 먼저 이 코드를 보고 요청의 처리 상태를 빠르게 파악합니다. 이 코드가 바로 API 응답의 상태 코드입니다. **상태 코드(status code)란 API 요청이 성공했는지 실패했는지 알려주는 숫자 형태의 데이터**입니다. API 응답의 상태 코드는 API 문서에 미리 정의되어 있습니다. 요청을 성공적으로 처리했다면 200을 표시하고, 요청 처리에 실패했다면 이유에 따라 400 또는 500을 표시하겠다는 식으로 말입니다. API 응답을 받은 클라이언트는 이러한 상태 코드를 통해 작업의 성공 여부를 즉시 파악할 수 있습니다. 만약 요청 처리에 실패한 경우 대략적인 실패 이유 역시 상태 코드를 통해 빠르게 알 수 있습니다.

▼ **그림 6-27** 상태 코드

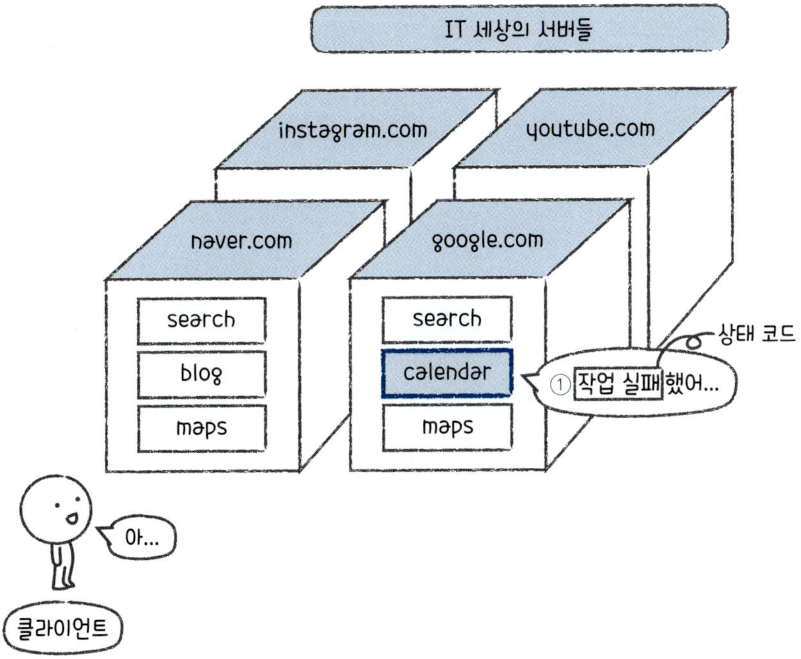

상태 코드는 API를 제공하는 서버에서 원하는 대로 정의할 수 있지만, 대부분의 API에서 표준 상태 코드 규칙을 그대로 사용하고 있습니다. 표준 상태 코드는 보통 세 자리 숫자로 이루어져 있으며, 첫 번째 숫자로 응답 유형을 손쉽게 구분할 수 있습니다.

가장 흔히 사용되는 건 200번대 코드입니다. 200번대 상태 코드는 서버가 말하는 'OK'로, 클라이언트의 API 요청이 성공적으로 처리되었다는 뜻입니다. 요청이 정상적으로 처리되었다면 클라이언트는 자연스럽게 다음 동작을 수행합니다. 따라서 우리가 IT 서비스 화면상에서 200번대 코드를 볼 일은 거의 없습니다.

만약 클라이언트가 보낸 API 요청에 문제가 있었고, 이로 인해 처리에 실패했다면 API 응답은 400번대 코드로 반환됩니다. 엔드포인트 URL을 잘못 입력했거나 정해진 형식과 다르게 요청을 보낸 경우 이러한 상태 코드가 반환될 수 있죠. 웹 서비스를 사용하다 보면 종종 '404 Error'라는 문구를 볼 수 있습니다. 이 404가 바로 상태 코드입니다. 404는 요청한 내용을 서버에서 찾을 수 없다는 의미로, 웹 페이지 주소를 잘못 입력했을 때 종종 볼 수 있습니다.

클라이언트는 정상적으로 요청을 보냈지만 서버의 문제로 오류가 발생했을 때는 500번대 상태 코드가 사용됩니다. 서버 로직에 오류가 있거나 너무 많은 사용자의 접속으로 서버가 터졌을 때, 요청을 보낸 클라이언트는 5로 시작하는 상태 코드를 응답 받게 됩니다.

▼ **표 6-2** HTTP 표준 상태 코드

상태	응답 상태 코드	자주 사용되는 응답 코드
정상 처리	2XX	200 요청 처리됨(OK), 201 생성됨
클라이언트 요청 오류	4XX	400 잘못된 요청, 403 요청 거부, 404 찾을 수 없음
서버 오류	5XX	500 내부 서버 오류, 504 응답 시간 초과

2) 응답의 세부 정보, 응답 본문

헝그리정신과 구글 캘린더의 API 통신을 다시 상상해 봅시다. 헝그리정신이 구글 캘린더에게 5월 26일의 맛집 예약 일정 정보를 조회해 달라는 API 요청을 보냈고, 구글 캘린더는 성공적으로 해당 일정 정보를 찾았습니다. 서버인 구글 캘린더는 이렇게 찾은 일정 정보를 어떻게 클라이언트인 헝그리정신에게 전달하게 될까요?

클라이언트는 API 요청을 보낼 때, 구체적인 정보는 모두 요청 본문에 적어 보냅니다. API 응답도 마찬가지입니다. 조회에 성공한 일정 정보처럼 복잡하고 많은 양의 정보는 응답 본문에 적어서 클라이언트에게 반환하는 것입니다.

API 응답의 **응답 본문**(response body)은 **서버가 클라이언트에게 전달하는 구체적인 데이터를 담고 있는 영역**입니다. 만약 서버의 응답이 '성공했어~' 한 마디로 끝나서는 안 되는 경우, 서버는 응답 본문을 통해 구체적인 결과값을 전달하는 것입니다.

일반적으로 클라이언트가 보낸 데이터 조회 요청(GET)에 대한 API 응답을 보낼 때, 서버는 조회 결과 데이터를 응답 본문에 담아 클라이언트에게 전달합니다. 추가적인 데이터 전달이 필요 없는 데이터 생성, 수정, 삭제 요청에서는 별도의 응답 본문 없이 응답 상태 코드만 내려오는 경우도 많습니다.

▼ **그림 6-28** 응답 본문

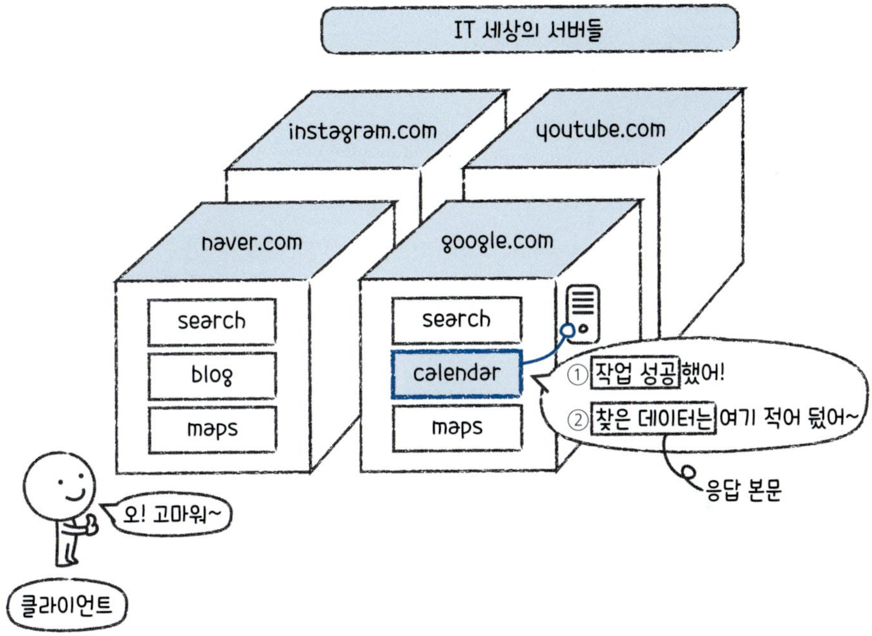

API의 응답 본문은 요청 본문과 비슷하게 생겼습니다. 응답 본문 역시 JSON 형식으로 작성되는 경우가 많죠. 응답 본문 역시 슬쩍 보면 어렵게 느껴지지만, 하나하나 읽어 보면 별다른 무리 없이 정보를 이해할 수 있습니다.

다시 헝그리정신이 구글 캘린더의 일정 조회 API를 사용하는 과정으로 돌아가 봅시다. 헝그리정신이 구글 캘린더에 일정 조회 요청을 보내고, 구글 캘린더가 이를 성공적으로 처리했습니다. 작업을 성공적으로 완료한 구글 캘린더는 조회한 일정 데이터를 아래와 같이 JSON 문서로 정리해서 API 응답의 응답 본문에 담습니다. 그리고 200 상태 코드와 함께 헝그리정신에게 반환합니다. 이러한 API 응답을 받은 헝그리정신은 상태 코드로 성공 여부를 파악하고, 응답 본문에서 요청한 일정의 상세 정보를 확인할 수 있습니다. 헝그리정신은 이렇게 얻은 일정 정보를 사용자 화면에 보여 주거나 다음 일정을 추천하는 데 활용하며 IT 서비스의 동작을 이어가게 되는 것입니다.


```
{
  "kind": "calendar#event",
  "id": "eventId_1234512345",
  "summary": "지니 분식집 예약",
  "description": "헝그리정신 서비스를 통해 예약한 일정입니다.",
  "start": {
    "dateTime": "2025-05-26T19:00:00",
    "timeZone": "Asia/Seoul"
  },
  "end": {
    "dateTime": "2025-05-26T21:00:00",
    "timeZone": "Asia/Seoul"
  }
}
```


Plus 직접 API 요청을 보내고 응답을 받아 보자

6장이 모두 끝났지만, 아직도 API가 낯설게 느껴질 수 있습니다. 우리가 일상 속에서 API를 접할 일이 별로 없다 보니 그 개념이 더 멀게 느껴지는 것 같습니다. API는 IT 세상에서 사용되는 어렵고 복잡한 규칙이고, 일반적인 상황에서는 직접 마주할 일 없는 머나먼 개념처럼 생각되기도 합니다. 그런데 일상적으로 사용하고 있는 IT 서비스에서 바로 API를 사용해 볼 수 있다는 사실, 혹시 알고 있었나요?

지금 노트북 또는 스마트폰에서 구글 웹 페이지에 접속해 봅시다. 구글 웹 페이지에 접근하기 위해서는 먼저 크롬, 사파리, 웨일과 같은 웹 브라우저를 실행해야 합니다. 웹 브라우저 상단의 주소창에 'google.com'을 입력한 후 Enter를 누르면 구글 웹 페이지 메인 화면을 확인할 수 있습니다.

짜잔! 우리는 방금 웹 API를 사용해서 요청을 보내고 응답을 받았습니다. 사실, 웹 페이지 URL을 입력하는 것도 API를 통한 웹 페이지 조회 요청에 해당합니다.

```
https://www.google.com
```

▼ **그림 6-29** API를 활용하여 구글 웹 서비스를 호출한 모습

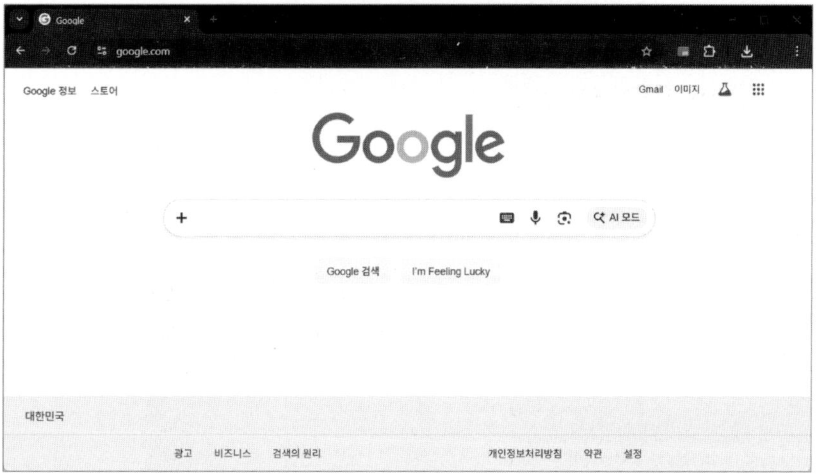

우리가 웹 브라우저의 주소창에 위의 URL을 입력하고 Enter를 누르면, 웹 브라우저는 google.com이라는 도메인 이름을 소유한 구글 서비스의 웹 페이지를 가져와서 보여 줍니다. 이는 클라이언트인 웹 브라우저가 서버인 구글에게 '웹 페이지를 달라'는 GET 요청을 하는 것과 같습니다. 'https://www.google.com'이라는 URL 자체가 웹 페이지를 조회하는 API 요청으로 동작하는 셈입니다. 이러한 URL 형태의 클라이언트의 요청을 받은 구글 서버는 기본 웹 페이지가 담긴 응답을 반환합니다. 응답을 받은 웹 브라우저 클라이언트는 전달받은 웹 페이지 데이터를 사용자의 화면에 띄워 줍니다. 이러한 과정을 통해 우리는 구글 웹 페이지를 볼 수 있게 되는 것입니다.

일상적으로 사용하던 웹 페이지 URL이 사실 API 요청이라니, 정말 신기하지 않나요? 물론 URL을 통해 기본 웹 페이지 조회만 요청할 수 있는 건 아닙니다. 여기에 앞서 이야기했던 파라미터를 활용하면 조금 더 복잡한 요청을 보낼 수도 있습니다.

기존 구글 웹 페이지 URL에 '/search?q='를 붙이고, 그 뒤에 검색하고 싶은 키워드를 입력해서

Enter를 눌러 봅시다. 이처럼 구글 검색 서비스를 의미하는 'search' 파라미터와 함께 검색어에 해당하는 쿼리 파라미터를 URL에 추가하면 검색창을 사용하지 않고도 구글 서버에게 특정 문구에 대한 검색 요청을 보낼 수 있습니다. 이 요청의 응답은 구글 검색 결과 화면의 형태로 내려오게 됩니다. 우리는 API를 활용해서 구글 검색창을 사용하지 않고 곧바로 검색 화면을 호출한 것입니다.

```
https://www.google.com/search?q=대한민국
- www.google.com: 구글의 서버 도메인 주소
- /search: 검색 결과 페이지를 제공하는 경로
- q=대한민국: 쿼리 매개변수로, 입력된 값을 대상으로 데이터 검색을 수행함
```

▼ **그림 6-30** API를 활용하여 구글 검색을 수행한 모습

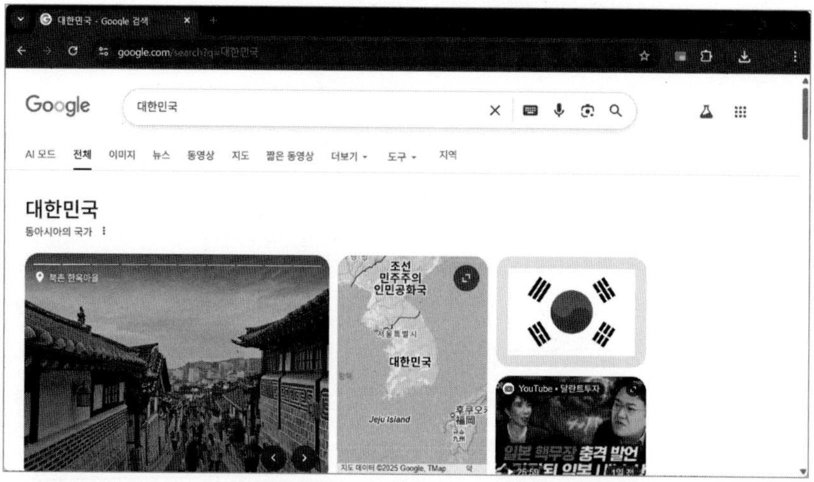

앞의 과정을 통해 우리는 직접 API의 규칙을 사용해서 구글 웹 서버에 API 요청을 보내고 응답을 받아 보았습니다. 우리는 이전부터 일상적으로 API를 사용하고 있었지만, 단지 API 요청인지 몰랐던 것뿐입니다. 이처럼 일상적으로 사용하고 있는 IT 서비스의 동작 하나하나에서 클라이언트–서버 구조와 API 기반 통신의 모습을 찾아볼 수 있습니다. 생각했던 것보다 많이, 그리고 쉬운 모습으로 말이죠!

CHAPTER

07

IT 서비스의 확인 절차: 인증과 인가

SECTION 7.1 IT 서비스는 아무나 사용할 수 있는 게 아니다

SECTION 7.2 인증과 인가의 중요성

SECTION 7.3 인증과 인가를 위한 일등공신

SECTION 7.4 인증 방식의 다양화

PLUS ID와 비밀번호 없이도 인증을 할 수 있다고요?

SNS, 교육, 쇼핑, 금융, 여행 서비스 등 수많은 서비스를 접하는 요즘, 로그인은 우리에게 너무나 익숙한 개념입니다. 새로운 IT 서비스를 이용할 때는 자연스럽게 회원가입부터 시작하고, ID와 비밀번호 입력은 거의 기계적으로 이루어집니다. 어디에서나 비슷하게 생긴 로그인 화면을 지나고 나면, 그때부터 IT 서비스를 자유롭게 사용할 수 있습니다.

물론 로그인만 한다고 IT 서비스의 모든 기능을 동일하게 사용할 수 있는 건 아닙니다. 똑같은 IT 서비스에 로그인하더라도 사람마다 사용할 수 있는 기능이 다른 경우도 많습니다. 네이버 블로그에서는 글을 작성한 사람만 글의 수정 화면에 접근할 수 있고, 배달 앱처럼 서비스 사용자 유형이 명확하게 다른 경우에는 로그인했을 때 손님인 사용자가 보게 되는 서비스 화면과 가게 사장님이 보는 화면이 아예 다르기도 합니다.

계산기처럼 로그인이 필요 없는 단순한 애플리케이션도 있지만, 일상적으로 사용하는 많은 IT 서비스는 회원가입과 로그인을 요구합니다. 우리는 로그인이라는 문을 열고 들어가야만 IT 서비스의 다양한 기능을 제대로 이용할 수 있습니다. 마치 놀이공원의 정문을 통과하면 새로운 세상이 열리는 것처럼 말이죠!

▼ **그림 7-1** IT 서비스를 사용하기 위해 필요한 로그인

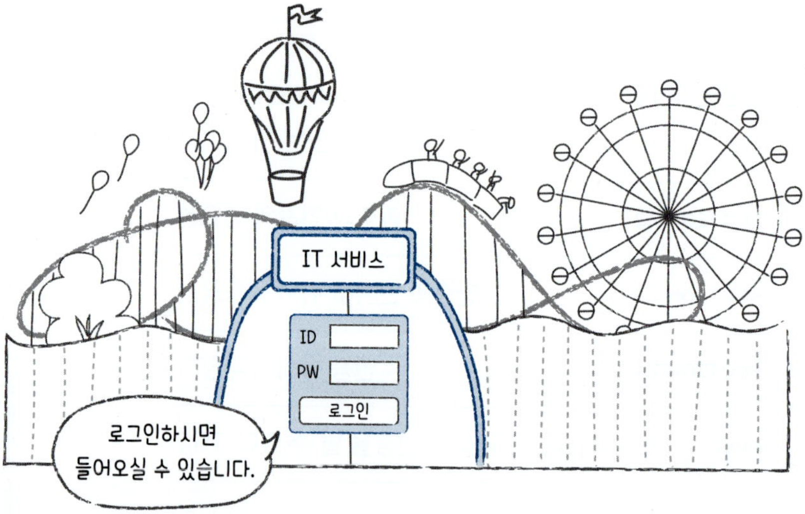

IT 서비스의 필수 코스인 로그인은 왜 필요한 걸까요? 이번 장에서는 IT 서비스에서 절대 빼놓을 수 없는 로그인과 깊이 연관된, '인증'과 '인가'의 개념에 대해 자세히 알아보고자 합니다.

7.1 SECTION IT 서비스는 아무나 사용할 수 있는 게 아니다

사용자가 IT 서비스에 접근하는 과정은 공항에서 비행기를 타는 과정과 비슷합니다. 해외여행을 가는 상황을 상상해 봅시다. 힘들고 지친 일상에서 벗어나, 일본 여행을 위해 설레는 마음을 안고 인천공항에 도착했습니다. 여권도 챙겼고 비행기 표도 발권했습니다. 그럼 이제 비행기를 타기만 하면 되는 걸까요? 그렇지 않습니다. 비행기를 타러 가기 위해서는 반드시 두 가지 확인 절차를 거쳐야만 합니다. 바로 '출국 심사'와 '탑승권 심사'입니다.

국제선 비행기를 타러 가기 위해서는 가장 먼저 출국 심사를 거쳐야 합니다. 출국 심사는 출국하려는 사람이 누구인지를 확인하는 절차로, 공항에서 출국장으로 들어갈 때 실시됩니다. 이때, 출국자의 신분 증명을 위해서는 '여권'이라는 특수한 증서가 반드시 필요합니다. 만약 여권을 통한 신원 확인이 정상적으로 이루어지면, 우리는 문제 없이 출국장으로 들어갈 수 있습니다. 하지만 출국 심사 과정에서 신원이 확인되지 않거나 해외로 출국하면 안 되는 사람임이 확인되면, 출국장에 들어가거나 비행기에 타는 것은 불가능합니다.

출국 심사를 완료하고 출국장에 들어왔다면 이제 예매한 비행기를 타러 가야 합니다. 탑승 시간에 맞춰 지정된 탑승구로 가면 두 번째 확인 절차인 탑승권 심사가 진행됩니다. 탑승권 심사는 출국 심사에 비해 상대적으로 간단합니다. 예매한 비행기 표를 보고 실제로 이 비행기를 예매한 게 맞는지, 즉 해당 비행기에 탈 자격이 있는지를 판단하는 것입니다. 미국행 비행기 표를 예매하고 일본행 비행기 탑승구에 가거나, 위조된 탑승권을 제시하면 당연하게도 탑승권 심사에서 거절당하게 됩니다.

▼ **그림 7-2** 비행기를 타러 가는 과정

IT 서비스도 마찬가지입니다. 출국 심사와 탑승권 심사처럼, IT 서비스를 사용하는 사람의 신원과 자격을 확인하곤 합니다. 물론 모든 IT 서비스가 사용자 정보를 확인하는 절차를 요구하지는 않습니다. 계산기나 알람 시계와 같은 IT 서비스를 사용할 때는 굳이 사용자가 누구인지, 어떠한 자격을 가지고 있는지 확인할 필요가 없습니다. 누가 사용하는지가 전혀 중요하지 않으니까요! 마치 집 앞 거리를 걸어다닐 때 별다른 확인 절차를 요구 받지 않는 것과 같습니다.

하지만 카카오톡, 네이버 블로그 같은 서비스는 조금 다릅니다. 카카오톡은 사용자가 누구인지 알아야 그 사람의 메시지함을 보여 줄 수 있습니다. 네이버 블로그도 사용자가 누구인지 알아야 블로그에 글을 써도 되는 사람인지 판단할 수 있습니다. '일본행 비행기'라는 서비스를 이용할 때 출국 심사와 탑승권 심사를 거쳐야 하는 것처럼, 제한된 접근이 필요한 IT 서비스의 경우 사용자의 신원과 자격 확인 절차가 이루어져야 합니다. 이때 진행되는 사용자 확인 과정이 바로 '인증(authentication)'과 '인가(authorization)'입니다.

▼ **그림 7-3** 인증과 인가

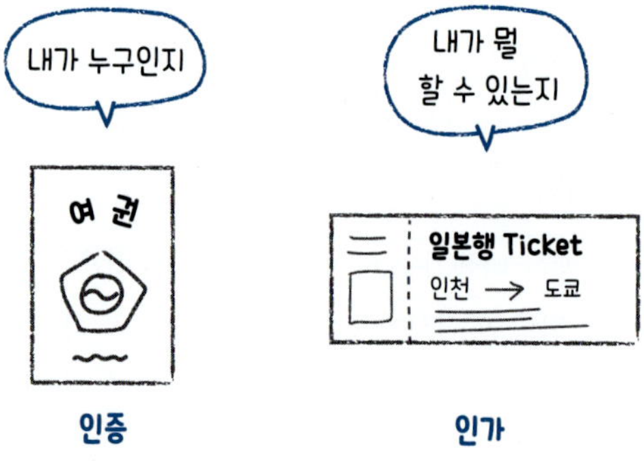

7.1.1 인증: 너는 누구야?

로그인은 IT 서비스에게 '내가 누구인지' 알려주는 수단입니다. 로그인은 주로 ID와 비밀번호 입력을 통해 이루어집니다. 로그인 요청이 들어오면, IT 서비스는 입력된 ID와 비밀번호를 바탕으로 로그인하는 사람이 누구인지 확인합니다. 로그인을 통해 신원 확인이 완료된 사용자는 로그인에 성공하고 정상적으로 서비스를 사용할 수 있게 됩니다. 마치 공항에서 출국 심사를 통해 출국자의 신원을 확인하듯, IT 서비스는 로그인을 통해 우리의 신원을 확인하는 것입니다.

IT 서비스는 어떻게 사용자의 신원을 알 수 있는 걸까요? 그 과정 역시 여권을 통한 출국 심사와 크게 다르지 않습니다. 로그인이 필요한 IT 서비스를 사용하려면, 가장 먼저 '회원가입'을 해야 합니다. 회원가입은 IT 서비스에 사용자의 신원 정보를 등록하는 작업으로, 해외여행을 가기 위해 여권을 발급받는 것과 유사합니다.

해외로 나가기 위해서는 반드시 여권이 필요합니다. 여권을 발급받기 위해서는 직접 행정복지센터에 가서 신분증과 사진을 제출하고, 직접 지문을 입력해야 하죠. 이러한 과정은 '해외에 출국할 수 있는 국민'임을 행정적으로 등록하는 절차입니다. 이 과정이 정상적으로 완료되면 비로소 본인의 신원 정보를 보증하는 여행 문서인 여권을 발급받을 수 있습니다.

발급받은 여권을 가지고 공항에 가면 여권에 등록된 정보와 출국자의 지문을 바탕으로 출국 심사가 진행됩니다. 출국 심사에서는 여권 정보가 행정적으로 관리되는 정보와 일치하는지, 여권을 발급할 때 등록한 지문과 실제 출국자의 지문이 동일한지 확인하여 출국자의 신원을 검증합니다. 이 모든 과정이 성공적으로 이루어지면 출국 심사가 완료됩니다. 드디어 공항의 출국장으로 들어갈 수 있는 것입니다!

▼ 그림 7-4 공항의 신원 확인 과정

출국 심사에 앞서 여권을 발급받는 과정이 필요한 것처럼, IT 서비스를 사용하기 위해서는 먼저 '회원가입'을 해야 합니다. 회원가입은 이름이나 별명과 같은 개인 정보, 앞으로 사용하게 될 ID와 비밀번호 등의 인증 정보를 IT 서비스에 입력하는 과정입니다. IT 서비스가 요구하는 모든 정보를 입력한 후 '가입' 버튼을 누르면 회원가입이 완료됩니다. 그리고 회원가입 과정에서 입력한 회원 정보는 IT 서비스의 데이터베이스에 등록됩니다.

회원가입을 완료했다면, IT 서비스는 이제 해당 사용자를 알아볼 수 있습니다. 회원가입을 통해 등록해 둔 ID와 비밀번호를 통해서 말이죠! 누군가 로그인을 시도하면 IT 서비스는 로그인을 요청한 사람이 누구인지 확인하는 절차를 거칩니다. 입력된 ID를 통해 회원을 식별하고 비밀번호로 실제 그 사람인지 검증합니다. 마치 ID는 여권 정보처럼, 비밀번호는 지문처럼 동작하는 셈입니다. IT 서비스가 일치하는 회원 정보를 찾아내면 사용자의 신원 정보 확인이 완료되고 로그인이 성공적으로 처리됩니다.

▼ **그림 7-5** IT 서비스의 신원 확인 과정

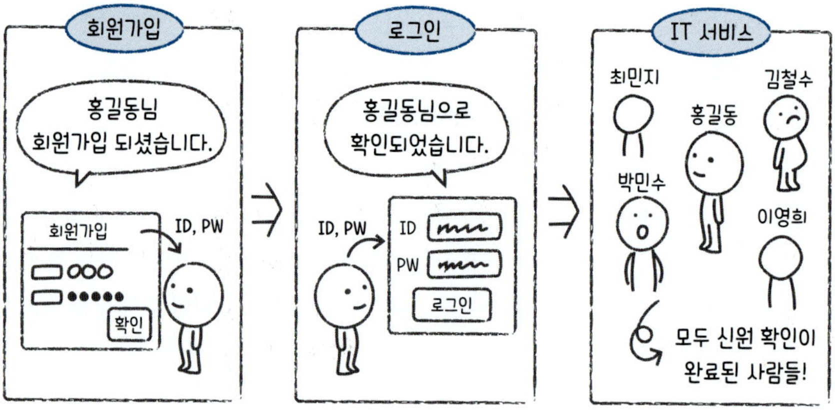

이처럼 **IT 서비스가 사용자에게 '너 누구야?'를 확인하는 과정**을 **인증**(authentication)이라고 부릅니다. 로그인은 IT 세상에서 가장 많이 사용되는 인증 방법 중 하나입니다. 로그인은 IT 서비스가 접근하는 사용자가 실제 회원이 맞는지를 확인하는 인증 절차고, ID와 비밀번호는 IT 서비스에게 '내가 누구인지' 알려주는 인증 수단인 것입니다. 이러한 일반적인 로그인 외에도 지문 인식, 얼굴 인식, 인증서 확인 등 다양한 방식의 인증이 존재합니다.

인증(authentication): 사용자의 신원을 확인하는 절차

일반적으로 인증은 사용자가 IT 서비스에 접근하는 시점에 요구됩니다. 그리고 한 번 인증을 완료한 사용자는 서비스 사용을 종료하기 전까지 인증 상태가 유지됩니다. 공항에서 한 번 출국 심사를 완료하고 나면 출국장 내에서는 별도의 신원 확인 없이 자유롭게 돌아다닐 수 있는 것처럼 말입니다.

인증은 IT 서비스의 출입 관문과도 같습니다. 로그인을 한 번 하고 나면 사용하는 동안 다시 로그인을 요청하지는 않습니다. 네이버 서비스를 사용하던 경험을 떠올려 봅시다. 메인 화면에서 한 번 로그인을 하고 나면 네이버 블로그, 네이버 쇼핑 등 다양한 서비스를 넘나들어도 로그인 상태가 계속 유지됩니다. 이때 IT 서비스가 인증을 완료한 사용자를 계속 알아보는 방법은 조금 뒤에서 살펴볼 예정이니 잠시만 기다려 주세요!

▼ 그림 7-6 IT 서비스의 출입 관문, 인증

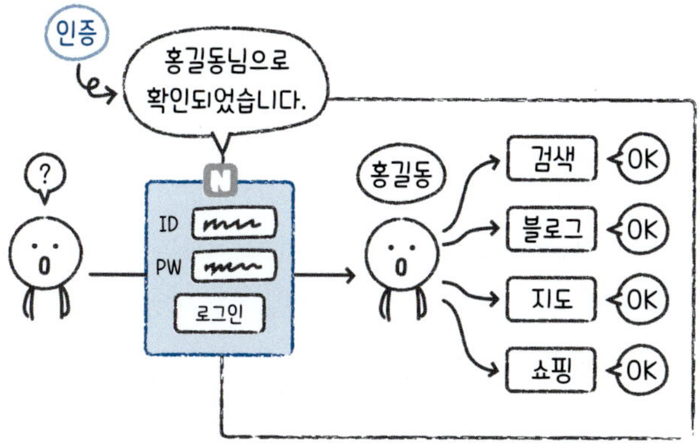

7.1.2 인가: 너는 뭘 할 수 있어?

공항에서 출국 심사를 완료하고 출국장에 무사히 들어왔습니다. 출국 심사를 마치고 들어온 사람들은 출국장 내의 다양한 공간을 자유롭게 돌아다닐 수 있습니다. 하지만 출국장에 들어왔다고 출국장 내의 모든 곳에 접근할 수 있는 건 아닙니다. 보안 구역에는 공항 직원만 출입할 수 있고, 일본행 비행기는 해당 티켓을 가지고 있는 사람만 탑승할 수 있습니다. 미국행 비행기 표를 예매한 사람이 일본행 비행기에 탑승할 수는 없습니다. 이처럼 공항 출국장에서 특정 구역에 들어가려면, 신원 확인과는 별개로 해당 공간에 대한 접근 권한을 가진 사람이라는 것을 증명해야 합니다.

▼ 그림 7-7 공항의 권한 확인 과정

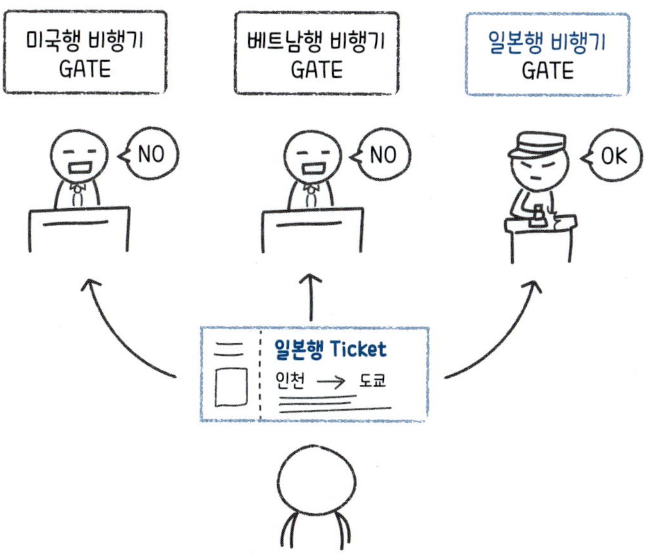

일본행 비행기에 탈 수 있는 권한을 얻으려면 비행기 표가 있어야 하고, 공항의 보안 구역에 들어가려면 공항 직원의 출입증이 필요합니다. IT 서비스도 비슷합니다. 만약 사용자가 접근이 제한된 화면에 진입하고자 한다면, IT 서비스는 해당 사용자가 '이 화면에 접근할 수 있는 사용자'인지 판단해야 합니다.

이때 **IT 서비스가 사용자의 권한을 확인하는 절차**를 **인가**(authorization)라고 이야기합니다. 쉽게 이야기하면, 인가는 IT 서비스가 사용자에게 '너 이거 할 수 있어?'라고 물어보는 과정입니다. 출국장에 들어가는 사람이 누구인지 확인하는 출국 심사가 '인증'이라면, 특정 비행기에 탑승할 수 있는 권한을 판단하는 탑승권 확인 절차가 '인가'인 것입니다.

> **인가(authorization)**: 사용자의 권한을 확인하는 절차

인가는 IT 서비스를 사용하기 위해 반드시 필요한 과정은 아닙니다. 네이버 블로그에 글을 하나 작성했다고 생각해 봅시다. 공개적으로 작성된 블로그 글은 누구나 자유롭게 볼 수 있습니다. 이처럼 모든 사용자가 접근하고 사용할 수 있는 공간에는 별도의 권한 확인을 요구하지 않습니다. 마치 출국장 내 면세점을 구경할 때 어떠한 검사도 하지 않는 것처럼 말입니다.

하지만 IT 서비스를 사용하다 보면 일부 사용자만 접근할 수 있는 화면이나 기능을 쉽게 찾을 수 있습니다. 작성된 블로그 글은 아무나 볼 수 있지만, 해당 글을 수정할 수 있는 사람은 작성자뿐입니다. 예매한 비행기가 아닌 다른 비행기에 들어갈 수 없는 것처럼, 글의 작성자가 아닌 다른 사용자는 해당 글의 수정 화면에 접근할 수 없습니다. 이처럼 일부 사용자만 접근 가능한 화면 또는 기능이 있을 때 IT 서비스는 인가 절차를 진행하게 됩니다.

▼ **그림 7-8** 인가가 필요 없는 공간과 인가가 필요한 공간

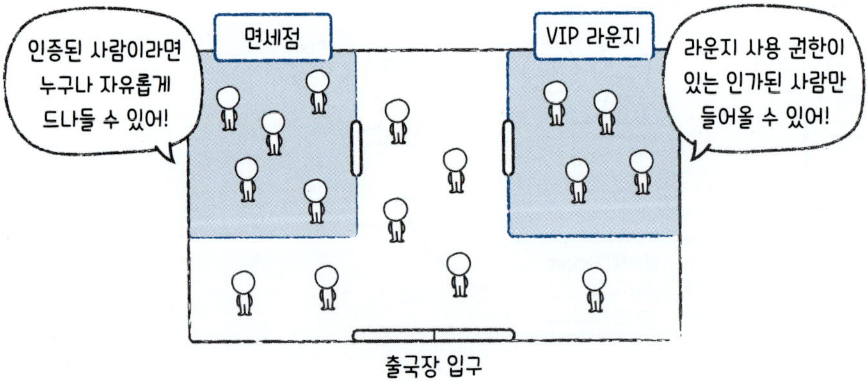

블로그 글 수정처럼 특정 기능에 접근할 때 인가 절차를 수행하기도 하지만, IT 서비스의 실행 과정부터 인가 절차를 두기도 합니다. 권한이 있는 사용자만 IT 서비스에 접근할 수 있도록 제한하는 것입니다. 넷플릭스와 같은 구독 서비스는 사용자의 지불 여부에 따라 IT 서비스의 접근을 제한하고 있습니다. 넷플릭스 서비스를 구독하고 요금을 지불하는 동안에는 넷플릭스 서비스의 사용 권한이 유지되지만, 구독을 해지한 이후에는 로그인을 하더라도 넷플릭스 서비스를 사용할 수 없습니다. '구독 요금을 지불하고 있는 사용자'만 서비스 접근을 허용하는 넷플릭스는 로그인 시점에 인증과 인가 절차를 모두 수행하고 있는 것입니다.

▼ **그림 7-9** IT 서비스의 권한 확인, 인가

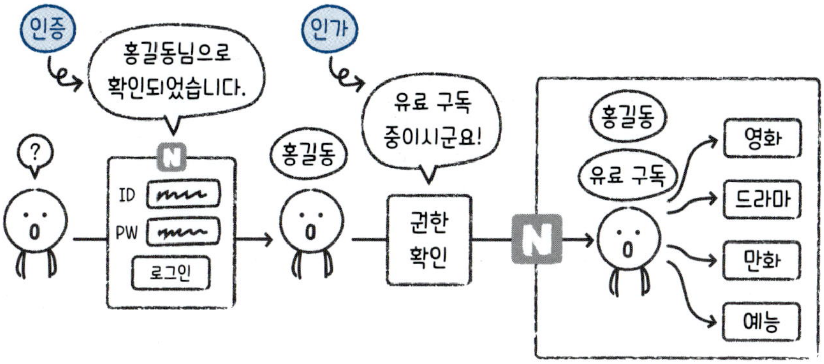

7.2 SECTION 인증과 인가의 중요성

많은 IT 서비스가 애플리케이션 사용을 위해 로그인을 요구합니다. 로그인 과정은 익숙하지만, 때로는 번거롭고 불편하게 느껴지기도 합니다. 게다가 로그인한 사용자도 모든 기능이나 화면에 자유롭게 접근할 수 있는 것은 아닙니다.

회원가입이나 로그인과 같은 과정은 사용자 정보를 안전하게 보호하고 개인에게 맞춤화된 편리한 기능을 제공하기 위해 반드시 필요합니다. 그리고 그 중심에 인증과 인가라는 개념이 있습니다. IT 서비스 전반에 걸쳐 적용된 이 두 개념이 어떻게 서비스를 더 안전하고 편리하게 만드는지 알아볼까요?

▼ 그림 7-10 IT 서비스를 지키는 인증과 인가

첫 번째, 인증과 인가를 통해 사용자의 정보를 안전하게 보호할 수 있습니다. 우리가 사용하는 IT 서비스는 생각보다 많은 개인 정보를 가지고 있습니다. 이름, 생년월일 같은 정보는 물론, 서비스에 따라 위치 정보, 결제 정보, 방문 기록, 자산 현황까지 포함되어 있을 수 있습니다. 이런 정보가 아무런 제한 없이 누구에게나 보인다고 생각하면 정말 무섭지 않나요?

집에 아무나 들어오지 못하게 도어락을 설치하는 것처럼, 나의 정보를 한가득 담고 있는 IT 서비스 화면도 인증과 인가 과정을 통해 보호되고 있습니다. 만약 인증과 인가 과정이 제대로 갖추어지지 않은 서비스를 사용하면 어떻게 될까요? 나의 개인 정보가 다른 사용자에게 노출되는 끔찍한 상황이 발생할 수도 있습니다. 이는 단순한 버그라고 하며 넘어갈 수 있는 문제가 아닙니다. IT 서비스에 대한 신뢰도 하락, 법적 책임, 막대한 손해로 이어질 수 있는 큰 문제입니다. 인증과 인가를 적절히 사용하여 사용자를 정확히 식별하고 접근 권한을 명확히 판단한다면, 사용자는 아무런 문제없이 안전하게 IT 서비스를 사용할 수 있습니다. 인증과 인가는 IT 서비스가 사용자의 데이터를 안전하게 관리하고 활용할 수 있도록 도와주는 가장 기본적이고 중요한 안전 장치인 셈입니다.

▼ 그림 7-11 사용자의 정보를 보호하는 인증과 인가

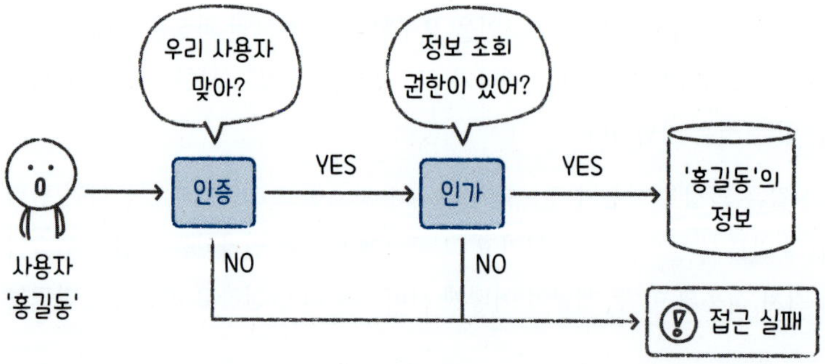

두 번째, 사용자에게 개인화, 고도화된 기능을 제공할 수 있습니다. IT 서비스는 인증과 인가를 통해 각 사용자에게 딱 맞는 정보와 기능을 제공할 수 있습니다. 카카오톡에 로그인하면 나의 친구 목록과 대화 내용을 바로 보여 줍니다. 쿠팡, 마켓컬리 등 인터넷 쇼핑몰도 마찬가지입니다. 사용자가 이전에 '좋아요'를 눌러 뒀던 상품 목록을 기억해 두고 다시 보여 주거나, 기존 구매 내역을 바탕으로 좋아할 만한 상품을 추천해 줄 수 있습니다. 배달의민족은 로그인한 사용자가 배달 주문을 하는 손님인지 가게를 운영하는 사장님인지에 따라 서로 다른 화면을 보여 주기도 합니다. 이러한 동작은 모두 '이 사용자가 누구인지, 또 어떤 권한을 가졌는지'에 대해 IT 서비스가 알고 있기에 가능한 것입니다.

▼ **그림 7-12** '좋아요'를 누르면 로그인을 요청하는 서비스

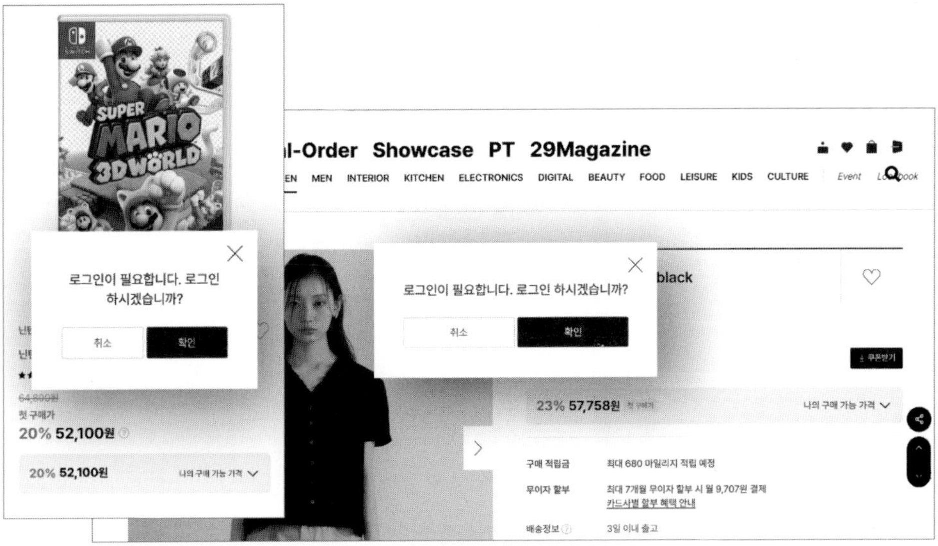

인증과 인가가 없다면 IT 서비스는 지금 애플리케이션을 사용하고 있는 사람이 누구인지, 어떤 권한을 가지고 있는지 알 수 있는 방법이 없습니다. 즉, 인증과 인가가 없다면 IT 서비스는 모든 사용자에게 동일한 화면, 동일한 정보, 동일한 기능을 제공할 수밖에 없습니다. 위의 예시처럼 사용자의 정보를 기억해서 보여 주거나 기존 경험을 기반으로 무언가를 추천해 주는 등 개인 맞춤형 기능을 제공하기 위해서는 인증과 인가가 반드시 필요합니다.

또한 인증과 인가는 IT 서비스의 품질 유지와 고도화에 매우 핵심적인 역할을 합니다. '헝그리정신'이라는 맛집 탐색 서비스에 식당 정보를 등록한다고 상상해 봅시다. 헝그리정신 서비스에 누구나 식당 정보를 등록할 수 있다면 어떻게 될까요? 실제로 식당을 운영하지 않는 사람이 가짜 식당을 무분별하게 등록하면 사용자에게 혼란을 초래할 수 있습니다. 이는 서비스 품질 및

신뢰도 하락으로 이어지게 됩니다. 이때 필요한 것이 바로 인증과 인가입니다. 회원가입한 사용자 중 식당 사장님으로 확인된 사람만 식당 등록을 할 수 있도록 허용하면 허위 정보 등록 문제를 막고 서비스 품질을 유지할 수 있습니다.

또한 기업용 서비스는 관리자만 특정 기능에 접근할 수 있도록 제한하거나 요금제에 따라 고급 기능을 차등 제공하기도 합니다. 이러한 구조는 사용자에게 고도화된 기능을 제공하는 동시에 서비스의 수익 구조를 설계하는 데도 중요한 역할을 합니다.

▼ **그림 7-13** 권한에 따라 식당 등록을 제한하는 '헝그리정신' 서비스

이처럼 인증과 인가는 IT 서비스가 안전하고 효율적으로 동작할 수 있도록 만드는 필수 요소입니다. 우리가 사용하는 대부분의 IT 서비스는 인증과 인가 없이 존재할 수 없습니다. 로그인이라는 작은 문을 열어야만 그 뒤에 숨어 있는 수많은 가치를 누릴 수 있는 이유가 바로 여기에 있는 것입니다.

7.3 SECTION 인증과 인가를 위한 일등공신

앞서 이야기했던 것처럼, 해외로 출국하려면 공항에서 출국 심사와 탑승권 심사 과정을 거쳐야 합니다. 이러한 절차가 진행되는 데 상당한 시간이 걸리기 때문에 보통 해외로 출국하려면 출발 2시간 전까지 공항에 도착해야 하죠.

IT 서비스는 그렇지 않습니다. 우리는 하루에도 수십 번의 인증과 인가를 경험하고 있지만, 2시간은 고사하고 2초도 걸리지 않는 경우가 대부분입니다. 때로는 인증과 인가 절차가 있는지도 모를 정도로 자연스럽게 진행되기도 합니다. 도대체 어떤 방법으로 인증과 인가 정보가 처리되기에, 우리는 수많은 인증과 인가 절차 속에서도 빠르고 자연스럽게 IT 서비스를 사용할 수 있는 걸까요?

▼ **그림 7-14** 일상 속 수많은 인증/인가 과정

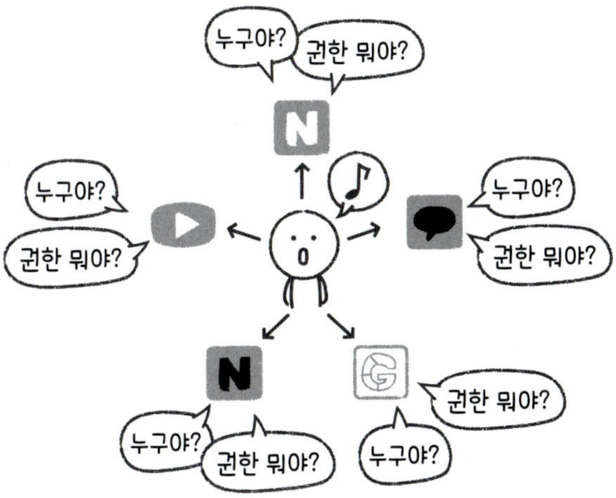

맛집 탐색 서비스인 '헝그리정신'에 인증과 인가 기능을 구현한다고 생각해 봅시다. 맛집 탐색 서비스인 헝그리정신은 로그인한 사용자만 이용할 수 있습니다. 사용자는 '사장님'과 '손님' 유형으로 나뉘며, 각 유형에 맞는 기능을 제공할 예정입니다. 사장님 사용자는 식당을 등록할 수 있고, 손님 사용자는 맛집 리뷰를 작성할 수 있도록 기능을 나누는 것이죠. 이러한 구조로 서비스를 운영하려면 인증과 인가 절차가 반드시 필요합니다. 사용자의 인증 정보인 'ID와 비밀번호'를 관리해야 하고, 사용자별로 유형을 지정하고, 이에 따라 특정 화면과 기능의 접근 여부를 판단하는 인가 절차도 두어야 합니다. 이처럼 헝그리정신 서비스에 필요한 인증과 인가 정보는 다

음과 같은 표 형태의 데이터베이스로 관리할 예정입니다.

▼ **표 7-1** 헝그리정신의 회원 데이터베이스

사용자 번호	ID	비밀번호	사용자 유형	이름
12345	ilovefood	Akfg1203r4	손님	홍길동
12346	iambestchef	Dago21351l	사장님	김사장
12347	iampm	Dakfa134	손님	나기획

헝그리정신 서비스의 예시처럼, IT 서비스는 사용자의 인증 정보와 인가 정보를 가지고 있습니다. 그리고 이 정보는 데이터베이스 형태로 IT 서비스의 서버 컴퓨터 어딘가에 저장되어 있습니다. 물론 사용자의 인증과 인가 정보는 중요하고 민감한 정보인 만큼 IT 서비스에서는 해당 데이터베이스를 관리하기 위해 예시보다 훨씬 많은 보안적 노력을 기울이고 있답니다!

다시 헝그리정신 서비스를 만드는 과정으로 돌아가 봅시다. 위의 구조로 어찌저찌 완성된 헝그리정신 서비스를 홍길동이 사용하려고 합니다. 헝그리정신은 어떤 과정을 통해 홍길동이라는 사용자를 인식할 수 있는 걸까요? 홍길동은 헝그리정신 서비스를 실행하고, 로그인 화면에서 자신의 ID인 'ilovefood'와 비밀번호인 'Akfg1203r4'를 입력합니다. 사용자가 로그인 버튼을 누르면, 이젠 IT 서비스의 시간입니다!

사용자의 입력값을 헝그리정신의 인증을 처리하는 서버로 보내면, 서버는 이 입력 값을 회원 데이터베이스 값과 비교하여 해당 사용자가 누구인지 확인합니다. ID와 비밀번호가 홍길동의 정보와 일치하면 서버는 인증 성공 응답을 반환합니다. 이러한 과정을 통해 인증에 성공한 홍길동은 이제 헝그리정신 서비스를 자유롭게 사용할 수 있습니다. 또한 인증 정보와 함께 확인한 홍길동의 인가 정보를 바탕으로 '손님' 유형에 맞는 서비스 화면을 바로 보여 줄 수도 있습니다.

이렇게만 보면 인증과 인가는 클라이언트-서버 모델의 통신 구조를 기반으로 동작하는 평범한 기능처럼 보입니다. 하지만 여기에는 인증과 인가를 복잡하게 만드는 한 가지 걸림돌이 있습니다. 바로, 서버는 클라이언트를 구분하지 못한다는 사실입니다.

서버는 전 세계의 다양한 클라이언트에게 끊임없이 요청을 받고 있습니다. 그렇기에 서버는 누가, 언제, 어떤 클라이언트를 통해 요청을 보내는지 하나하나 기억하기 어렵습니다. 헝그리정신 서비스의 클라이언트가 서버에 "ID가 'ilovefood'고, 비밀번호가 'Akfg1203r4'인 사용자를 알려 줘."라고 요청을 보내면, 서버는 '홍길동'이라는 사용자 정보를 정상적으로 응답합니다. 하지만 곧바로 서버에 "방금 응답한 사용자의 '마이페이지' 화면을 보여 줘."라는 요청을 보내면 어떻게 될까요? 서버는 해당 요청이 어떤 사용자의 요청인지 알 방법이 없고, 서버는 클라이언트에게

'너 누군데?'라며 실패 응답을 보낼 수밖에 없습니다. 클라이언트는 곧바로 요청을 보냈다고 생각하겠지만, 서버는 그 잠깐 사이에도 새로운 클라이언트의 요청을 수없이 받고 있기 때문에 누구의 요청인지 구분해내기 어려운 것입니다.

▼ **그림 7-15** 셀럽 서버의 '너 누군데?'

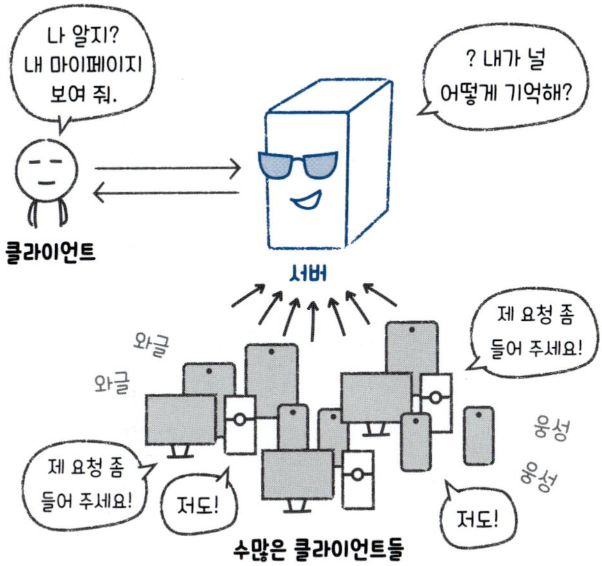

따라서 클라이언트는 서버에 요청을 보낼 때마다 '내가 누구인지'를 알려줘야 합니다. 그렇지 않다면 서버는 요청이 들어올 때마다 '너 누군데?'를 물어볼 수밖에 없습니다. 즉, 이런 상황에서 사용자는 요청이 필요한 작업을 할 때마다 로그인을 통해 내가 누구인지를 인증해야 합니다. 즉, 매번 ID와 비밀번호를 입력하면서 "ID가 'ilovefood'고, 비밀번호가 'Akfg1203r4'인 사용자가 있는지 확인한 뒤, 있다면 그 사용자의 마이페이지 화면을 보여 줘."라는 요청을 매번 보내야만 하는 것입니다.

이런 귀찮은 일을 하지 않기 위해 클라이언트가 해야 하는 일은 간단합니다. 로그인을 통해 얻은 사용자의 인증 정보를 기억하는 것입니다! 사용자가 로그인을 하고 인증이 완료되면, 클라이언트는 사용자의 인증 정보를 작은 쪽지에 적어 보관해 둡니다. 그리고 요청이 필요할 때마다 그 쪽지에 적힌 정보를 참고하는 거죠. 인가에 필요한 정보도 마찬가지입니다. 최초 요청으로 확인된 정보를 쪽지에 적어 두듯이 저장했다가, 이후에는 쪽지에 적어 둔 정보를 활용합니다. 이렇게 클라이언트가 인증과 인가 정보를 기억하면 비효율적이고 귀찮은 과정을 확 줄일 수 있습니다. 이때 가장 많이 사용되는 기술이 바로 **쿠키**와 **세션**, **토큰**입니다.

7.3.1 쿠키

"이 웹 사이트는 쿠키를 사용합니다. 동의하시겠습니까?"

인터넷을 하다 보면 한 번쯤은 이런 알림창을 보게 됩니다. 때로는 너무 자주 보여서 '쿠키? 이걸 왜 계속 허용해야 하지?'라는 생각이 들며 짜증이 나기도 합니다. IT 서비스가 디저트 가게도 아닌데, 왜 이렇게 쿠키를 달라고 요구하는 걸까요?

▼ **그림 7-16** 쿠키 수집 허용 여부를 묻는 화면

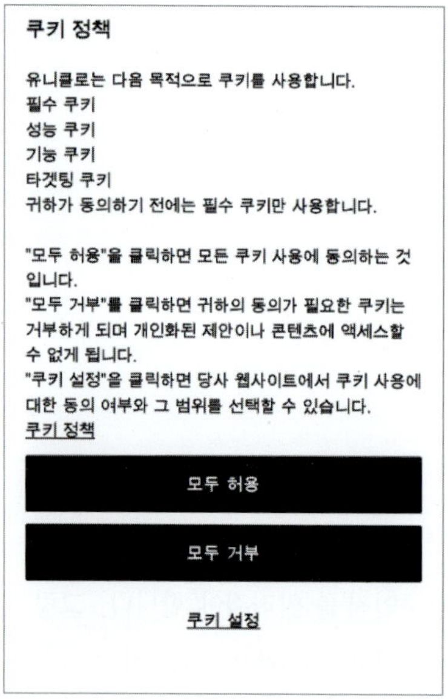

우리가 아는 맛있는 쿠키와 IT 세상의 쿠키는 많이 다릅니다. 앞서 이야기했던 것처럼 인증과 인가 정보를 매번 요청하지 않으려면 정보를 적어 둘 작은 쪽지가 필요합니다. IT 세상에서는 '쿠키'가 이러한 쪽지 역할을 담당하고 있습니다.

쿠키는 웹 브라우저에 저장되어 있는 작은 데이터 파일로, 주로 인증과 인가 정보를 저장하는 임시 저장소 역할을 합니다. 마치 헨젤과 그레텔에서 아이들이 집을 찾기 위해 쿠키 조각을 남겨 놓고 가는 것과 비슷하죠. 확인된 사용자의 신원과 권한 정보를 웹 브라우저에 쿠키로 남겨 두면, 사용자가 IT 서비스를 사용하는 동안 해당 정보를 계속 참고할 수 있습니다. 쿠키를 활용하면 애플리케이션은 필요할 때마다 사용자에게 일일이 로그인 요청을 하지 않아도 됩니다. 현재 서비스를 사용하고 있는 사람이 누구인지, 어떤 권한을 가지고 있는지 쿠키에 다 있으니까요!

물론 인증과 인가 정보 외에도 서비스가 기억해 두면 좋은 정보들을 쿠키에 저장하기도 합니다. 쿠키는 웹 브라우저가 사용자의 정보를 적어 두는 커닝 페이퍼인 셈입니다.

쿠키: 웹 브라우저가 작은 데이터 조각을 보관하는 텍스트 파일

▼ **그림 7-17** 웹 브라우저의 저장소, 쿠키

헝그리정신의 인증과 인가 과정에도 쿠키를 한 번 적용해 봅시다. 앞서 이야기했던 것처럼, 헝그리정신 서비스의 회원 데이터베이스는 아래의 표처럼 구성되어 있습니다. 헝그리정신의 인증 담당 서버는 ID와 비밀번호 정보를 받으면 사용자를 확인한 후 해당 사용자의 신원 정보와 권한 정보를 응답합니다. 만약 사용자가 ID에 'ilovefood'를, 비밀번호에 'Akfg1203r4'를 입력해서 로그인을 진행한다면, 헝그리정신의 인증 담당 서버는 인증 정보인 사용자 고유 번호(12345)와 이름 정보(홍길동), 그리고 인가 정보인 사용자 유형 정보(손님)를 클라이언트에게 반환하게 될 것입니다.

▼ **그림 7-18** 헝그리정신의 회원 데이터베이스

사용자 번호	ID	비밀번호	사용자 유형	이름
12345	ilovefood	Akfg1203r4	손님	홍길동
12346	iambestchef	Dago21351l	사장님	김사장
12347	iampm	Dakfa134	손님	나기획

이때, 앞의 정보를 응답 받은 클라이언트는 사용자의 정보를 다음과 같은 형태의 쿠키로 기록해 둘 수 있습니다.

<hungrymind.com의 쿠키 파일>

userNum=12345

userType=customer

이렇게 응답 받은 인증 정보와 인가 정보를 쿠키에 저장해 두면, 이후의 요청에서 해당 정보를 활용할 수 있습니다. 사용자의 '마이페이지' 화면에 접근하고자 할 때도, 다시 사용자에게 로그인을 요청할 필요 없이 서버에게 '사용자 번호가 12345인 사용자의 마이페이지 화면을 보여 줘'라고 요청을 보내면 됩니다. 쿠키로 저장한 'userNum=12345' 정보를 활용해서 말이죠! 클라이언트가 이 정보를 가지고 있다는 사실이 이미 인증과 인가 절차를 진행한 사용자라는 것을 의미하기 때문에, 서버는 해당 정보를 보고 곧바로 사용자를 인식하고 요청을 처리해 줍니다.

▼ **그림 7-19** 쿠키를 활용한 인증 정보 저장 방식

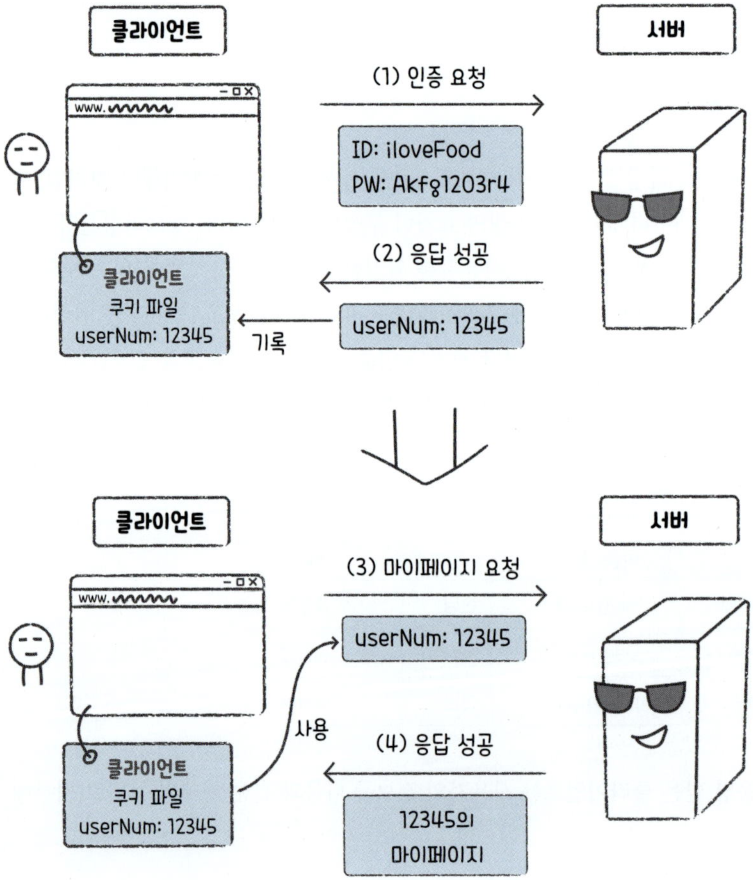

실제로 많은 IT 서비스가 인증과 인가 과정에 쿠키를 활용하고 있습니다. 특정 IT 서비스가 사용자의 인증 정보를 웹 브라우저 쿠키에 저장한다는 사실은 생각보다 간단하게 확인할 수 있습니다. 네이버 로그인을 통해 확인해 볼까요? 먼저 네이버에 로그인합니다. 그리고 브라우저의 설정에서 '쿠키 삭제'를 진행합니다. 그리고 다시 네이버 화면을 확인해 보면, 로그아웃 버튼을 누르지 않았는데도 자동으로 로그아웃된 것을 확인할 수 있습니다.

왜 이런 일이 발생할까요? 쿠키를 삭제했을 때 쿠키에 저장되어 있던 인증 정보도 삭제되었기 때문입니다. 쿠키를 삭제하면 로그인 상태를 유지하기 위해 네이버가 쿠키에 저장해 둔 인증 정보와 인가 정보도 삭제됩니다. 남겨둔 쿠키 조각이 사라져 집을 찾을 수 없는 헨젤과 그레텔처럼, 사용자 신원을 알 수 있는 단서를 잃어버린 셈입니다. 따라서 브라우저는 서버에 요청을 보낼 때 '어떤 사용자의 요청인지'를 설명할 수 없게 되고, 서버는 누가 보낸 건지 모르는 요청을 처리해 줄 수 없습니다. 이로 인해 쿠키 삭제만 했을 뿐인데도 모든 걸 잊어버린 사람처럼 자동으로 로그아웃되어 버린 서비스 화면을 마주하게 되는 것입니다.

▼ **그림 7-20** 브라우저에서 쿠키를 삭제하기

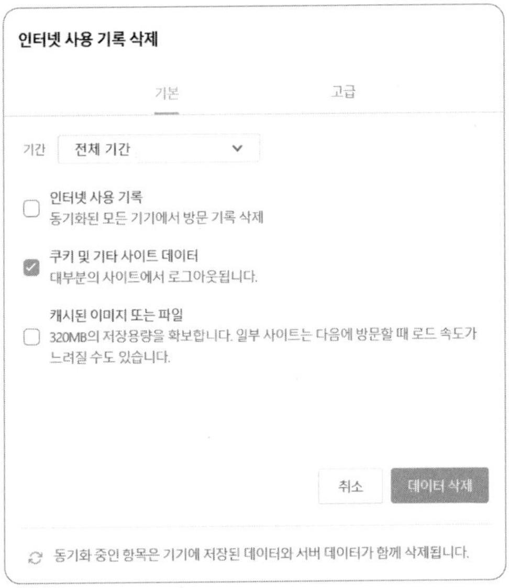

이렇게 쿠키에 사용자의 인증, 인가 정보를 바로 저장하고 활용하는 방식은 편하고 간단하지만 보안상의 한계점 또한 명확합니다. 쿠키는 웹 브라우저의 임시 데이터를 보관하는 파일로, 쿠키 파일은 웹 브라우저가 실행되는 기기에 저장되어 있습니다. 이 쿠키 파일은 마치 노트북에 저장되어 있는 다른 문서 파일처럼 해당 기기를 사용하는 누구나 열어 보고 확인할 수 있습니다.

IT 서비스는 민감한 정보를 많이 가지고 있기 때문에 서버 컴퓨터와 애플리케이션 보안에 많은 노력을 쏟고 있습니다. 하지만 개인 사용자의 컴퓨터는 그만큼 안전하지 않습니다. 즉, 해킹이 쉽다는 뜻입니다. 이처럼 해킹이 쉬운 환경에 저장되어 있는 쿠키 파일에 민감한 정보를 그대로 저장하면 어떤 문제가 발생할까요? 내 컴퓨터에 접근한 제3자가 쿠키 파일을 열어 보면, 나의 소중한 정보가 그대로 노출됩니다!

▼ 그림 7-21 해킹하기 쉬운 쿠키

누군가 내 컴퓨터의 쿠키 파일에 저장된 인증과 인가 정보를 훔친 뒤, 헝그리정신의 서버에 이 정보를 활용해서 요청을 보내면 어떻게 될까요? 서버는 요청 정보만 보고 별다른 의심 없이 요청을 수행합니다. 즉, 인증 정보를 탈취한 제3자가 나인 척하고 마음대로 서비스를 사용할 수 있는 것입니다. 만약 노출된 정보가 은행 서비스 등 민감한 서비스의 인증 정보라면, 사용자에게 심각한 문제를 초래할 수 있습니다.

이처럼 사용자의 인증과 인가를 유지하기 위해 쿠키에 인증, 인가 정보를 '직접' 저장하는 방식은 편하고 직관적이지만, 보안이 취약하다는 치명적인 단점이 있습니다. 그렇다면 사용자의 인증과 인가 상태를 유지하면서도 정보를 안전하게 관리할 수 있는 방법은 없을까요? IT 세상은 언제나 답을 찾아냅니다. 쿠키의 단점을 보완하기 위해 찾아낸 새로운 데이터 저장 방식이 바로 '세션'입니다.

7.3.2 세션

IT 서비스를 사용하다 보면 '세션이 만료되었습니다. 다시 로그인해 주세요.'와 같은 안내 문구를 종종 보게 됩니다. 무슨 일이 발생한 건지는 모르겠지만, 일단 시키는 대로 로그인을 하면 다시 IT 서비스를 사용할 수 있죠. 사실, 여기서 이야기하는 '세션'은 인증과 인가 정보를 저장하는 또 하나의 방법입니다.

▼ **그림 7-22** 세션이 만료되었다는 안내 메시지

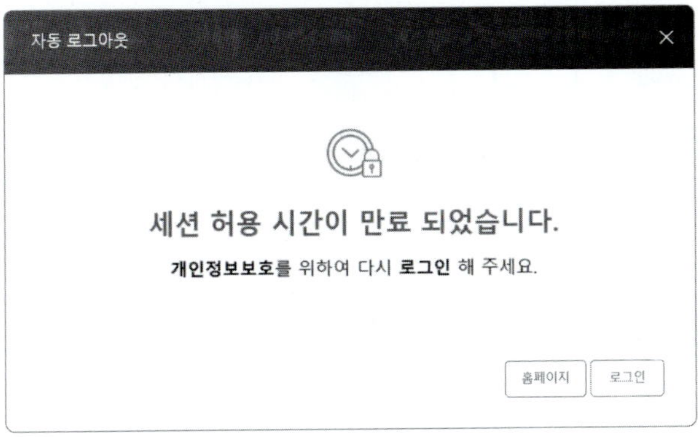

다시 헝그리정신 서비스의 로그인 상황으로 돌아가 봅시다. 홍길동이라는 사용자가 로그인을 요청했고, 서버가 인증 정보와 인가 정보를 확인했습니다. 사용자가 로그인 상태를 계속 유지하려면 이 정보를 어딘가에 저장해 두어야 하지만, 쿠키에 민감한 정보를 그대로 저장하는 건 아무래도 불안합니다. 그래서 하나의 단계를 더 추가하기로 합니다. 아래처럼 새로운 데이터베이스를 하나 더 만들어서 민감한 정보를 저장하고, 쿠키에는 해당 정보의 식별자(ID)인 'abc123'를 저장해 두는 것입니다.

▼ **그림 7-23** 로그인한 사용자의 인증/인가 정보 DB

세션 ID	세션 유효 시간	사용자 번호	사용자 유형
abc123	(마지막 요청부터 10분 후)	12345	손님
def45ab	(마지막 요청부터 10분 후)	12346	사장님

이러한 구조는 중요한 물건은 안전한 금고에 보관하고 열쇠만 들고 다니는 것과 비슷합니다. 사용자의 인증 및 인가 정보는 IT 서비스가 직접 관리하는 안전한 공간에 보관하고, 해당 정보에 접근할 수 있는 열쇠만 사용자의 클라이언트가 들고 있는 것입니다. 클라이언트는 인증 완료 후에도 사용자의 인증 정보를 직접 알 수는 없습니다. 대신 인증 정보를 확인하는 열쇠인 'abc123'을 전달받습니다. 이를 쿠키에 저장해 두고 요청에 활용하면, 마치 쿠키에 인증 정보를 직접 저장하고 사용하는 것과 동일한 효과를 얻을 수 있습니다. 이처럼 민감한 사용자의 정보를 클라이언트가 아닌 서버에 저장해서 인증과 인가 상태를 유지하는 것을 '세션 방식'이라고 이야기합니다.

▼ **그림 7-24** 세션을 활용한 인증 정보 저장 방식

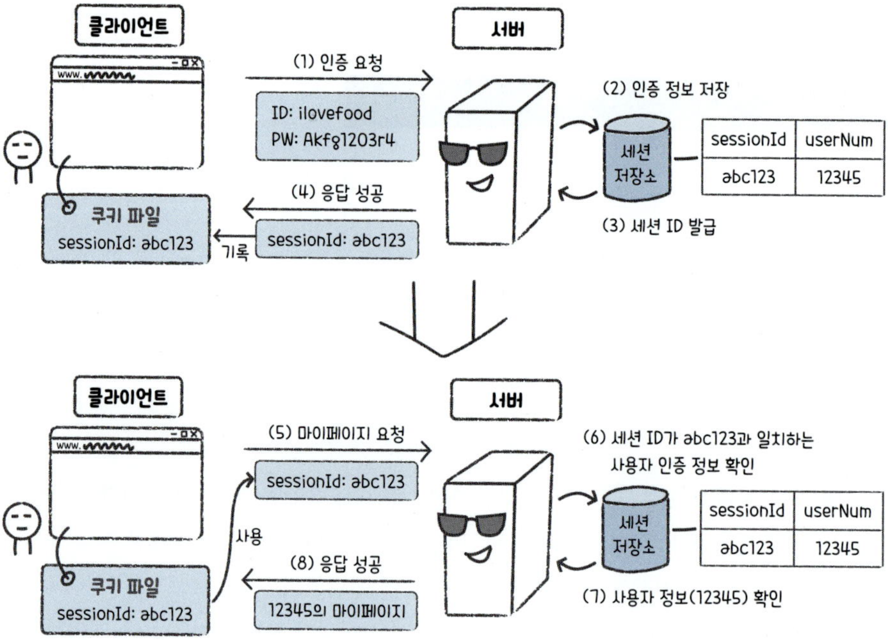

세션(session)은 **서버에서 특정 클라이언트와 연결을 유지하고 있는 상태**를 의미합니다. 또는, **연결 상태를 유지할 수 있게 해 주는 정보** 자체를 세션이라고 부르기도 합니다. 일반적으로 서버는 요청을 보낸 클라이언트를 식별할 수 없습니다. 이름표인 인증 정보가 달려 있어야만 누구의 요청인지 알아챌 수 있죠. 하지만 세션을 활용하면 서버가 클라이언트를 기억할 수 있습니다.

> **세션**: 서버가 클라이언트와 연결되어 있는 상태 또는 연결 상태에 대한 정보

세션 구조를 사용하는 경우, 사용자가 로그인에 성공하면 서버는 해당 사용자의 정보를 별도의 공간에 저장합니다. 인증 상태를 유지해야 하는 사용자의 정보를 서버가 기록해 두고 클라이언트에게는 인증 정보 대신 식별자 정보만 반환합니다. 그 후 서버는 클라이언트의 요청이 들어오면 식별자를 바탕으로 저장 공간에서 일치하는 사용자 정보를 찾고, 그 정보를 바탕으로 요청을 처리합니다. 이러한 과정을 통해 서버는 클라이언트의 자기 소개 없이도 요청을 보낸 사용자를 알아볼 수 있습니다.

이때, 사용자의 정보를 저장하는 공간을 '세션 DB', 특정 사용자의 정보와 연결된 식별자를 '세션 ID'라고 이야기합니다. 서버는 세션 DB에 저장된 세션 ID를 바탕으로 요청을 보낸 클라이

언트가 인증이 유지되고 있는 사용자인지, 즉 인증 세션이 유효한 사용자인지 판단하는 것입니다.

인증과 인가 과정에 세션 방식을 활용하면 민감한 개인 정보를 더 안전하게 관리할 수 있습니다. 실제 정보가 아닌 세션 ID라는 임의의 문자열은 그 자체로는 별다른 의미가 없습니다. 누군가 세션 ID를 본다고 해도 이 문자열을 통해 알아낼 수 있는 정보는 없습니다. 진짜 중요한 정보는 IT 서비스의 철저한 관리하에 있는 세션 DB에 들어 있죠. 그렇기에 제3자가 쿠키 파일을 탈취하더라도 사용자의 민감한 정보가 바로 노출되지 않습니다.

이러한 이중 저장 구조에서 오는 안전성 외에도, 세션은 다양한 보안적 이점을 가지고 있습니다. 가장 대표적인 보안 장치는 바로 '세션 유효 시간'입니다. IT 서비스는 세션 DB에 저장되어 있는 세션 정보에 유효 시간을 설정할 수 있습니다. 그리고 유효 시간이 지나도록 사용하지 않은 세션 정보는 세션 DB에서 삭제해 버립니다. 이처럼 일정 기간 동안 사용하지 않은 세션 정보를 세션 DB에서 삭제하도록 설정하면, 사용자의 로그인 상태 정보가 불필요하게 오래 저장되거나 해킹 위험에 노출되는 것을 방지할 수 있습니다.

만약 세션 유효 기간이 지나서 세션 정보가 삭제되면 어떻게 될까요? 세션 DB에서 세션 정보가 삭제된 사용자의 경우, 기존 세션 ID로는 더 이상 일치하는 정보를 찾을 수 없습니다. 이미 해당 세션 ID는 만료되었으니까요! 따라서 서버는 요청 처리에 실패하고, 사용자는 '세션이 만료되었습니다.'라는 안내 문구와 함께 로그아웃을 당하게 됩니다. 서비스를 사용하려면 다시 로그인을 해서 나의 인증 정보를 세션 DB에 기록해야 하는 것입니다.

또한 세션 ID가 제3자에게 노출되었다고 판단되었을 때 IT 서비스는 직접 세션 DB의 정보를 삭제해 노출된 세션 ID를 만료시킬 수도 있습니다. 해킹된 세션 ID를 아무 의미 없는 문자열로 만들어 버리는 것입니다. 이러한 즉시 강제 로그아웃 기능은 인증 정보를 서버가 관리하는 세션 방식에서만 사용할 수 있습니다.

▼ **그림 7-25** 쿠키보다 안전한 세션 방식

이처럼 세션을 활용하면 사용자의 인증 및 인가 정보를 IT 서비스 외부로 내보내지 않고 사용자의 로그인 상태를 유지할 수 있습니다. 쿠키만 사용하는 방식에 비해 훨씬 안전하죠. 하지만 세션 방식에도 여러 한계점이 존재합니다.

세션 방식을 사용하는 경우, IT 서비스의 서버는 요청이 들어올 때마다 세션 DB를 조회해야만 합니다. 쿠키만 사용할 때보다 서버가 해야 하는 일이 늘어난 것입니다. 이로 인해 서버의 작업 부담이 증가하고, 서버의 반복적인 세션 조회는 응답 지연이나 서버 과부하로 이어질 수 있습니다.

IT 서비스 확장성에도 제약이 생깁니다. 사용자가 증가하고 기능이 복잡해지면 서버에서 관리해야 하는 세션 정보의 양도 함께 늘어나기 마련입니다. 그 결과, 세션 기반 구조는 서비스를 설계하고 확장할 때 더 많은 부담과 제약을 안게 될 수밖에 없습니다.

그렇다면 서버에 부담을 주지 않으면서도 사용자 정보를 안전하게 다룰 수 있는 방법은 없는 걸까요? 당연히 있습니다! 지금이 바로 '토큰' 기반의 인증 방식이 등장할 때입니다.

7.3.3 토큰

이번에는 놀이공원으로 가볼까요? 즐거움이 가득한 놀이공원 역시 '인증'과 '인가'가 빈번하게 발생하는 공간입니다. 놀이공원에서는 처음 놀이공원에 입장할 때와 특정 놀이기구를 탈 때 직원들이 표를 검사하곤 합니다. 이 사람이 놀이공원에 들어오기 위해 입장권을 구매한 사람인지, 또 어떤 놀이기구를 얼마나 탈 수 있는지 확인해야 하기 때문입니다. 예전에는 놀이공원 입장권을 구매하면 모든 정보가 적혀 있는 종이 티켓을 받았지만, 최근에는 QR 코드 형태의 티켓을 사용하는 곳도 많습니다.

직접적인 정보가 적힌 티켓 대신 QR 코드로 된 티켓을 사용하면 장점이 많습니다. 먼저, 고객 정보가 바로 노출되지 않습니다. 예약자의 정보와 탈 수 있는 놀이기구의 개수 등이 모두 적힌 티켓은 누군가가 티켓을 훔쳐 갔을 때 사용자의 개인 정보가 그대로 노출됩니다. 또한 훔쳐간 티켓을 사용하지 못하도록 물리적으로 막을 방법도 없고, 훔쳐간 티켓을 자유이용권으로 위조해서 사용하더라도 놀이공원의 직원은 위조된 티켓을 알아보기 어렵습니다.

하지만 QR 코드로 된 놀이공원 티켓은 누가 훔쳐가서 읽어 봐도 사용자의 정보를 알아내기 어렵습니다. 티켓을 분실했을 때의 처리도 훨씬 간단합니다. 사용자가 직원에게 티켓 분실 사실을 알리면, 놀이공원의 직원은 기존 QR 코드를 즉시 만료하고 새로운 QR 코드를 발급해 줍니다. 만료된 QR 코드가 있는 티켓은 무의미한 종이 쪽지일 뿐입니다. 또한 QR 코드 형태로 저장된 정보는 위조하기도 어렵습니다. 설령 위조를 시도하더라도 시스템에서 위조 여부를 쉽게 판별해 낼 수 있습니다.

이처럼 정보를 QR 코드처럼 알아보기 어려운 형태로 바꿔서 관리하면, 원본 데이터를 직접 사용하는 것보다 훨씬 안전하고 편하게 활용할 수 있습니다. 보안과 효율이 중요한 IT 세상에도 비슷한 방식을 사용하고 있습니다. 사용자의 인증과 인가 정보를 바로 사용하지 않고, 알아보기 어려운 방식으로 바꾸어서 사용하는 것이죠. 이렇게 변환한 데이터를 우리는 '토큰'이라고 부릅니다.

▼ **그림 7-26** 안전한 형태로 공유되는 데이터

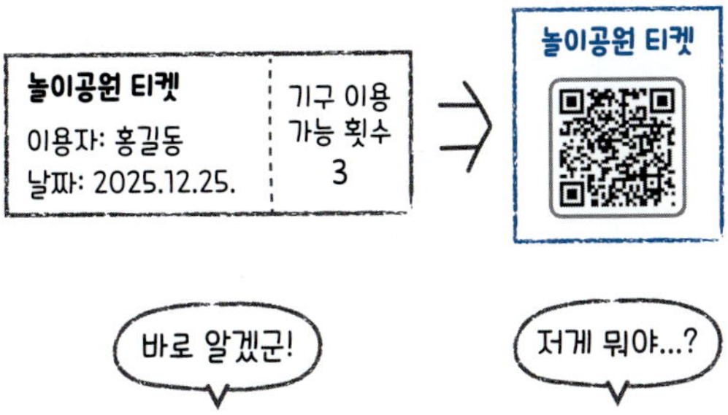

토큰은 여러 정보를 특정 규칙에 따라 하나의 문자열로 변환한 값입니다. IT 세상에는 다양한 종류의 토큰이 존재합니다. 하지만 이 장에서 이야기하는 **토큰**은 주로 **사용자의 인증과 권한 정보를 담고 있는 암호화된 문자열**에 해당합니다. 토큰은 서버만 알고 있는 특정한 규칙에 따라 생성되며, 생성된 토큰의 값은 유일합니다. 토큰 안에는 사용자의 인증 및 권한 정보, 토큰의 유효기간, 그리고 토큰의 위변조를 방지하는 서명(signature) 등이 포함될 수 있습니다.

> **토큰**: 사용자의 인증과 권한 정보를 포함한 고유하고 암호화된 문자열

앞서 살펴본 쿠키와 세션이 데이터를 저장하고 관리하는 방식이면, 토큰은 쿠키나 세션 등에 저장되고 관리되는 데이터의 형태입니다. QR 코드처럼 한 번 변환된 데이터인 셈이죠. 즉, 토큰은 주요 정보를 암호화한 보다 안전한 데이터이고, 원본 정보 대신 쿠키나 세션에 저장될 수 있습니다. 인증과 인가 과정에서 '원본 정보' 대신 '토큰'을 사용하면, 사용자 정보를 보다 안전하고 효율적으로 처리할 수 있는 것입니다.

▼ **그림 7-27** 원본 데이터 대신 토큰을 활용한 인증 정보 저장

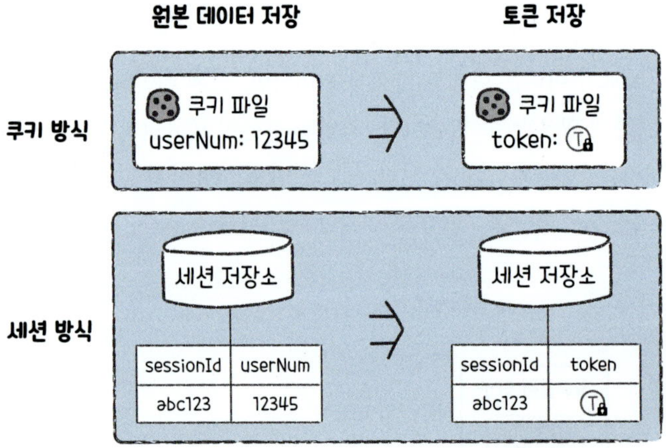

원본 정보 대신 토큰을 저장하면 민감한 정보가 직접적으로 유출되는 것을 막을 수 있습니다. 세션 ID만 보고는 유의미한 정보를 알아낼 수 없는 것처럼, 단순히 토큰만 봐서는 그 속에 어떤 내용이 들어 있는지 알 수 없습니다. 굳이 서버에 부담을 주는 세션 방식을 사용하지 않아도 세션이 가진 보안상의 이점을 챙길 수 있는 것입니다. 물론 훨씬 안전하게 정보를 보관하고 싶은 경우에는 세션 방식과 토큰 방식을 함께 사용하기도 합니다.

또한 토큰 형태의 데이터는 위변조도 매우 어렵습니다. 쿠키나 세션에 사용자의 정보를 그대로 사용하는 경우, 누군가 데이터를 슬쩍 조작해서 사용하더라도 서버가 위조 여부를 판단하기 어렵습니다. 하지만 토큰에는 데이터 위변조를 판단할 수 있는 '서명(signature)'이 존재합니다. 서버만 아는 방식으로 생성되는 서명 덕분에, 토큰 방식으로 데이터를 주고받게 되면 제3자가 데이터를 변경하여 적절하지 않은 요청을 하는 상황을 막을 수 있습니다.

토큰은 확장성 측면에서도 매우 유용합니다. 기술이 발전하면서 내부적인 통신을 넘어서 서로 다른 애플리케이션, 플랫폼 간 통신이 필요한 경우가 많아졌습니다. 이때, '표준 방식의 토큰'을 사용하면 훨씬 편하고 안전하게 정보를 주고받을 수 있습니다. 표준 방식의 토큰은 생성 구조와 암호화 방식이 공개되어 있습니다. JWT(JSON Web Token) 방식이 대표적이죠. 이러한 표준 방식을 따라 만들어진 토큰은 어떤 서버가 확인하더라도 동일하게 읽고 해석할 수 있습니다. 서로 다른 애플리케이션을 연결하고 기능을 확장할 때, 토큰을 만능 열쇠처럼 활용할 수 있는 것입니다.

▼ **그림 7-28** 공유 가능하고, 변조가 불가능한 토큰

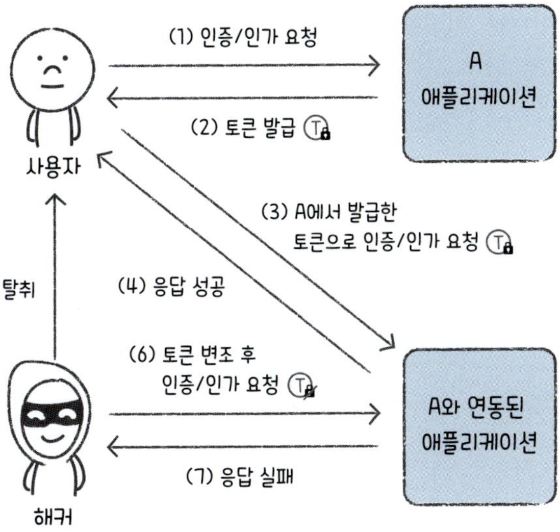

쿠키, 세션, 토큰은 인증과 인가 정보를 기억하고 관리해 사용자가 애플리케이션을 끊김 없이 이용할 수 있도록 만들어 주는 일등공신들입니다. 모두 '사용자의 신원과 권한 정보를 유지해, 안정적인 사용 환경을 제공한다'는 목적을 달성하기 위한 수단인 것입니다. 하지만 쿠키, 세션, 토큰 방식이 가지고 있는 장단점은 서로 명확히 다릅니다. 결국 인증과 인가 정보 처리 방식을 선택하는 건, 편리함과 안전함의 줄다리기 사이에서 어떤 쪽에 좀 더 힘을 실어 줄지 결정하는 것이라고도 볼 수 있습니다. 따라서 인증과 인가 절차를 구성할 때는 서비스의 목적, 규모, 보안 요구 수준 등을 종합적으로 고려해 가장 적절한 방식을 선택하는 것이 중요합니다.

7.4 SECTION 인증 방식의 다양화

로그인은 보통 문자열 형태의 ID와 비밀번호를 직접 입력하는 방식으로 이루어집니다. 이러한 로그인 과정은 너무나도 익숙하지만, 때로는 계속해서 무언가를 입력해야 하는 과정이 귀찮게 느껴지곤 합니다.

사실, 로그인이라는 인증 과정은 IT 서비스를 만드는 사람에게도 어렵고 귀찮은 일입니다. IT 서비스를 사용할 때 사용자가 처음 보게 되는 화면은 보통 로그인 화면입니다. 첫 인상과도 같은 로그인 과정에 문제가 생기면, 사용자는 금방 서비스를 떠나갑니다. 다른 기능보다 더 신경

이 쓰일 수밖에 없죠. 또한 로그인은 보안과 직결되는 기능이다 보니, 인증 로직과 데이터 관리에도 훨씬 심혈을 기울여야만 합니다. 이러한 인증 기능을 직접 만들고 관리하는 것 자체가 IT 서비스에게는 큰 부담입니다.

▼ **그림 7-29** 모두에게 귀찮은 로그인

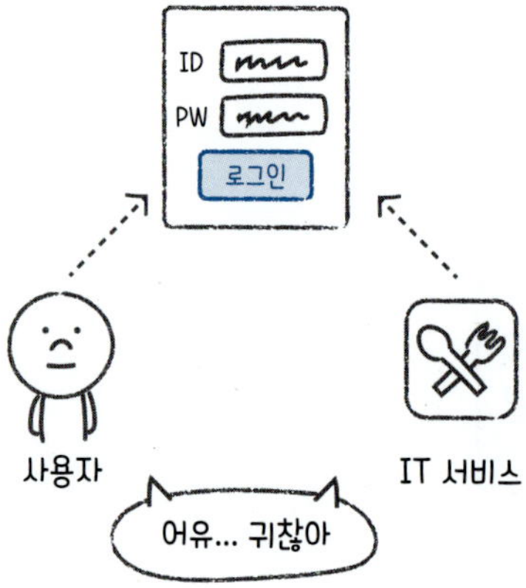

그렇다면 이런 귀찮은 과정 없이, 사용자와 IT 서비스 모두가 편하게 로그인을 활용할 수 있는 방법은 없을까요? 역시나 IT 세상은 해답을 가지고 있습니다. 최근 IT 서비스는 기존의 익숙한 로그인 방식에서 더 나아가 편하고 안전하게 로그인을 할 수 있는 다양한 인증 방식을 제공하고 있습니다. 그중 최근 많이 사용되고 있는 인증 방식인 '소셜 로그인'과 'SSO'를 일상 속 예시와 함께 알아볼까요?

7.4.1 대신 인증 좀 해 주세요, 소셜 로그인

일반적인 IT 서비스는 직접 인증의 모든 과정을 처리합니다. 사용자에게 로그인 화면을 보여주는 것부터 인증 정보를 응답하는 것까지 말입니다. 사용자 역시 특정 서비스를 사용할 때마다 독립적인 로그인 과정을 거쳐야 합니다. IT 서비스의 화면에서 로그인 버튼을 찾고, 회원가입을 할 때 등록한 ID와 비밀번호를 입력해서 로그인을 진행합니다. 이러한 인증 구조는 사용자에게 해당 IT 서비스만을 위한 ID와 비밀번호를 만들고, 매번 직접 입력하도록 요구합니다. 100개의 서비스를 사용하는 사용자는 100개의 ID와 비밀번호를 만들고, 이를 모두 기억해야만 합니다.

하지만 요즘의 로그인은 조금 다릅니다. 최근 IT 서비스를 사용하다 보면, 회원가입이나 로그인을 할 때 직접 아이디를 입력하는 방법 외에 새로운 선택지가 제시되는 경우가 많습니다. 혹시 '카카오 계정으로 로그인', '네이버로 시작하기'와 같은 버튼을 본 적이 있나요? 이 버튼을 클릭하면 별도의 정보를 입력하지 않고도 네이버, 카카오와 같은 서비스의 계정을 활용하여 간편하게 회원가입과 로그인을 할 수 있습니다. 이처럼 일반적으로 많이 사용하는 IT 서비스의 계정에 기대어 인증 과정을 처리하는 방식을 '소셜 로그인'이라고 부릅니다.

▼ **그림 7-30** TVING 서비스에서 제공하는 소셜 로그인

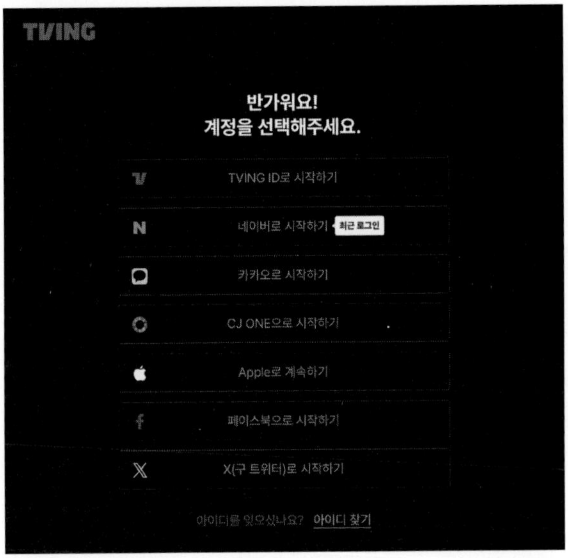

소셜 로그인(Social Log-in)은 **기존 소셜 미디어 계정을 통해 다른 서비스에 회원가입 또는 로그인할 수 있는 서비스**를 의미합니다. 소셜 사인온(Social Sign-on) 또는 소셜 사인인(Social Sign-in)이라고 부르기도 합니다. 소셜 로그인을 활용하면 사용자는 매번 새로운 아이디와 비밀번호를 만들 필요가 없습니다. 이미 가지고 있는 계정으로 인증을 진행하고 서비스를 사용할 수 있으니까요! 소셜 로그인에는 많은 사람들이 사용하는 구글, 네이버, 카카오 등의 계정이 주로 활용됩니다. 소셜 로그인을 통해 하나의 계정이 여러 IT 서비스의 대문을 여는 만능 열쇠처럼 사용할 수 있는 것입니다.

> **소셜 로그인(Social Log-in)**: 외부 서비스의 계정을 이용해 회원가입 또는 로그인할 수 있는 프로세스

소셜 로그인의 가장 큰 특징은 사용자가 로그인을 하는 IT 서비스에서 직접 인증을 처리하지 않는다는 점입니다. 즉, IT 서비스를 제공하는 주체와 인증을 처리하는 주체가 다릅니다. IT 세상

의 분업 구조가 잘 동작하고 있는 사례로도 볼 수 있습니다.

소셜 로그인은 서비스 제공자(Service Provider, SP)와 인증 제공자(Identity Provider, IdP)가 분리된 구조를 가지고 있습니다. 사용자가 소셜 로그인을 할 때, 서비스 제공자와 인증 제공자는 각각 어떤 일을 하게 될까요? 가상의 맛집 탐색 서비스인 '헝그리정신'에서 소셜 로그인이 동작하는 모습을 보며 좀 더 자세히 알아봅시다.

헝그리정신 서비스는 네이버 계정을 활용한 소셜 로그인 기능을 제공하고 있습니다. 사용자가 헝그리정신 서비스의 화면에서 소셜 로그인을 통한 인증을 요청하면, 서비스 제공자인 헝그리정신은 인증 제공자인 네이버에게 인증 요청을 넘겨 버립니다. 인증 요청을 받은 네이버가 헝그리정신 대신 사용자 인증을 진행하는 것입니다. 이때 사용자는 사용하고자 하는 헝그리정신 서비스가 아닌, 인증 제공자인 네이버의 서비스의 로그인 화면을 통해 로그인을 하게 됩니다. 만약 사용자의 클라이언트가 이미 네이버에 로그인이 되어 있는 상태라면 네이버는 사용자에게 별도 로그인을 요청할 필요조차 없습니다. 클라이언트가 가지고 있던 기존 인증 정보를 바로 넘겨버리면 되니까요! 서비스 제공자인 헝그리정신은 네이버가 대신 인증을 완료한 사용자 정보를 전달받아서 사용하면 됩니다. 복잡한 인증 과정을 직접 처리하지 않아도 사용자를 식별하고 그에 맞는 화면을 보여 줄 수 있는 것입니다.

▼ **그림 7-31** 소셜 로그인의 동작 구조

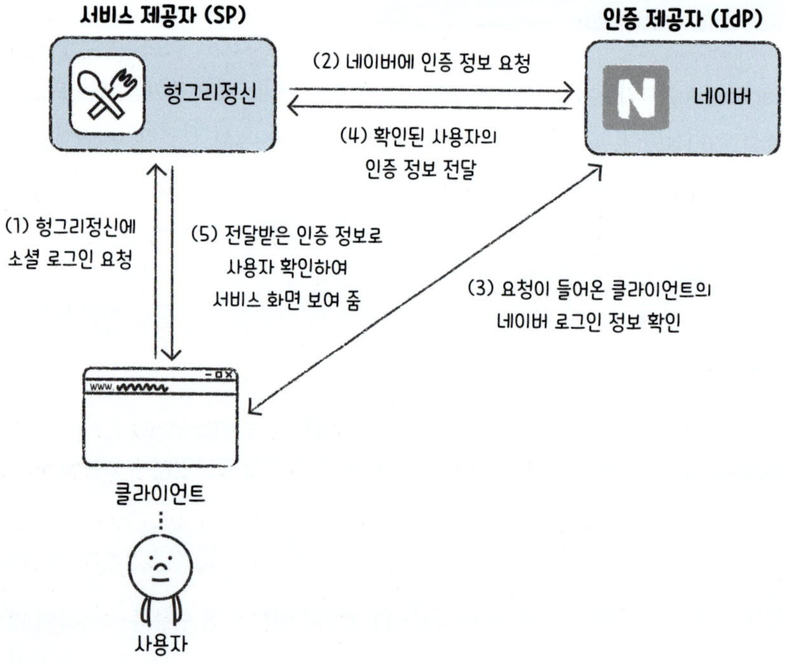

최근 많은 IT 서비스가 이러한 구조를 바탕으로 소셜 로그인을 제공하고 있고, 심지어는 자체 로그인 없이 소셜 로그인으로만 인증을 처리하기도 합니다. 소셜 로그인이 이렇게 사랑 받는 이유는 모든 이해관계자에게 명확한 이익을 제공하기 때문입니다.

사용자는 IT 세상의 불편함을 참지 않습니다. 조금이라도 불편하고 귀찮은 부분이 있으면, 쉽게 서비스를 이탈하고 대안을 찾아 떠납니다. 특히, 사용자가 서비스를 가장 많이 이탈하는 시점이 바로 '회원가입'입니다. 많은 정보를 하나하나 입력해야 하는 회원가입 과정은 너무나도 번거롭습니다. 꼭 필요한 경우가 아니면 굳이 하고 싶지 않은 작업이죠. 그렇기에 많은 사용자가 가벼운 마음으로 서비스에 접근했다가 회원가입이 필요하다는 사실을 알게 되면 사용을 포기하곤 합니다.

이때, 소셜 로그인을 활용하면 서비스 제공자는 귀찮은 회원가입의 진입 장벽을 확 낮출 수 있습니다. 구글, 네이버, 카카오 등의 기존 계정을 활용하면, 사용자는 귀찮은 입력 없이도 회원가입을 완료할 수 있습니다. 기존 계정이 가지고 있는 정보를 받아서 활용하면 되니까요! 게다가 소셜 로그인의 인증 제공자는 쿠키, 세션, 토큰 기술을 통해 로그인이 유지되고 있는 경우가 많습니다. 즉, 사용자는 회원가입 과정에서 인증을 제공하는 서비스에도 로그인할 필요가 없을 때도 많습니다. 진짜 클릭 한두 번으로 새로운 IT 서비스의 회원가입이 끝나는 환경을 만들 수 있는 것입니다. 회원가입 이후의 로그인은 훨씬 간단합니다. '네이버로 로그인하기' 버튼을 한 번만 누르면 끝이죠.

물론 사용자도 소셜 로그인이 있는 게 훨씬 편리합니다. 소셜 로그인을 사용할 수 있다면 사용자는 IT 서비스마다 별도의 계정을 생성하고 관리하지 않아도 됩니다. 매번 ID와 비밀번호를 새롭게 생성하고 관리할 필요 없이 단 하나의 계정으로 수많은 서비스를 사용할 수 있는 것입니다. 잘 알지 못하는 IT 서비스에 직접 개인 정보를 제공하지 않고, 이미 신뢰하고 있는 인증 서비스 제공자를 통해 안전하게 인증을 진행할 수 있는 것도 장점 중 하나입니다.

인증 제공자는 어떨까요? 소셜 로그인을 통해 많은 IT 서비스의 인증이 하나의 계정으로 이루어지면, 해당 계정을 가진 서비스의 힘이 커지기 마련입니다. 소셜 로그인이 많이 사용될수록, 인증을 제공하는 서비스에 대한 사용자의 의존도 역시 계속 높아질 수밖에 없습니다. 사용자는 여러 서비스와 얽혀 있는 계정을 쉽게 탈퇴할 수 없을 테니까요! 즉, 인증 제공자 역시 소셜 로그인을 통해 충성 사용자를 늘리고 서비스 입지를 확대하고 있는 것입니다.

▼ 그림 7-32 서로 윈-윈하는 소셜 로그인

7.4.2 한 번의 인증으로 모두 OK, SSO(Single Sign-On)

IT 회사에서 일하게 되었다고 생각해 봅시다. 다른 회사도 마찬가지지만, 특히 IT 회사는 업무 시에 사용하는 IT 서비스가 매우 많습니다. 먼저, 같이 일하는 기획자, 개발자, 디자이너 등의 사람들과 소통하기 위한 메신저 서비스가 필요합니다. 좀 더 공적인 소통이나 외부 업체와의 연락을 하기 위해서는 메일 서비스도 필수적이죠. 업무 기록을 위한 노션(Notion), 프로젝트 관리를 위한 지라(Jira), 코드 작업을 위한 깃허브(GitHub), 디자인을 위한 피그마(Figma)도 대부분 사용하고 있습니다. IT 회사의 사람들은 일일이 기억하기도 어려울 정도로 많은 서비스를 사용하고 있고, 하루에도 수십 번씩 이 서비스들을 넘나들며 일을 하고 있습니다.

이때, 이 모든 IT 서비스를 사용할 때마다 로그인을 해야 한다면 어떨까요? 상상만 해도 귀찮습니다. 일만 해도 바빠 죽겠는데 말이죠! 이처럼 여러 IT 서비스를 한 번에 사용하는 상황에서 각각의 서비스가 별도의 로그인을 요구한다면, 사용자는 반복되는 로그인 절차에 쉽게 피곤해질 수 있습니다. 아무리 로그인이 한 번의 클릭으로 이루어진다고 해도 말입니다.

소셜 로그인도 편하긴 하지만, 더 편하게 하고 싶습니다. 어디든 한 번만 로그인하면 다른 IT 서비스의 인증도 자동으로 처리해 줄 수는 없는 걸까요? 놀랍게도 가능합니다! 최근 로그인 화면에서 종종 보이는 'SSO'가 이러한 꿈 같은 상상을 현실로 만들어 줄 수 있습니다.

▼ **그림 7-33** SSO 로그인 화면의 예시

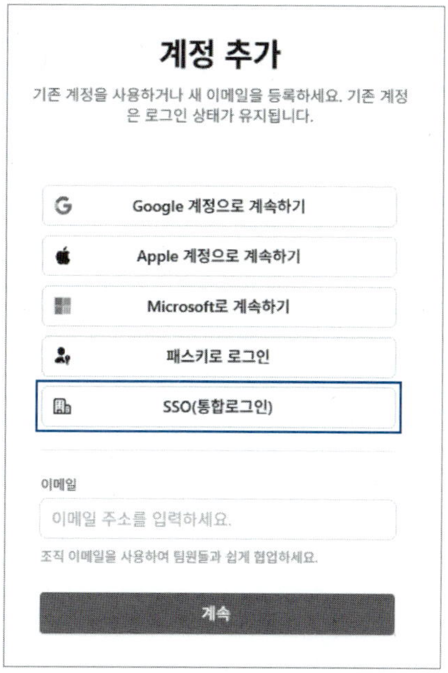

SSO(Single Sign-On)는 **사용자가 한 번의 인증으로 연동된 여러 서비스에 별도의 로그인 없이 접근할 수 있게 해 주는 인증 방식**입니다. 그 이름처럼, 사용자는 SSO를 통해 딱 한 번(single)의 로그인(sign-on)으로 여러 IT 서비스를 모두 인증된 상태로 편리하게 사용할 수 있습니다.

> **SSO(Single Sign-On)**: 한 번의 로그인으로 연동된 다수의 서비스를 사용할 수 있게 해 주는 인증 방식

SSO도 소셜 로그인처럼 서비스 제공자(SP)와 인증 제공자(IdP)가 분리된 구조를 가지고 있습니다. 기본적으로 인증 제공자는 인증을 처리하고, 서비스 제공자는 이를 받아서 활용합니다. 이때, SSO는 한 번의 로그인으로 발급된 인증 정보를 모든 연동 서비스가 함께 공유합니다. 소셜 로그인이 특정 서비스의 계정을 만능 열쇠처럼 만들어 준다면, SSO는 연동된 서비스를 마음대로 드나들 수 있는 마패를 발급해 주는 것과 같습니다. 따라서 SSO를 통해 한 번 로그인을 하고 나면, 이후에 연동된 IT 서비스를 사용할 때는 별도의 로그인 절차가 필요 없습니다. SSO의 마패를 보여 주기만 하면 바로 인증이 끝나는 것이죠!

물론 이러한 인증 공유는 아무나 할 수 있는 게 아닙니다. SSO를 통해 인증을 공유하기로 미리 약속한 친구들끼리만 이 마패를 사용할 수 있습니다. SSO를 통해 인증을 공유하기 위해서는 가장 먼저 SSO 서비스를 제공하는 인증 제공자(IdP)를 선택해야 합니다. SSO 제공자로는 Okta라는 서비스가 가장 대표적입니다. 인증 제공자를 정했다면, 해당 인증 제공자에서 인증 정보를 공유할 IT 서비스를 등록해야 합니다. 이렇게 등록한 IT 서비스는 인증 마패를 함께 사용하게 되는 것입니다. 이때, 앞서 이야기한 토큰이 SSO의 인증 마패의 역할을 하게 됩니다.

모든 설정이 끝나면, 사용자는 SSO 계정을 통해 여러 IT 서비스에 한 번에 로그인할 수 있게 됩니다. 연동된 IT 서비스 중 한 군데에서 SSO를 진행하면, 인증 제공자는 연동된 서비스가 함께 사용할 수 있는 인증 토큰을 발급합니다. 이제 이 인증 토큰을 가지고 있는 한 연동된 모든 서비스가 해당 토큰을 활용해서 요청을 처리할 수 있습니다.

▼ **그림 7-34** 한 번에 여러 서비스를 인증할 수 있는 SSO

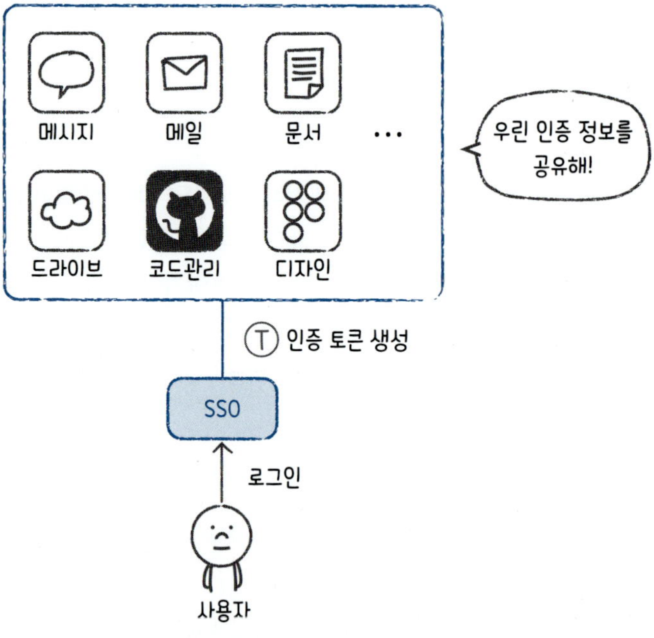

SSO는 일반 사용자를 대상으로 하는 서비스보다는 기업용 B2B(Business to Business) 서비스에서 많이 사용됩니다. 사실 네이버, 카카오톡, 쿠팡처럼 개인 단위로 사용하는 IT 서비스는 굳이 비싼 돈 내고 귀찮은 설정 과정을 거치면서 SSO를 사용할 이유가 없습니다. 각각의 IT 서비스를 연속적으로 사용하는 게 아니기 때문에, 그냥 개별 서비스가 필요할 때 각각 로그인을 해도 크게 불편하지 않습니다.

하지만 기업에서 사용하는 IT 서비스는 조금 상황이 다릅니다. 메신저, 메일, 문서, 프로젝트 관리, 디자인 도구 등 연결된 업무 환경 속에서 수없이 넘나들면서 사용되는 IT 서비스에 매번 로그인을 해야 하면, 로그인만 하다 하루가 끝날 수도 있습니다. 이런 경우 SSO를 통해 인증 정보를 공유하면 훨씬 효율적입니다. 한 번만 로그인하면 업무 시간 내내 다시 로그인을 할 필요가 없으니까요! 또한 SSO는 믿을 만한 인증 제공자를 통해 인증 정보를 한 번에 관리할 수 있다는 보안적인 장점도 있습니다. 그렇기에 네이버에서 제공하는 기업용 서비스인 네이버웍스나 유명한 기업용 서비스인 노션, 깃허브, 피그마 등은 모두 SSO 로그인을 제공하고 있습니다.

기존의 번거로운 로그인 과정을 개선하기 위해 등장한 소셜 로그인과 SSO는 사용자와 개발자 모두에게 윈-윈(win-win)인 효율적인 인증 방식입니다. 사용자는 귀찮은 인증 절차에서 벗어날 수 있고, 서비스 제공자와 인증 제공자는 각자가 잘하는 부분에 집중하며 시너지를 낼 수 있습니다. 물론 인증 방식의 발전은 여기서 멈추지 않습니다. 점점 더 높은 사용 편의성이 요구되는 IT 세상에서 인증 방식은 지금 이 순간에도 끊임없이 발전하고 있습니다. 지금은 너무나 편리한 소셜 로그인과 SSO가 몇 년 뒤에는 불편하게 느껴질지도요!

Plus ID와 비밀번호 없이도 인증을 할 수 있다고요?

로그인을 할 때마다 ID와 비밀번호를 직접 입력하는 건 매우 번거로운 일입니다. 문자열 형태의 ID와 비밀번호는 기억하기도 어렵고, 입력하기도 귀찮습니다. 또한 이러한 방식은 나의 인증 정보가 제3자에게 노출되기 쉽습니다. 누군가 몰래 숨어서 로그인 과정을 훔쳐보기만 해도 알 수 있죠. 귀찮고 불편한 ID나 비밀번호가 아닌, 더 안전하고 편리한 인증 방법은 없는 걸까요?

오늘날 IT 세상을 살아가는 여러분은 이미 알고 있겠지만, 당연히 있습니다! 이미 일상 속에서도 전화번호, QR 코드, 지문 등을 활용해 ID와 비밀번호가 아닌 방법으로 로그인을 제공하는 서비스를 쉽게 볼 수 있습니다. 이처럼 **기존의 ID나 비밀번호에 의존하지 않고, 다른 수단을 통해 사용자의 신원을 확인하는 방식**을 **비밀번호 없는 인증**(Passwordless Authentication)이라고 합니다.

▼ **그림 7-35** 비밀번호 없는 인증

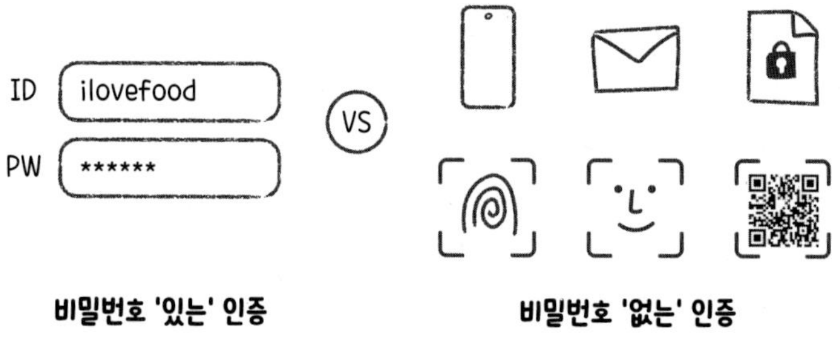

QR 코드는 비밀번호 없는 인증에 활용되는 대표적인 수단 중 하나입니다. TV에서 넷플릭스나 유튜브 등의 서비스에 로그인할 때, ID와 비밀번호 입력란보다 QR 코드가 더 크게 나오곤 합니다. 안내에 따라 TV 화면에 나타난 복잡한 QR 코드를 모바일 기기로 스캔하기만 하면, 사용자는 별도의 입력 없이도 편하게 로그인할 수 있습니다.

QR 코드를 활용하는 인증은 기존에 로그인되어 있던 기기의 인증 정보를 다른 기기로 전달할 때도 유용하게 활용됩니다. IT 서비스는 유일한 형태의 QR 코드를 사용자에게 보여 주고, 해당 QR 코드를 스캔한 기기와 통신하며 사용자의 인증 정보를 가져오는 것입니다. 이처럼 QR 코드를 통해 인증 데이터를 공유하면 별도의 정보 입력 없이도 인증을 진행할 수 있습니다. 스캔 한 번이면 로그인할 수 있다는 장점 덕분에 다양한 기기 환경에서 사용하는 OTT, 메신저 서비스에서 QR 로그인 기능을 많이 활용하고 있습니다.

▼ **그림 7-36** QR 코드를 활용한 인증

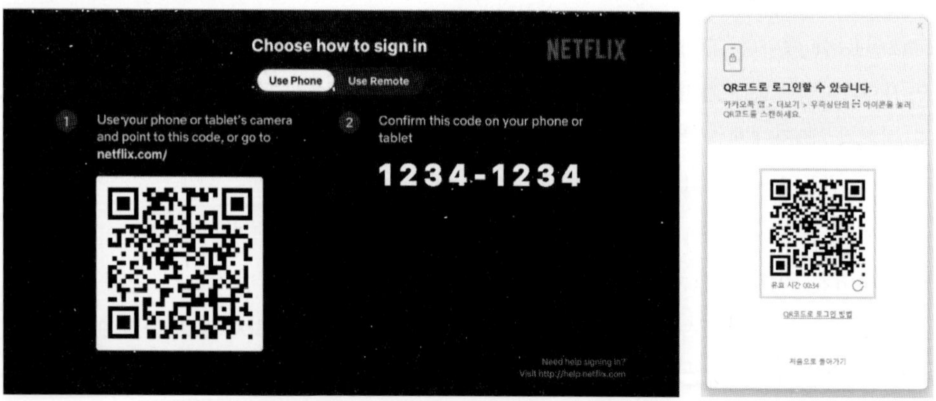

지문, 얼굴처럼 사용자 고유의 생체 정보를 활용하는 비밀번호 없는 인증 방식도 많이 찾아볼 수 있습니다. 지문이나 얼굴을 활용한 생체 정보 기반 인증은 사용 빈도가 높은 서비스부터 높은 보안 수준이 요구되는 서비스까지 폭넓게 사용됩니다. 이러한 생체 정보 기반 인증은 인증 절차가 빠르고 간편하며, 무엇보다도 안전합니다. 아무리 뛰어난 해커라도 사람의 얼굴이나 손가락까지 훔칠 수는 없을 테니 말이죠!

실제 사용자만 접근할 수 있는 경로를 통해 비밀번호 없는 인증을 진행하기도 합니다. 휴대전화 번호 인증이 대표적인 예시입니다. 사용자의 명의로 개통된 휴대전화 번호를 입력하면, 서비스는 입력된 휴대전화 번호로 일회용 인증 코드(OTP)를 보냅니다. 사용자가 받은 인증 코드와 동일한 번호를 정확하게 입력하면 해당 휴대전화번호의 소유자로 판단되어 인증이 성공적으로 완료됩니다. 휴대전화 외에도 은행 계좌나 이메일을 활용하여 유사한 방식의 인증을 진행하기도 합니다. 절차는 조금 복잡하지만, 실제 당사자가 아니면 인증에 성공하기 어렵기 때문에 높은 보안 수준이 필요한 경우 자주 사용됩니다.

▼ **그림 7-37** 정부24 홈페이지의 다양한 인증 방식

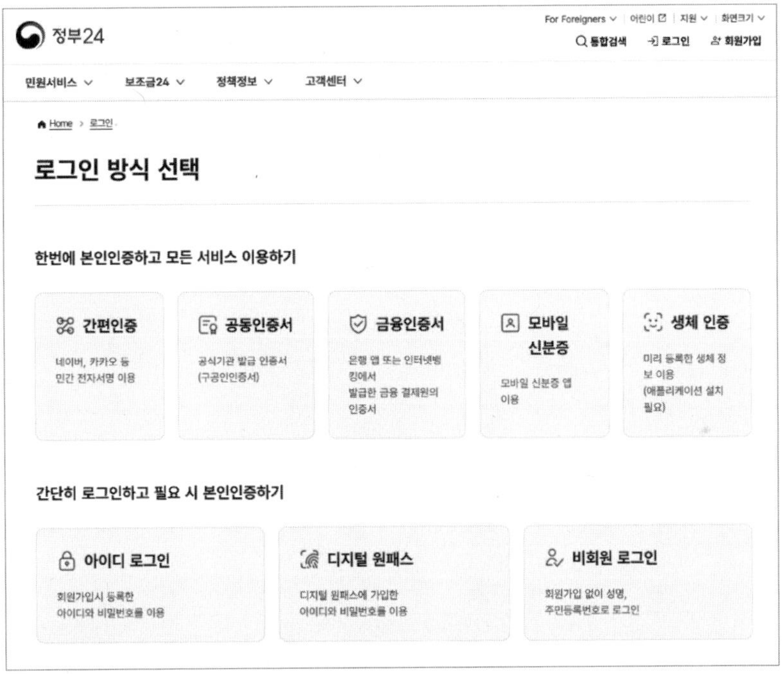

출처: https://www.gov.kr/nlogin/

이외에도 공동인증서, 금융인증서를 통한 인증이나 간편 인증, AR 인증, 일회용 링크 인증, 신분증 촬영을 통한 인증 등 다양한 방식의 비밀번호 없는 인증 방식이 존재합니다. 이는 모두 더 쉽고 더 안전한 인증을 제공하기 위한 노력의 결과물입니다. 이처럼 IT 세상에는 ID와 비밀번호 외에도 다양한 수단이 인증 과정에 활용되고 있으며, 비밀번호 없는 인증 기술은 앞으로도 계속 진화해 나갈 것입니다.

CHAPTER

08

IT 세상을 연결하는 구름: 클라우드

SECTION 8.1 지금은 클라우드 시대!

SECTION 8.2 클라우드 환경의 특징

SECTION 8.3 클라우드 서비스, 어디까지 갖다 쓸까?

PLUS 서버리스는 진짜 서버가 없나요?

밤새워 열심히 만든 발표 자료를 저장해 둔 USB를 깜박하고 챙기지 않아 낭패를 봤던 적이 있나요? 사용하던 노트북과 스마트폰의 저장 공간이 가득 차 눈물을 머금고 오래된 파일을 삭제해야 했던 경험은요? 컴퓨터를 사용하다 보면 누구나 한 번쯤은 파일을 제대로 관리하지 않아 불편한 상황을 겪게 되곤 합니다.

하지만 클라우드 스토리지 서비스가 보편화되면서 상황이 많이 달라졌습니다. 클라우드 스토리지 서비스는 구글 드라이브, 드롭박스처럼 사용자에게 가상의 저장 공간을 제공하여 물리적인 기기 없이도 방대한 양의 파일을 저장하고 관리할 수 있게 해 주는 서비스입니다. 이전에는 많은 양의 파일을 관리하기 위해서는 저장 공간이 많은 컴퓨터를 구매하거나 USB, 외장하드와 같은 추가적인 저장 매체를 준비해야 했습니다. 하지만 지금은 다릅니다. 클라우드 스토리지 서비스를 사용하면 마치 눈에 보이지 않는 저장 공간이 항상 나를 따라다니는 것처럼 언제 어디서나 저장 공간에 접근하고 파일을 사용할 수 있습니다. 저장 공간이 부족한 경우, 서비스 제공사에 돈만 내면 순식간에 저장 용량을 늘릴 수도 있습니다. 이제는 소중하게 USB를 챙겨 다니거나, 저장 공간이 부족해 눈물을 머금고 추억이 담긴 사진을 지울 필요가 없어진 것입니다!

▼ **그림 8-1** 편리한 클라우드 스토리지 서비스

우리는 IT 서비스를 언제 어디서나, 필요한 순간에 필요한 만큼 사용할 수 있습니다. 물리적 저장 장치나 별도의 앱이 없어도 인터넷만 연결되어 있다면 다양한 IT 세상에 접근해 온갖 편의 기능을 누릴 수 있죠. 이런 마법 같은 세상을 가능하게 만들어 주는 게 바로 '클라우드'입니다.

이번 장에서는 IT 세상의 물리적 한계를 극복하게 해 준, 어디선가 많이 들어 본 클라우드에 대해 한번 알아보겠습니다.

8.1 SECTION 지금은 클라우드 시대!

그리 멀지 않은 과거, 동네마다 하나씩은 있었던 비디오 대여점을 기억하시나요? 그 시절에는 집에서 영화를 보려면 손바닥 두 개를 합친 크기의 검은색 비디오 테이프가 있어야 했습니다. 비디오 테이프를 빌리기 위해 비디오 대여점에 들어가면 온갖 영화가 담긴 테이프들이 벽면을 가득 채우고 있었죠. 보고 싶은 영화가 담긴 비디오 테이프를 빌린 후, 곧장 집으로 가서 TV 앞에 앉았습니다. 두근거리는 마음으로 커다란 비디오 플레이어에 테이프를 밀어넣으면 영화 불법 복제를 경고하는 익숙한 안내 문구가 흘러나옵니다. 이 소리와 함께 집은 곧 영화관이 됩니다.

기술 발전과 함께 집에서 영화를 소비하는 방식도 많이 바뀌었습니다. 영화를 보기 위해 비디오 대여점에서 테이프를 빌리고 비디오 플레이어가 있는 집을 찾아가야 했던 과거와 달리, 지금은 인터넷만 연결되어 있다면 언제 어디서나 원하는 영화를 바로 볼 수 있습니다. 방법도 훨씬 간단합니다. 넷플릭스 같은 OTT 서비스를 실행하기만 하면 세상의 모든 영화와 드라마가 눈앞에 펼쳐집니다. 실제로 넷플릭스의 첫 시작 역시 비디오 대여점이었습니다. 초기의 넷플릭스가 단순히 영화가 저장된 비디오 테이프만 빌려줬다면, 지금의 넷플릭스는 영화 콘텐츠는 물론 영화를 볼 수 있는 플랫폼까지도 대체하고 있는 것입니다. 이제는 동네에 비디오 대여점이 없는 사람도, 비디오 테이프와 비디오 플레이어가 없는 사람도, 마치 그 모든 것을 다 가진 사람처럼 영화를 볼 수 있는 세상이 되었습니다.

▼ **그림 8-2** 영화를 보기 위해 필요한 것들

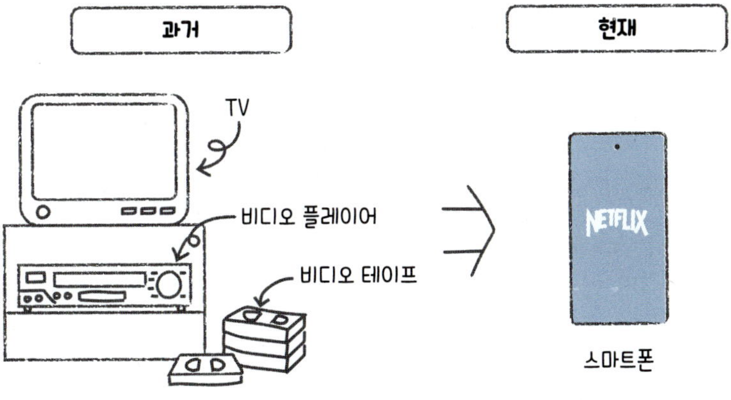

우리는 일상 속에서 수많은 IT 서비스를 사용하고 있습니다. 넷플릭스로 영화를 보고, 구글 드라이브에 사진을 저장하며, 네이버 메일로 이메일을 주고받습니다. 하지만 우리 컴퓨터에는 영화 파일도 저장되어 있지 않고, 사진을 저장하는 별도의 저장 공간이나 이메일 발송 시스템이 있는 것도 아닙니다. 그럼에도 인터넷만 연결되어 있다면 이 모든 기능을 직접 가지고 있는 것처럼 자유롭게 사용할 수 있습니다. IT 서비스를 제공하는 사람도 마찬가지입니다. 서버 컴퓨터를 실제로 가지고 있지 않아도 인터넷을 통해 다른 사람의 서버 컴퓨터를 활용해서 IT 서비스를 운영할 수 있습니다.

물론 원래는 IT 세상에서도 본인이 직접 가지고 있는 것만 사용할 수 있었습니다. 애플리케이션은 무조건 설치해야 했고, 서버 컴퓨터도 직접 옆에 두고 선으로 연결해서 사용해야 했습니다. '내가 가지고 있는 것'이 곧 '내가 사용할 수 있는 것'을 의미했습니다. 이를 우리는 로컬(Local) 환경이라고 부릅니다. 하지만 세상이 달라졌습니다. 우리는 컴퓨팅 자원을 직접 소유하고 있지 않아도 인터넷을 통해 자유롭게 사용할 수 있습니다. 로컬 환경이 아닌 클라우드 환경을 통해서 말이죠!

클라우드(cloud)란 **인터넷을 통해 서버, 저장 공간, 소프트웨어 등의 컴퓨팅 자원을 필요한 만큼 사용할 수 있도록 제공하는 IT 환경**입니다. 좀 더 쉽게 이야기하면, 클라우드 환경은 실제로 무언가를 가지고 있지 않지만 인터넷을 통해 마치 무언가를 가지고 있는 것처럼 사용할 수 있는 환경을 의미합니다. 앞서 이야기한 로컬 환경과는 상황이 완전히 달라진 것입니다.

클라우드 환경을 통해 컴퓨팅 자원을 사용하는 건 마치 머리 위에 떠 있는 구름에서 필요한 자원을 슬쩍 꺼내쓰는 것처럼 보이기도 합니다. 하늘에서 신령님이 동아줄을 내려주는 것마냥 필요한 것들을 내려주는 것 같은 느낌입니다. 물론 IT 자원은 신령님이 아닌 실제 사람들이 공급하고 있지만 말이죠! 이렇듯 전래동화 같은 클라우드 환경을 통해, 우리는 IT 세상의 다양한 자원을 편하게 활용할 수 있습니다.

클라우드(cloud): 언제 어디에서나 원격으로 접근하고 사용할 수 있도록, 인터넷을 통해 컴퓨팅 자원을 제공하는 IT 환경

▼ **그림 8-3** 클라우드 환경의 구조

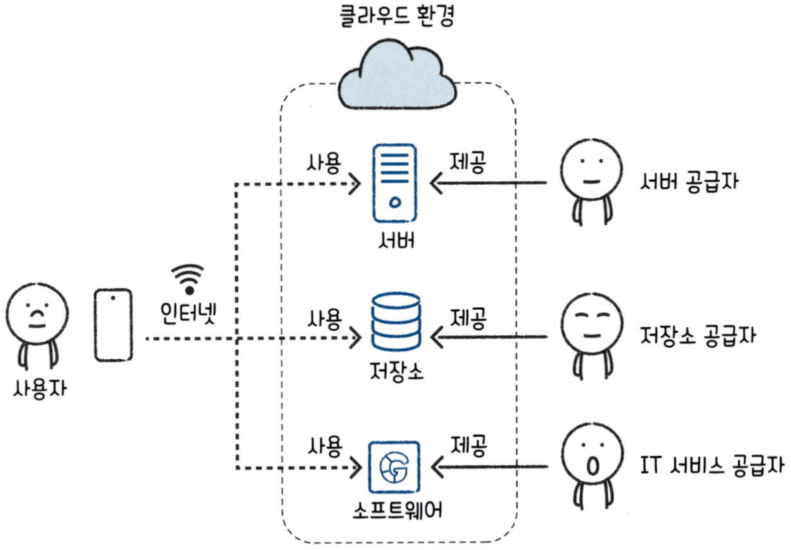

클라우드 환경을 기반으로 한 IT 서비스는 일상 속에서 쉽게 찾아볼 수 있습니다. 앞서 이야기한 스토리지 서비스가 바로 대표적인 클라우드 IT 서비스입니다. 파일을 저장하기 위해서는 당연히 실물 저장소가 필요합니다. 저장소는 SD 카드나 USB처럼 작은 형태일 수도 있고, 외장하드나 커다란 컴퓨터일 수도 있습니다. 만약 클라우드 스토리지 서비스를 사용하지 않는 사용자가 5TB의 데이터를 저장하고 싶다면, 벽돌 크기의 저장 매체를 직접 가지고 있어야 합니다. 하지만 클라우드 스토리지를 활용하면 사용자는 아무것도 가지고 있지 않아도 괜찮습니다. 클라우드 기술을 통해 다른 사람이 가지고 있는 저장 공간에 파일을 저장하고 언제든지 다시 내려받을 수 있습니다.

세계에서 가장 유명한 OTT 서비스인 넷플릭스도 클라우드 기반의 IT 서비스입니다. 클라우드 기술을 사용하지 않고 영화나 드라마를 보려면, 보려고 하는 콘텐츠의 데이터를 직접 들고 있어야 합니다. 콘텐츠가 비디오 테이프에 담겨 있든 동영상 파일로 저장되어 있든 말이죠. 하지만 클라우드 기술을 활용하는 넷플릭스를 사용하면 콘텐츠를 소비하는 경험이 완전히 달라집니다. 우리는 아무런 데이터를 가지고 있지 않아도 인터넷을 통해 넷플릭스가 가지고 있는 수천 수만 개의 콘텐츠에 자유롭게 접근하고 시청할 수 있습니다. 마치 머리 위에 둥둥 떠 있는 구름에서 콘텐츠를 마음대로 꺼내다 쓰는 것처럼요!

▼ **그림 8-4** 언제 어디서나 클라우드로 편하게!

클라우드는 우리가 무언가를 '가지고 있어야만' 사용할 수 있었던 시대를 지나 '가지고 있지 않은' 것도 자유롭게 활용할 수 있는 세상을 만들었습니다. 이제 우리는 비디오 테이프 없이도 영화를 보고, USB 없이도 파일을 저장하며, 직접 서버를 운영하지 않고도 애플리케이션을 만들 수 있습니다. 클라우드를 통해 우리는 IT 세상의 물리적 한계를 넘어설 수 있게 된 것입니다.

8.2 SECTION 클라우드 환경의 특징

클라우드는 IT 세상의 자원 활용 방식을 완전히 바꾸어 놓았습니다. 사용자는 설치나 업데이트 같은 귀찮은 과정 없이 클라우드 환경에서 제공되는 IT 서비스를 자유롭게 사용할 수 있습니다. 개발자도 서버, 네트워크 등의 컴퓨팅 자원을 직접 소유하거나 관리하지 않아도 애플리케이션을 만들 수 있습니다. 클라우드 환경에서 제공되는 컴퓨팅 자원을 인터넷으로 연결해서 가져다 쓸 수 있으니까요!

비디오 대여점에서 비디오 테이프를 빌려 보던 시대에서 언제든 원하는 영화를 찾아서 볼 수 있는 넷플릭스 시대로 넘어온 것처럼, 클라우드 기술은 물리적인 실체가 없더라도 자원을 얼마든지 소비할 수 있는 세상을 만들었습니다. 이렇게 새로운 패러다임을 열어 준 클라우드 환경은 어떤 특징을 가지고 있을까요?

▼ **그림 8-5** 모든 것은 클라우드에서!

첫 번째, 자원을 가볍고 유연하게 사용할 수 있습니다. 넷플릭스가 보편화되기 이전에는 영화를 보기 위해 준비해야 할 것이 많았습니다. 비디오를 보려면 비디오 테이프는 물론 이를 실행할 플레이어와 TV가 필요했고, 영화를 보려면 영화 파일이 담긴 CD와 CD를 읽을 수 있는 컴퓨터가 있어야 했습니다. 이러한 장비 중 하나라도 없다면 무조건 영화관에 가야만 했죠.

요즘은 다릅니다. 사용자가 영화 파일을 가지고 있을 필요도 없고, 영화를 보기 위해 특정 장소에 갈 필요도 없습니다. 인터넷과 스마트폰만 있다면 언제 어디서나 수없이 많은 영화를 마음껏 볼 수 있으니까요! 매달 OTT 서비스에 일정한 비용만 지불한다면 말입니다.

클라우드 환경에서 컴퓨팅 자원을 사용하는 경험은 넷플릭스에서 영화를 보는 것과 비슷합니다. 클라우드 서비스를 이용하고 싶을 때는 클라우드 환경에 제공되는 애플리케이션에 접속하기만 하면 됩니다. 애플리케이션을 설치하거나 특정한 서비스를 위해 추가로 기기를 구매할 필요가 없습니다. 그저 인터넷을 통해 애플리케이션에 접근하고, 필요한 만큼 사용하고, 화면을 종료해 버리면 끝입니다.

개발자도 마찬가지입니다. 과거에는 애플리케이션을 개발하고 운영하려면 서버 컴퓨터를 직접 가지고 있어야 했습니다. 하지만 이제는 클라우드 환경에서 서버 자원을 활용하면 됩니다. 귀찮게 장비를 구매하거나 설치할 필요 없이 말이죠! 인터넷으로 클라우드 환경의 서버 컴퓨터에 연결하기만 하면 바로 사용할 수 있고, 사용하는 동안 사용한 만큼에 대한 비용만 지불하면 됩니다. 개발자도 클라우드 자원을 활용해 부담 없이 애플리케이션 동작 환경을 구축할 수 있게 된 것입니다.

클라우드 환경을 활용하면 가지고 있지 않은 자원도 인터넷을 통해 자유롭게 사용할 수 있습니다. 마치 로컬 환경에 있던 것들을 보이지 않는 구름 위로 모두 올려 버린 것처럼 말이죠! 컴퓨팅 자원을 소유하고 관리하는 귀찮음 없이, 클라우드를 통해 훨씬 가볍고 유연하게 사용할 수 있는 것입니다.

▼ **그림 8-6** 가볍고 유연한 클라우드 환경

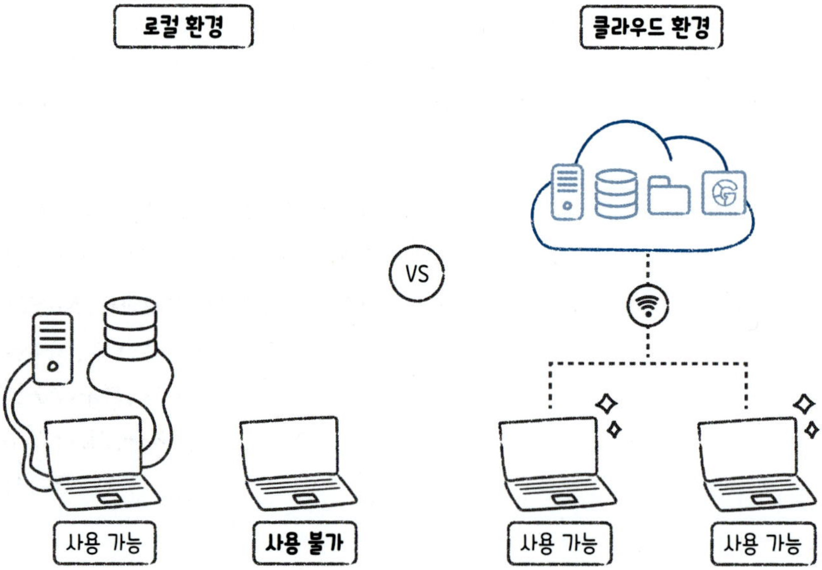

두 번째, 효율적으로 자원을 관리할 수 있습니다. 비디오 테이프를 틀었는데 영화가 제대로 나오지 않았다고 생각해 봅시다. 이 문제를 어떻게 해결해야 할까요? 일단 비디오 테이프가 문제인지 아니면 비디오 플레이어가 문제인지를 알아야 합니다. 만약 비디오 테이프 문제라면, 테이프를 빌려온 대여점으로 가서 테이프를 교환해야 합니다. 비디오 플레이어에 문제가 있다면, 플레이어를 구매한 회사에 연락해서 기계 자체를 고쳐야 합니다. 만약 비디오 플레이어를 생산할 때부터 결함이 있었다는 게 밝혀지면 해당 플레이어의 생산 업체는 기계를 구매한 모든 사람들에게 연락해서 하나하나 수리해야 할 수도 있습니다. 이러한 과정은 귀찮고 시간도 많이 소요됩니다.

이처럼 로컬 환경에 자원을 가지고 있어야 했던 예전에는 자원의 설치부터 관리까지 모두 사용자의 몫이었습니다. 10명이 IT 서비스를 사용하려면 10명이 각각 자신의 컴퓨터 기기에 애플리케이션을 설치해야 했습니다. 오류가 발생하면 앱을 설치한 사용자가 모두 업데이트를 해서 수정 사항을 반영해야 했죠. 애플리케이션을 만들고 싶은 개발자 역시 서버 컴퓨터를 직접 가지고 있어야 했습니다. 간단한 애플리케이션을 만들고 싶은 사람도, 복잡한 애플리케이션을 만들고 싶은 사람도 똑같이 서버 컴퓨터 한 대를 구매해서 설치해야 했습니다. 관리 비용까지 생각하면, 필요에 비해 과도한 지출이 발생하는 경우도 많았을 것 같습니다.

하지만 이제는 클라우드 환경을 통해 누군가가 잘 관리하고 있는 컴퓨팅 자원에 손쉽게 접근할 수 있게 되었습니다. 클라우드 환경에서 컴퓨팅 자원을 제공하는 경우, 제공 대상이 되는 모든 자원은 공급자가 가지고 있습니다. 따라서 이 자원의 관리, 수정, 보안 작업은 모두 서비스 공급자가 직접 수행합니다. 사용자는 클라우드를 통해 제공되는 자원을 편하게 쓰기만 하면 되는 것입니다. 자원을 자급자족하던 시절을 지나, 분업에 기반한 시장 경제 체제로 넘어온 듯한 발전입니다.

자원에 문제가 발생했을 때도 훨씬 효율적으로 해결할 수 있습니다. 클라우드 환경을 통해 자원을 사용하는 경우, 사용자는 문제 상황에서 아무것도 하지 않아도 됩니다. 문제가 발생한 자원은 다 공급자 쪽에 있으니까요! 자원 공급자가 문제를 해결하면 사용자는 별도의 대응 없이 수정된 자원을 바로 사용할 수 있습니다.

▼ **그림 8-7** 효율적인 클라우드 환경의 자원 관리

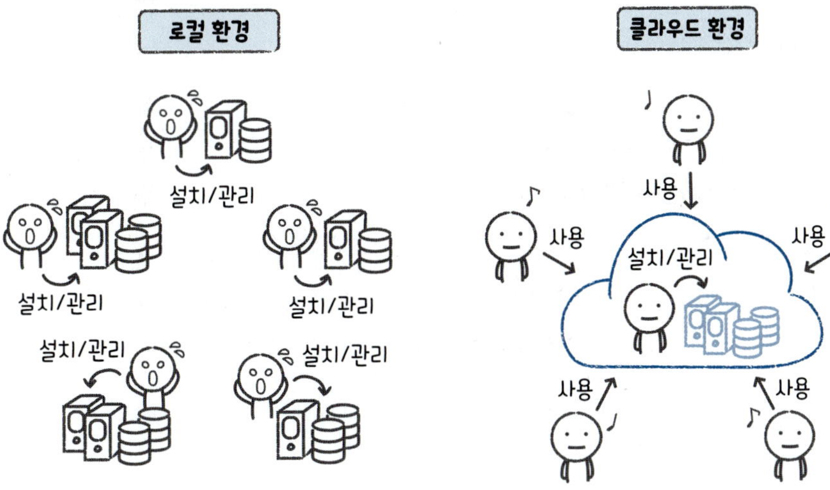

세 번째, 자원을 가상화할 수 있습니다. 하나의 서버 컴퓨터가 100의 일을 할 수 있다고 가정해 봅시다. 직접 가지고 있는 자원만 사용할 수 있다면 철수는 40의 일만 하고 싶어도 무조건 서버 컴퓨터 하나를 집에 설치해야 합니다. 옆 집에 사는 영희도 60의 일만 하고 싶지만 어쩔 수 없이 서버용 컴퓨터를 구매해야 합니다. 결국, 로컬 환경에서는 두 사람 모두 필요한 것보다 더 많은 자원을 소유하고 관리해야만 합니다.

하지만 클라우드 환경에서는 하나의 자원을 여러 사용자가 나누어 사용할 수 있습니다. 하나의 서버 컴퓨터가 처리할 수 있는 100의 자원을 사용자 필요에 따라 40과 60으로 나누어 개별 사용자에게 제공하면 한 대의 서버 컴퓨터를 마치 두 대의 작은 서버처럼 활용할 수 있습니다. 실제 자원은 하나지만, 클라우드 환경에는 두 개의 자원으로 제공되는 것입니다. 물론 필요하다면 다시 하나로 합치거나, 더 많은 수로 나누어 제공할 수도 있습니다.

이처럼 하나의 자원을 마치 여러 개인 것처럼 나누어 사용하는 것을 자원의 가상화라고 이야기합니다. 클라우드 환경에서는 자원의 물리적인 개수와 상관없이 필요에 따라 자원을 쪼개고 더해서 원하는 대로 사용할 수 있습니다. 자원 공급자가 '자원의 수'라는 개념을 자유롭게 재정의하는 것입니다. 자원을 직접 소유해야만 한다면 물리적인 제약이 발생할 수밖에 없습니다. 하지만 필요할 때 필요한 만큼만 자원을 사용할 수 있는 클라우드 환경에서는 자원이 실제로 몇 개인지는 중요하지 않습니다. 가상화된 서버 자원을 기준으로 10의 일만 필요한 사람에게는 10의 자원만 할당해 주고, 150의 일을 해야 하는 사람에게는 150의 자원을 제공해 주면 됩니다. 자원을 나누고 사용하는 기준은 더 이상 물리적인 컴퓨터 수에 구애받지 않습니다.

애플리케이션 개발을 위해 서버 자원이 필요하다고 생각해 봅시다. 개발 초기에는 많은 자원이 필요하지 않습니다. 하지만 애플리케이션의 사용자가 늘어나고 다양한 기능이 추가되면 점점 필요한 서버 자원의 수가 늘어나게 될 것입니다. 이때 클라우드 환경의 가상화된 자원을 활용하면 필요에 따라 자원의 사용량을 유연하게 조절할 수 있습니다. 개발 초기에는 소량의 서버 자원만 사용하다가, 애플리케이션 출시 이후에 서비스 이용량에 맞춰 서버 자원을 점진적으로 늘리면 됩니다. 이때의 가상화된 자원의 사용량은 물리적인 자원의 수(컴퓨터 1대, 2대, …)보다 훨씬 세세하게 조절할 수 있습니다.

▼ **그림 8-8** 클라우드 환경의 자원 가상화

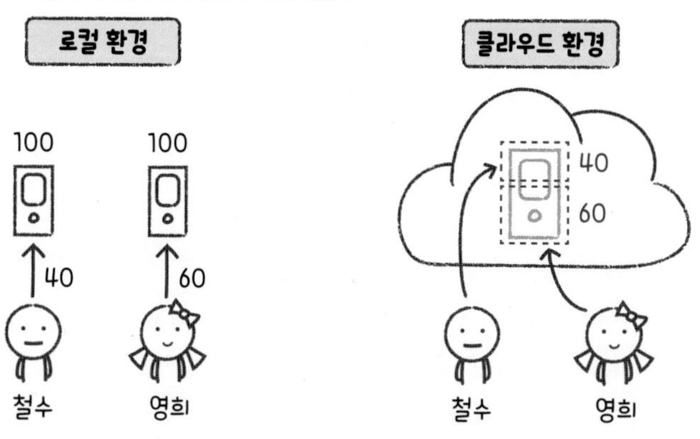

이 모든 장점은, 우리가 컴퓨터의 나사 하나 가지고 있을 필요가 없다는 클라우드 환경의 특징에서 시작됩니다. IT 서비스를 사용할 때는 클릭 몇 번이면 되고, 서버 사용량을 늘릴 때도 별도의 설치나 대기 시간 없이 즉시 자원을 확장할 수 있습니다. 로컬 환경에선 갖기 어려웠던 확장성과 유연성, 효율성을 클라우드 환경에서는 손쉽게 얻을 수 있습니다.

8.3 SECTION 클라우드 서비스, 어디까지 갖다 쓸까?

클라우드는 현대 애플리케이션 구조에서 매우 중요한 위치에 있습니다. 클라우드를 통해 IT 서비스부터 서버 컴퓨터까지 다양한 형태의 자원이 제공되고, 또 사용될 수 있습니다. 오늘날 대부분의 IT 서비스는 형태와 규모를 막론하고 클라우드 환경을 어느 정도 활용하고 있다고 해도 과언이 아닙니다.

그렇다면 클라우드 기술을 활용한 수많은 서비스를 모두 '클라우드 서비스'라고 부를 수 있을까요? 물론 '클라우드 기반의 서비스'인 것은 맞지만, 우리는 중간에 클라우드가 좀 묻었다고 해서 모두 클라우드 서비스라고 불러주지는 않습니다. IT 세상에서 이야기하는 '클라우드 서비스'에는 좀 더 구체적인 의미가 담겨 있습니다.

클라우드 서비스(Cloud Service)는 **클라우드 환경을 통해 유용하고 가치 있는 자원을 서비스 상품처럼 제공하는 비즈니스 형태**를 이야기합니다. 단순히 클라우드 기술을 사용하는 것을 넘어서, '클라우드 환경'을 통해 제공되는 '특정한 자원(기능, 플랫폼, 인프라 등)'을 사용자가 편리하게 이용할 수 있도록 '서비스'의 형태로 제공받아야 하는 것입니다. 즉, 사용자가 클라우드 환경을 통해 제공되는 자원을 바로 활용할 수 있어야 하고, 그 자원이 사용자에게 실질적인 효용과 가치를 제공해야 비로소 클라우드 서비스라고 부를 수 있습니다.

클라우드 서비스는 무엇을 제공하는지에 따라 여러 유형으로 나눌 수 있습니다. 클라우드 환경을 통해 완성된 애플리케이션을 바로 제공할 수도 있고, 서버 컴퓨터처럼 애플리케이션 개발에 필요한 컴퓨팅 자원을 제공할 수도 있습니다. 클라우드 서비스 모델의 대표적인 세 유형인 SaaS, PaaS, IaaS를 중심으로 클라우드 서비스에 대해 좀 더 알아볼까요?

8.3.1 완성된 서비스를 제공하는 SaaS

우리는 스마트폰과 인터넷만 있으면 언제나 손쉽게 IT 서비스를 이용할 수 있습니다. IT 서비스 제공자는 잘 만들어진 애플리케이션을 클라우드 환경에 제공하고, 사용자는 인터넷을 통해 해당 애플리케이션에 접근합니다. 실제로 주변에서 가장 흔히 찾아볼 수 있는 클라우드 서비스는 넷플릭스나 드롭박스, 줌처럼 접근하기만 하면 바로 사용할 수 있는 IT 서비스의 형태를 띠고 있습니다. 이처럼 완성된 애플리케이션 소프트웨어가 클라우드를 통해 사용자에게 직접 제공되는 서비스를 우리는 SaaS라고 이야기합니다.

▼ **그림 8-9** 바로 쓰는 SaaS

SaaS(사스)는 Software as a Service**의 약자로, 인터넷을 통해 완성된 소프트웨어를 클라우드 환경에서 제공하는 방식의 클라우드 서비스 모델**을 의미합니다. 대표적인 SaaS로는 구글 드라이브, 마이크로소프트 오피스 365 등을 이야기할 수 있습니다. SaaS 형태의 IT 서비스의 경우, 사용자는 클라우드 서비스를 사용하기 위해 별도의 소프트웨어를 설치할 필요가 없습니다. 애플리케이션이 동작하기 위해 필요한 A to Z가 모두 클라우드 환경에서 제공되기 때문입니다. 사용자는 언제 어디서나 인터넷을 연결하기만 하면, 곧바로 SaaS형 서비스를 사용할 수 있습니다.

> **SaaS(Software as a Service)**: 완성된 소프트웨어를 클라우드로 제공하는 서비스 모델

▼ **그림 8-10** SaaS가 클라우드로 제공하는 자원 범위

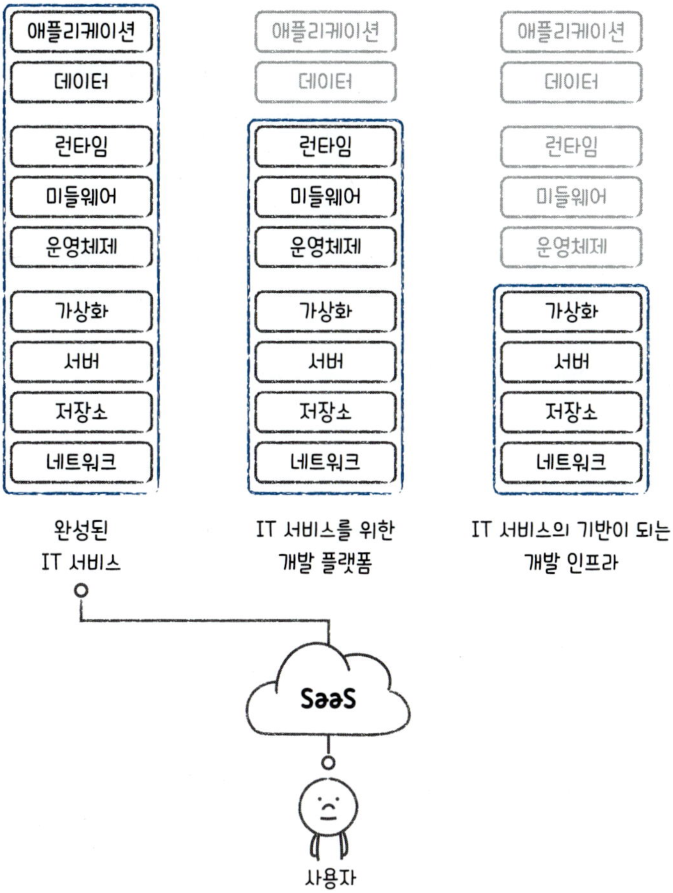

클라우드 서비스를 음식에 비유하면, SaaS는 완성된 요리를 먹는 것입니다. 가장 쉽고 빠르게 배고픔을 해결하는 방법은 무엇일까요? 누군가가 만든 음식을 사서 먹으면 됩니다. 재료를 준비하고 요리를 하려면 시간과 노력이 많이 필요합니다. 하지만 식당에 가서 완성된 음식을 사서 먹으면 빠르고 간편하게 배고픔을 해결할 수 있습니다. 물론 내가 원하는 재료와 방식으로 완벽하게 만들어진 요리는 아닐 수 있지만, 직접 만들어 먹는 것보다는 훨씬 간편합니다.

SaaS는 완성된 요리처럼, 복잡한 과정 없이 바로 사용할 수 있는 완성된 형태의 IT 서비스를 제공합니다. SaaS 제공자는 완성된 애플리케이션과 애플리케이션이 동작하기 위한 플랫폼 환경을 모두 클라우드로 제공합니다. 사용자는 인터넷을 통해 완성된 클라우드 환경에 접근하기만 하면 되는 것입니다. 영화가 보고 싶을 때 바로 넷플릭스를 실행하고, 메일을 보내고 싶을 때는 바

로 지메일에 접속하는 것처럼 말이죠! 원하는 만큼 서비스를 이용하고 난 뒤에는 애플리케이션에서 빠져나오기만 하면 됩니다.

별도의 설치 없이 인터넷을 통해 IT 서비스에 바로 접근할 수 있다니, 앞에서 이야기한 어떤 애플리케이션 형태가 떠오르지 않나요? 바로 3장에서 살펴본 '웹 애플리케이션'입니다. 웹 애플리케이션은 사용자가 웹 브라우저를 통해 접근하고 사용하는 소프트웨어입니다. 웹 앱 역시 인터넷만 연결되어 있으면 별도 설치 없이 자유롭게 사용할 수 있습니다. 사실 이러한 웹 기술 자체가 클라우드 환경의 개념을 내포하고 있고, 우리가 알고 있는 대부분의 SaaS 역시 웹 애플리케이션의 형태로 제공되고 있습니다.

▼ **그림 8-11** 자유롭게 사용할 수 있는 웹 기반 SaaS

그렇다면 웹 애플리케이션과 SaaS형 클라우드 서비스는 같은 말인 걸까요? 그렇지 않습니다. SaaS는 인터넷을 통해 '완성된 IT 서비스 소프트웨어'를 제공한다는 점에서 웹 애플리케이션보다 더 좁은 범위에서 정의되는 개념입니다. SaaS는 소프트웨어의 설치, 유지보수, 업데이트 등을 모두 제공자가 관리하며, 사용자는 가입만으로 서비스를 사용할 수 있는 완성된 제품 형태만을 의미합니다. 하지만 웹 애플리케이션의 범위는 그보다 더 넓습니다. 웹 앱에는 완성된 IT 서비스 형태의 SaaS부터 단순한 부가 기능만을 제공하는 웹 기반 프로그램까지 모두 포함될 수 있습니다. 따라서 두 개념은 정의되는 기준 자체가 다른, 독립적인 개념으로 보는 게 맞습니다. SaaS는 일반적으로 웹 애플리케이션 형태로 제공되지만, 그렇다고 해서 SaaS가 웹 애플리케이션에 속한다고 이야기할 수는 없습니다.

결국 SaaS는 일반 사용자가 언제 어디서나 사용할 수 있도록 클라우드 환경에서 제공되는 '완성된 IT 서비스 소프트웨어'를 의미합니다. 인터넷만 있으면 언제 어디에서나 사용할 수 있다는 장점 덕분에, 최근 많은 IT 서비스가 SaaS 방식으로 애플리케이션을 제공하고 있습니다.

8.3.2 편리한 플랫폼을 제공하는 PaaS

우리가 일상적으로 사용하는 클라우드 서비스는 주로 완성된 IT 서비스를 클라우드 환경에서 바로 사용할 수 있도록 제공하는 SaaS 형태의 서비스입니다. 하지만 클라우드는 완성된 결과물만 전시하는 환경은 아닙니다. 시장에서 완성된 음식과 그 음식의 재료를 모두 구할 수 있는 것처럼, 클라우드 환경에서도 애플리케이션이 동작하기 위한 다양한 기반 자원과 개발 도구들도 서비스 형태로 제공하고 있습니다. 그렇다면 완성된 IT 서비스를 제공하는 SaaS 외에, 또 어떤 형태의 클라우드 서비스가 존재할까요?

▼ **그림 8-12** 편한 개발 환경을 제공하는 PaaS

PaaS(파스)는 Platform as a Service의 약자로, 애플리케이션을 개발하고 실행하기 위한 플랫폼을 제공하는 클라우드 서비스 모델을 의미합니다. 앞선 장에서 이야기했던 것처럼, 하나의 완결된 애플리케이션을 만들기 위해서는 필요한 것들이 매우 많습니다. 서버 컴퓨터같은 기반 시설부터 하드웨어를 움직이는 운영체제, 애플리케이션과 운영체제를 연결하는 미들웨어(middleware), 개발 언어가 동작할 수 있게 해 주는 런타임 환경(runtime environment), 애플리케이션의 동작을 정의하는 코드 등 다 이야기하기도 어려운 수준입니다. 애플리케이션을 만들고는 싶지만 이 모든 것을 준비할 자신이 없는 개발자에게, PaaS는 매우 유용한 서비스입니다. PaaS는 애플리케이션이 동작하기 위한 코드와 데이터 외의 모든 기반 자원을 클라우드로 제공합니다. 즉, 개발자는 PaaS형 클라우드 서비스 위에 애플리케이션의 코드와 데이터를 얹기만 하면, 귀찮고 어려운 기반 작업 없이도 바로 IT 서비스를 완성할 수 있습니다.

PaaS(Platform as a Service): 운영체제, 미들웨어, 데이터베이스 등 개발에 필요한 플랫폼을 클라우드로 제공하는 서비스 모델

▼ **그림 8-13** PaaS가 클라우드로 제공하는 자원 범위

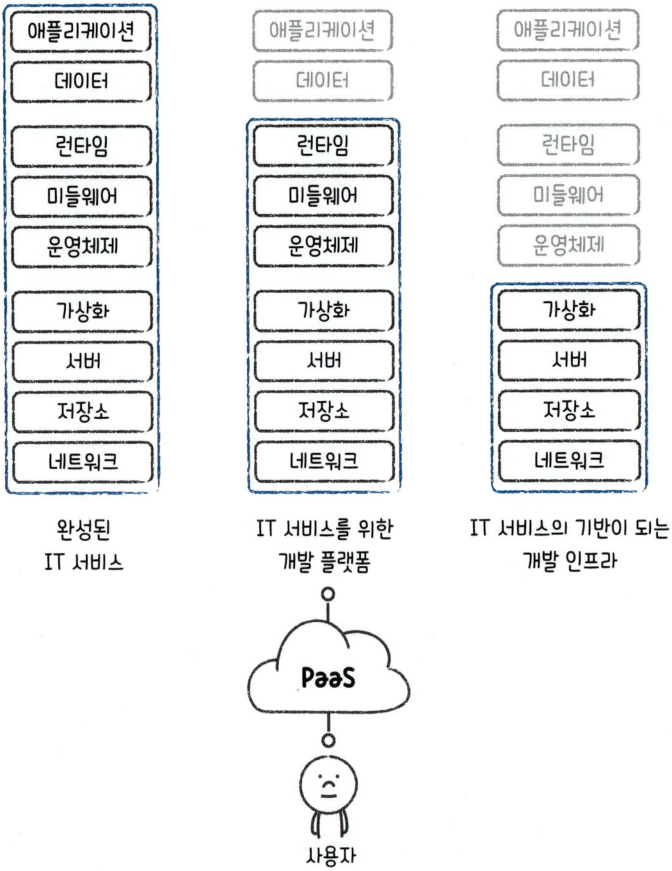

SaaS가 완성된 요리라면, PaaS는 밀키트(meal-kit)와 유사합니다. 직접 요리를 할 때는 밀키트를 사는 게 가장 간편합니다. 밀키트는 요리에 필요한 모든 재료가 적절히 가공된 상태로 들어 있습니다. 사용자는 그저 밀키트에 들어 있는 재료를 꺼내고, 설명서에 적힌 방법으로 조리하기만 하면 되죠. 밀키트를 활용하면 재료 준비나 요리 과정에 큰 노력을 들이지 않고도 완성도 높

은 음식을 만들 수 있습니다. 물론 재료부터 직접 사서 요리하는 것에 비해 밀키트는 자유도가 낮지만, 이를 충분히 감수할 만큼 편리합니다.

원하는 음식을 편하게 만들기 위해 적절한 밀키트를 활용하는 것처럼, 개발자도 적절한 PaaS를 활용해서 편리하게 애플리케이션을 만들고 배포할 수 있습니다. PaaS는 밀키트처럼 애플리케이션이 동작하는 데 필요한 기반이 모두 준비된 상태로 제공합니다. 따라서 개발자는 PaaS로 제공되는 플랫폼 위에 애플리케이션 동작 코드와 데이터를 얹기만 하면 IT 서비스를 완성할 수 있습니다. 처음부터 직접 모든 것을 준비하는 것에 비하면, 밀키트로 요리를 하는 것처럼 간단하고 편리한 작업인 셈입니다.

▼ **그림 8-14** 플랫폼을 서비스로 제공하는 PaaS

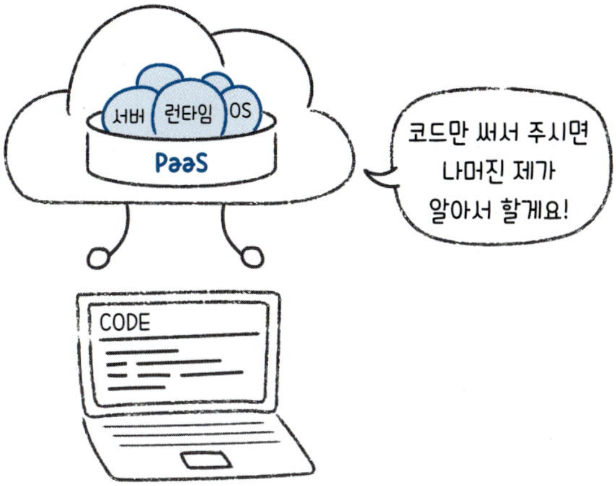

정리하자면, PaaS는 개발자를 대상으로 애플리케이션의 기반이 되는 '플랫폼'을 클라우드 환경을 통해 제공하는 서비스 모델입니다. 클라우드로 제공되는 플랫폼 환경을 활용하여 빠르게 애플리케이션을 만들 수 있다는 장점 덕분에 PaaS형 클라우드 서비스는 많은 개발자의 사랑을 받으며 다양한 애플리케이션 개발에 널리 활용되고 있습니다.

8.3.3 필수적인 인프라를 제공하는 IaaS

SaaS는 완성된 음식을 제공하듯 잘 만들어진 IT 서비스를 클라우드를 통해 제공합니다. PaaS는 밀키트처럼, 개발에 필요한 플랫폼 환경을 클라우드로 제공합니다. 그런데 SaaS나 PaaS처럼 잘 갖추어진 환경을 제공받는 대신, 자신이 직접 원하는 방식으로 모든 것을 설정하고 제어하고 싶다면 어떻게 해야 할까요? 마치 재료를 직접 사서 요리를 하는 것처럼 말이죠! 그런 사람들을 위해, 애플리케이션이나 플랫폼이 아닌 그보다 더 근본적인 수준의 컴퓨팅 자원을 클라우드 서비스 형태로 제공하기도 합니다. 이러한 클라우드 서비스를 우리는 IaaS라고 부릅니다.

▼ **그림 8-15** 개발 인프라를 제공해 주는 IaaS

IaaS(이아스)는 Infrastructure as a Service의 **약자로, 서버, 스토리지, 네트워크와 같은 IT 인프라를 클라우드 환경을 통해 빌려 쓸 수 있도록 제공하는 서비스 모델**입니다. 보통 IT 서비스를 제공하기 위해서는 프로그램을 돌릴 서버와 데이터를 저장할 스토리지, 이를 제공할 네트워크 등 다양한 기반 자원이 필요합니다. 클라우드 서비스가 없다면, IT 서비스 제공자가 이 모든 걸 직접 설치하고 관리해야만 합니다. 하지만 IaaS를 사용하면 그럴 필요가 없습니다. 클라우드 환경에서 제공되는 다양한 컴퓨팅 자원을 활용하면 애플리케이션 개발에 필요한 기본 인프라를 손쉽게 구축할 수 있습니다.

> **IaaS(Infrastructure as a Service)**: 서버, 스토리지, 네트워크 등 IT 인프라 자원을 클라우드로 제공하는 서비스 모델

▼ **그림 8-16** IaaS가 클라우드로 제공하는 자원 범위

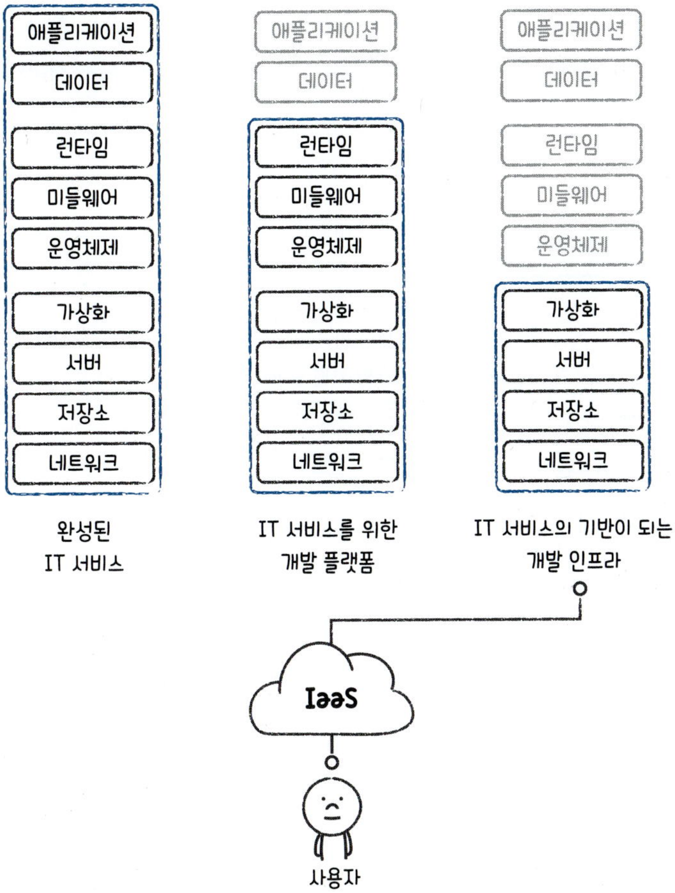

IT 서비스를 만들 때 IaaS를 활용하는 건, 식재료를 구매해서 요리를 하는 것과 같습니다. 나만의 방법으로 입맛에 딱 맞는 음식을 만들고 싶을 때는 완제품이나 밀키트를 구매하기보다 원물 상태의 식재료를 사서 본인이 원하는 대로 요리를 하는 편이 낫습니다. 재료를 사는 것만 해도 직접 농사를 지어 식재료를 생산하는 것보다는 훨씬 편하니까요! 물론 완제품이나 밀키트를 사용하는 것보다는 번거롭고 복잡할 수 있지만, 그만큼 높은 자유도를 가지고 원하는 방식으로 음식을 만들 수 있습니다.

자유롭게 요리하고 싶을 때 식재료를 구매하는 것처럼, IT 서비스를 원하는 방식으로 자유롭게 만들고 싶을 때 IaaS를 선택합니다. IaaS는 서버 컴퓨터, 저장소, 네트워크 등 애플리케이션 개발에 필요한 컴퓨팅 자원을 클라우드로 제공합니다. IaaS를 활용하면 마치 시장에서 식재료를 구매하는 것처럼 필요한 컴퓨팅 자원을 원하는 만큼 선택해서 사용할 수 있습니다. IaaS는 높은

자율성을 가지고 개발을 하고 싶지만, IT 인프라를 구축하는 데 드는 시간과 비용을 아끼고 싶은 개발자가 많이 활용하는 서비스입니다. 대부분의 IaaS 서비스는 사용량을 기준으로 요금을 부과하기 때문에, 원하는 시점에 원하는 만큼만 사용할 수 있어 직접 인프라를 운영하는 것보다 훨씬 효율적이기도 합니다.

▼ **그림 8-17** 인프라 자원을 제공하는 IaaS

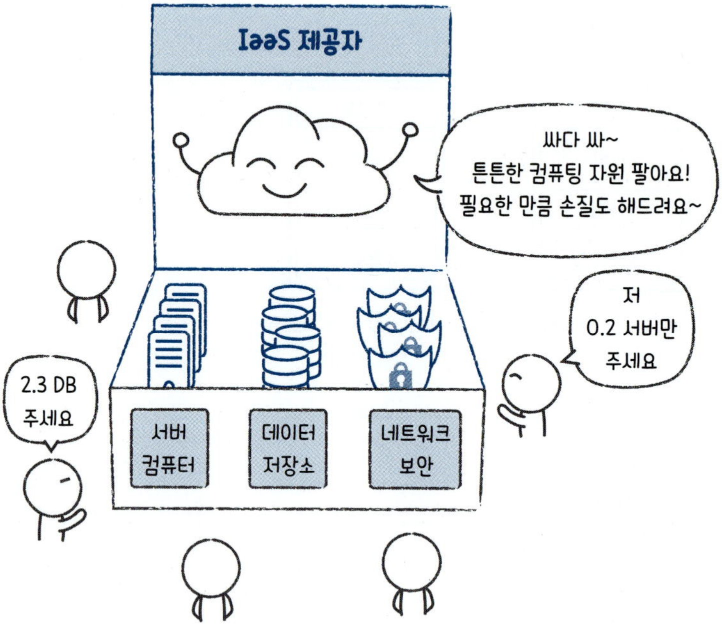

이처럼 IaaS는 IT 서비스를 개발하는 기업이나 개발자를 대상으로, 'IT 인프라 자원'을 클라우드 환경을 통해 제공하는 서비스 모델입니다. 서버, 저장소, 네트워크 등 컴퓨팅 자원을 직접 소유하지 않고도 IaaS를 통해 필요에 따라 유연하게 개발 환경을 구성할 수 있게 만들어 주는 IaaS는 개발의 가장 큰 물리적 장벽을 허무는 강력한 도구인 셈입니다.

Plus 서버리스는 진짜 서버가 없나요?

최근 큰 IT 회사에서도 직접 인프라를 구축하지 않고 IaaS 등의 클라우드 서비스를 활용하는 사례가 많아지고 있습니다. 이처럼 IT 서비스 제공자가 물리적인 서버 컴퓨터 자원을 직접 보유하지 않고 클라우드 자원을 활용하는 형태의 개발 방식을 서버리스(serverless) 구조라고 이야기하곤 합니다. 서버리스라는 말만 보면 서버 컴퓨터가 없어도 IT 서비스가 동작할 수 있는 마법 같은 구조처럼 느껴지기도 하는데, 서버리스 구조에는 정말 실물 서버가 없는 걸까요?

▼ **그림 8-18** 서버리스는 진짜 서버가 없을까?

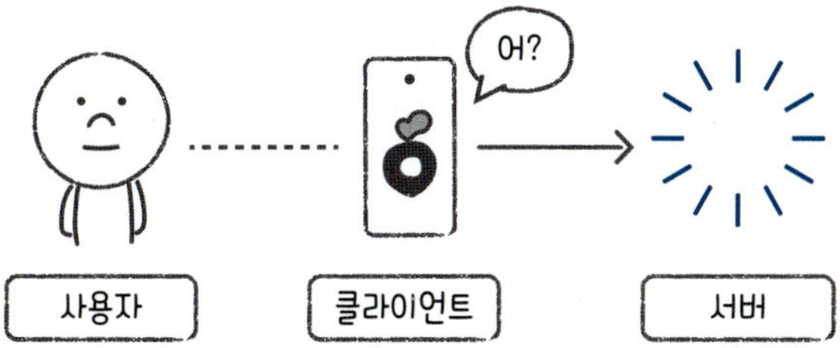

앞선 내용을 읽었다면 이미 예상하시겠지만, 클라우드 서비스를 활용한 서버리스 구조에도 실물 서버 컴퓨터는 존재합니다. 중고 거래 및 지역 커뮤니티 서비스인 '당근'은 실물 서버 컴퓨터를 가지고 있지 않은 대표적인 IT 서비스입니다. 실제로 당근 서비스는 실물 서버 컴퓨터를 구입하는 대신, AWS(Amazon Web Services)라는 회사에게 돈을 내고 AWS가 제공하는 서버 컴퓨터를 사용하고 있습니다.[1] 서버리스(serverless)라고 하지만, 진짜로 서버가 없는 것은 아닙니다. 그저 다른 곳에 있는 서버 컴퓨터를 클라우드 기술을 통해 빌려 쓰고 있는 것뿐이죠. 애플리케이션을 개발하는 당사자 옆에 커다란 서버 컴퓨터가 없는 건 맞지만, 그 서버 컴퓨터는 IT 세상 어딘가에서 자신의 일을 열심히 수행하고 있습니다.

---

1 https://aws.amazon.com/ko/solutions/case-studies/danggeun/ 참고

이러한 서버리스 구조가 가능하도록 컴퓨팅 자원을 클라우드로 제공하는 대표적인 회사가 바로 AWS입니다. AWS는 자신이 가지고 있는 컴퓨팅 자원을 다른 사람들이 구매해서 사용할 수 있도록 하는 PaaS, IaaS, FaaS[2] 등의 다양한 클라우드 서비스를 제공하고 있습니다. AWS에 돈을 내고 AWS가 가지고 있는 컴퓨팅 자원의 일부를 배정받은 후, 여기에 소프트웨어를 설치하고 데이터베이스를 저장하면 AWS의 컴퓨터가 내 애플리케이션의 서버로 동작하도록 만들 수 있습니다.

▼ **그림 8-19** 사용자, 서비스 제공사, AWS

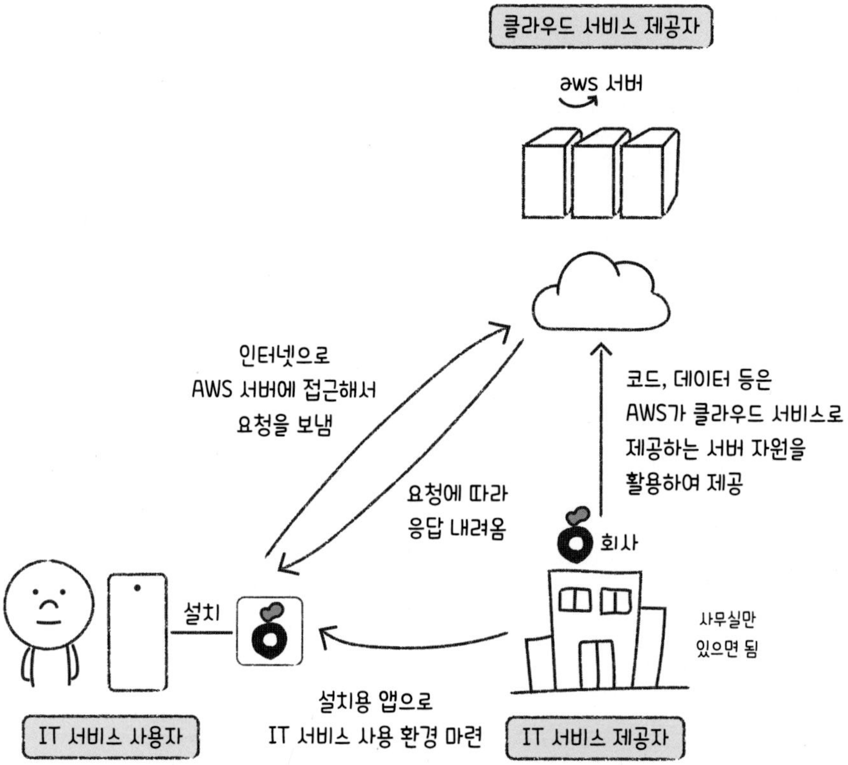

결국 서버리스 구조는 실제 서버 컴퓨터가 존재하지 않는 마법 같은 구조가 아닙니다. 단지 **서버를 직접 소유하거나 관리하지 않을 뿐입니다!**

---

2 Function as a Service로, 서버리스 컴퓨팅에 주로 사용됩니다.

CHAPTER

09

IT 실무 용어 해설

SECTION 9.1 한국말 맞아요? 판교 사투리

SECTION 9.2 개발자와 대화하기 위한 단어

SECTION 9.3 진짜 개발자가 일할 때 쓰는 단어

IT 회사는 개발자를 중심으로 돌아갑니다. 그렇기에 IT 회사에서 일하는 사람은 크게 두 집단으로 나눌 수 있습니다. 개발자거나, 개발자와 대화하는 사람이거나.

다음은 IT 회사에서 일상적으로 이루어지는 대화의 일부입니다. 신규 기능을 언제 테스트해 볼 수 있냐는 가벼운 질문에, 개발자는 알 수 없는 용어를 잔뜩 섞어서 대답을 합니다. 알파, 머지, 이슈, MD, 배포, ... 이 단어를 처음 보는 사람이라면 도저히 이해할 수 없는 답변입니다. 개발자의 말은 분명 한국어인데, 무슨 말인지 하나도 이해가 가지 않습니다.

> **기획자**: 혹시 신규 기능을 언제쯤 테스트해 볼 수 있을까요?
>
> **개발자**: 알파에서요? 머지는 했는데 크리티컬 이슈가 발견돼서 3MD는 더 필요해요. 배포하면 말씀드릴게요.

IT 세상에 발을 들인 사람이라면 종종 개발자와 대화하거나 개발자가 쓴 글을 읽을 일이 생깁니다. 물론 이를 처음 접한 사람들은 대부분 내용을 제대로 이해하지 못합니다. 어느 정도 익숙한 단어가 들리기는 하는데, 무슨 소리를 하는지 당최 알 수가 없습니다. 이렇듯 낯선 단어로 가득한 개발자의 언어는 초심자에게는 큰 진입 장벽으로 다가옵니다.

물론 개발자만 이해할 수 없는 말을 하는 건 아닙니다. IT 업계에서 일하는 사람들은 하나같이 그들만 알아듣는 단어로 소통합니다. 이는 소위 '판교 사투리'라 불리며 예능 프로그램에서 종종 개그 요소로 사용되기도 합니다. 일부러 웃기려고 그러는 건가 싶지만, 그들은 100% 진심입니다.

IT 업계의 사람들은 도대체 어떤 이야기를 하고 있는 걸까요? 이번 장에서는 IT 세상에서 자주 쓰이는 단어를 함께 알아보며 그들의 언어 세계를 들여다보고자 합니다.

▼ **그림 9-1** 개발자와 이야기하는 건 어려워!

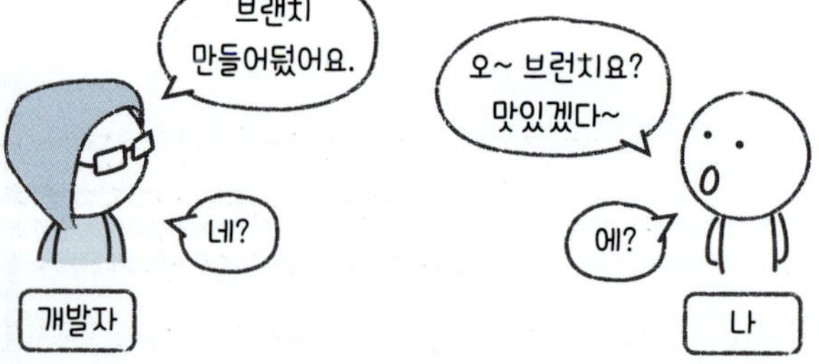

9.1 SECTION 한국말 맞아요? 판교 사투리

혹시 '판교 사투리'에 대해 들어 본 적이 있나요? 판교 사투리는 IT 회사가 모여 있는 판교에서 흔하게 사용되며, 지나칠 정도로 영어 표현을 많이 쓰는 것이 특징입니다. 판교 사투리는 IT 업계를 대표하는 사회 언어로 자리 잡았다고 해도 과언이 아닙니다. 처음 들으면 도통 이해하기 어렵지만, IT 회사에서 몇 달만 지내면 어느새인가 자연스럽게 판교 사투리를 구사하는 본인의 모습을 볼 수 있습니다. 마치 판교에서 태어난 사람처럼 말이죠!

여기 IT 회사 내에서 흔하게 이루어지는 대화가 있습니다. 아주 자연스럽게 판교 사투리를 구사하는 두 명의 대화를 보면 마치 외국어를 보는 듯한 느낌이 듭니다. 킥오프는 뭐고, 이슈는 또 뭐고... 분명 잘 아는 언어로 말하는 데도 이해하기 어렵습니다.

> **서비스 기획자**: 오늘 프로젝트의 **킥오프 미팅**을 했는데요. **스펙**이 복잡하고 관련 **이슈**가 많아서 개발 **리소스**가 부족할 것 같아요. 본 프로젝트는 두 버전에 걸쳐서 진행되어야 할 것 같습니다.
>
> **사업 담당자**: 그럼 일정은 정해졌을까요?
>
> **서비스 기획자**: 버전별로 **마일스톤**은 찍어 두었습니다. 다만, 신규 사용자 **정책** 쪽 R&R이 모호해서, 그것부터 협의해야 할 것 같아요.
>
> **사업 담당자**: 네, 빠른 시일 내로 관련 미팅 하나 잡겠습니다.

IT 세상에 발을 들인 이상 한 번쯤은 보고 듣게 될 판교 사투리, 이참에 한 번 배워 보는 건 어떨까요? 이 절의 내용을 모두 읽고 나면, 앞의 외국어 같은 대화도 충분히 해석할 수 있을 정도의 판교 사투리 실력을 가질 수 있을 겁니다!

9.1.1 항상 없어요, 리소스

IT 회사에서 가장 많이 듣는 단어 중 하나가 바로 '리소스'입니다. 특히, '리소스가 없다'는 말은 귀에 딱지가 앉을 정도입니다. 리소스가 도대체 무엇이길래 모두가 항상 없다고 하는 걸까요?

리소스(resource)의 사전적 의미는 '자원', 즉 유용하게 사용되는 무언가입니다. IT 분야에서 말하는 리소스는 특히 컴퓨팅 자원과 인적 자원을 의미합니다. 서비스를 만들기 위해서는 서버나 네트워크 같은 컴퓨팅 자원도 필요하고, 그것을 설계하고 개발할 사람도 필요합니다. 즉, 컴퓨팅 자원과 인적 자원 모두 IT 서비스를 구축하고 운영하는 데 꼭 필요한 '리소스'인 것입니다.

IT 회사는 보통 새로운 프로젝트를 시작할 때 다음과 같이 필요한 리소스를 계산하곤 합니다.

> "검색 필터 기능을 제공하려면 서버 컴퓨터 3대가 필요하고, 2명의 개발자가 석 달 동안 개발해야 한다."

늘 인력이 충분하지 않은 IT 회사의 특성상, 인적 자원도 컴퓨팅 자원만큼이나 효율적으로 관리해야 합니다. 특히, IT 서비스를 구현해야 하는 개발자의 리소스는 더욱 중요하게 여겨집니다. 한 명의 개발자가 할 수 있는 일의 한계가 존재하기 때문에, 개발 부서에서는 주어진 인력 안에서 감당할 수 있는 업무를 선별해 처리해야만 합니다. 그러다 보니 다른 부서의 요청이 들어오면 개발 부서는 항상 '개발 리소스가 부족하다' 혹은 '개발자 리소스가 없다'고 이야기합니다. 이때 말하는 리소스는 주로 개발자의 인적 자원을 의미합니다. 즉, 개발자가 처리할 수 있는 업무의 양을 초과해서 더 이상 추가적인 업무를 수행할 여력이 없다는 의미입니다.

▼ **그림 9-2** 리소스

9.1.2 조장하실 분? R&R

모든 조별 과제는 한 마디의 문장으로 시작합니다.

> "조장하실 분…?"

누군가가 던진 질문에 조장을 피하기 위한 치열한 눈치싸움이 시작됩니다. 과제를 성공적으로 수행하기 위해서는 누군가는 조장 역할을 맡아야 하지만, 굳이 내가 하고 싶지는 않습니다.

마치 조별 과제에서 조장을 정하는 것처럼, 여러 명이 참여하는 프로젝트를 성공적으로 진행하기 위해서는 역할을 정하고 책임을 배분하는 과정이 반드시 필요합니다. 사업, 기획, 디자인, 개발 등 여러 부서가 함께 협업하는 일이 많은 IT 회사에서도 '누가 무엇을, 어디까지 맡을 것인지' 정하는 일은 굉장히 중요합니다.

이처럼 '누가 무엇을, 어디까지 맡을 것인가'에 대한 내용을 IT 업계에서는 'R&R(알앤알)'이라고 이야기합니다. R&R은 Roles & Responsibilities의 약자로, 말 그대로 역할과 책임을 의미합니다. 'R&R이 명확하다.'라는 표현은 누가 무엇을 해야 하는지, 담당자가 잘 정해졌다는 뜻입니다. 반면, 'R&R이 정해지지 않았다.'는 말은 특정 업무를 수행할 담당자가 명확하게 정해지지 않았다는 의미로 이해할 수 있습니다.

▼ **그림 9-3** R&R

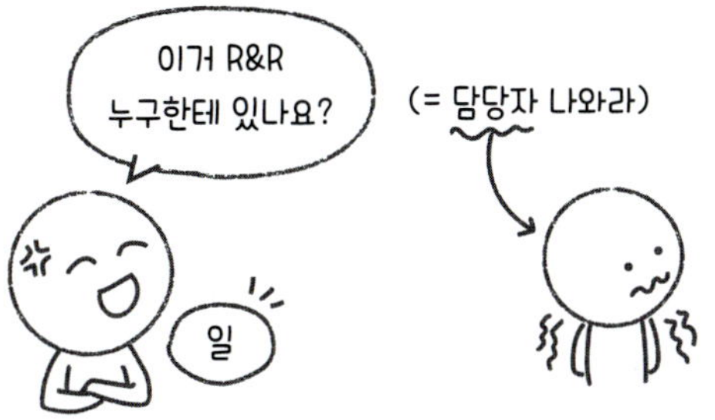

9.1.3 문제 있어요, 이슈

IT 세상엔 항상 문제가 많습니다. 서버가 터지고, 버그가 생기고... 매일 사건사고가 끊이질 않습니다. 하지만 판교에서는 이런 상황에서 문제가 생겼다는 말 대신, 이렇게 이야기합니다.

"이슈가 또 터졌어요!"

IT 업계의 이슈(issue)는 '문제'나 '버그', '결함', '안건', '검토 필요 사항'을 모두 포괄하는 단어입니다. 버그를 발견해도, 추가 검토가 필요한 사항이 있어도, 모르고 있던 걸 발견해도 모두 이슈가 생겼다고 이야기합니다. 일하다 발생한 특이 사항을 모두 이슈라고 이야기해도 전혀 이상하지 않습니다. 심지어 점심 메뉴 고민도 이슈라고 부를 수 있습니다! 보통 '이슈 있다', '이슈가 생겼다' 혹은 '이슈 터졌다'와 같은 표현이 숙어처럼 사용됩니다.

물론 이슈에도 여러 종류가 있습니다. 커다란 버그가 발생하거나 서버가 터지는 것처럼 규모가 큰 문제는 '크리티컬 이슈(critical issue)'라고 부르며 빠르게 대응합니다. 반면, 문제가 있긴 하지만 작은 오타처럼 그다지 영향도가 크지 않은 경우에는 '마이너 이슈(minor issue)'라고 부릅니다. 마이너 이슈는 크리티컬 이슈에 비해 중요도가 낮기 때문에, 해결 우선순위가 낮습니다. 만약 문제가 발생했지만 여러 이유로 수정하지 않고 그냥 안고 가기로 결정했다면 그 문제는 이제 '노운 이슈(known issue)'가 됩니다. 말 그대로 알고 있지만 해결하지 않는 이슈라는 뜻입니다.

▼ **그림 9-4** 이슈

9.1.4 자, 시작합시다! 킥오프

시작이 반이라는 말이 있습니다. 어떤 일을 하든, 일단 시작을 하는 게 가장 중요하다는 의미입니다. 이는 IT 회사에서 일을 할 때도 마찬가지입니다. 그렇기에 본격적인 업무 시작 전, 성공적인 프로젝트를 위해 같이 일하게 될 사람들과 만나 자기소개를 하고 앞으로 어떻게 일을 해 나갈지 논의하는 시간을 갖습니다. 이처럼 무언가를 시작하는 첫 번째 단계를 IT 세상에서는 킥오프(kick–off)라고 이야기합니다.

갑자기 웬 발차기(kick)냐고요? 킥오프는 원래 축구 용어입니다. 축구 경기가 시작되기 직전, 준비를 마친 선수들은 각자의 자리로 가고 공은 경기장 중앙에 놓아 둡니다. 약간의 정적 후 신호가 울리면 한 선수가 공을 발로 걷어찹니다. 그 순간, 모든 선수가 일제히 뛰기 시작하며 본격적인 경기가 시작됩니다. 공을 발로 차는 행위(kick–off)가 치열한 축구 경기의 시작을 알리는 신호인 셈입니다.

축구 경기의 시작을 뜻하는 킥오프는 그 의미가 확장되며 어떤 일의 시작을 알리는 행위 전반을 뜻하는 단어로 자리 잡았습니다. IT 업계에서도 특정 프로젝트의 시작을 '킥오프'를 부르고 있습니다. 킥오프 이후에는 축구 선수마냥 열심히 달려서 프로젝트를 성공적으로 완수하자는 의미를 담고 있다고도 볼 수 있습니다. 회사에서는 주로 미팅으로 프로젝트가 시작되기 때문에

'킥오프 미팅'이라는 표현이 흔하게 사용됩니다.

▼ **그림 9-5** 킥오프

9.1.5 일할 땐 계획형, 마일스톤

킥오프 회의로 프로젝트의 첫 신호탄을 쐈다면, 다음으로는 구체적인 일정과 단계별 목표를 설정해야 합니다. 계획 없이 무작정 달릴 수는 없는 일이니까요! 학교 강의에 수업 목표와 주차별 강의 계획이 있는 것처럼, IT 회사도 프로젝트의 최종 목표를 정하고 이를 완수하기 위한 단계별 일정 계획을 수립합니다. 이처럼 프로젝트를 진행하기 위해 세우는 중요한 이정표나 단계를 '마일스톤(milestone)'이라고 부릅니다.

마일스톤은 로마 시대에서 유래된 단어입니다. 옛날 로마 제국에서는 도로를 표시하기 위해 1마일마다 돌덩이를 세웠습니다. 1마일마다 세우는 돌이라고 해서 이를 마일스톤이라 부르기 시작한 것입니다. 옛날 사람들은 내비게이션 없이도 마일스톤만 잘 따라가면 길을 잃지 않고 목표 지점에 도달할 수 있었습니다.

일을 할 때도 이러한 마일스톤이 필요합니다. 무작정 최종 목표를 향해 달리면 중간에 길을 잃기 쉽습니다. 하나의 큰 목표를 여러 개의 작은 목표로 나누고, 작은 목표를 하나씩 따라가다 보면 훨씬 체계적이고 안정적으로 목표 지점에 도달할 수 있습니다. 최종 목표를 달성하기 위해 작은 목표를 세우는 일이 길을 안내하는 마일스톤을 세우는 것과 비슷하지 않나요? 따라서 이렇게 목표 달성을 위해 세워 두는 작은 목표와 계획을 마일스톤이라고 부르게 되었습니다.

프로젝트의 규모가 크고 많은 사람이 참여할수록 마일스톤은 더욱 명확해야 합니다. 누가, 무엇을, 언제까지, 어떻게 해야 한다는 단계별 목표를 확실하게 잡아 두면 나중에 길을 잃고 헤매는 일이 없습니다. 이처럼 프로젝트의 목표와 계획을 명확히 세우는 일을 IT 업계에서는 '마일스톤을 세운다', 혹은 '마일스톤을 찍는다'고 표현합니다.

맛집 탐색 서비스인 헝그리정신에 '개인화 맛집 추천' 기능을 추가하는 프로젝트를 진행한다고 생각해 봅시다. 추천 기능은 5개월 뒤인 10월 15일에 출시하려고 합니다. 이 거대한 프로젝트를 성공적으로 완수하기 위해, 우리는 다음과 같은 마일스톤을 세울 수 있습니다.

6/1: 킥오프 미팅
6/30: 서비스 기획 완료
7/15: 디자인 완료
8/31: 개발 완료
9/30: 기능 테스트 완료
10/15: IT 서비스 출시

▼ **그림 9-6** 마일스톤

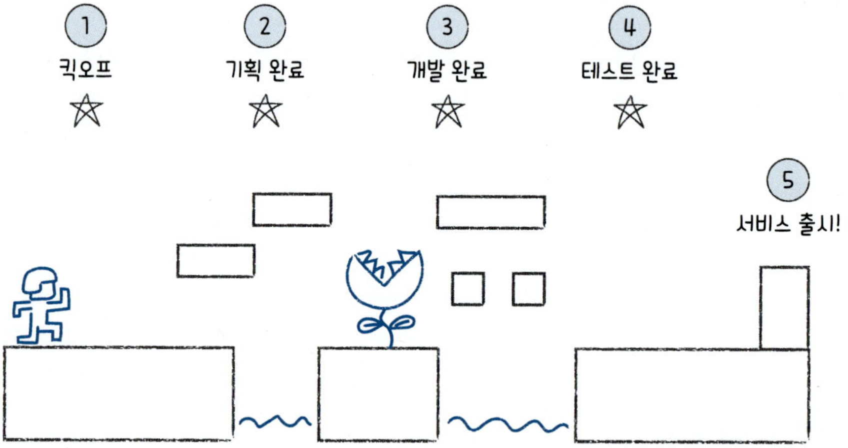

9.1.6 한 땀 한 땀 정의해요, 스펙

'스펙'이라는 단어를 들으면 무엇이 떠오르시나요? 성적, 학력, 경력 등 우리가 보통 스펙이라고 부르는 것들은 내가 얼마나 잘났고 얼마나 대단한 사람인지 나타내는 지표로 여겨집니다. 그런데, IT 회사는 사람보다는 애플리케이션의 스펙에 더 신경 쓴다는 사실, 알고 계셨나요?

스펙(spec, specification)은 사양 또는 규격이라는 뜻으로, 주로 제품이나 소프트웨어에 사용되는 단어입니다. 우리는 보통 스마트폰을 살 때 스마트폰의 크기, 카메라 화소, 저장 용량 등의 조건을 보고 판단합니다. 이처럼 특정 스마트폰이 가지고 있는 규격과 특성이 바로 스마트폰의 스펙입니다.

IT 서비스의 스펙도 비슷합니다. 쿠팡은 상품을 검색하고 물건을 구매하는 기능을 지원합니다. X(구 트위터)는 글을 쓰고 게시할 수 있지만, 기본적으로 하나의 글에는 280자까지만 입력할 수 있도록 제한하고 있습니다. 이처럼 IT 서비스가 가지고 있는 기능적 특성이 바로 IT 서비스의 스펙입니다.

IT 서비스를 만드는 사람들은 우리가 생각하는 것보다 훨씬 세부적인 범위에서 '스펙'을 정의합니다. 단순히 '메시지를 보낸다'가 아닌, '입력창에 텍스트를 입력하고 전송 버튼을 누르면, 입력된 텍스트를 수신자 계정으로 보낸다.' 혹은 '입력창에 텍스트가 입력된 상태에서 뒤로 가기를 누르면, 다음 진입 시까지 해당 메시지방에 입력된 텍스트 정보를 유지한다.'처럼 할 수 있는 일을 더 구체적이고 세세한 범위로 나누어 관리합니다.

즉, IT 서비스를 만드는 사람들은 '스펙'을 '특정 동작을 수행했을 때 나타나는 결과값'이라는 의미로 사용합니다. 일반적으로 기획자는 IT 서비스의 스펙을 정의하고, 개발자는 정의된 스펙대로 동작할 수 있도록 애플리케이션을 구현합니다. 우리가 편리하게 사용하는 IT 서비스는 세부적인 스펙들이 하나하나 쌓여서 만들어지는 것입니다.

▼ 그림 9-7 스펙

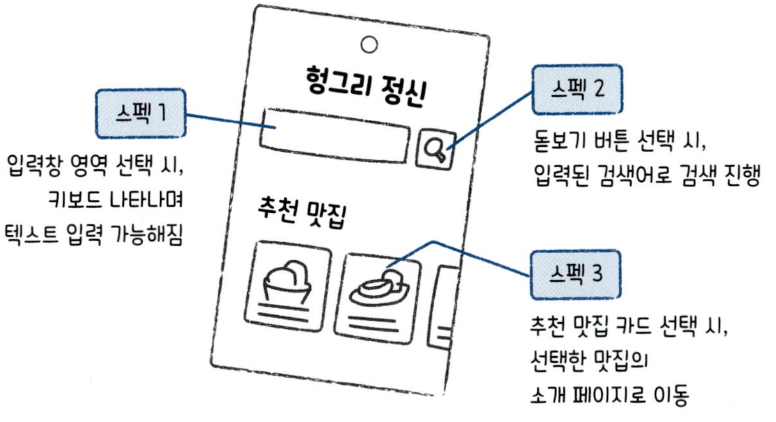

9.1.7 지켜 주세요, 정책

'정책'은 보통 정부나 공공 기관에서 많이 사용되는 단어라, 딱딱하고 정치적인 의미로 받아들여지곤 합니다. 사실, 우리가 일상적으로 사용하는 IT 서비스도 수많은 정책을 바탕으로 동작하고 있습니다.

정책(policy)의 사전적 의미는 '문제를 해결하거나 목적을 달성하기 위한 일련의 계획 또는 원칙'입니다. 일반적으로 정부의 국가 운영 방침을 정책이라고 부르지만, 꼭 정책을 정부만 세우라는 법은 없습니다. 정부에 국가 운영을 위한 정책이 있다면, IT 회사에서는 IT 서비스를 운영하기 위한 정책이 있습니다. 즉, IT 세상의 정책은 IT 서비스라는 나라가 어떤 원칙 아래 운영되는지를 정해 놓은 일종의 기준인 셈입니다.

정책은 앞서 이야기한 스펙과 비슷해 보이지만, 조금 다른 개념입니다. 정책은 IT 서비스를 구성하는 규칙과 방향성에 해당합니다. 스펙은 이러한 정책을 기준으로 세부 동작의 원인과 결과를 규정한 것이죠. 예시로 비교해 볼까요? 맛집 탐색 서비스인 헝그리정신에서 회원 탈퇴 기능을 제공한다고 생각해 봅시다. 헝그리정신 서비스는 '탈퇴한 회원의 데이터는 즉시 삭제한다.'라는 운영 방침을 가지고 있습니다. 이것은 헝그리정신 서비스의 회원 탈퇴 정책입니다. 이 정책에 따라, 사용자가 회원 탈퇴 버튼을 누르면 즉시 해당 회원의 정보를 데이터베이스에서 모두 삭제하도록 만들었습니다. 이처럼 회원 탈퇴 정책에 기반하여 설계된 데이터 삭제 동작은 헝그리정신 서비스의 스펙에 해당합니다.

회원가입부터 로그인, 검색, 글쓰기, 결제까지! 하나의 IT 서비스에서 제공되는 기능은 매우 다양합니다. 이렇게 다양한 요소가 하나의 IT 서비스 속에서 일관된 방식으로 동작하기 위해서는 여러 정책이 필요합니다. 마치 하나의 국가를 운영하기 위해서는 셀 수 없이 많은 정책이 필요한 것처럼 말이죠! IT 서비스의 정책은 보통 회원가입 당시의 이용 약관에서 많이 볼 수 있습니다. 무심코 넘기던 이용 약관의 어렵고 복잡한 글이 사실 IT 서비스를 지탱하는 든든한 정책이었다는 사실, 신기하지 않나요?

▼ 그림 9-8 정책

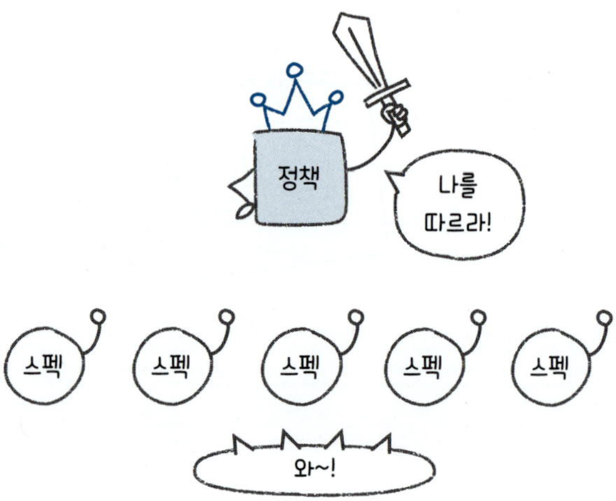

IT 업계에서 사용하는 주요 용어를 알게 되었으니 다시 처음의 대화로 돌아가 봅시다. 앞서 이야기한 개념을 통해 외국어처럼 느껴지던 대화를 해석해 보면, 다음과 같이 풀어서 이해할 수 있습니다.

> **서비스 기획자:** 오늘 프로젝트를 **시작하기 위한 첫 번째 회의**를 진행했는데요. **기능이 동작하는 방식**이 복잡하고 관련된 **문제**가 많아서 **개발 인력**이 부족할 것 같아요. 본 프로젝트는 두 버전에 걸쳐서 진행되어야 할 것 같습니다.
>
> **사업 담당자:** 그럼 일정은 정해졌을까요?
>
> **서비스 기획자:** 버전별로 **세부적인 진행 일정**은 찍어 두었습니다. 다만, 신규 사용자에 대한 규칙 쪽 **담당자**가 누구인지 모호해서, 그것부터 협의해야 할 것 같아요.
>
> **사업 담당자:** 네, 빠른 시일 내로 관련 미팅 하나 잡겠습니다.

뭐, 별로 어려운 내용도 아니었네요! 판교 사투리로 몸을 좀 풀었으니, 이번엔 진짜로 개발자와 대화하러 가 볼까요?

9.2 SECTION 개발자와 대화하기 위한 단어

개발 지식이 없는 상태에서 개발자와 대화하는 건 꽤나 어려운 일입니다. 감사하게도, 대부분의 개발자는 개발 지식이 없는 우리의 이야기를 잘 들어 주고 친절하게 대답해 줍니다. 하지만 개발자가 친절한 것과 친절한 개발자의 대답을 이해하는 건 다른 문제입니다. 판교 사투리를 능가하는 어렵고 낯선 단어로 가득한 개발자의 언어는 비전공자의 멘탈을 와르르 무너뜨리곤 합니다.

다음은 기획자와 개발자의 업무 대화 중 일부를 발췌한 것입니다. 아까보다 더욱 이해하기가 어렵습니다. 도대체 뭘 배치한다는 건지 모르겠고, 로그는 일찌감치 포기한 수학에서나 봤던 단어라 별로 반갑지 않습니다. 이러한 개발자의 말은 외국어를 넘어선 외계어처럼 느껴지기도 합니다.

기획자: 개발자님, 오류 원인 확인되었을까요?

개발자 1: **로그**를 봤는데, 오류 원인이 **레거시** 코드랑 엮여 있어서 수정에 **공수**가 꽤 들 것 같습니다.

개발자 2: 그럼 그냥 **분기 처리**해야 할 것 같아요. 사용자 데이터를 저희 쪽에서 **들고 있으면** 좋은데, 관련 부서에서 **전파해** 주실 수 있을까요? 아니면 저희가 **배치** 돌려서 **땡겨** 올게요. 어쨌든 최소 10MD는 필요합니다.

기획자: 확인 감사합니다! 일단 관련 부서랑 미팅 잡겠습니다.

사실, 개발자가 사용하는 단어에 조금만 익숙해지면, 이러한 개발자의 대답도 어렵지 않게 이해할 수 있습니다. 책을 여기까지 읽은 여러분이라면 더욱 식은 죽 먹기입니다. 개발자가 업무 상황에서 자주 사용하는 단어에 대해 하나씩 파헤쳐 볼까요?

9.2.1 굿즈 아닙니다! MD와 공수

MD라는 단어를 본 적이 있으신가요? 일반적으로는 홈쇼핑 MD, 패션 MD처럼 상품 기획 직무(merchandiser)의 의미로 많이 사용되는 약어입니다. 하지만 IT 회사에서 사용하는 MD는 전혀 다른 의미를 가지고 있습니다.

IT 회사에서 사용하는 MD는 Man Day의 줄임말로, 한 사람이 하루 동안 작업할 수 있는 업무량을 의미합니다. 보통 특정 업무를 수행하기 위해 어느 정도의 리소스(인력)가 필요한지 계산하는 단위로 사용하곤 합니다. 일반적인 1일 근무 시간인 8시간을 기준으로, 하루 동안 할 수 있는 일의 양을 1MD 또는 1M/D라고 표현합니다.

헝그리정신 서비스에 '맛집 개인화 추천' 기능을 추가하기 위해 기능 개발을 요청했더니, 개발 부서에서 20MD가 필요하다는 답변이 돌아왔습니다. 이는 개발자 1명이 이 기능만 개발한다면, 완성하기까지 20일의 근무일이 필요하다는 뜻입니다. 이렇게 계산된 MD를 투입되는 사람 수로 나누면 실제로 업무에 필요한 기간을 알 수 있습니다. 20MD의 업무는 1명이 맡으면 20일이 걸리고, 2명이 나눠서 맡게 된다면 10일이 걸리고, 4명이 투입되면 5일만에도 완성할 수 있겠죠?

업무량을 세는 단위로 MD 외에도 MM 또는 MH를 사용하기도 합니다. MM은 Man Month로, 한 사람이 하루에 8시간 동안 일했을 때 한 달 동안 할 수 있는 일의 양을 뜻하는 단위입니다. 보통 한 달의 근무일은 22일 정도이기 때문에 1MM은 22MD를 기준으로 판단합니다. MH는 Man Hour로, 한 사람이 한 시간 동안 할 수 있는 일의 양을 의미합니다. 즉, 1MD와 8MH는 동일한 일의 양을 나타내는 표현입니다.

MD와 함께, '공수'라는 단어도 많이 사용됩니다. 공수(工數)는 작업 '공(工)' 자와 숫자 '수(數)' 자가 합쳐진 단어로 전체 작업량을 MH(Man Hour)를 기준으로 나타낸 값을 의미합니다. 즉, 한 사람이 한 시간 동안 할 수 있는 일의 양을 기준으로 전체 작업 규모를 계산하는 개념인 셈입니다.

공수는 원래는 이렇게 구체적인 작업량을 지칭하는 단어지만, IT 업계에서는 좀 더 두루뭉술한 의미로 사용되곤 합니다. 앞서 이야기한 리소스처럼 결국 바쁘다는 말을 하기 위한 표현이죠. 특정 작업이 많은 업무량을 필요로 할 때, 담당자는 '공수가 많이 든다'고 하며 방어적인 태도를 취합니다. 이보다 구체적인 작업량을 기준으로 이야기할 때는 MD, MH 등의 단위를 활용하고 있습니다.

▼ **그림 9-9** MD와 공수

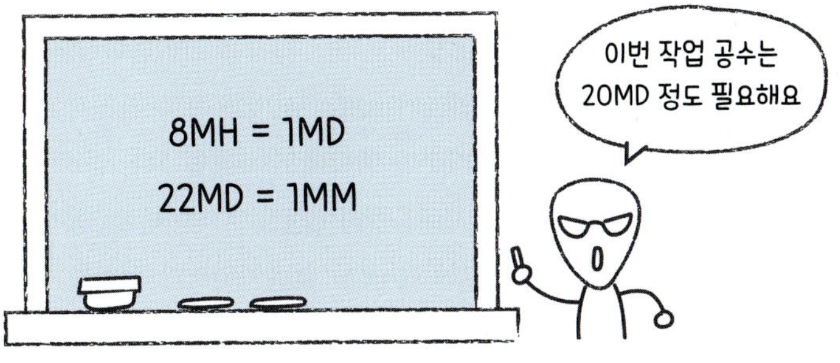

9.2.2 무서운 상황 아닙니다! 찌르다, 땡겨 가다, 전파하다, 들고 있다

5장의 클라이언트–서버 구조와 6장의 API 내용을 다시 떠올려 봅시다. IT 서비스는 클라이언트와 서버의 통신을 기반으로 동작합니다. 그리고 API는 클라이언트와 서버의 소통을 원활하게 해 주는 인터페이스입니다. IT 서비스는 클라이언트와 서버가 API를 통해 요청과 응답을 수없이 주고받으며 돌아갑니다.

일반적인 사람들은 클라이언트–서버 통신 과정을 보며 '클라이언트가 요청을 보낸다' 혹은 '서버에게 응답을 받는다'는 표현을 주로 사용합니다. 하지만 이러한 구조를 매일 보고, 만들고, 고치는 개발자의 표현은 조금 다릅니다. 친한 친구를 부를 때는 입에 착 붙는 별명을 사용하는 것처럼, 개발자는 매일 보는 클라이언트와 서버의 통신을 좀 더 친근한 방식으로 부릅니다. 다음

대화는 맛집 탐색 서비스인 헝그리정신의 맛집 추천 기능을 개발하기 위한 논의의 일부입니다. 어떤 이야기가 오고가는지 한 번 살펴볼까요?

맛집 추천 개발자: 맛집 추천 기능을 제공하려고 합니다. 사용자의 검색 기록과 맛집 저장 데이터가 필요한데요, 어떻게 얻을 수 있을까요?

검색 담당자: 검색 기록은 변동이 많아서 매번 **찔러 보는** 게 나을 거에요. API 문서 드릴게요.

맛집 저장 담당자: 사용자의 저장 맛집 리스트는 저희 쪽에서 **땡겨 가세요**. 만약 **들고 계실 거면** 변경 사항 있을 때 **전파해** 드릴게요.

찌르다, 땡겨 가다, 전파하다, 들고 있다... 표현만 보면 무서운 상황처럼 느껴집니다. 데이터를 납치 감금이라도 하는 걸까요? 물론 대화를 조금만 자세히 보면, 이러한 단어는 모두 데이터의 흐름을 직관적으로 나타내는 표현이라는 걸 알 수 있습니다.

먼저, '찌르다'는 일반적으로 클라이언트가 서버에 특정 요청을 보내는 동작을 의미합니다. 클라이언트와 서버의 통신 과정을 떠올려 보면, 마치 클라이언트가 API로 서버를 쿡쿡 찔러서 원하는 걸 얻어 내는 모양새처럼 보입니다. '땡겨 가다' 역시 비슷한 맥락에서 사용됩니다. 클라이언트가 서버에 요청을 보내서 데이터를 응답 받는 동작을 보고, 클라이언트가 데이터를 '땡겨 간다'고 표현하는 것입니다. 결국 '찌르다'와 '땡겨 가다'는 표현은 모두 클라이언트가 서버를 통해 필요한 무언가를 얻어 내는 상황을 의미합니다. '찌르다'는 요청을 보내는 동작, '땡겨 가다'는 응답을 받는 동작에 초점을 둔 표현인 셈이죠.

'들고 있다'는 클라이언트가 데이터가 필요할 때마다 서버에 요청하는 대신, 클라이언트가 한 번 확인한 데이터를 직접 저장해 두고 활용하는 상태를 의미합니다. 클라이언트가 데이터를 들고 있으면 정보가 필요할 때마다 귀찮게 매번 서버와 통신하지 않아도 됩니다. 요청 횟수가 줄어 효율적이지만, 최신 데이터를 바로바로 확인할 수 없다는 단점도 존재합니다. 그래서 보통 권한 정보처럼 자주 사용하지만 잘 변경되지 않는 데이터를 들고 있는 경우가 많습니다. 그렇다면 클라이언트는 들고 있는 데이터가 서버에서 수정된 경우, 어떻게 이 사실을 알 수 있을까요? 데이터에 변경 사항이 발생했을 때 서버가 클라이언트에 알려주면 됩니다. 아파트에서 전 세대 대상으로 안내 방송을 하듯이 말이죠! 이처럼 별도의 요청 없이도 데이터 변경 사항을 다른 컴퓨터에게 알려주는 걸 '전파한다'고 이야기합니다. 말 그대로 변경 사항을 여러 클라이언트에게 널리 퍼트리는 동작입니다.

즉, IT 서비스의 클라이언트는 데이터가 필요할 때마다 매번 서버를 '찔러서' 데이터를 '땡겨' 가고 있습니다. 만약 클라이언트가 정보를 '듣고' 있는 구조라면, 데이터 변경 사항이 발생했을 때 서버가 이를 '전파해' 주고 있습니다. 이렇듯 우리 주변의 IT 서비스는 찌르고, 땡기고, 듣고 있고, 전파하는 과정을 반복하며 열심히 돌아가고 있습니다.

▼ **그림 9-10** 찌르다, 땡겨 가다, 전파하다, 듣고 있다

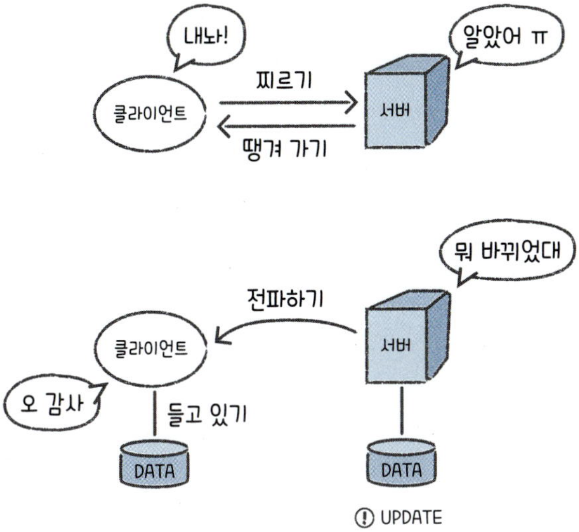

9.2.3 로그함수 아닙니다! 로그

카드 명세서나 통장 잔고는 확인할 때마다 놀랍습니다. 도대체 돈이 다 어디로 빠져나가는지 믿어지지가 않죠. 분명 뭔가 잘못되었을 거라는 확신이 들지만, 사용 내역을 하나씩 읽다 보면 의심은 점점 사라집니다. 언제, 어디서, 무엇을 결제했는지 명확하게 표시되어 있는 내역서를 보면 모두 내가 사용한 게 맞다는 불편한 진실을 깨닫게 됩니다. 모든 내역을 다 읽고 난 후에는 지난 소비를 후회하며 다음 달에는 돈을 아껴 쓰기로 결심합니다.

카드 사용 내역처럼 어떤 동작이 발생할 때마다 기록을 남겨 두면, 나중에 문제가 생겼을 때 언제 어디서 특이 사항이 발생했는지 바로 파악할 수 있습니다. IT 서비스도 비슷한 방식을 사용하고 있습니다. IT 서비스는 문제의 원인을 파악하거나 서비스가 잘 동작하고 있는지 확인하기 위해 여러 기록을 남깁니다. 보통 API 통신이나 데이터베이스 변경과 같은 동작의 메타 정보와 성공 여부 등을 텍스트 형태로 기록하며, 생성된 기록은 시간 순서대로 착착 쌓이게 됩니다. 이처럼 컴퓨터의 동작을 기록해 둔 텍스트 정보를 '로그(log)'라고 이야기합니다. 아주 먼 옛날 항

해 기록을 통나무(log)에 표시하던 것에서 유래한 표현이죠.

로그는 단순한 동작 기록처럼 보이지만 사실 분석과 문제 해결을 목적으로 수집하는 체계화된 데이터입니다. IT 서비스는 수많은 통신을 기반으로 움직이고 있고, 원한다면 여러 동작 정보를 다양한 방식으로 로깅(logging)할 수 있습니다. 하지만 목적 없이 수집된 로그는 쓸데없이 저장 공간만 잡아먹는 거대한 텍스트 더미에 불과합니다. 그렇기에 로그를 수집할 때는 명확한 목적을 바탕으로 무엇을 어떻게 기록할지 잘 설계해야 합니다.

물론 아무리 잘 설계된 자랑스러운 로그라고 하더라도 자주 확인하고 싶지는 않습니다. 마치 돈을 너무 많이 썼을 때 카드 사용 내역을 확인하는 것처럼, 개발자 역시 뭔가 문제가 발생했을 때 주로 로그를 확인하기 때문입니다. 로그는 잘 남길수록 좋고 잘 확인하지 않을수록 좋은, 아이러니한 데이터인 셈입니다.

▼ 그림 9-11 로그

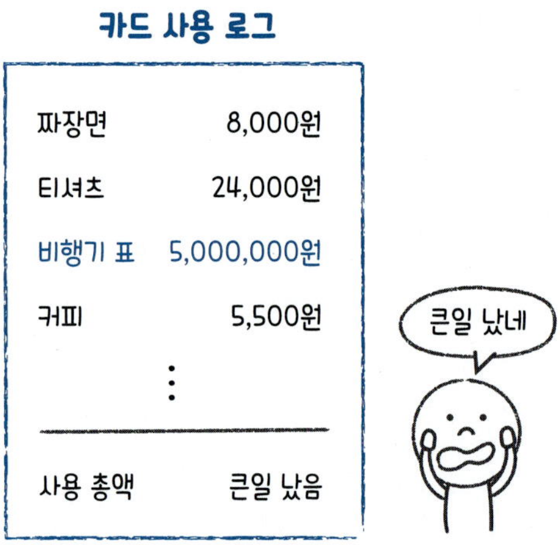

9.2.4 가구 배치 아닙니다! 배치(Batch)

인생은 똑같은 일상의 반복입니다. 매일 같은 시간에 일어나고, 매주 운동을 하러 가며, 매달 공과금을 냅니다. 이처럼 반복적으로 이루어지는 일을 누군가의 도움 없이 매번 완벽하게 챙기기는 어렵습니다. 그렇기에 우리는 알림을 맞추고 자동 이체를 걸어 놓습니다. 똑같은 반복 작업은 자동화를 하는 게 편하니까요!

IT 서비스도 우리와 비슷한 일상을 보내고 있습니다. 매일 새로운 정보를 업데이트하고, 매달 유료 사용자에게 청구서를 보냅니다. 사용자가 많고 규모가 큰 서비스일수록 대량 작업을 반복적으로 수행해야 하는 경우가 많습니다. 당연히 IT 서비스는 이러한 반복 작업을 수작업으로 처리하지 않습니다. 때가 되면 자동으로 해당 동작을 수행하도록 프로그래밍을 해 놓습니다. 이처럼 특정 과업을 일정한 주기에 따라 반복적으로 수행하도록 만드는 것을 '배치(batch)를 돌린다'고 이야기합니다.

배치(batch)는 한꺼번에 처리되는 작업 묶음을 뜻합니다. 반복 작업이 일정한 주기로 수행될 때, 쳇바퀴 돌 듯 작업이 진행된다는 의미를 담아 '배치가 돈다' 혹은 '배치를 돌린다'고 이야기합니다. 배치는 보통 작업이 수행되는 주기와 함께 언급되곤 합니다. 매일 수행되는 작업은 '일 배치', 매달 수행되는 작업은 '월 배치'로 부릅니다. 혹시 매일 아침, 똑같은 시간에 울리는 알람을 들으며 일어나시나요? 그렇다면 여러분은 이미 알람을 일 배치로 돌리고 있는 것입니다!

▼ **그림 9-12** 배치

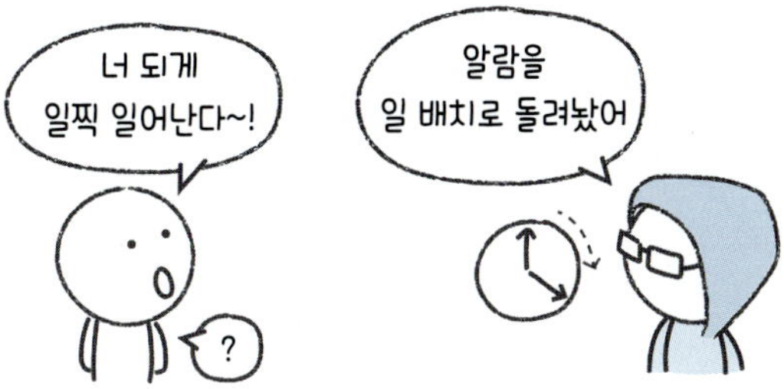

9.2.5 1분기 아닙니다! 분기 처리

넷플릭스와 같은 콘텐츠 제공 서비스를 떠올려 봅시다. 만약 사용자가 성인 인증을 하지 않았다면, 넷플릭스는 성인용 콘텐츠를 화면에서 보여 주지 않습니다. 반면 성인 인증을 완료한 사용자는 성인용 콘텐츠에 자유롭게 접근할 수 있습니다. 즉, 넷플릭스의 사용자는 본인의 특성에 따라 서로 다른 화면을 보게 되는 것입니다.

사용자의 유형, 나이, 국가, 과금 여부 등 특정 조건에 따라 IT 서비스가 조금씩 다르게 동작하는 모습은 흔하게 볼 수 있습니다. 이처럼 일정한 조건을 기준으로 서로 다른 결과 값을 제공하도록 설정하는 것을 '분기 처리'라고 이야기합니다. 만약 넷플릭스에서 만 19세를 나이를 기준으로 콘텐츠 노출 여부에 분기 처리를 했다면, 만 18세의 사용자와 만 20세의 사용자가 동일한 넷플릭스 화면에 접근했다고 하더라도 둘은 서로 다른 결과 값을 보게 됩니다. 이 외에도 회원 등급에 따라 서로 다른 쿠폰을 발급해 주거나, 인터넷 접속 기록에 따라 비행기 표 가격이 다르게 보여지는 것도 개발자가 특정 조건을 기준으로 분기 처리를 해 두었기 때문입니다.

고도화된 IT 서비스를 만들기 위해 분기 처리는 필수적입니다. 사용자의 특성과 조건을 고려해 유연하게 분기 처리된 서비스는 섬세하고 편리한 사용자 경험을 제공합니다. 하지만 명확한 기준과 체계 없이 무분별하게 진행된 분기 처리는 IT 서비스의 로직을 복잡하게 만들어 개발자를 괴롭히는 골칫덩이가 되기도 합니다.

▼ **그림 9-13** 분기 처리

9.2.6 없애고 싶습니다! 레거시

아주 오래전에 지어진 집에 이사를 갔다고 상상해 봅시다. 물을 틀면 가끔씩 녹물이 나오고, 엘리베이터는 종종 삐걱거리고, 바닥은 약간 기울어져 있습니다. 살지 못할 정도로 문제가 있는 건 아니지만, 불편한 점이 한두 개가 아닙니다. 집을 고쳐서 살아보려고 해도 손 댈 곳이 너무 많습니다. 너무 오래된 집이라 어떻게 고쳐야 할지 아는 사람도 없고, 자칫 잘못 건드리면 잘 동작하던 곳에서 갑자기 새로운 문제가 생기기도 합니다. 이런 상황이라면 어떤 생각이 들 것 같나요?

IT 서비스는 집과 비슷한 점이 많습니다. 오래 전부터 제공되던 IT 서비스는 오래된 집처럼 여러 문제를 가지고 있을 가능성이 높습니다. 개발 초기에 작성된 코드는 이미 너무 오래되어 비효율적이고 불편한 점이 많습니다. 하지만 몇 년 동안 IT 서비스의 핵심을 지탱하고 있었기 때문에, 건드렸을 때 어떤 문제가 생길지 장담할 수 없습니다. 핵심 코드를 다시 작성하는 건 IT 서비스 하나를 새롭게 만드는 꼴이죠. 그렇기에 예전에 만들어진 비효율적인 코드를 쉽게 개선하지 못하고 그대로 유지하는 상황은 꽤나 흔하게 발생합니다.

이처럼 오래되어 최신 기술에 비해 효율성이 떨어지는 시스템이나 소프트웨어를 IT 세상에서는 '레거시(legacy)'라고 부릅니다. 레거시는 원래 과거의 유산이나 유물을 뜻하는, 꽤나 긍정적인 의미를 가진 단어입니다. 하지만 빠르게 발전하는 IT 세상의 레거시는 우리의 발목을 잡는 과거의 빚입니다. 개발자가 '레거시가 있다'며 불평하는 경우, IT 서비스에 새로운 무언가를 추가하고 싶지만 예전부터 있었던 비효율적인 시스템 때문에 진행이 어렵다는 의미입니다.

▼ **그림 9-14** 레거시

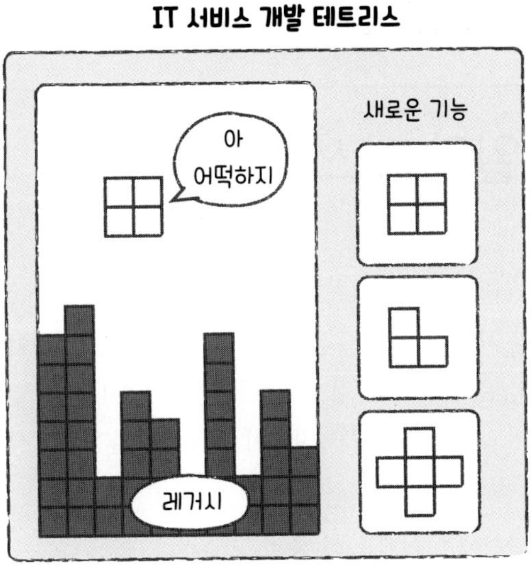

개발자가 사용하는 단어에 대해 알아보면서, 왠지 모르게 개발자가 겪는 고충도 조금은 이해할 수 있게 된 것만 같습니다. 다시 앞의 대화로 돌아가 개발자가 어떤 문제 상황 속에 있었는지 한 번 확인해 봅시다.

기획자: 개발자님, 오류 원인이 확인되었을까요?

개발자 1: **동작 기록**을 봤는데, 오류 원인이 **옛날에 만들어진 비효율적인 코드**랑 엮여 있어서 수정에 **작업 시간**이 꽤 필요할 것 같습니다.

개발자 2: 그럼 그냥 **경우를 나눠서 별도로 처리**해야 할 것 같아요. 사용자 데이터를 저희 쪽에서 **저장하고 있으면** 좋은데, 관련 부서에서 **데이터의 변경이 있을 때마다 알려** 주실 수 있을까요? 아니면 저희가 **주기적인 반복 작업을** 돌려서 **데이터를 요청하고 응답을 받아** 올게요. 어쨌든 최소 **1명이 10일 동안 해낼 수 있는 정도의 작업량**이 필요합니다.

기획자: 확인 감사합니다! 일단 관련 부서랑 미팅 잡겠습니다.

이제 개발자가 하는 말을 좀 더 잘 이해하고, 그가 처한 문제 상황에 공감해 줄 수 있을 것 같지 않나요? 물론 우리가 문제를 해결해 줄 수는 없겠지만요!

9.3 SECTION 진짜 개발자가 일할 때 쓰는 단어

IT 회사의 사람들은 늘 개발팀과 함께 이슈, 스펙, 오류, 프로젝트 진행 상황에 대해 논의합니다. 이때 개발자끼리 하는 말을 들어 보면 정말 처음 들어 보는 용어들로 가득 차 있습니다. 이제까지의 대화는 우리를 배려해 준 것이었나, 싶은 생각이 들 정도입니다. 앞서 다룬 내용과 달리 설명을 들어도 제대로 이해하기 어려운 단어도 많습니다. 개발자들이 작업하는 환경과 방식을 좀 더 깊게 알아야만 이해할 수 있는 것들도 있죠.

다음과 같은 대화는 개발자가 실제로 일하는 과정에서 쉽게 들어 볼 수 있습니다. 앞선 대화도 그랬지만, 이번에는 진짜 무슨 말인지 모르겠습니다. 물론 이상한 일은 아닙니다. 아직 우리는 IT 서비스가 만들어지는 환경, 즉 개발자가 어떤 방식으로 IT 서비스의 코드를 작성하는지에 대해 이야기한 적은 없으니까요!

개발자 1: 신규 기능 개발을 위해 **깃**에 **브랜치** 만들어 뒀습니다. 확인 부탁드려요!

개발자 2: 이번에는 **코드 리뷰** 완료되기 전에는 절대 **머지**하지 말아주세요. 저번에 **스테이징 환경**에서 오류난 거 생각하면... 아직도 아찔합니다.

개발자 3: 오늘부터 작업 시작하겠습니다. **배포**까지 다들 화이팅 합시다!

이번에 다룰 단어들은 개발자가 아니면 특별히 들을 일도, 사용할 일도 없는 단어입니다. 개발자가 아니라면 몰라도 별 문제는 없습니다. 하지만 IT 서비스가 어떤 환경에서 개발되는지, 또 개발된 IT 서비스가 어떻게 우리에게 전달되는지, 궁금하지 않나요? 조금이라도 궁금증이 생겼다면, 지금부터 이야기할 내용이 그 답이 되어 줄 수 있습니다! 물론 주변 개발자의 말을 좀 더 이해할 수 있게 되는 건 덤입니다.

9.3.1 코드의 역사를 기록하는 조선왕조실록, 깃

'역사를 잊은 민족에게 미래는 없다.'는 말이 있습니다. 약간 다른 맥락이긴 하지만, 업무나 과제를 할 때도 역사의 중요성을 느낄 수 있는 순간이 종종 찾아옵니다. 어떤 제품의 광고 디자인을 맡게 되었다고 생각해 봅시다. 첫 번째 디자인을 가지고 가면 팀장님은 좀 더 고쳐 보라는 말을 합니다. 두 번째, 세 번째 보고에서도 계속 수정 사항이 생기고, 컴퓨터에는 '디자인시안_최종', '디자인시안_최최종', '디자인시안_진짜최종'과 같은 파일이 쌓여 갑니다. 이제 진짜 완성이라는 생각으로 '디자인시안_진짜진짜최종_2'를 들고 갔을 때 청천벽력 같은 말을 듣게 됩니다.

"흠... 근데 맨 처음 봤던 게 제일 나은 것 같네. 그냥 처음 걸로 하자."

끓어오르는 분노를 참으며 가장 처음 작업했던 파일을 찾는데, 아뿔싸! 처음 수정할 때 파일 변경 사항을 그대로 덮어쓴 사실을 뒤늦게 깨닫습니다. 팀장님 변덕이 한두 번이 아니었는데. 작업물을 제대로 저장해 두지 않다니! 역사를 잊은 본인을 탓하며 어렴풋한 기억을 더듬어 첫 번째 시안을 다시 만들 수밖에 없습니다.

이처럼 일을 할 때 작업 기록을 남기는 것은 매우 중요합니다. 수정이 빈번하게 발생할수록, 기록의 중요성은 더욱 커집니다. 작업 기록을 남겨 두면 결정 사항이 번복되거나 실수를 했을 때 언제든지 이전 단계로 되돌아갈 수 있습니다. 작업하던 내용이 날아가더라도 기존 기록을 바탕으로 빠르게 내용을 복구할 수 있습니다. 이처럼 작업의 역사를 꼼꼼하게 남겨만 두면, 어떠한 문제가 생기더라도 쉽게 대응할 수 있게 됩니다. 바닥부터 싹 다 갈아 엎으라는 극단적인 요청만 아니면 말이죠!

IT 서비스를 개발할 때 작업 기록은 구원과도 같습니다. 특히 수십, 수백 명의 개발자가 공동으로 작업하는 IT 회사의 경우, 누가 언제 무엇을 어떻게 수정했는지를 남겨 놓는 건 매우 중요합니다. 이때, 코드 변경 사항을 기록하고 관리해 주는 프로그램이 바로 '깃(Git)'입니다.

깃은 컴퓨터 파일의 변경 사항을 추적하고 파일들의 작업을 조율하는 버전 관리용 소프트웨어입니다. 깃을 사용해서 코드를 수정하면, 깃에서 자동으로 코드 변경 사항을 기록하고 관리해 줍니다. 개발자가 별도로 작업 기록을 남기지 않아도 깃을 통해 체계적으로 관리되는 개발 환경을 만들 수 있습니다. IT 세상의 거의 모든 개발자가 깃을 사용해서 코드를 관리하고 있다고 해도 과언이 아닐 정도로, 깃은 개발자 모두에게 사랑받는 코드 관리 도구입니다.

깃은 어떻게 변경 사항을 관리하는 걸까요? 깃에서 코드 변경 사항을 저장하는 동작을 '커밋(commit)'이라고 부릅니다. 깃에서는 이 커밋이 발생할 때마다 언제, 누가, 무엇을, 어떻게 변경했는지 기록을 남겨 둡니다. 왕을 졸졸 따라다니며 모든 말과 행동을 하나하나 기록했던 조선시대의 기록관처럼, 깃은 커밋이 발생할 때마다 코드의 변경 사항을 세세히 기록합니다. 코드 기록관인 깃 덕분에 개발자는 작업한 코드의 변경 기록을 언제든지 다시 확인할 수 있습니다. 필요하다면 해당 커밋이 발생하기 전으로 코드 파일을 되돌릴 수도 있습니다.

그렇다면 깃허브(GitHub)는 무엇일까요? 깃허브는 깃으로 관리하는 코드와 변경 기록을 클라우드 환경에 저장하고 관리할 수 있게 해 주는 플랫폼 서비스입니다. 즉, 깃허브는 깃이라는 코드 관리 프로그램이 클라우드 환경에서 동작할 수 있는 환경을 제공하고 데이터를 저장해 주는 SaaS인 셈입니다. 개발자들은 깃허브를 통해 언제 어디서나 코드에 접근할 수 있고, 수정 기록도 편하게 확인할 수 있습니다.

정리하자면 깃은 개발자들이 사용하는 코드 관리 프로그램이고, 깃허브는 깃이라는 코드 관리 프로그램을 클라우드 환경에서 제공하는 SaaS 서비스입니다. 직접 개발을 할 게 아니라면, 깃 또는 깃허브라는 단어를 들었을 때 '아, 코드를 관리하는 도구구나!' 정도로만 이해해도 충분합니다.

▼ **그림 9-15** 깃

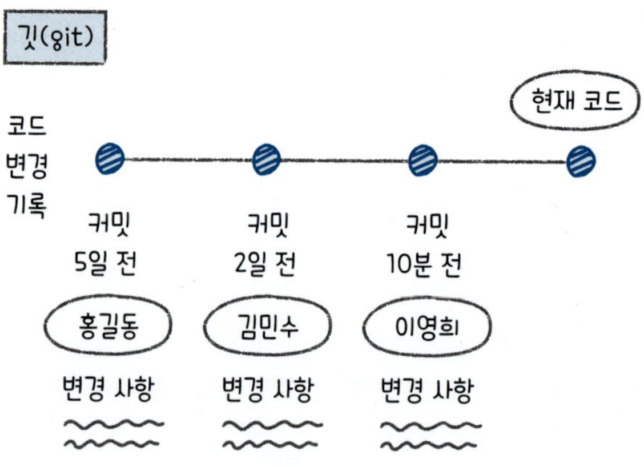

9.3.2 원본 파일을 지켜라! 브랜치와 머지

IT 서비스에 새로운 기능을 추가한다고 생각해 봅시다. 신규 기능을 개발하기 위해 코드를 수정할 때, 돌아가고 있는 IT 서비스의 원본 코드를 직접 건드리면 어떻게 될까요? 자칫 잘못하면 전체 서비스에 영향을 미치는 커다란 버그를 만들어낼 수도 있습니다. 실수 없이 완벽한 코드를 만들 수 있는 슈퍼 개발자라면 괜찮을 수도 있지만, 대부분의 개발자는 이런 위험을 감수하고 싶지 않을 것입니다.

원본 파일을 건드리지 않고 파일의 내용을 수정하고 싶다면 어떻게 해야 할까요? 원본 파일의 복사본을 만든 후 그 복사본을 수정하면 됩니다. 코드 작업도 마찬가지입니다. 깃에도 수정 작업을 위해 코드 파일의 복사본을 만드는 기능이 있습니다. 바로 '브랜치(branch)'입니다.

브랜치는 깃에 등록된 기존 파일을 복사하여 독립적인 작업 공간을 만드는 기능입니다. 보통 수정 작업을 위한 브랜치 파일을 생성하는 일을 '브랜치를 만든다' 혹은 '브랜치를 딴다'라고 표현합니다. 브랜치는 원본 파일에서 만들 수도 있고, 이미 만들어진 브랜치 파일에서 브랜치의 브랜치를 만들 수도 있습니다.

브랜치를 만들어서 코드를 수정하고, 수정된 코드에 아무 문제가 없는 것도 확인했습니다. 그럼 이제 브랜치에 작업한 변경 사항을 원래 파일에 반영해야 합니다. 이때, 변경 사항이 반영된 브랜치를 원본 파일과 다시 합치는 동작을 '머지(merge)'라고 부릅니다. '병합하다'라는 원래 뜻처럼, 머지는 분리했던 파일을 다시 하나로 합쳐 변경 사항을 반영한다는 의미를 담고 있습니다.

깃의 브랜치와 머지 기능은 공동 작업 환경에서 매우 효과적입니다. 개발자는 공동으로 개발하는 코드 파일을 직접 건드리지 않고, 각자 브랜치를 생성하여 작업을 진행합니다. 담당한 부분이 문제없이 개발되었다고 판단되면 본인의 브랜치를 원래 파일에 머지합니다. 그리고 이 작업을 계속 반복하죠. 이렇게 각자 브랜치를 따서 작업을 진행하면 서로의 작업을 방해할 일이 없습니다. 또한 개발 중에 문제가 발생해도 원본 코드에는 영향을 미치지 않기 때문에 훨씬 안전하게 작업물을 관리할 수 있습니다.

▼ **그림 9-16** 브랜치와 머지

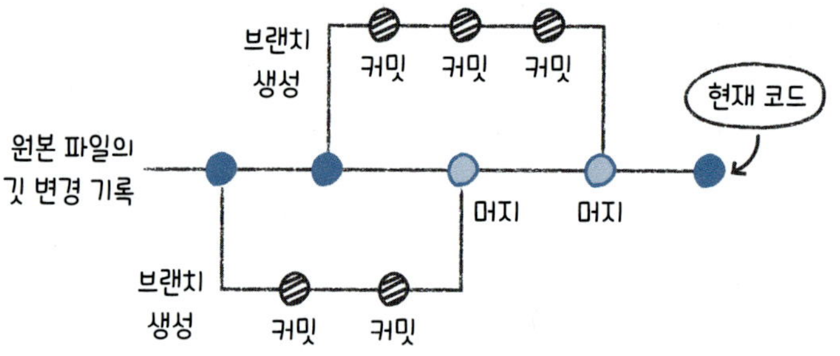

9.3.3 합법적 훈수 두기, 코드 리뷰

IT 회사에서 개발자가 혼자 일하는 경우는 거의 없습니다. 여러 명의 개발자가 같은 코드를 함께 작성하고 수정하며 IT 서비스를 만들어 갑니다. 그렇기 때문에 누군가의 작은 실수가 전체 코드에 반영되면, 다른 사람의 작업에도 영향을 미칠 수 있습니다. 이는 나아가 IT 서비스 사용자 전체에게 오류가 발생하는 큰 문제로 이어질 수도 있죠. 이러한 특성으로 인해 개발자 사이에는 특이한 협업 문화가 존재합니다. 바로, 코드 리뷰(code review) 문화입니다.

코드 리뷰는 개발자가 작성한 코드를 다른 개발자들이 확인한 후 피드백을 주고받는 활동입니다. 개발자는 코드 리뷰를 통해 개발 초기에 오류를 발견하고, 코드 정확성과 효율성을 높이며, 서로의 코드를 확인하고 토론하며 상호 성장을 도모합니다. 여러모로 하지 않을 이유가 없는 좋은 협업 문화입니다.

보통 개발자가 수정을 완료한 브랜치를 머지하기 전, 브랜치의 수정 사항에 문제가 없는지 확인하기 위해 다른 개발자가 코드 리뷰를 진행합니다. 이때 문제가 없다면 그대로 머지를 진행합니다. 하지만 코드 리뷰 과정에서 결함이 발견된다면 리뷰어는 해당 코드의 머지를 막고 개발자에게 다시 수정하도록 요청합니다.

코드 리뷰할 때 개발자 사이에서 'LGTM'라는 표현이 자주 사용되곤 합니다. 'Looks Good To Me'의 약자로, '내가 봤을 때는 문제없는 것 같다.'라는 의미입니다. 보기에는 별다른 문제가 없어 보여도 오류는 언제 어디에서 발견될지 모릅니다. 괜찮아 보였던 코드에서 문제가 발생하는 상황을 너무나 많이 경험했기 때문에, 약간은 소극적인 표현으로 리뷰를 남기는 것입니다. 코드에 수없이 배신당하는 개발자의 고통을 엿볼 수 있는 재미있는 표현입니다.

▼ **그림 9-17** 코드 리뷰

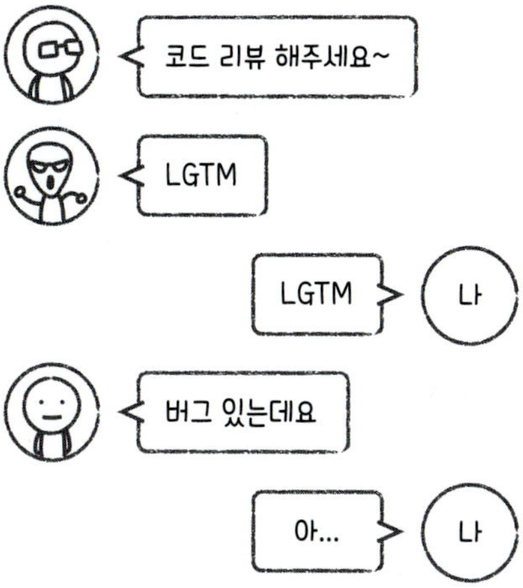

9.3.4 세상에 코드를 던지다, 배포

깃을 통해 브랜치를 따고, 코드 리뷰를 하고, 변경 사항을 머지하는 과정을 반복하며 드디어 개발을 완료했습니다. 이제 개발을 완벽하게 끝낸 이 코드를 실제 IT 서비스에 반영하는 일만 남았습니다. 그렇다면 이렇게 완성된 기능은 어떻게 IT 세상으로 나오게 되는 걸까요?

개발 작업을 완료한 코드를 실제 사용자 환경에 적용하기 위해서는 배포(deployment)라는 작업이 필요합니다. 배포는 개발자가 열심히 만든 소프트웨어를 사용자가 접근할 수 있는 환경에서 반영하는 과정 전반을 의미합니다. 신제품을 시장에 출시하듯, 개발자는 배포를 통해 시간과 노력을 쏟아 만들어낸 결과물을 세상에 공개합니다. 우리가 일상적으로 사용하는 모든 IT 서비스는 이미 배포가 완료된 상태라고 볼 수 있습니다.

배포의 형태는 소프트웨어의 특성에 따라 조금 다릅니다. 웹 애플리케이션의 배포는 웹 서비스를 제공하는 서버를 대상으로 이루어집니다. 코드 변경 사항을 실제 애플리케이션이 동작하고 있는 환경의 서버 컴퓨터에 배포하면, 사용자는 바로 변경 사항이 반영된 서비스를 사용할 수 있습니다. 반면, 네이티브 애플리케이션은 배포를 해도 사용자에게 변경 사항이 바로 반영되지는 않습니다. 개발자가 변경 사항이 반영된 새로운 네이티브 앱을 만들고 앱 스토어 등을 통해 배포를 진행하면, 사용자는 다운로드나 업데이트를 통해 직접 배포된 사항을 반영해야 합니다.

▼ 그림 9-18 배포

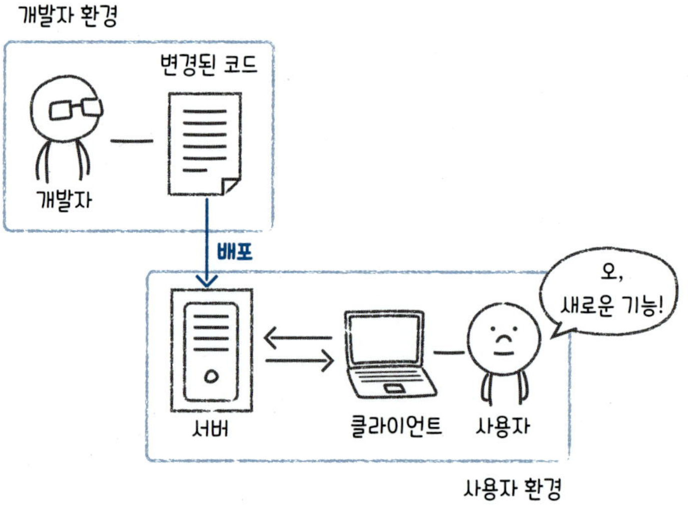

9.3.5 어느 환경에서 확인하셨어요? 개발 환경

10만 명의 관객을 대상으로 하는 콘서트를 하는 가수가 되었다고 상상해 봅시다. 아무런 리허설 없이 바로 공연 무대에 올라야 한다면 어떤 기분일까요? 어떤 문제가 생길지 예상이 가지 않고, 실수를 하게 될까 봐 불안할 것 같습니다. 그렇기에 가수는 보통 진짜 공연 전 몇 번의 리허설을 진행합니다. 가수는 리허설을 통해 무대 환경에 익숙해지고, 공연 도중 발생할 수 있는 문제 상황을 사전에 해결하여 공연의 전반적인 완성도를 높일 수 있습니다.

가수가 콘서트를 준비하는 것처럼, IT 서비스도 배포 전에 여러 번의 리허설 배포를 진행합니다. 무턱대고 변경 사항을 세상에 공개했다가 뒤늦게 이슈가 발견되면 큰일이니까요! IT 회사는 소프트웨어를 실제 사용자 환경에 배포하기 전, 이와 유사한 환경을 마련해 두고 여러 번의 테스트를 진행합니다. 이때, 진짜 배포의 대상인 사용자 환경을 '운영 환경' 또는 '리얼(real) 환경'이라고 하고, 운영 환경의 리허설 무대가 되는 환경을 '개발 환경' 또는 '테스트 환경'이라고 이야기합니다.

무대 리허설처럼 개발 환경에도 여러 단계가 존재합니다. 개발 환경은 일반적으로 알파(alpha) 환경과 베타(beta) 환경으로 나누어 관리됩니다. 알파 환경은 보통 개발용 서버와 데이터베이스를 바탕으로 구성된 애플리케이션 동작 환경을 의미합니다. 자유롭게 개발 사항을 반영하고 테스트할 수 있는 환경이기에 개발(dev) 환경이라고 부르기도 합니다.

더 나아가, 실제 운영 환경과 거의 동일한 조건의 서버와 데이터베이스 정보를 바탕으로 구성된 개발 환경도 존재합니다. IT 세상에서는 이를 베타(beta) 환경 또는 스테이징(staging) 환경이라고 부릅니다. 최종 리허설 무대처럼 배포 전 최종 테스트를 진행하기에 적합한 환경입니다. 일부 회사에서는 정식 배포 전 소수의 실제 사용자에게 이러한 베타 환경을 공개하고 다양한 의견을 받는 베타 테스트(beta test)를 실시하기도 합니다.

IT 서비스는 다양한 개발 환경을 통해 여러 번의 리허설을 진행하고 나서야 비로소 실제 사용자와 만날 수 있습니다. 우리가 일상적으로 사용하는 익숙한 IT 서비스는 사실 다양한 개발 환경에서 체계적인 테스트를 거친 정예 소프트웨어였습니다! 뭔가 조금 더 대견하게 느껴지지 않나요?

▼ 그림 9-19 개발 환경

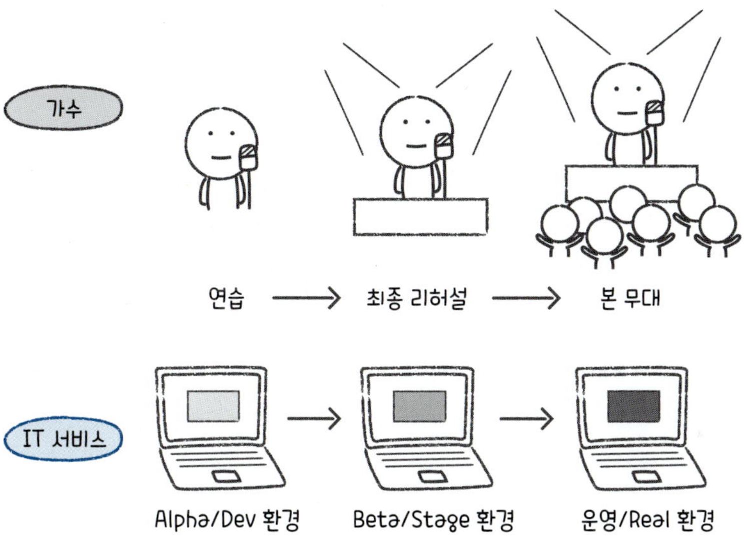

이처럼 개발자는 깃(Git)이라는 도구를 사용해 개발 작업을 관리하고, 그 과정에서 커밋, 브랜치, 머지와 같은 동작이 발생합니다. 중간중간 진행되는 동료의 코드 리뷰도 빼놓을 수 없습니다. 이러한 과정을 거쳐 개발이 완료되면, 먼저 수정 사항을 개발 환경에 배포해 테스트를 진행합니다. 여기서 문제가 없다고 판단되면 최종적으로 운영 환경에 변경 사항을 배포하게 됩니다. 우리가 사용하는 IT 서비스는 이렇게 복잡한 과정을 통해 만들어지고 있었던 것입니다.

개발자가 사용하는 모든 단어를 완벽하게 이해하기는 어렵지만, 그래도 개발자가 어떤 방식으로 일하고 있는지 조금은 알 것 같지 않나요? 다시 처음의 대화로 돌아가 내용을 해석해 봅시다. 풀어서 봐도 어렵긴 하지만, 그만큼 IT 서비스의 개발이 체계적으로 이루어지고 있다는 걸 알 수 있는 부분이기도 합니다.

개발자 1: 신규 기능 개발을 위해 **코드 버전 관리 프로그램에 작업**을 **위한 파일 복사본** 만들어 뒀습니다. 확인 부탁드려요!

개발자 2: 이번에는 **변경된 코드에 대한 피드백이** 완료되기 전에는 절대 **변경 사항을 원본 코드에 반영**하지 말아 주세요. 저번에 **코드 변경 사항을 테스트하는 환경**에서 오류난 거 생각하면... 아직도 아찔합니다.

개발자 3: 오늘부터 작업 시작하겠습니다. **변경 사항을 사용자에게 제공하기**까지 다들 화이팅 합시다!

처음 봤을 때는 어렵고 생소하게 느껴졌던 단어도, 막상 알고 나면 그렇게까지 어려운 내용은 아니었다는 생각이 들지 않나요? 사실 앞의 장에서 이야기했던 다양한 IT 지식에 비하면, 9장에서 이야기한 단어들은 정말 간단한 내용입니다.

이러한 단어들을 보고 있자면 IT 세상의 사람들이 유별나다는 생각이 들기도 합니다. 별거 아닌 내용을 본인들만 아는 단어로 복잡하게 이야기하고 있으니까요. 하지만 이러한 표현은 단순히 개인의 전문성을 뽐내기 위한 수단이 아닙니다. 단지 복잡한 IT 세상에서 함께 일하는 사람들과 명확하고 효율적으로 소통하기 위해 자연스럽게 생겨난 사회 언어일 뿐입니다. 앞으로 더 많은 IT 세상의 단어를 만나게 되겠지만, 너무 어렵게 생각하지 않아도 괜찮습니다. 지금처럼 하나씩 알아가다 보면, 어느새 당연하게 IT 세상의 언어를 이해하고 사용하고 있는 본인의 모습을 보게 될 테니까요!

CHAPTER

10

사실, 몰라도 괜찮습니다

SECTION 10.1 현직자가 알려주는 IT 지식 공부 방법

SECTION 10.2 그래도 잘 모르겠다면 어떻게 해야 할까요?

드디어 마지막 장에 도달했습니다! 10장을 시작하기에 앞서, 여기까지 공부한 모든 분들에게 진심으로 감사의 말씀을 말을 전합니다. IT 세상은 어렵고, IT 세상을 이해하는 건 힘든 일입니다. 이 책의 내용도 IT 지식을 처음 접하는 사람이 쉽게 이해할 수 있는 수준은 아닙니다. 최대한 쉽게 설명하기 위해 노력했지만, 모든 내용이 마냥 쉽지는 않았을 것입니다. 여러분은 이 책의 모든 장을 꼼꼼히 읽었을 수도, 가볍게 책장을 넘겼을 수도 있습니다. 그 과정이 재미있었을 수도, 유용했을 수도, 혹은 지루하고 어려웠을 수도 있습니다. 경험이 어떠했든 괜찮습니다. 중요한 건, 그 모든 시간을 거쳐 결국 마지막 장까지 왔다는 사실입니다.

앞서 이야기한 내용을 다 이해하지 못해도 괜찮습니다. 보고 까먹어도 괜찮습니다. 모른다고 세상이 무너지지는 않으니까요! 모두에겐 처음이 있고, 처음부터 잘하는 사람은 많지 않습니다. 이 책이 모든 IT 지식을 담고 있는 것도 아니고, 책에서 다룬 내용이 모두에게 필요한 것도 아닙니다. 심지어 이 모든 내용을 모르는 상태로 IT 업계에서 일하고 있는 사람도 꽤 많습니다.

그럼에도 불구하고 IT 세상에 흥미를 가지고 좀 더 알아가고 싶은 마음이 드는 분을 위해 이번 장을 준비했습니다. 앞으로 IT 세상을 더 알아가고자 하는 탐험가에게, 어떻게 공부하면 좋을지에 대한 소소한 팁을 공유해 보려고 합니다. 이 책은 여기서 끝나지만, IT 세상은 끝나지 않으니까요!

▼ **그림 10-1** IT 세상을 향해 나아가는 탐험가를 위해

10.1 SECTION 현직자가 알려주는 IT 지식 공부 방법

IT 지식을 공부하는 방법에 정답은 없습니다. 하지만 조금 더 효율적인 방법은 존재하기 마련입니다. 저는 아무것도 모르는 상태에서 IT 회사에 입사했고, IT 지식을 공부하기 위해 다양한 방법을 시도해 보며 많은 시행착오를 거쳤습니다. 맨몸으로 부딪히며 했던 고생, 여러분은 조금 덜 했으면 좋겠습니다.

책에서 다뤘던 내용에 대해 더 알아보고 싶거나, 새로운 내용을 공부하고 싶을 때 다음 세 가지 방법을 참고해 보세요! 본인에게 맞는 공부 방법을 찾아간다면, 훨씬 즐겁게 IT 세상을 알아갈 수 있을 것입니다.

10.1.1 찾아보기

모르는 내용이 있을 때 가장 먼저 해야 할 일은, 당연히 직접 찾아보는 것입니다. IT 관련 정보를 찾아볼 수 있는 방법은 많습니다. 당장 옆에 있는 스마트폰을 들어 인터넷 검색을 해 볼 수도 있고, 관련된 책을 찾아 읽어 볼 수도 있습니다. 조금의 노력만으로도 무수히 많은 정보를 손쉽게 얻을 수 있는 세상입니다. 자칫 잘못하면 내가 알고 싶었던 게 무엇인지조차 잊을 정도로 수많은 정보에 파묻히게 될 수도 있죠.

▼ 그림 10-2 정보 과잉의 시대

지금과 같은 과잉 정보 시대에는 정보 탐색 목적에 맞는 효율적인 방법을 사용하는 것이 중요합니다. IT 지식을 찾아볼 때, 상황에 따라 어떤 방법을 활용하면 좋을지 알아볼까요?

10.1.2 인터넷 검색

인터넷 검색은 현대 사회에서 가장 강력한 정보 탐색 도구입니다. 검색창에 단어 하나만 입력해도 관련된 정보가 눈앞에 쏟아집니다. 누구나 정보를 제공할 수 있고, 누구나 그 정보를 확인할 수 있습니다. 인터넷은 매일 새로운 정보가 업데이트되는 거대한 백과사전과 같습니다. 인터넷 세상의 정보를 얻기 위해 우리가 해야 하는 일은, 그냥 검색 버튼을 누르는 것뿐입니다.

특히, 인터넷 검색은 IT 분야의 지식을 탐색할 때 더욱 강력한 힘을 갖습니다. IT 세상의 소통 채널인 인터넷 세상에는 당연하게도 IT 전문가가 넘쳐납니다. IT 관련 지식을 찾고 있다면 그 답은 인터넷의 어딘가에 반드시 존재합니다. 100%의 확률로 장담할 수 있습니다. 정보의 생산과 소비가 거의 동시에 일어나는 인터넷 환경은 빠르게 변화하는 IT 세상의 정보를 얻기에 최적의 매체입니다. 그리고 구글, 네이버와 같은 검색 엔진은 인터넷상의 정보에 쉽게 접근할 수 있도록 도와주는 강력한 도구입니다.

하지만 인터넷에 모든 정보가 존재한다고 해서 그 정보를 우리가 반드시 찾아낼 수 있는 건 아닙니다. 물론 간단한 정보는 검색창에 키워드 한두 개만 입력해도 쉽게 찾을 수 있습니다. 이는 모래사장에서 모래를 찾는 것처럼 쉬운 일입니다. 하지만 우리가 찾고 싶은 게 일반적인 모래가 아닌, 별 모양 모래 조각이라면 어떨까요? 분명 어딘가에 있을 테지만, 드넓은 정보의 모래사장에서 이를 찾아내는 건 쉬운 일은 아닙니다. 이처럼 원하는 정보가 어렵고 복잡할수록, 인터넷 세상에서 그 정보를 찾아낼 확률도 줄어듭니다.

▼ **그림 10-3** 모래 사장에서 별 모양 모래 찾기

드넓은 정보의 모래사장에서 원하는 정보를 얻어 내려면 어떻게 해야 할까요? 인터넷 검색에 정답은 없지만, 좀 더 효율적인 방법은 있기 마련입니다. 인터넷에서 IT 지식을 검색할 때 참고할 수 있는 몇 가지 팁을 알아볼까요?

먼저, **인터넷 검색은 영어로** 하는 게 가장 좋습니다. 물론 기본적인 개념이나 보편적으로 알려진 지식은 어떤 언어로 검색해도 비슷한 수준의 정보를 얻을 수 있습니다. 하지만 지식의 깊이가 더해질수록, 한국어 검색으로는 원하는 정보를 얻지 못하는 경우가 많아집니다. 인터넷 세상에 존재하는 정보 중 과반 이상이 영어를 기반으로 하고 있습니다. 세부적이고, 복잡하고, 어려운 정보일수록 영어를 사용했을 때 더욱 자세하고 정확한 정보를 얻을 가능성이 높아집니다. 특히 최신 IT 트렌드나 특정 기술의 세부 정보가 궁금한 경우에는 영어로 검색하면 더욱 양질의 정보를 얻을 수 있습니다.

인터넷 검색을 통해 **개발자의 블로그 글**을 찾아보는 것도 좋은 공부 방법입니다. 인터넷으로 IT 관련 지식을 검색하다 보면 개발자의 블로그 글을 종종 보게 됩니다. 이는 보통 개발자 혹은 개발자를 희망하는 사람들이 직접 찾아보고 공부한 내용을 블로그 글로 기록한 것입니다. 누군가가 열심히 찾아보고 이해하기 쉽도록 정리해 둔 정보를 인터넷 검색 한 번으로 얻을 수 있다니! 너무나도 좋은 세상입니다. 개발자 블로그의 글은 같은 학습자의 입장에서 한 번 정리된 정보이기 때문에 다른 전문적인 글보다 이해하기 쉬운 편입니다. 또한 개발자가 함께 공부한 내용도 블로그에 모두 남아있기 때문에 연속적인 지식을 얻기도 용이합니다. 보통 개발자 친화적인 블로그 서비스인 velog나 tistory에 좋은 글이 많습니다.

글로 읽었을 때 이해가 잘 되지 않는다면, **유튜브 검색**을 추천합니다. 최근, 글보다는 동영상 형태의 콘텐츠가 많은 관심을 받고 있습니다. 기초적인 IT 지식부터 세부적이고 어려운 개발 지식을 설명하는 동영상까지, 전 세계의 전문가들이 만든 양질의 영상 자료를 유튜브를 통해 쉽게 찾아볼 수 있습니다. 좋은 정보를 알려주는 유튜브 채널을 구독하고 정기적으로 정보를 받아보는 것도 좋은 학습 방법입니다.

인터넷 검색 끝판왕은 **대화형 AI 서비스**입니다! 대화형 AI 서비스를 통한 검색은 기존 인터넷 검색의 패러다임을 완전히 바꿔 놓았습니다. ChatGPT, Perplexity, Gemini와 같은 AI 서비스를 활용하면 적은 노력으로도 원하는 정보를 손쉽게 얻을 수 있습니다. 점점 AI 모델의 성능은 발전하고 있고 인터넷 검색의 AI 의존성 역시 계속 높아질 것으로 보입니다. 특히, IT 관련 정보는 이러한 AI 모델이 가장 잘 아는 분야기도 합니다.

대화형 AI 서비스를 통해 검색을 할 때는 '잘 물어보는 것'이 중요합니다. 질문을 어떻게 하는지에 따라 검색 결과가 완전히 달라지기 때문입니다. 대화형 AI를 통해 검색할 때는 알고 싶은 정보와 질문의 맥락을 함께 설명해 주는 것이 좋습니다. "세션이 뭐야?"보다는, "로그인할 때 세션이 만료되었다는 안내 문구를 봤어. 세션이 무엇이고, 로그인과 어떤 관련이 있는지 설명해 줘."처럼 질문하면 원하는 정보를 이해하기 쉬운 방식으로 답변 받을 수 있습니다. AI의 답변이 너무 어렵다면, 일상적인 개념에 비유해 달라고 요청하는 것도 좋은 방법입니다.

▼ **그림 10-4** 질문에 따라 달라지는 AI의 답변

세션이 뭐야?

세션(Session)은 주로 웹이나 컴퓨터 시스템에서 사용되는 용어로, 사용자가 시스템과 상호작용을 하는 동안의 활동이나 상태를 의미해요. 쉽게 말하면, "세션"은 사용자가 시스템에 접속하고 활동하는 동안 유지되는 시간과 상태를 말합니다.

웹에서의 세션:

웹에서 세션은 사용자가 웹 사이트에 방문할 때부터 떠날 때까지의 활동을 추적하는 방식입니다. 예를 들어, 로그인 후 웹 사이트를 탐색할 때 세션이 계속 유지되면, 사용자가 로그인 상태를 유지하거나 장바구니에 아이템을 담아두는 것처럼, 사용자의 정보를 서버가 기억할 수 있게 돼요.

세션의 주요 특징:

1. **상태 유지:** 웹은 본래 "무상태(stateless)" 방식인데, 세션을 통해 사용자의 상태를 추적하고 유지할 수 있습니다.
2. **세션 ID:** 서버는 세션을 구별하기 위해 보통 고유한 세션 ID를 발급하고, 이를 브라우저의 쿠키에 저장합니다.
3. **세션 만료:** 일정 시간이 지나면 세션이 만료되어 사용자의 로그인 상태나 활동 정보가 초기화됩니다.

로그인할 때 세션이 만료되었다는 안내 문구를 봤어. 세션이 무엇이고, 로그인과 어떤 관련이 있는지 설명해 줘

세션이 만료되었다는 안내 문구는 보통 사용자가 웹사이트에 로그인했으나, 세션이 더 이상 유효하지 않거나 시간이 지나서 자동으로 로그아웃된 상황에서 발생합니다. 세션과 로그인 사이의 관계를 이해하려면 먼저 **세션**이 무엇이고, **로그인** 과정에서 어떤 역할을 하는지 살펴보면 좋겠어요.

1. 세션이란 무엇인가?

세션은 사용자가 웹 애플리케이션을 이용하는 동안의 **상태를 관리**하는 일종의 "임시 저장소"입니다. 서버는 세션을 통해 사용자의 정보나 활동을 추적하고, 사용자가 여러 페이지를 이동하거나 웹사이트에서 활동할 때 해당 정보를 유지할 수 있습니다. 세션은 **브라우저와 서버 간의 연결**을 유지하며, 사용자가 웹사이트를 떠날 때까지 지속됩니다.

2. 세션의 작동 원리

- **세션 시작:** 사용자가 웹사이트에 처음 접속하면, 서버는 고유한 **세션 ID**를 생성하여 사용자에게 전달합니다. 이 세션 ID는 브라우저의 **쿠키**에 저장됩니다.
- **세션 유지:** 사용자가 로그인하면, 서버는 그 사용자의 정보를 세션에 저장합니다. 예를 들어, 로그인된 사용자라면 서버는 그 사용자가 어떤 사용자인지, 어떤 권한을 갖고 있는지 등의 정보를 세션에 기록합니다. 이후 사용자가 다른 페이지를 요청할 때마다 이 정보를 참조하여 로그인 상태를 유지할 수 있습니다.
- **세션 종료:** 사용자가 로그아웃하거나 세션이 일정 시간 동안 활동이 없으면 세션은 만료되며, 사용자 정보를 초기화합니다.

이처럼 인터넷 검색은 원하는 정보를 쉽고 빠르게 얻을 수 있는 가장 효율적인 정보 탐색 방식입니다. 하지만 누구나 정보를 생산할 수 있는 인터넷의 특성상, 인터넷 세상에는 잘못된 정보가 생각보다 많습니다. 그렇기에 검색 결과로 찾은 정보가 항상 정확하다고 확신할 수는 않습니다. 이는 생성형 AI 서비스를 이용할 때도 마찬가지입니다. AI는 존재하지 않거나 잘못된 내용을 마치 사실인 것처럼 답변하는 할루시네이션(hallucination)이 종종 발생합니다. 그렇기에 인터넷을 통해 정보를 얻을 때는 하나의 정보만 확인하기보다는 다양한 출처의 정보를 비교하면서 정보의 진위성을 검증할 필요가 있습니다.

▼ **그림 10-5** 인터넷 검색 팁

10.1.3 IT 관련 서적

IT 지식을 찾아보는 두 번째 방법은 바로 '책'입니다. 책은 가장 신뢰성 있는 정보 전달 매체 중 하나입니다. 책에서 얻은 정보는 인터넷보다 양질의 정보라고 느껴지고, 책에서 읽었다고 하면 마치 그게 정답인 것처럼 느껴지기도 합니다. 하지만 꼭 그렇지는 않습니다. IT 세상처럼 빠르게 변하는 분야의 정보는 몇 년 전에 나온 책을 읽는 것보다 지금 인터넷에 검색해 보는 게 훨씬 더 정확할 수도 있죠. 빠르게 변화하는 IT 세상에서 책이라는 느린 매체가 갖는 한계는 분명히 존재합니다. 그럼에도 불구하고, 여전히 책을 통해 IT 세상의 지식을 얻는 것은 충분히 가치 있습니다.

먼저, 신뢰할 수 있는 저자가 선별하고 구성한 정보를 책을 통해 편하게 제공받을 수 있습니다. 빠르게 생산되고 소비되는 인터넷상의 정보에 비해, 책 한 권을 만들기 위해서는 많은 시간과 노력이 들어갑니다. 목차에 따라 정보가 체계적으로 구성되고 공개된 저자의 정보를 통해 신뢰성을 검증할 수 있습니다. 마치 박물관에서 전문 큐레이터의 친절한 설명을 들으며 잘 정리된 정보를 접하는 것처럼, 우리는 책을 통해 전문가가 체계적으로 정리한 양질의 정보를 쉽게 얻을 수 있습니다.

또한 잘 모르는 분야에 대한 기초 지식을 습득할 때 책은 매우 효과적인 수단입니다. 이미 전반적인 지식이 있는 상태에서 세부적인 정보를 확인하고 싶다면 인터넷 검색을 통해 빠르게 정보를 얻을 수 있습니다. 하지만 정말 아무것도 모르는 사람은 오히려 무엇을 검색해야 할지부터 막막합니다. 관련 지식이 없는 상태에서 '미적분'을 공부하고 싶어졌다고 생각해 봅시다. 인터넷에 '미적분'이라고 검색하면 수많은 정보를 얻을 수 있지만, 그 정보만으로 미적분을 제대로 익히기는 어렵습니다. 이럴 때는 서점에 가서 미적분을 설명하는 책을 사는 게 낫습니다. 기초 개념부터 심화 문제까지 잘 정리된 책을 활용하면 미적분이라는 분야를 훨씬 효과적으로 학습할 수 있습니다.

▼ **그림 10-6** 책은 작가가 잘 정리해 준 정보의 집합체

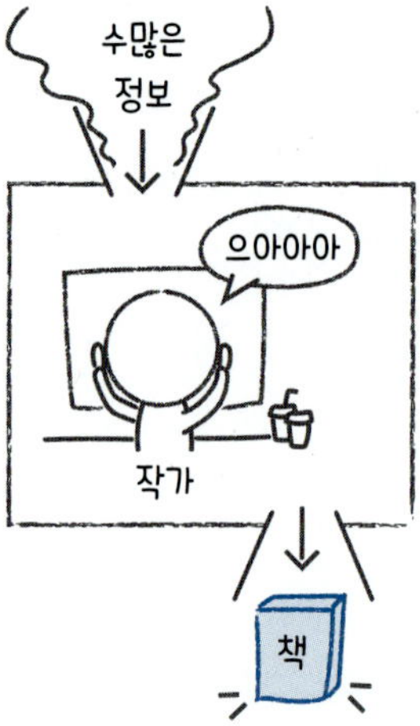

세상에는 수많은 책이 존재합니다. 물론 인터넷 검색 결과보다는 현저히 적겠지만, 그래도 우리는 눈앞의 많은 선택지 중 '나에게 가장 적합한 책'을 찾아내야 합니다. 나의 시간과 돈을 지키고 원하는 지식을 얻기 위해서는 어떤 책을 선택하는 게 좋을까요?

책을 고르기 전에 먼저 **본인의 수준**을 파악해야 합니다. 학교에서 듣던 수학 수업을 생각해 봅시다. 분명히 수학 선생님은 우리를 차별하지 않았지만, 같은 수업을 듣고 내용을 이해하는 정도는 사람마다 달랐습니다. 누군가는 학교 수업이 너무 쉬웠고, 누군가는 적당했으며, 누군가는 전혀 이해하지 못했습니다. 본인에게 맞지 않는 수준의 수업을 듣다 보면 수학이 재미없게 느껴지기 마련입니다.

책도 수업과 다르지 않습니다. 수업은 말을 매개로 한다면, 책은 글을 매개로 정보를 전달할 뿐이죠. 그렇기에 본인의 수준에 맞는 책을 선택하는 것이 중요합니다. 누군가는 현직자 수준의 IT 지식을 가지고 있을 수도 있고, 누군가는 기초적인 개념부터 떠먹여 줘야 할 수도 있습니다. 전문 지식을 원하는 사람은 기초 서적에서 새로운 지식을 얻을 수 없고, 기초 지식을 원하는 사람은 전문 서적의 단 한 글자도 제대로 이해할 수 없습니다. 결국 내가 어느 정도의 지식이 있는지 알아야만 적합한 책을 선택할 수 있습니다.

다음으로, **책의 목적**을 이해해야 합니다. 책은 하나의 목적을 가지고 정리된 정보의 집합입니다. 책의 영역은 제한적이고, 그 안에 세상의 모든 정보를 담을 수는 없습니다. 그렇기에 책은 집필 목적에 따라 정보를 선별하고 가공하여 전달할 수밖에 없습니다. 같은 주제를 다루더라도, 그 목적에 따라 전혀 다른 책이 될 수 있는 것입니다. 그렇기에 본인이 어떤 목적으로 책을 찾고 있는지를 명확히 이해해야 가장 적합한 책을 선택할 수 있습니다.

책의 목적은 보통 '누구에게' '어떤' 정보를 전달할 것인가에 따라 나누어집니다. 프런트엔드에 대한 세 권의 책이 있을 때, 기획자를 위한 책과 개발자를 위한 책과 디자이너를 위한 책은 전혀 다른 정보를 담고 있을 가능성이 높습니다. 특정한 개발 언어에 대한 책인 경우에도, 개발 언어의 역사와 구조를 중점적으로 설명하는 책도 있고, 실제 코드를 작성하는 방법에 집중하는 책도 있을 수 있습니다. 이 둘은 수학책과 수학 익힘책만큼이나 다른 책입니다.

마지막으로, **본인의 스타일**을 고려해야 합니다. 나의 수준에 맞고 정보 탐색 목적에도 부합하는 책이 여러 권 있다면, 본인의 스타일에 맞는 책을 선택하는 것이 효과적입니다. 책은 저자마다 다양한 서술 방식을 갖습니다. 줄글로만 이루어진 책도 있고, 장마다 시각 자료로 가득 채워진 책도 있습니다. 명확한 사실 위주로 정보를 전달할 수도 있고, 다양한 예시를 통해 전반적인 이해를 도울 수도 있습니다. 같은 정보를 전달하는 책이라도 내가 더 잘 이해되는 방식으로 서술되어 있다면 훨씬 재밌게 읽으면서 지식도 효과적으로 습득할 수 있겠죠?

▼ **그림 10-7** 나에게 맞는 책 고르기

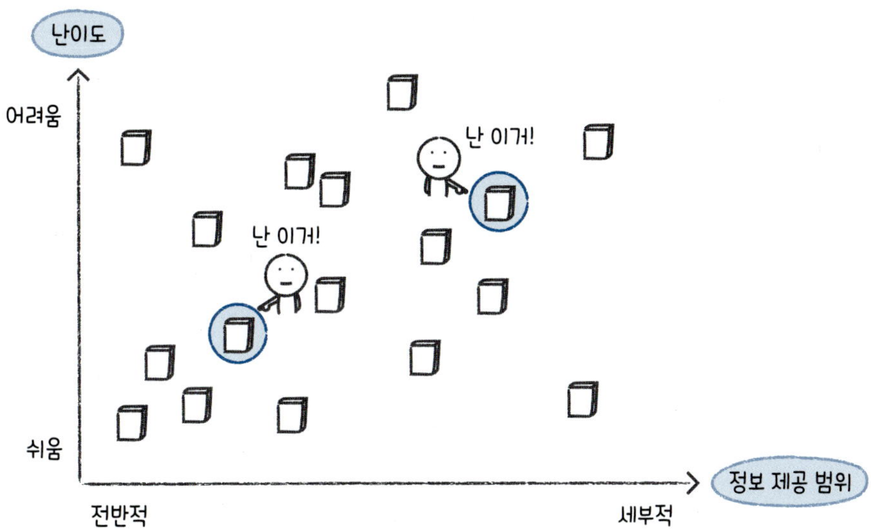

세상에는 인터넷 검색과 책 외에도 다양한 '찾아보기' 수단이 있습니다. 지금 회사에서 일하고 있다면 내부 자료를 가장 먼저 찾아보는 게 좋습니다. 만약 학교에 다니고 있다면 수업 자료를 통해 정확한 정보를 손쉽게 얻을 수 있습니다. 주변에 있는 다양한 도구를 활용해 본인에게 효과적인 정보 탐색 방법을 찾아보는 것도 많은 도움이 됩니다.

결국 무엇보다 중요한 건, 찾아보는 행위 그 자체입니다. 가만히 있기만 해서는 원하는 정보를 얻을 수 없습니다. 모르는 내용이 생기면 일단 찾아보기 위해 움직여야 합니다. 적합한 매체를 선택하는 건 더 빠르게 목표에 도달하도록 도와주는 수단일 뿐입니다. 모르는 것을 그냥 넘기지 않고 스스로 질문하며 답을 찾기 위해 움직이는 자세야말로 IT 지식을 쌓는 데 있어 가장 강력한 '찾아보기' 방법입니다.

10.1.4 물어보기

사실, 가장 쉬운 정보 탐색 방법은 그걸 아는 사람에게 물어보는 것입니다. 주변에 전문가가 있다면 굳이 힘들게 검색하거나 책을 찾을 필요가 없습니다. 그냥 가서 물어보면 신뢰할 만한 전문가의 답변을 손쉽게 얻을 수 있죠. 심지어 나의 수준에 맞게 설명해 주니, 더할 나위가 없습니다.

하지만 질문을 받은 사람은 상황이 조금 다릅니다. 질문을 받은 사람은 답변을 위해 시간과 노력을 들여 본인의 지식을 정리해야 합니다. 그 시간이 비록 몇 초에 불과할지라도 말이죠. 질문이 명확하지 않거나 잘못된 내용을 담고 있는 경우, 질문을 받은 사람은 더 많은 시간을 들여 설명을 해 줘야 합니다. 어렵고 전문적인 내용을 물어본 경우도 마찬가지입니다.

결국 질문은 나의 이익을 위해 타인에게 지식을 나누어 달라고 요구하는 일입니다. 답변에 대한 대가가 없다면, 질문에 대한 답을 주는 건 순전히 그 사람의 호의에 달린 일입니다. 물론 대부분의 사람들은 호의적이고, 간단한 질문 정도는 흔쾌히 대답해 주곤 합니다. 하지만 답변하기 어려운 질문에는 방어적으로 대응하는 경우가 많습니다. 질문이 어렵고 복잡하고 귀찮을수록, 질문자는 원하는 대답을 얻을 가능성이 낮아집니다.

▼ **그림 10-8** 질문에 따른 응답자의 답변 태도

그러면 복잡하고 어려운 내용은 절대 물어보면 안 되는 걸까요? 그렇지 않습니다! 대신, 잘 물어보는 것이 중요합니다. 응답자의 노력이 최대한 덜 드는 방향으로 질문하면 원하는 답변을 얻을 확률이 올라갑니다. 즉, 답변하기 편한 질문이 좋은 질문인 셈입니다.

다음은 같은 내용을 물어보는 두 질문이 있습니다. 두 질문 중 어떤 질문이 답변하기 편한 질문인지, 왜 그런지 한 번 확인해 봅시다.

> **질문 1**: 쿠키가 뭐예요? 먹는 건가요?
>
> **질문 2**: 인증 정보를 쿠키에 저장한다고 하는데, 쿠키는 어디에 있는 저장소고, 쿠키에 저장된 인증 정보가 어떻게 활용되는지 궁금합니다!

두 질문 중 어떤 질문이 더 대답하기 쉬워 보이나요? 당연히 두 번째 질문입니다. 첫 번째 질문은 어디서부터 설명해야 할지 막막합니다. 쿠키에 대해 설명해 준다고 해도, 제대로 알아들을 수 있을 것 같지도 않습니다. 반면, 두 번째 질문은 무엇이 궁금한지 명확하게 이야기하고 있습니다. 응답자는 설명해야 하는 내용이 줄어들어서 좋고, 질문자는 굳이 아는 내용을 두 번 듣지 않아도 되어 효율적입니다. 질문에 맥락을 더해 본인의 지식 수준을 전달하는 것도 도움이 됩니다. 응답자는 질문자의 수준에 맞게 한 번에 설명해 줄 수 있어 훨씬 부담이 적습니다. 질문하는 태도 역시 중요합니다. 첫 번째 질문처럼 장난스러운 질문에 본인의 시간과 노력을 쓰고 싶은 사람은 없을 것입니다.

정리하자면 내용이 명확하고, 맥락이 자세하고, 태도가 정중한 질문이 좋은 질문입니다. 이러한 질문 방식은 특히 업무 상황에서 빛을 발합니다. 보통 회사에서는 담당자가 아니면 업무 내용을 잘 모르기 때문에 항상 질문을 하게 됩니다. 하지만 모두가 바쁘게 일하고 있는 상황에서, 언

제나 친절한 답변을 얻기는 쉽지 않습니다. 이럴 때 궁금한 부분을 명확하게 정리해서 물어보면 훨씬 효율적으로 소통할 수 있습니다. 학교 선생님, 교수님께 질문할 때도 마찬가지입니다. 잘 물어보기만 하면, 매일 여기저기 질문하고 다녀도 똑똑한 사람으로 소문나는 신기한 상황을 경험할 수 있습니다!

▼ **그림 10-9** 좋은 질문, 좋은 결과

10.1.5 기록하기

여기저기 찾아보고 물어보면서 궁금하던 내용을 드디어 알게 되었습니다. 그럼 이제 끝인 걸까요? 그렇지 않습니다. 우리의 기억력은 완벽하지 않습니다. 우리는 살면서 보고 들은 정보의 대부분을 잊어버립니다. 분명히 공부한 내용인데 시험을 칠 때는 도무지 기억이 나지 않거나, 해야 하는 일을 깜박해서 곤란에 처하는 경험은 일상 속에서 흔하게 일어납니다. 심지어 어제 먹은 점심 메뉴도 잘 생각나지 않습니다.

독일의 심리학자 헤르만 에빙하우스의 망각 곡선 가설(forgetting curve hypothesis)에 따르면, 학습된 정보는 시간의 흐름에 따라 빠르게 사라집니다. 우리의 뇌는 20분이 지나면 학습한 정보의 42%를 망각하고, 1시간이 지나면 58%를 잊게 되며, 하루가 지나면 70% 이상의 정보는 더 이상 머릿속에 남아 있지 않습니다.

▼ **그림 10-10** 에빙하우스의 망각 곡선 가설

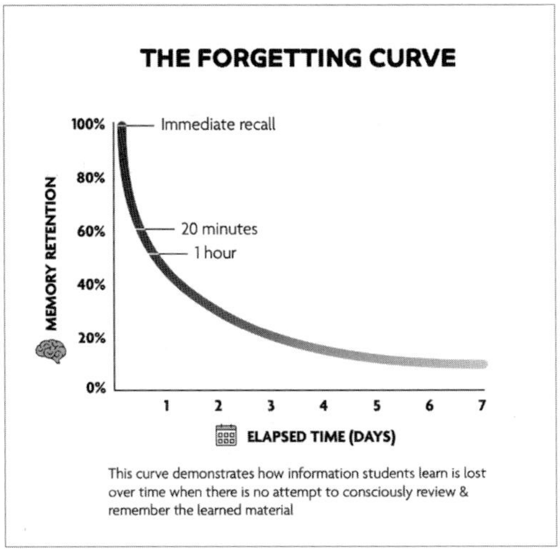

출처: https://organisingstudents.com.au/2021/07/the-forgetting-curve/

보고 듣기만 한 정보는 마치 연기처럼 순식간에 사라져 버립니다. 열심히 찾아보고 물어보며 알게 된 정보를 나의 것으로 만들기 위해서는 어떻게 해야 할까요? 그 답은 간단합니다. 어딘가에 적어 두면 됩니다! 기억은 쉽게 사라지지만, 기록은 계속 남아 있습니다.

'기록하기'는 나만의 지식 데이터베이스를 만드는 과정입니다. 모든 정보를 다 머릿속에 기억할 수 있다면 좋겠지만, 우리의 뇌는 그렇게 믿음직스럽지 않습니다. 그렇기에 IT 서비스가 정보를 데이터베이스라는 별도의 공간에 저장하는 것처럼, 우리도 정보를 어딘가에 기록해 둘 필요가 있습니다. 정보를 잘 기록했다면 망각을 두려워할 필요가 없습니다. 기록해 둔 내용은 언제든지 다시 꺼내어 볼 수 있으니까요! 마치 IT 서비스가 데이터베이스에서 모든 정보를 확인하는 것처럼 말이죠.

기록하는 과정 자체도 학습에 도움이 됩니다. 찾아보거나 물어보면서 알게 된 정보를 기록하기 위해서는 먼저 그 내용을 본인이 이해할 수 있는 방식으로 정리해야 합니다. 새로운 정보를 이해하고, 나에게 익숙한 방식으로 적어 내려가는 행위 자체가 또 한 번의 학습 과정입니다. 다시 정보를 찾아볼 때도 새로운 자료를 다시 이해하려고 노력하지 않아도 됩니다. 내가 이해하기 쉬운 방법으로 기록해 둔 정보를 보면 훨씬 효율적으로 기억해낼 수 있습니다.

더 나아가, 기록은 내가 알게 된 정보를 타인에게 공유할 수 있는 가장 효과적인 방법이기도 합니다. 누군가가 본인이 알게 된 지식을 기록하고 공유했기 때문에, 우리는 이를 통해 손쉽게 정

보를 얻을 수 있습니다. 앞서 '찾아보기'에서 언급한 책, 인터넷 자료, 내부 문서 등 다양한 정보 탐색 매체는 모두 누군가의 '기록'입니다. 이 책 또한 제가 알게 된 내용을 기록한 결과물입니다. 누군가의 기록을 보고 배웠고, 그 내용을 좀 더 쉽게 정리한 또 다른 기록인 셈이죠.

▼ **그림 10-11** 기록을 통한 학습의 순환

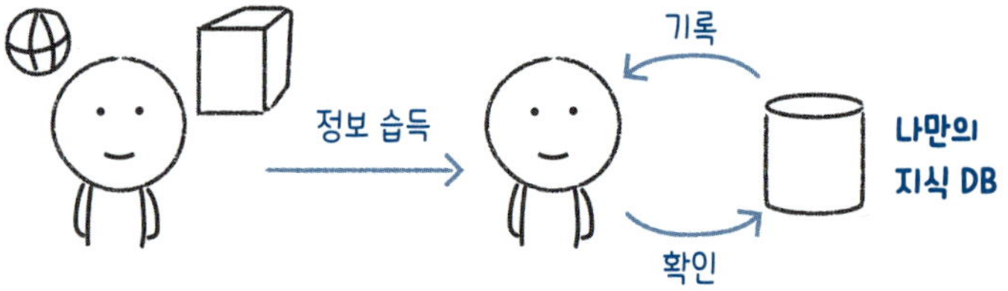

그렇다면 기록은 어떻게 하는 게 좋을까요? 물론 본인에게 편하고 맞는 방식을 사용하는 게 가장 좋습니다. 공책에 정리해도 되고, 컴퓨터 메모장에 적어도 됩니다. 블로그에 글을 써서 업로드하는 것도 좋은 방법입니다. 중요한 건, 언제든지 다시 확인할 수 있도록 본인이 편하고 이해하기 쉬운 방법으로 기록하는 것입니다.

만약 기록이 익숙하지 않아서 어떻게 정보를 정리하고 기록해야 할지 막막하다면, 다음 방법을 참고하여 나만의 기록 방법을 찾아보는 건 어떨까요?

먼저, 기록은 **하나의 공간에 정리**하는 것이 좋습니다. 기록의 방법은 그렇게 중요하지 않습니다. '본인이 잘 이해할 수 있는 방법'이면 무엇이든 좋습니다. 글이어도 좋고, 그림이어도 좋습니다. 중요한 건 언제든지 쉽게 찾아보고 다시 확인할 수 있도록, 기록을 한 곳에 모아두는 것입니다. 기록이 이곳 저곳에 분산되어 있으면 필요한 기록이 어디에 있는지 파악하기 어렵습니다. 나중에 기록을 다시 찾아야 할 때도 많은 시간이 소요됩니다. 그냥 인터넷에 다시 검색하는 게 나을 정도죠.

나만의 지식 데이터베이스를 만들고 계속 활용하기 위해서는 정보를 하나의 공간에 일관된 방식으로 기록해야 합니다. 기록의 공간은 공책일 수도, 스마트폰 메모장일 수도, 문서 프로그램일 수도, 블로그일 수도 있습니다. 원하는 기록 공간을 선택하되, 모든 기록은 하나의 공간에 차곡차곡 쌓아두는 것을 추천합니다. 추가로 기록을 쌓아두는 공간에 검색 기능이 있다면 미래의 내가 훨씬 고마워하겠죠?

또한 **정보의 맥락을 함께 기록**하는 것이 좋습니다. 공부를 하다 보면 간단해 보이는 개념도 한 문장의 정의로는 설명할 수 없는 복합적인 내용과 연결되어 있는 경우가 많습니다. 우리가 접하게 되는 대부분의 정보는 단편적인 조각에 불과하기에 한 번 찾아보고 물어본 걸로 모든 내용을 알기는 어렵습니다. 하지만 그때그때 알게 된 작은 정보 조각들을 쌓아가다 보면, 마치 퍼즐을 맞추는 것처럼 점점 큰 그림을 이해할 수 있게 됩니다.

그렇기 때문에 정보를 기록할 때는 단순히 알게 된 개념의 한 줄 정의를 넘어, 이 개념을 어떻게 알게 되었고 언제 사용되는지 등의 정보를 함께 기록하는 것이 좋습니다. 정보의 핵심과 맥락을 함께 정리해 두면 나중에 다시 봤을 때 내용을 훨씬 쉽게 이해할 수 있습니다. 또한 기존 지식의 맥락을 폭넓게 이해하고 있다면 새롭게 알게 된 정보 역시 자연스럽게 전체 퍼즐에 연결할 수 있습니다.

▼ **그림 10-12** 기록을 쌓는 다양한 방법

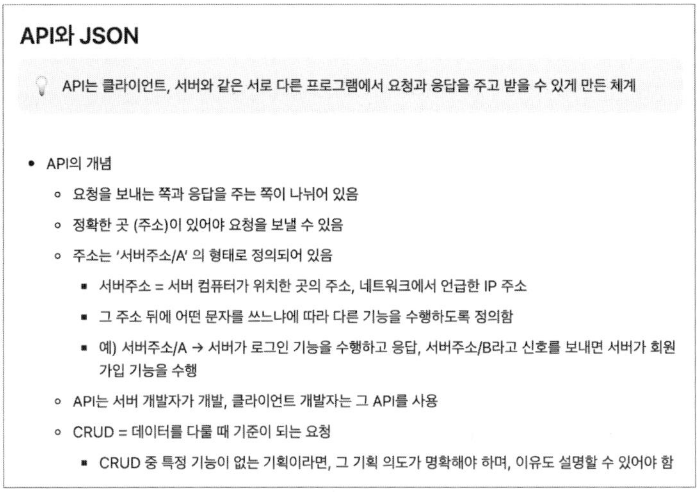

API와 JSON

API는 클라이언트, 서버와 같은 서로 다른 프로그램에서 요청과 응답을 주고 받을 수 있게 만든 체계

- API의 개념
  - 요청을 보내는 쪽과 응답을 주는 쪽이 나뉘어 있음
  - 정확한 곳 (주소)이 있어야 요청을 보낼 수 있음
  - 주소는 '서버주소/A' 의 형태로 정의되어 있음
    - 서버주소 = 서버 컴퓨터가 위치한 곳의 주소, 네트워크에서 언급한 IP 주소
    - 그 주소 뒤에 어떤 문자를 쓰느냐에 따라 다른 기능을 수행하도록 정의함
    - 예) 서버주소/A → 서버가 로그인 기능을 수행하고 응답, 서버주소/B라고 신호를 보내면 서버가 회원가입 기능을 수행
  - API는 서버 개발자가 개발, 클라이언트 개발자는 그 API를 사용
  - CRUD = 데이터를 다룰 때 기준이 되는 요청
    - CRUD 중 특정 기능이 없는 기획이라면, 그 기획 의도가 명확해야 하며, 이유도 설명할 수 있어야 함

개념 정리(노션)

글 업로드(브런치스토리 또는 블로그)

10.2 SECTION 그래도 잘 모르겠다면 어떻게 해야 할까요?

IT 지식을 더 공부하기 위해 찾아보고, 물어보고, 기록도 했습니다. 그래도 계속 모르겠다고요? 몰라도 괜찮습니다. 모른다는 사실을 부끄러워할 필요도 없습니다. 그냥 계속 나아가기만 하면 됩니다.

처음에는 저도 모른다는 사실이 부끄러웠습니다. 일을 처음 시작했을 때는 더욱 그랬습니다. 나름 IT 업계에 책상 하나 차지하고 앉아 있는 현직자인데, 제대로 아는 것 하나 없다는 사실을 들키고 싶지 않았습니다. 완벽해 보이는 주변 사람들 사이에서 나의 무지함을 드러내고 싶지 않았습니다. 그래서 앞에서는 아는 척하고, 뒤에서는 어떻게 읽어야 할지도 모르는 어려운 내용을 이해해 보려고 끙끙대곤 했습니다.

지금 생각해 보면 참 귀여운 착각이었습니다. 처음에는 모르는 게 당연합니다. 사실, 지금도 잘 모릅니다. 처음보다는 많이 알게 되었지만 완벽과는 거리가 한참 멀죠. 완벽해 보이는 옆 사람도 알고 보면 모르는 게 더 많습니다. 그래도 괜찮습니다! 계속 발전하고 있고, 그 발전이 서로에게 도움이 되고 있다는 사실을 알기 때문입니다.

IT 세상을 알아가는 것은 커다란 퍼즐을 맞추는 것과 같습니다. 퍼즐은 시작할 때가 가장 어렵습니다. 처음에는 속도도 느리고, 다 맞출 수 있을지도 의문스럽습니다. 퍼즐 조각 하나만 봐서는 도대체 무슨 그림을 만들어야 하는지 예상할 수조차 없습니다. 이런 상황에서 퍼즐을 가장 빠르게 맞추는 방법은, 그저 많이 헤매는 것입니다. 모든 조각을 들었다 놨다 하면서 비교해 보고, 잘못된 조각을 맞춰보고, 봤던 조각을 또 보면서 헤매다 보면 하나씩 연결되는 조각이 생깁니다. 이렇게 조금씩 맞춰 가다 보면 속도도 점점 빨라집니다. 안 보이던 그림이 보이기 시작하고, 딱 봐도 어디에 들어가야 하는지 보이는 퍼즐 조각이 많아집니다. 그때부터 퍼즐 완성은 식은 죽 먹기죠.

IT 세상에 대해 이제 막 알아가기 시작하는 지금, 어려운 게 당연합니다. 잘 이해되지 않는 게 당연합니다. 첫 시도부터 완벽하게 들어맞는 퍼즐은 없습니다. 눈앞의 내용을 완벽하게 이해하지 못하겠다면, 그냥 넘어가도 괜찮습니다. 나중에 다시 보고, 기회가 되면 물어보고, 다른 내용도 함께 공부하다 보면 자연스럽게 이해가 되는 순간이 옵니다.

작은 부분을 하나씩 알아가다 보면 지식은 점점 연결되며 넓어집니다. 이 책에서 다룬 내용을 떠올려 봅시다. 2장은 데이터의 CRUD에 대한 내용이었고, 6장에서는 API에 대해 이야기했습니다. 이미 아시는 것처럼 API의 구조는 데이터 CRUD를 기반으로 하고 있습니다. IT 서비스는 데이터의 집합이고, IT 서비스의 데이터를 CRUD하기 위해 API를 활용하는 것입니다. 이처럼 데이터 CRUD에 대한 지식이 있다면, API의 동작 방식을 더 쉽게 이해할 수 있습니다. 마치 CRUD 퍼즐 조각 옆에 API 퍼즐 조각을 이어 붙이면서 더 큰 그림을 완성해가는 것처럼 말이죠!

▼ **그림 10-13** IT 세상의 퍼즐을 맞춰 나가요!

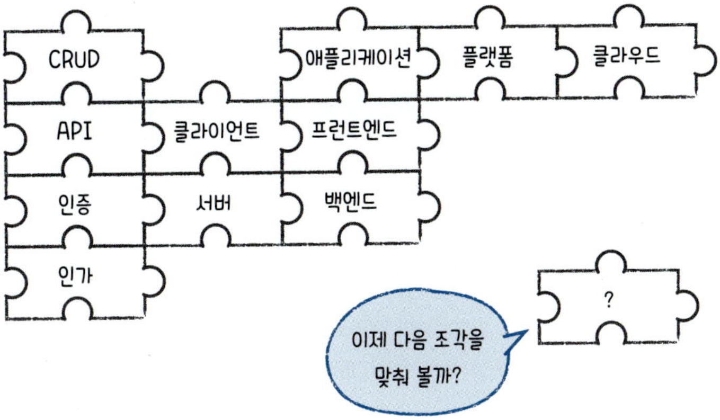

완성하기 어려운 퍼즐은 있지만, 시작하지 않았는데도 완성되는 퍼즐은 없습니다. 1장에서 이야기했던 것처럼, 이 책은 IT 세상을 알고 싶은 사람들을 위한 튜토리얼입니다. 이 책을 모두 읽은 여러분은 퍼즐의 가장자리를 맞추어 둔 것과 같습니다. 본격적으로 IT 세상이라는 퍼즐을 맞추어 나갈 준비가 된 셈이죠.

일단 이 드넓은 IT 세상을 마음껏 헤매어 봅시다! 지금 손에 어떤 조각이 있는지는 중요하지 않습니다. 중요한 건, 포기하지 않고 조각을 계속 맞추어 나가는 것입니다. 두려워하지 말고 계속 나아가다 보면, 어느새 눈에 띄게 성장한 나의 모습을 마주할 수 있을 것이라 확신합니다.

A

adaptive web 106
API 147
API 요청 163
API 응답 172
authentication 182, 184
authorization 182, 186
AWS 237

B

back-end 089
batch 255
beta 265
branch 261

C

client 128
cloud 220
Cloud Service 227
code review 262
commit 260
computer 044
Create 026, 032
CRUD 026, 165
CSS 101

D

Delete 026, 038
deployment 263
DNS 141

E

Endpoint URL 164

F

forgetting curve hypothesis 278
front-end 089

H

hardware 045
HTML 098
HTTP 160
hybrid app 079
hyperlink 098
hypertext 098

I

IaaS 234
Identity Provider 208
Interface 147
issue 243

J

JavaScript 103

K

kick-off 244

L

legacy 257
log 253
logging 254

M

markup 099
merge 261
method 166
middleware 231
milestone 245

N

native app 059

P

PaaS 231
Partner API 156
Passwordless Authentication 213
path parameter 169
platform 054, 085
policy 248
Private API 157
Public API 155

Q

QR 코드 214
query parameter 168, 170

R

Read 026, 034
request body 168, 171
resource 160, 164, 241
response body 172, 175
responsive web 109
REST 159
R&R 243
runtime environment 231

S

SaaS 228
server 122
serverless 237
Service Provider 208
session 200
signature 204
Single Sign-On 211
Social Log-in 207
software 046
spec 246
SSO 211
staging 265
status code 172

U

UI 111
Update 026, 036
UX 111

W

web app 070
web browser 071

ㄱ

경로 파라미터 169

ㄴ

네이티브 앱 059
네트워크 오류 139

ㄷ

대화형 AI 서비스 271
데이터 031
데이터베이스 030

ㄹ

런타임 환경 231
레거시 257
로그 253
로깅 254
로컬 환경 224

ㅁ

마일스톤 245
마크업 언어 099
망각 곡선 가설 278
머지 261
메서드 166
미들웨어 231

ㅂ

반응형 웹 109
배치 255
배포 263
백엔드 089, 090
베타 환경 265
브랜치 261
비밀번호 없는 인증 213

ㅅ

사스 228
상태 코드 172, 173
서명 204
서버 122
서버리스 237
서버 오류 136
서비스 제공자 208
세션 200
소셜 로그인 207
소프트웨어 046
스테이징 환경 265
스펙 246
시스템 소프트웨어 050

ㅇ

알앤알 243
애플리케이션 055
앱 042
엔드포인트 URL 164
요청 본문 168, 171
요청자 116
운영체제 060, 063
웹 브라우저 071
웹 앱 070
유튜브 검색 271
응답 본문 172, 175
응답자 116
응용 소프트웨어 051
이슈 243
이아스 234
인가 182, 186
인증 182, 184
인증 제공자 208
인터페이스 147

ㅈ

자바스크립트 103
자원 160, 164, 241
자원의 가상화 226
적응형 웹 106
정책 248

ㅋ

커밋 260

컴퓨터 044, 049

코드 리뷰 262

쿠키 194

쿼리 파라미터 168, 170

클라우드 220

클라우드 서비스 227

클라이언트 128

클라이언트-서버 구조 120

클라이언트 오류 138

킥오프 244

ㅌ

토큰 203

통신 규칙 160

ㅍ

파스 231

프런트엔드 089

플랫폼 054, 085

ㅎ

하드웨어 045

하이브리드 앱 079

하이퍼링크 098

하이퍼텍스트 098